왜관

조선은 왜 일본사람들을 가두었을까?

왜관

조선은 왜 일본사람들을 가두었을까?

한국어판에 부쳐 〉〉〉

　왜관에 관한 연구는 일찍이 오다 쇼고小田省吾(1871~1953)가 〈조선시대 왜관의 변천〉李氏朝鮮時代に於ける倭館の變遷이라는 논문을 발표한 1929년으로 거슬러 올라간다. 바로 그 3년 전에 대마도 이즈하라巖原와 도쿄東京에 남아 있던 《대마도종가문서》라 불리는 방대한 고문서의 일부가 총독부 산하 조선사편수회로 넘어갔다. 그런데 그 시대에는 겨우 몇몇 사람들에게만 사료의 이용이 허용되었다. 이 사료의 존재가 연구자들에게 널리 알려지게 된 것은 1970년대에 들어선 뒤의 일이다. 현재 이 사료는 경기도 과천시에 자리 잡고 있는 국사편찬위원회에 인계되어, 전 사료가 원본과 함께 마이크로필름으로 보존되어 있으며 일반인의 열람도 가능하게 되어 있다. 왜관의 생활 실태를 중심으로 이 책을 쓸 수 있었던 것은 오로지 사료 수집을 손쉽게 할 수 있게 된 현대의 선물 덕택이라 할 수 있을 것이다.

　부산 시가지에 남아 있는 옛 왜관 터를 조사하겠다는 생각을 갖게 된 것은 1995년 11월이었다. 당시 한국항만연구회 회장을 역임하고 있던 김영호金英昊 씨의 가르침을 받아 이 일을 시작할 수 있었다. 김동철부산대 교수 · 홍성덕전주대 교수 · 윤유숙동북아역사재단 연구위원 씨가 동행을 해 주었는 데, 우리는 왜관 관수의 옛 저택 자리에 들어서 있는 '정원'이라고 하는 요리 집에서 점심을 먹었다. "우리들이 지금 왜관 안으로 들어와 걷고 있군요."라고 말하는 윤유숙 씨의 밝은 목소리가 푸르른 가을 하늘에 울려 퍼졌다. 시공을 초월하여 2백 년 전의 왜관을 실감할 수 있었던 한때였다. 역사를 알기 쉽게 묘사하기란 쉬운 일이 아니다. 그렇지만 '왜관' 이라고 하는 단면을 통해서 두 나라의 우호의 시대를 풀어 헤쳐 보려고 생각했던 것은 바로 그 무렵부터였다.

이 책의 번역 작업에는 보통 때보다도 훨씬 많은 품이 들고 말았다. 원문의 문체를 쉽게 한국어로 옮기기 어려운 부분이 많았기 때문이었다. 역자인 정성일鄭成— 씨는 2002년에 저자가 재직하고 있는 게이오대학慶應義塾大學에 가족과 함께 유학을 와서 《대마도종가문서》를 중심으로 일본의 난해한 고문서를 해독하는 일에 열중하고 있었다. 바로 그해 이 책이 간행되자마자 한국어 번역 출간 얘기가 나왔으며, 최선의 번역을 위하여 저자와 몇 시간씩 논의를 거듭하는 날이 여러 날 계속되었다. 바로 지금 일본 역사 자료에 정통한 역자에 의하여 한국어 번역서가 출간된 것을 진심으로 기쁘게 생각한다. 그리고 한국의 많은 독자들이 이 책을 읽고 왜관을 중심으로 동아시아 세계를 누비고 다녔던 사람들의 숨결을 느낄 수 있게 된다면 다행이겠다.

2005년 12월
다시로 가즈이田代和生

　이 책은 다시로 가즈이田代和生의《왜관 : 쇄국시대 일본인 마을》倭館-鎖國時代の日本人町을 옮긴 것이다. 한국과 일본이 월드컵 축구대회 공동 개최로 온 세계의 이목을 집중시켰던 2002년에 일본에서 이 책이 간행되었다. 그로부터 3년 뒤인 2005년, 그러니까 광복 60주년과 한일 국교 정상화 40주년을 기념하는 해에 이 책이 다시 우리말로 번역 · 출판된 것이다. 역자는 2002년 1년 동안 일본 게이오慶應대학에 방문교수로 가 있을 때 저자의 신세를 많이 지고 있었다. 때마침 원저가 출간되었고 그 현장에 있던 역자는 누구보다도 그 책을 먼저 읽을 수 있었다. 모르는 부분, 의심나는 대목을 저자에게 직접 묻고 확인할 수 있어서 좋았다. 귀찮을 정도로 많았던 역자의 질문에 대하여 저자는 바쁜 시간을 쪼개서 친절하게 응대해 주었다. 자연스럽게 두 사람은 이 책의 내용을 놓고 여러 차례 만남을 가졌다. 이것이 이 책이 우리말로 옮겨지게 된 사연이다.

　역자가 이 책을 간행하고자 한 가장 큰 이유는 이 책이 자랑거리로 삼고 있는 풍부한 실증 때문이다. 우리 주변에 나와 있는 한일관계 책들을 읽다 보면 역사적 사실보다도 이념, 즉 이데올로기를 앞세우는 뜨거운 '열정'을 먼저 접하게 된다. 이러한 경향은 한국사람이 쓴 것이든 일본사람이 지은 것이든 별로 큰 차이가 없다. 전문 서적이라고 해서 별로 큰 차이는 없다. 결론이 먼저 도출되어 있어서 본론 부분을 읽어보지 않고도 그 내용을 쉽게 짐작할 수 있게 되어 있다. 이와 달리 저자는 단 한 줄의 표현일지라도 역사적 자료에 바탕을 두고 쓰려 하는 고집스러운 자세를 처음부터 끝까지 버리지 않고 있다. 그 점이 우선 역자의 마음을 끌었다.

역자가 이 책을 세상 사람들에게 소개하기로 마음먹은 두 번째 이유는 이 책을 읽으면서 느낀 '놀라움' 때문이었다. 근대 이전 시기 한일관계사가 전공인 역자에게 사실 '왜관'이 특별히 새삼스러운 주제는 아니었다. 지금의 부산 일대에 있었던 왜관에 대해서는 남들만큼 안다고 자부하고 있던 터였다. 그런 역자도 이 책이 주는 자극과 흥분을 도무지 억누를 수가 없었다. 이 책의 첫 장을 펼쳐 든 그날 끝내 밤을 새워서 마지막 페이지까지 독파하게 만든 것은 제6장 '조선을 조사하다'朝鮮を調べる라고 되어 있는 부분의 내용 때문이었다. 전에 알지 못하였던 사실을 새롭게 알게 되면서 얻은 지적 호기심의 충족과 흥분, 그것과 함께 민족적 자존심이랄까 과거 역사에 대한 절절한 반성과 아쉬움이 역자의 뇌리에 강하게 남았음을 솔직하게 고백하지 않을 수 없다.

예를 들면 당시 일본의 정치적 실권자였던 요시무네吉宗의 명령이라고는 하지만, 대마도를 앞세워 조선의 방방곡곡을 샅샅이 '조사'하게 만든 일본의 대형 '국책프로젝트'의 추진은 소설보다도 더 소설 같은 역사적 사실이었다. 자기나라의 보물인 은銀의 유출을 막는 동시에 상대편 나라의 보물인 인삼마저 자기 것으로 만들어나가는 일본, 조선에만 있던 인삼을 자기 땅에 재배하여 수입대체를 꾀하고자 인삼 씨앗과 뿌리를 조선에서 몰래 빼내가는 일본이 실제로 있었다. 바로 그 순간 조선 정부는 그러한 사실을 전혀 눈치채지 못했다. 그뿐만 아니라 왜관을 드나들던 조선의 역관과 상인들은 대마도 사람들이 주는 돈을 받고 오히려 그 일을 도와주고 있었다. 그것만이 아니다! 조선의 의학서적인《동의보감》을 손에 넣은 일본이 그 책에 적힌 수많은 동물과 식물의 이름을 조선에서 구해간 실물과 표본을 근거로 하여 끈질기게 확인해가는 모습, 그것을 실마리로 하여 일본의 근대적 생물실태조사의 기초를 만들어가는 과정…. 그것이 각 방면에서 이루어지는 일본의 근대화에 직·간접적으로 연결되었을 것이라는 추론도 결코 무리는 아니다. 한 마디로 지금까지 알려져 왔던 '왜관'의 모습과는 전혀 다른 차원에서 저자는 새로운 역사상을 만들어내고 있었다. 바로 이 점이 역자가 이 책에서 가장 주목하고 있는 대목이다.

그래서 저자가 달았던 부제를 과감히 바꾸어서, 역자는 이 책의 제목을《왜관: 조선은 왜 일본사람들을 가두었을까?》로 정했다. 원래 '왜관'의 기원은 이런저런 이유로 바다를 건너 조선 땅에 와서 머무는 일본사람들을 위해서 조선 정부가 거처를 마련해 주던 것에서 비롯되었다. 조선인들과 섞이지 못하도록 하기 위하여 그들을 따로 격리시켰던 곳이 바로 '왜관'이었다. 1678년에 그곳으로 옮겨간 초량草梁왜관은 적어도 외관상으로는 조선 정부의 정책에 의해 갇혀 있었다. 좀 더 정확하게 말하면 갇혀 있는 것처럼 보였다. 그러나 저자가 제시하고 있는 각종 역사적 자료를 놓고 볼 때, 대마도에서 건너온 일본사람들이 왜관 안에서 갇혀 지냈던 것은 결코 아니었다. 금지구역으로 정해져 있던 경계를 크게 벗어나 먼 곳까지 자유롭게 등산을 하기도 하고, 산 아래로 굽어 보이는 동래 고을을 소재로 삼아 시를 읊으면서 풍류를 즐기는 일본사람도 있었다. 조선의 관리 즉 역관과 함께 왜관 밖에 있는 동산에 올라가 봄볕

따스한 어느 날 진달래꽃을 따다 놓고 한가롭게 화전을 부쳐 먹는 대마도 역관도 실존했다. 일본 된장, 일본 술, 일본의 스기야키 요리를 즐겨 먹는 조선인들이 한 둘이 아니었다. 이러한 사실은 우리에게 무엇을 말해 주는가?

이 책은 한국의 독자들에게 중요한 메시지를 던지고 있다. 저자가 제시하는 역사적 자료들이 만일 거짓이 아니라면, 이 책에서 묘사된 내용을 역사적 사실로서 인정하고 받아들여야 함은 더 말할 나위가 없다. 그렇게 된다면 한일관계의 역사를 바라보는 안목도 더욱 넓어지게 될 것이다. '왜관'을 보는 눈도 마찬가지이다. 조선 사회와 격리된 공간으로서 닫혀 있기를 바랐지만, 실제로는 조선 정부의 기대와 달리, '왜관'은 두 나라의 사람과 재화 그리고 문화와 정보가 교차되고 교류하는 열린 공간으로서 기능하기도 했다. 이처럼 좀 더 다양한 시각과 자료가 동원된다면, '왜관'의 역사는 더욱 새로운 모습으로 우리 곁에 나타나게 된다. 130년 전까지 부산 일대에 실제로 존재했던 '왜관'의 생생한 역사를 통해서 우리는 지금의 한일관계, 더 나아가 미래의 양국관계의 모습을 그려볼 수 있는 '재미'를 덤으로 얻을 수도 있을 것이다.

2005년 12월
정성일

차례

1장 고왜관 시대

2장 '일본인 마을' 200년의 역사

3장 '쇄국'시대의 왜관무역

머리말 〉〉〉

〈쇄국[1] 시대의 '일본인 마을'니혼진마치[2]〉이라는 이 책의 부제를 보고 '글쎄?' 하면서 고개를 갸우뚱하는 사람이 있을지도 모르겠다. 잘 알려진 것처럼 일본의 에도 바쿠후[3]는 제3대 쇼군[4] 도쿠가와 이에미츠[5]의 재임 때1630년대 강력한 해외통제 정책인 '쇄국령'을 공포하였다. 그로 말미암아 일본인은 해외로 나갈 수 없게 되었고, 나아가 그들의 해외 거주는 엄격하게 법으로 금지되어 있었다. 결과적으로 이 법령 때문에 그 이전부터 동남아시아 각지에 있었던 '일본인 마을'은 존재 가치를 상실하여 점차 소멸되는 운명에 놓이고 말았다.

그런데 그 뒤에도 사라지지 않고 '일본인 마을'이 실제 존재한 곳이 있었다. 장소는 일본의 남쪽이 아니라 규슈[6]의 북쪽, 한반도의 남단 부산에 위치해 있었다. 무려 10만 평에 이르는 광대한 부지를 가진 '왜관'이 그곳이다. 일본인들의 정확한 숫자는 잘 알 수 없지만 대체로 4~5백 명 정도였다. 에도시대[7]조선후기의 전 기간은 물론, 메이지 초기에 이르기까지 일본 아닌 외국 땅에 있었던 유일한 '일본인 마을'이 그곳이다. 물론

이것은 일본의 바쿠후가 공인한 일이다. 그 무렵 한일관계를 독점하고 있던 대마도[8] 소우 씨 가문[9]이 주민들의 왜관 왕래와 행동을 관리하고 있었다.

개항 장소를 특정한 곳으로 한정하고 그곳에 외국인 시설을 별도로 만드는 것은 고대 중국에서 시작된 전통적 수법이다. 그것은 자기 나라 사람과 이방인이 섞여 사는 잡거를 금지하자는 것이었다. 뿐만 아니라 밀무역을 방지하려는 목적도 있었다. 그래서 외국인들이 머무는 시설 주변을 울타리나 담으로 둘러싸서 경계로 삼았다. 감독할 사람을 그곳에 배치하고 망보는 곳을 두어서 그들의 행동을 감시하려 했던 것이다. 에도시대조선후기의 일본에서도 이와 유사한 예를 찾아볼 수 있다. 규슈의 서쪽 나가사키長崎[10]의 데지마[11]라는 곳에 세워진 네덜란드 상관이 그렇고 중국 상인들이 머물렀던 숙소[12], 규슈의 남쪽 끝에 위치한 가고시마성[13] 주변의 유구관[14] 역시 같은 부류의 시설이다. 왜관은 그 조선식 버전이었던 것이다. 나라가 다르고 시대에 차이가 있으며 그러한 시설이 만들어진 과정이나 운영 방식 등이 가지각색이다. 그렇지만 그 어느 것이든 동아시아 국제사회에 공통되는 거점교류를 위한 시설이었다.

왜관은 길고도 오랜 역사를 가지고 있다. 창설은 15세기 초엽으로까지 거슬러 올라간다. 오늘날과 같은 호텔이 있을 리 없었던 시절, 조선으로 건너온 일본인을 응접하기 위하여 조선 왕조가 수도에 설치한 객관客館[15]에서 그 유래를 찾을 수 있다. 왜관이 조선에 설치되어 있었다고 하는 것은 에도시대조선후기 양국의 외교 실무나 무역 등이 일본이 아닌 조선 땅에서 이루어지고 있었음을 말해 준다. 같은 시기 나가사키에서 이루어지고 있었던 무역은 네덜란드나 중국 사람들이 일본으로 들어가서 하던 무역이었다. 그러나 일본인이 외국으로 나가서 교류를 한 것은 조선이 유일하며 그 터전으로서 제공된 것이 왜관이었다.

왜관의 긴 역사 속에서 이 책이 주로 다루고 있는 것은 1678년숙종4. 延宝6 부산포의 초량草梁이라고 하는 곳에 설치되어 2백 년에 걸쳐 존속한 초량왜관이다. 극히 초기를 제외하고는 에도시대조선후기의 거의 전 시기 동안 존재하고 있는 점, 그와 함께 역사를 정확하게 파악할 수 있게 해 주는 양질의 사료가 풍부하게 남아 있는 점 등이 그 이유이다. 장소는 현재 부산광역시의 중심지 중 하나인 용두산공원 일대에 해당한다.

이곳에 옛날 왜관이 있었다고 하는 사실을 알고 있는 일본인은 일부의 전문가를 제외하고는 거의 없다. 최근 일본의 고등학교 역사 교과서를 보아도 통신사에 대한 기술은 있지만, 왜관에 대해서는 한 마디도 언급되어 있지 않다.[16] 그러나 잊을 수 없는 이곳 '일본인 마을' 왜관의 존재는 중요하다. 특히 에도시대조선후기 260년 동안의 한일관계는 일찍이 없던 선린우호의 시대라고 일컬어지고 있다. 그 전에 있었던 전쟁임진·정유왜란– 옮긴이에 의하여 상실되었던 신뢰를 회복하고 선린외교를 지향하며 그것을 계속할 수 있었던 것도, 양국인의 빈번한 교류, 말하자면 '무대 뒤'에서 끊임없이 되풀이된 교류가 있었기 때문이다. 그 현장이었던 왜관을 다시 살펴보지 않고서는 조선과 일본의 역사적 실태가 한 눈에 들어오지 않는다.

이 책은 왜관 자체보다는 이 특수한 마을과 이런저런 형태로 관련을 맺으면서 꿋꿋하게 살아간 사람들의 모습을 그리는 데 유념하였다. 거기에는 역사의 전면에는 등장하지 않으면서 양국 사이의 교류에 종사해 온 수 많은 무명의 인물들이 등장한다. 왜관의 전문 연구 서적이라기보다는 근세 한일관계사의 입문서로서 가볍게 읽어주었으면 한다.

필자에게 왜관에 대한 정리를 권해 주신 것은 이전에 국제일본문화연구센터에서 이루어진 공동연구에서 주간을 담당하신 야마다 게이지山田慶兒 선생이다. 그 무렵 필자가 집필하고 있었던 전문서를 대부분 마무리한 터라서 용기를 내서 그 제의를 수락하기는 하였지만, 이 책을 완성하기까지 의외로 긴 시간을 보내고 말았다. 왜관에 대하여 알고 있는 것 같으면서도 사실은 기본적인 것조차도 잘 알지 못하는 것이 있어서, 몇 번씩이나 원 사료를 확인하지 않으면 안 되었다.

그러나 써내려 가는 사이에 이번에는 많은 것을 삭제하지 않으면 안 되었다. 당초 예정으로는 왜관의 종말까지 다루고 싶었지만, 결국 왜관의 폐쇄에 대해서는 쓰지도 못하고 지면을 채우고 말았다. 남겨진 과제는 언젠가 다시 가까운 시일 내에 발표의 기회를 얻고자 한다.

편집은 문예춘추 문춘신서 편집부의 아사미 마사오淺見雅男씨와 시마즈 히로아키嶋津弘章씨가 힘써 주셨다. 나가사키현립 쓰시마역사민속자료관, 일본의 국립국회도서관, 도쿄대학 사료편찬소, 그리고 한국의 국사편찬위원회 등에서는 《대마도종가문서》의 이용과 관련하여 늘 변함없는 지원과 협력을 해 주셨다. 진심으로 감사를 드리고자 한다.

2002년 8월
다시로 가즈이

1장 고왜관 시대

왜관의 시작 :

조선시대 왜관이 언제 설치되었는지는 확실하지 않다. 알려지기로는 15세기 초라고 한다. 그것도 한 곳이 아니라 많을 때는 조선의 수도와 세 곳의 항구를 포함해서 모두 네 군데에 설치된 적도 있었다. 왜 조선은 왜관을 설치하여 일본인들을 통제하려 했던 것일까? 그 이유를 추적해 가다 보면 지금으로부터 600년 전인 먼 옛날 조선과 일본이 교섭을 벌이고 있던 장면들과 마주하게 된다.

왜관은 무역을 허가해 달라고 요청하면서 몰려드는 일본인에 대한 통제 정책의 하나로서 탄생한 것이다. 조선 왕조가 건국1392년된 지 얼마 되지 않았을 때의 일이었다. 그 무렵 조선에는 입항소를 비롯하여 선박의 도항과 관련한 룰이 제대로 갖추어져 있지 않았다. 그런데 14세기에서 15세기에 걸친 동아시아 해역은 폭력과 기만을 일삼는 인간집단에 의하여 복잡하게 얽혀 있었다. 예를 들면 약탈의 극치를 보여주는 왜구가 그들이다. 아무리 쫓아내도 여기저기 항구에 붙어 사는 왜인항거왜인[2]도 있었다. 겉으로는 일본의 유력자가 보낸 사신사송왜인[3]으로 위장하지만, 사실은 있지도 않은 가공의 섬을 지배하고 있는 것처럼 꾸며져 있는 경우도 있다.

조선 정부의 대책은 매우 다양했다. 왜구에 대해서는 최대의 소굴로 지목된 대마도에 출병1419년하는 등 강경한 정책을 단행하였다. 그런가 하면 왜구의 우두머리에게 투항할 것을 촉구하고, 만일 거기에 따르는 사람에게는 조선의 관직을 주어 '수직왜인'[4]의 입장에서 조공무역[5]을 할 수 있도록 허가하는 회유책을 폈다.

조선 정부는 일본의 지배계급에게는 신분에 따라 도장을 만들어 주었다. 예를 들면 아시카가 쇼군[6]한테는 상아로 만든 도장을 반으로 쪼갠 할부[7]를 보낸다. 그 밖의 여러 다이묘[8]와 호족들에게는 도서실명을 새긴 구리로 만든 인장[9]를 만들어주는 식이었다. 외교문서에 그 도장으로 날인함으로써 가짜가 아닌 정규의 사신임을 증명하도록 하는 것이다. 이러한 방식은 중국의 인수제황제가 교류를 허가한 국왕 등에게 도장을 주는 제도[10]와 비슷하다. 다만 조선의 경우는 일본 국왕아시카가 쇼군[11]만이 아니라, 일본의 수많은 유력자들에게도 도장을 만들어 주었던 점에서 다르다.

그 중에서 가장 적극적인 통교무역자가 대마도의 소우 씨였다. 소우 씨의 출신은 아직 확실하게 밝혀지지 않고 있다. 그들은 원래 고레무네[12]라고 하는 성을 가진 사람들로, 일본의 헤이안시대[13]부터 규슈 다자이후[14]의 관료[15] 계통의 일족이었다고 알려지고 있다. 그들이 대마도로 건너가 사무라이무사로 성장하는 가운데 스스로 도주島主라고 칭하고 성을 소우 씨로 바꾸게 된다. 소우 씨의 강점은 일본에서 조선과 가장 가까운 곳에 위치한 지리적 이점을 지니고 있다는 것이다. 그들 스스로 조선측의 제도 정비에 협력하기도 하였다. 뿐만 아니라 섬 안의 왜구에 대한 단속은

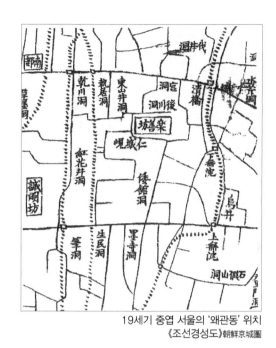

19세기 중엽 서울의 '왜관동' 위치
《조선경성도》朝鮮京城圖

물론, 대마도 이외 지역에서 오는 통교자에 대한 통제까지도 소우 씨가
맡고 있었던 것이다.

　이러한 일본인 도항자 중에서 상경이 허용된 사절을 응접하기 위하여
서울한성에 객관客館이 설치되었다. 서울에는 이 밖에도 중국 사신을 위
한 '태평관', 여진인을 위한 '북평관'실 있었다. 일본인용 객관은 '동평관'
이라 부르고 있었는데, 어느새 사람들은 이곳을 왜관이라 통칭하게 되
었다. 사절이 많을 때는 근처에 있는 묵사墨寺[16]라고 하는 곳에서 일행을
나누어서 머물게 하기도 하였다. 또 '동평관'을 증설하여 그곳을 1소, 2
소 등으로 불렀다고 한다. 이것을 보면 건물이나 부지 모두 그다지 넓지
는 않았던 모양이다.[17]

　왜관의 위치는 조선의 고지도를 통해 쉽게 찾을 수 있다. 서울의 동서
를 가로지르는 큰 길인 종로의 남측에 낙선방[18]이라고 하는 마을이 있

고지도에 그려진 부산포왜관
《해동제국기》海東諸國記

는데, 그곳에 '왜관동'이 있다. 바로 그 남쪽에 묵사가 있는 묵사동이 있다. 왜관동이라고 하는 지명은 서울의 왜관이 폐허가 된 조선 왕조 후기일본의 에도시대에도 남아 있었다. 1908년 동판 인쇄한 《경성도》라는 지도에도 '왜관방'이라고 되어 있는 것을 보면, 일제 강점기 이전까지도 이 명칭이 그대로 사용되고 있었음을 알 수 있다. 식민지 시대에 이곳은 야마토쵸[19]라는 이름으로 바뀌게 되는데, 현재의 지명은 서울특별시 충무로이다.[20]

서울 이외 지역에서 왜관이라고 하는 글자가 조선의 사료 속에 나타나는 것은 1418년의 일이다. 염포울산군와 가배량고성군이라고 하는 곳에 각기 왜관을 세워 놓고, 부산포 부근에서 붙어 살면서 일본으로 돌아가지 않는 사람항거왜인들을 수용하고 있다《태종실록》 18년 3월 1일. 장사를 목적으로 와 있는 사람흥리왜인과 그 밖의 불법 체류자들을 가두어두기 위한 임시 시설인데, 이듬해에는 그것이 해체되고 만다.

포구에 설치된 객관을 일컫는 포소왜관에 대해서는 1423년 내이포제포[21]와 부산포 두 곳에 객사와 창고를 증설한다고 하는 기사가 보인다《세종실록》 5년 10월 25일. 객왜客倭 일본인 사절가 왔을 때, 일일이 식료를 들여보내기가 번거로우니 미리 식료품이나 식기류를 가져다 놓고서 접대에 대비할 수 있도록 하고, 또 그 출납을 각기 김해부와 동래부에서 관리했으면 한다는 것이다. 실록의 기사 내용으로 보건대 이 때 이미 객관이 상설되어 있었음이 분명하다. 여기에 1426년 염포[22]의 왜관이 추가되어 이것을 '삼포왜관'이라고 총칭한다.

포소왜관은 16세기가 되면 한 두 곳으로 줄어든다. 그 원인은 왜관 주변에 수많은 일본인들이 눌러 살게 되면서 현지의 조선인 관리나 주민들과 일본인들 사이에 마찰이 끊이지 않았기 때문이다. 이들 불법체류자항거왜인의 대부분은 대마도 출신자들로 알려지고 있다. 그 수는 15세기 말 조사 시점에서 이미 삼포를 합해서 3천 명 이상에 이르고 있었다고 하니 꽤나 많은 숫자이다. 남녀가 거의 같은 수였으며 어린이에서 노인에 이르기까지 아마도 가족이 몽땅 이주해서 살고 있었던 모양이다.

조선 정부는 처음에는 이러한 항거왜인에 대하여 비교적 유연한 자세로 그들을 지켜보고 있었다. 그래서 그들이 허용된 범위 안에서 활동하는 경우에는 묵인해 주는 편이었다. 그들의 목적은 장사나 어업이었는데, 일본 사절의 왕래와 함께 물자가 몰려들자 포소왜관은 돈벌기 좋은 곳으로 변모하게 된다. 항거왜인 중에는 한몫 챙겨 꽤나 부유한 자가 생겨나기도 했다. 그들 중에는 인근 조선인 주민에게 비싼 이자로 돈을 빌려주는 사람도 나타난다. 돈을 제 때에 갚지 못하면 저당 잡힌 토지 등을 차지해 버리는 일본인까지 등장하고 있었다. 토지·과세·금전 등 조선의 국정과 관련된 문제는 말할 것도 없고, 밀렵이라든가 밀무역과 같은 비합법적인 활동이 포소왜관 주변에서 자주 일어나게 된다.

갈등이 정점에 달한 것이 1510년 삼포의 포소왜관에서 동시에 일어났던 불법 체류자들의 폭동사건삼포왜란이다. 사건의 발단은 고기를 낚으러 가던 제포진해시의 일본인 4명을 해적으로 오인한 조선의 관인이 그들을 참살한 데서 비롯된다. 평소에 지방관과 사이가 안 좋았던 삼포의 일본인들은 조선 정부의 조치에 분개하여 일제히 무기를 들고 일어섰던 것이다.

이처럼 폭도로 돌변한 집단에게 그들과 이해관계가 일치했던 대마도주 소우 모리요리宗盛順의 지원병이 가담하게 되자, 사태가 더욱 복잡하게 얽히고 말았다. 관청을 습격하여 관인을 살해하는가 하면, 웅천성을 포위하고 인근 촌락을 약탈하는 등 폭동이 극에 달했다. 그러나 결국 그들은 폭도의 무리들일 뿐이었다. 불과 15일 뒤 조선군에 쫓겨 허둥지둥 전원 대마도로 도망감에 따라 사건은 싱겁게 끝나고 만다.

이 사건은 불법체류자를 한꺼번에 정리하고 싶었던 조선에게 더 없이 좋은 빌미를 제공하였다. 1512년 소우 씨의 필사적인 복구공작에 의하여 임신약조壬申約條가 체결됨으로써 통교가 회복되지만, 개항소는 제포 한 곳으로 축소되었다. 왜관 주변에서 거주할 수 없도록 하는 조치가 내려진 것은 물론이다. 이때부터 왜관은 그 전처럼 주변에 불법체류자항거왜의 거주지를 마련한 시설이 아니라, 사절의 응접을 위한 객관이라고 하는 본래의 역할로 되돌아가고 만다.

소우 씨의 끈질긴 교섭 끝에 부산포왜관이 재개된 것은 1521년이다. 이 때부터 포소왜관이 두 곳에 설치되는 시대가 계속되는데, 20년 뒤에 재차 발생한 사태1544년 갑진년의 사량왜변[23]로 인해 제포왜관은 폐쇄되고 말았다. 그 뒤 줄곧 포소왜관은 부산포 한 군데뿐이었다. 더욱이 그 뒤에는 도요토미 히데요시가 일으킨 임진왜란분로쿠노에키, 1592년의 발발에 의해 부산포왜관은 일본군이 축성한 성왜성으로 둘러싸여 소멸되어 버린다. 서울의 왜관도 이때의 전란으로 말미암아 소실되었다고 한다.

1598년선조31, 慶長3 히데요시의 사망과 함께 정유왜란게이쵸노에키이 끝나게 되자, 왜관이 다시 설치되었다. 장소는 부산포 앞 바다에 있는 절영도[24]라고 하는 섬이다. 이 섬에는 야생마가 많이 서식하고 있었는데, 그래서 대마도 사람들은 이곳을 '마키노시마'牧島 목장섬라고 부르고 있다. 다만 이 때의 왜관은 조선측이 정식으로 설치한 객관이 아니었다. 전쟁이 끝난 뒤 여러 해에 걸친 국교수복 교섭을 벌이기 위한 '임시왜관'가왜관이었던 것이다.

그 뒤에도 여러 차례 교섭을 요청하는 일본인 사신이 파견되고, 전란때 일본으로 끌려가 억류되어 있던 수많은 조선인들피로인[25]을 송환해 오는 등 대마도의 거듭된 노력의 결과, 드디어 조선쪽에서 반응을 보이기시작했다. 처음에는 문서로 회답하는 정도에 그치고 있었다. 얼마 뒤 조선은 대마도의 동향을 살핀다는 명분으로 일본에 '국정탐색사'를 여러차례에 걸쳐 파견하기에 이른다. 어렵사리 소우 요시토시[26]는 대마도에머물고 있던 조선 사절 유정[27]의 동의를 얻어내는 데 성공한다. 그리하여 대마도의 중신重臣 었던 야나가와 시게노부[28]와 외교 전담 승려였던겐소[29] 등과 함께 교토로 가서 후시미성[30]에서 이에야스[31] · 히데타다[32]부자와 접견하는 데 성공한 것이다. 도쿠가와 이에야스가 쇼군정이대장군,세이이다이쇼군[33]에 취임한 이듬해인 1604년선조37, 慶長9의 일이었다.

이제 막 새롭게 정권의 권자에 오른 이에야스는 이 일을 매우 기뻐했다. 고압적인 히데요시와 달리, 이에야스의 외교노선은 이웃 나라들과우호관계를 중시한 선린외교를 기본으로 삼고 있었다. 더군다나 '외부'에서 오는 사신은 '내부'의 권력을 과시하는 데에도 환영할 만한 일이다.그러한 측면을 중시하여 이전부터 내려오는 관습이었던 조선의 통신사를 일본으로 초빙하는 일에 일본 정계의 기대가 모아졌던 것이다.

그래서 이에야스는 대마도로 돌아가려던 소우 요시토시에게 다시금조선과의 외교업무를 맡기고, 히젠현재의 일본 사가현[34]에 위치한 기이[35] · 야부[36]의 두 군郡에 2,800석고쿠의 영지를 늘려주었다. 또 멀리 떨어져 있는 지역이라는 이유로 대마도에게는 에도참부[37]를 3년에 한 번만 해도 되도록 하는 특권을 부여했다. 이 기회를 이용해서 소우 씨는 도쿠가와 바쿠후로부터 공인된 정식 중개자로서 조선과의 외교교섭에 나서게 된다.

1607년선조40, 慶長12 도쿠가와 쇼군德川將軍에게는 첫 번째에 해당하는 통신사[38]의 일본 방문을 계기로 드디어 전란 이후 단절되어 있던 두 나라의 강화가 성립된다. 이와 더불어 정식으로 왜관이 부산포에 설치된다. 이 때의 왜관을 그곳의 지명에서 이름을 따서 '두모포왜관'이라고 부르는데, 나중에 새로 지어진 초량왜관신왜관과 구별하기 위하여 '고왜관'이라고도 한다.

그러나 조선 정부는 전쟁을 일으킨 책임을 물어 임란 이후 일본인의 상경을 엄격하게 금지하고 있었다. 그래서 과거 서울에 있었던 왜관의 재개는 성사되지 못했다. 1629년인조7, 寬永6 유일무이한 예외로서 외교승 겐포우[39]겐소의 제자가 상경한 일이 있으나, 이 때 객관으로 이용된 곳은 전의감왕실 부속 의약 제공기관의 건물이다. 그 전에 있었던 왜관동평관은 전쟁임진·정유왜란—옮긴이 때 소실되었기 때문이다. 결국 조선후기에도시대의 왜관은 부산포 한 곳 뿐이었다.

새로운
규약 :

1608년_{선조41, 慶長13} 정월 신설된 지 얼마 되지 않은 두 모포왜관_{고왜관}에 외교승 겐소와 대마도의 중신인 야나가와 도시나가[40] 도시노부의 아들 등 일본에서 파견되어 온 사신이 들어왔다. 그들은 쇼군이 보낸 사자使者라면서 '국왕사'를 자칭하고 있었다. 그러나 바쿠후는 이 때의 일을 전혀 알지 못하고 있었다. 이처럼 사절의 명칭을 속이는 일은 종종 있었다. 중대한 교섭을 벌어야 할 일이 있을 때에는 격식이 높은 사자로 인정받는 것이 일하기에 훨씬 유리했기 때문이었다. 이 때만 그러했던 것이 아니라 그 전부터 대마도는 이런 식으로 중대 국면을 타개해 온 '전력'이 있다. 전례에 따라 서울에서 선위사 이지완李志完이 왜관에 파견되어, 겐소 등과 교섭에 임했다《접대사목록초》.

이번 교섭의 핵심은 무역 재개의 조건을 포함한 약조의 체결과 교환이다. 이때의 '약조'라고 하는 것은 조선 왕조와 대마도주 사이의 약속을 의미한다. 약정·정약·계약agreement의 의미를 지니고 있는데, 이것은 국가 간의 맹약treaty인 조약과는 다른 것이다. 그렇지만 이것이 없으면 중세로부터 전해져 오던 관습에 의해서, 대마도에서 조선으로 정기적인 선박세견선을 파견할 수 없게 된다. 그 당시 두 나라 사이에 맺어진 약조를 살펴보면 크게 세 가지가 있다.

계해약조 1443년 50척
임신약조 1512년 25척
정사약조 1557년 30척

이처럼 약조가 체결될 때마다 선박의 수가 크게 달랐다. 겐소 등에 의한 교섭은 처음부터 난항을 거듭했다. 같은 해 2월에 조선 국왕선조이 붕어하고 광해군이 즉위하는 등 국정상의 이유도 있었지만, 문제는 세견선[41]의 수를 둘러싸고 양측에 상당한 견해 차이가 있었기 때문이다. 세견선의 수는 곧 무역의 많고 적음을 결정하게 된다. 적어도 전란임란 이전의 수를 부활시키고 싶은 것이 대마도측이었다고 한다면, 조선측은 대란을 불러일으킨 책임의 일단이 대마도측에 있다고 주장하여 고집스럽게 감액 방침을 굽히지 않았다.

일단 대마도로 돌아갔던 겐소와 야나가와 도시나가가 다시 조선으로 건너온 것은 1609년광해元. 慶長14 3월이었다. 이 때 일본 사절은 '대장군다이쇼군의 사자'라는 호칭을 사용하고 있었다. 총 13척의 배에 나누어 탄 정사·부사 이하 324명의 대 인원이 왜관으로 들어왔다. 교섭 내용은 전년과 똑 같이 연간 도항 회수와 도항 자격자를 중심으로 한 것이었다. 최종적으로는 조선측의 주장에 따르는 형태로 타결이 시도되었다. 교섭이 너무 오래 시간을 끌게 되면 그만큼 무역 재개가 늦어지고, 그렇게 되면 대마도의 경제적 손실은 더욱 커지게 될 것이라는 계산이 깔려 있었기 때문이다.

약조가 성립된 해의 간지에서 이름을 따서 '기유약조'라고 부른다. 이것을 근거로 하여 일본인의 왜관 도항이 공인된 셈이다. 임진·정유왜란에 의한 양국의 국교 단절 상태에 종지부를 찍은 것이다. 다시 말해서 이것은 조선후기에도시대를 통하여 양국의 통교 규정에 관한 기본조약으로서 19세기 중엽 조선이 일본에 대하여 개항을 할 때까지 지속되었으니 그 역사적 의의가 자못 크다.

기유약조는 전문 12개조로 구성되어 있다. 그 가운데 주요 조문을 골라 소개하면 다음과 같다《조선통교대기》.

제1조 왜관에서의 접대에는 3가지 예가 있음. 국왕 사신이 하나의 예이며, 대마도주의 특송이 하나의 예이며, 대마도의 수직인受職人이 하나의 예임.

제3조 대마도의 세견선은 20척인데, 그 가운데 특송선이 3척이 포함되어 있음. 총 20척의 배는 대선 6척, 중·소선이 각각 7척임.

제6조 전란 이전의 평시에 조선 도항이 허용되었던 수직인에 대해서는 전란과 관련된 죄를 면하게 해 주는 것을 다행으로 삼고 앞으로는 거론하지 않음.

제8조 일본이 조선에 배를 파견할 때는 모두 대마도측의 문인文引을 받아서 올 것.

제9조 대마도주에게 전례에 따라 도서인장를 발급함. 견본을 종이에 찍어서 예조와 교서관에 보관하고 부산포에도 비치해 둠. 일본에서 서계가 올 때마다 대조하여 진위를 가리고 격식에 어긋나는 배는 돌려보낼 것.

제10조 문인이 없는 자, 그리고 부산포를 거치지 않은 자는 적으로 간주
　　하여 죄를 물을 것.
제12조 기타 사항은 전례에 따를 것.

　마지막 조문제12조에 그 밖의 사항은 전례에 따른다고 되어 있듯이, 이
약조는 중세[42] 이래의 조약을 답습하고 있다. 문장 가운데 세견선1년 동안
파견할 수 있는 정기사선, 특송선일본의 국내 동향을 전하는 특별한 사선, 수직인조선 정부로
부터 관직을 부여받은 일본의 도항자, 도서구리로 만든 도장, 서계공문서, 문인도항증[43] 등
중세의 용어가 그대로 사용되고 있다. 게다가 제8조와 제10조에 있는
것처럼 도서를 소우 씨에게 발급하고, 도항선은 모두 그것을 날인한 서
계나 문인을 지참하도록 하게 하였다. 이로써 중세부터 이어져 내려온
대마도주 소우 씨의 특권이 재확인되고 있다.
　그러나 개별 조문을 보면 이제까지의 그 어떤 조약보다도 대마도에게
엄격한 내용이었다. 예를 들어 제3조는 가장 교섭이 치열했던 세견선의
수를 규정한 것이다. 그 때까지 체결되었던 조약50척 ⇒ 25척 ⇒ 30척 중에
서 가장 적은 숫자이다. 그것도 그 이전에는 선박의 숫자가 특별히 정해
져 있지 않았던 특송선까지도 그 수가 3척으로 고정되었을 뿐 아니라,
세견선의 총수 속에 그것이 포함되어 버린 것이다. 이렇게 되면 세견선
은 17척까지만 파견할 수 있게 되는 셈이니 대마도측에 불리한 내용이
아닐 수 없었다.
　더욱이 그 전에는 조선 정부로부터 관직을 받은 일본인 도항자수직인
가 많이 있었는데, 그들의 도항권이 모두 박탈당하고 말았다. 제6조에
서 '평시의 수직인'은 '죄'를 면하는 것을 다행으로 삼아야 했다. 여기에
서 말하는 '평시'란 전란 이전을 뜻한다. 그리고 '죄'란 조선 정부의 관직을 부여
받은 수직인이면서도 전쟁이 일어나지 못하도록 막지 못하였을 뿐만 아니라,

그 전쟁을 수행한 행위를 의미한다. 임란 이후에는 새롭게 인정된 수직인최종적으로 5명에게만 도항을 허용하기에 이른 것이다.

이처럼 조약의 내용은 대마도 입장에서 볼 때 꽤 엄격하였다. 하여튼 이것을 계기로 하여 그 동안 단절되어 있던 조선 도항이 대마도에게 정식으로 허용되었던 것이다. 무엇보다 다행인 것은 이 약조를 체결시킨 공적이 인정되어, 외교승 겐소에게 조선 정부로부터 도서가 새로 주조 · 발급된 것이다. 대마도주인 소우 씨에 이어서 전란 후 두 번째로 도서를 발급 받은 도항자인 수도서인受圖書人[44]이 탄생한 것이다. 겐소의 사송선은 그가 거주했던 대마도의 사찰 이름이정암[45]을 따서 '이정암송사'이테앙소시라고 불린다.

새로운 도서는 소우 씨의 일족이라든가 그의 중신인 야나가와 씨에게도 내려졌다. 만송원소우 요시토시의 법명송사 · 유천송사 · 유방원야나가와 시게노부의 법명송사 · 아명대마도주의 아들 명의송사가 그것이다. 새롭게 탄생한 '수도서선受圖書船'은 기유약조에 의해 감액된 선박의 수를 보충해 주었다.

그런데 일단 관대한 조치가 내려지자 봇물이 터진 것처럼, 대마도는 조선으로 도항하는 선박의 수를 늘리기 위하여 갖은 공작을 펴기 시작한다. 먼저 대마도는 정규의 도항선에 딸려서 조선으로 건너오는 부선제2호선[46]이나 수목선음료수라든가 배의 운항에 필요한 자재를 운반하는 배의 명목으로 별도의 배를 파견하였다. 그런가 하면 재차 도항한다는 뜻으로 재도再渡라 하여, 사절을 왜관에 내려놓은 채 배만 대마도를 다시 왕복하는 등의 방법을 동원하기도 했다. 물론 조선 정부가 이러한 행위를 정식으로 허가한 것은 아니었다. 그렇지만 대마도측이 끈질기게 이런 식으로 왜관에 건너오게 되고 그것이 반복적으로 이루어지면서 마치 관례처럼 굳어져 버린 것이다.

조선으로 건너오는 일본 선박은 이것만이 아니었다. '차왜'[47]라는 이름으로 파견되는 사신도 있었다. 쇼군이라든가 대마도주에게 특별한 일이 생겼을 때길흉·은거·습직 등 조선 정부에 이를 알리기 위해 파견되는 경우도 있다. 그런가 하면 통신사의 파견 요청과 안내·호송, 그리고 표류민의 송환 등과 관련된 임시사절이 파견되고 있었다. 원래대로 한다면 이런 것들은 특송선의 역할에 속하는 것이었다. 그런데 특송선3척이 세견선의 틀 속에 포함되어 버린 뒤로는 그에 가름하는 사절의 명목으로 차왜가 조선으로 건너오고 있었다. 조선 정부는 처음에는 이들 차왜를 규정 위반으로 간주하여 접대를 허용하지 않았을 뿐만 아니라, 그들을 조기에 일본으로 귀국시키도록 경고하고 있었다. 그러나 파견 목적이 국정에 관련된 경우가 많고, 게다가 표류민 송환과 같은 인도적인 측면도 간과할 수 없었다. 그래서 조선 정부는 이러한 명목으로 파견되는 차왜를 점차 묵인할 수밖에 없었다.

대마도가 이토록 조선으로 건너오는 사선使船의 파견 수에 집착하는 것은 무역이 사신의 왕래에 의해서 이루어지고 있었기 때문이다. 탑승하는 선박의 크기, 승선 인원수에 따라 1년 동안의 무역 총액이 전적으로 달라지게 된다. 그도 그럴 것이 쌀 생산을 거의 기대할 수 없는 대마도에서는 사선의 경영권을 소우 씨의 가신단이나 특권상인에게 할당하는 방식[48]이 중세부터 이어져 내려오고 있었다. 가신들에게 토지를 나누어주는 대신에 배교역권를 지급해 온 셈이다. 이것은 경작할 만한 토지가 부족했던 대마도에서나 볼 수 있는 매우 독특한 시스템이다.

왜관으로 건너 온 사절들은 선박 단위로 진상·공무역·사무역의 3가지 형태로 조선측과 무역을 하게 된다. 먼저 왜관에 입항한 정관 이하 일본 사신들은 향응이 이루어지는 연대청에서 조선측 담당 관리인 동래부사와 부산첨사에게 무사히 바다를 건너온 것에 대하여 인사를 한다. 이 의식을 '다례의'茶禮儀라고 부르는데, 이때에 도서를 날인한 서계를 제출하게 된다. 이 서계에는 계절인사라든가 교역의 내용, 더 나아가서는 대마도주가 조선 국왕에게 헌상하는 물품의 이름과 수량이 적혀 있다.[49]

헌상품은 진헌 의식이 실시될 때 제출된다. 이 의식을 '진상'進上이라고 한다. 물론 조선 국왕이 직접 왜관에 임석하는 일은 없다. 일본에서 온 사신은 조선 국왕의 상징인 '전패'殿牌를 보고 절을 올린다. 이것을 '숙배 의식'肅拜儀式이라고 부른다. 일본 사신이 올린 진상에 대하여 며칠 뒤 조선 정부가 회답서계와 함께 '회사'回賜라고 하여 답례품을 보낸다. 그런데 간혹 대마도측이 조선 정부를 상대로 특정 물품의 회사를 요청하는 일이 있는데, 그것을 가리켜 '구청'求請이라고 한다.

이들 진상 · 회사 · 구청은 말하자면 증답품을 주고받는 것이기 때문에 서로에게 가치가 있는 물품이 선정된다. 예를 들면 대마도가 진상하는 물품은 후추 · 명반 · 단목소목[50]이라고 하는 동남아시아산 물품이 중심을 이루고 있는데, 이것도 중세 이래의 전통이다. 이 가운데 후추는 약이藥餌 약효 있는 식물로서, 또 명반과 단목은 비단을 염색하거나 광택을 낼 때 사용되고 있었다. 그런데 이것은 모두 조선시대 상류층들의 일상생활에 없어서는 안 될 귀중품이다. 여기에 '마키에'[51]가 그려진 벼루상자라든가 쟁반, 진주 주홍[52], 무늬 있는 종이 등 일본 국내에서 제조 · 생산된 물품이 조금씩 추가되고 있었다.

위에 열거한 것들은 모두 사송선使送船마다 품목과 수량이 정해져 있는데, 가끔씩 상황에 맞추어 조선측의 환심을 살만한 물건들도 헌상되고 있다. 예를 들면 겐나元和에서 간에이寬永 초기1620년대에 걸친 시기에는 일본제 조총이라든가 유황, 납 등 무기류라든가 탄약 제조의 원료가 빈번하게 공무역을 통해 대마도에서 조선으로 들어오고 있다. 건국 후 얼마 되지 않은 후금국뒤의 청나라의 군대가 한반도의 북방을 위협하고 있었기 때문이다.

조선이 대마도에 주는 회사품은 종류가 다양하다. 인삼, 표범가죽, 호랑이가죽, 호랑이 쓸개, 호랑이 고기, 매, 개, 명주기름, 모시베, 삼베, 무명베, 붓, 먹, 돗자리, 흰 종이, 기름종이, 밤, 호도, 잣 등등 동식물에서 약재, 직물에 이르기까지 모두 조선의 국산품이 차지하고 있다. 또 임시의 구청품 중에는 조선의 의학서, 약재의 묘목, 휘파람새[53]나 조선의 원앙살아 있는 새, 말, 노루 등이 들어 있다. 이런 것들은 대마도주가 쇼군이나 그 주변의 유력 다이묘로부터 요청을 받은 경우가 많다.

이 밖에도 사자의 격에 맞추어 왜관에 체재하는 동안 식료, 도항수당, 배의 수리에 필요한 자재 등이 지급된다. 이런 것들도 일종의 증답품으로 간주할 수 있음은 물론이다. 종류와 수량 측면에서 보면 조선이 주는 회사가 대마도의 진상보다 훨씬 많다. 그것은 어디까지나 '큰 나라가 작은 나라를 구휼한다'《송사약조사기》고 하는 맥락과 같은 것이다. 요컨대 진상·회사는 조선 국왕과 대마도주 사이의 조공관계 속에서 이루어지는 물품의 증답으로 보아도 좋다.

공무역도 마찬가지로 중세 이래의 무역형태를 답습하고 있다. 겐소가 1608년선조41, 慶長13 선위사 이지완李志完과 교섭을 벌여 무역이 재개된 뒤에도 같은 형식으로 무역이 이루어진 것이 확인된다. 이 무역은 조선에서 나지 않는 구리·납철주석·동남아시아산 단목과 흑각물소뿔 등을 조선 정부가 공목목면으로 사주는 방식이다. 조선에서는 질 좋은 목면을 농민들로부터 공과公課로서 징수하고 있었다. 거기에서 이름을 따서 그것을 공목이라 부르고 있는데, 동전이라든가 쌀 등과 함께 화폐와 같이 사용되는 관습이 있었다. 그 품질은 '마치 두 겹의 흰 깃털과 같다'고 절찬할 정도였다. 그것은 중세에서 근세[54] 초기까지도 일본에서 국산화가 이루어지지 않고 있었던 탓도 있었는데, 당시 일본에서는 목면면포이 고급 수입품으로서 매우 중요하게 취급되고 있었다. 약조 체결 때 교환률절가이 결정되었는데, 1613년광해5. 慶長18까지 선박별로 품목과 수량이 정해져 진상과 마찬가지로 정품·정액제가 확정된다.

조선측이 난색을 표시한 것이 사무역이다. '사'라고 하는 글자에는 '비밀스럽게'라고 하는 의미가 담겨져 있기 때문에 종종 밀무역으로 잘못 이해되는 수가 있는데, 이것도 조선 정부가 공인하는 정규 무역이다. 조선 상인이 왜관으로 물건을 가지고 가면 관리의 입회 아래 장이 서게 되는데 이것을 '개시'開市라고 불렀다.

그러나 왜관에 사인私人이 빈번하게 드나들게 되자 결국 그곳이 밀무역잠상의 온상이 되고 만다. 국가의 기밀이 누설되기도 하고, 이익을 좇다보니 서로 다툼이 끊이지 않는 등 폐해가 뒤따르게 된다. 실제로 중세에는 이런 이유 때문에 사무역 금지령이 내려진 적도 있다. 또 겐소가 약조 교섭을 하고 있는 바로 그 순간에도 '부산사람 이춘영李春榮'이란 자가 왜관에서 밀무역 혐의로 체포되는 사건이 발생하여《접대사목록초》, 무역 재개를 앞두고 사무역이 과연 용인될지 어쩔지 알 수 없는 미묘한 지경까지 가고 말았다.

1610년광해2. 慶長15 3월에 이르러 영의정인 이덕형李德馨이 국왕에게 다음과 같이 진언했다. '왜관에서 사무역을 금지하면 오히려 밀무역이 늘어나게 될 것입니다. 또 대마도는 사절을 상경시키려고 집요하게 요청을 하고 있는데, 이것을 허락하지 않는 대신에, 사무역을 용인해 주는 것이 어떻겠습니까?' 결국 이 의견이 받아들여지게 된다. 한 걸음 더 나아가 비변사변경의 방비 등을 담당하는 관청나 동래부왜관의 감독관청에 의하여 개시일과 취급품목 등에 관한 의견 조정이 이루어졌다.

사무역에 관한 새로운 규정은 다음과 같다. 먼저 개시일은 3과 8이 들어가는 날짜로 월 6회로 정했다.[55] 단 물건이 많이 모아지는 등 특별한 사정이 있을 때에는 임시로 '별시'를 인정한다. 왜관을 출입하는 조선 측 상인은 거래액에 따라 세금을 납부하지 않으면 안 되며, 반드시 호조_{호적·세금·재무를 담당하는 관청}나 각 도의 감사_{지방관}가 발행하는 행장_{통행증}을 발급 받아서 무역에 참가해야 한다. 특별히 거래가 금지된 물품을 제외하고는 거래품목이라든가 수량에 제한을 두지 않는다.

마지막 규정에 나오는 금수품 대상에는 처음에는 망룡단_{蟒龍段 용 모양} _{이 그려진 비단으로 명나라 조정으로부터 하사 받은 조선 국왕의 관복에 그려져 있음}만 해당되었다. 그런데 뒤에 가면 일본이 무기를 금수품으로 지정하고 있다. 그러나 이런 것 외에는 무엇이든지 교역할 수가 있으며, 진상이나 공무역처럼 사선별 할당액도 정해져 있지 않다. 대마도가 사무역을 통해 얻고자 했던 것은 비단의 원료인 생사生絲라든가 견직물과 같은 중국산 물품, 그것과 함께 조선에서 나는 인삼, 호랑이 가죽 등 일본으로 가지고 가면 비싼 값으로 팔 수 있는 물품뿐이다. 무역이윤을 얻기 위해서도 사무역의 공인은 중요한 규약이다.

1611년_{광해3, 慶長16} 무역 재개 후 최초의 세견 제1선이 왜관으로 입항을 했다. 그에 앞서서 대마도에서 매매를 전담할 관계자 3명이 왜관에 파견되고 있다. 주로 공·사무역의 매매 교섭이라든가 결제, 조선측의 각종 지급물_{답례품} 수취나 독촉 등을 전문으로 담당하는 관리인데, 나중에 이것이 '대관'_{代官}의 기원이 되었다고 생각된다. 인원수는 1635년_{인조13, 寬永12}이 되면 24명으로 늘어나 있다.

그들은 사절의 일원이 아니라 왜관에 장기 체재하면서 무역 관계의 일에만 전문적으로 종사하는 관리이다. 또 1637년_{인조15, 寬永14}에는 왜관 전체를 통괄하는 관수_{館守}가 상주하게 되는 변화도 나타난다. 무역의 활성화, 더 나아가서는 왜관의 경제적 발전과 더불어, 중세의 항거왜인과는 또 다른 새로운 성격의 주민들이 왜관에 출현하고 있었던 것이다.

고왜관의 풍경 :

　　두모포왜관은 그 뒤에 설치되는 신왜관과 달리, 기록이나 남아있는 그림이 적다. 뿐만 아니라 두모포왜관의 건물에 대해서는 상세한 것을 알 수가 없다. 다행스럽게도 왜관이 들어설 때 양국이 서로 위치를 확인하기 위하여 그려 둔 그림이 전해지고 있다. 이에 따르면 동쪽으로는 바다 쪽을 향하고 있고, 남·서·북 세 방향은 담으로 둘러싸여 있음을 알 수 있다. 문은 동쪽에 한 개뿐인데, 이것을 수문 水門이라고 부른다. 이 문의 바깥쪽에 좌자천佐自川. 줄여서 좌천이라고도 함이라 불리는 하천이 흐르고 있고, 그 주변에 매일 아침장이 섰다고 한다. 아침장 즉 조시朝市에 대해서는 뒤에서 다시 설명하겠지만, 왜관 사람들의 생활 필수품을 팔러 인근 마을 사람들이 생선이랑 야채 등을 가지고 가서 여는 장을 말한다.

　　그림의 뒷 쪽 편에 산이 그려져 있다. 아마도 이것은 구봉산일 것이

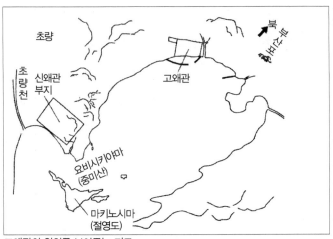

고왜관의 위치를 보여주는 지도
일본 나가사키현립 쓰시마역사민속자료관 소장《御國より朝鮮古和館新館え渡口之圖》

다. 부지는 동서면이 126보칸, 남북면이 63보, 면적은 약 1만평으로 알려지고 있다. 소재지는 현재 부산광역시 수정동 일대이다.

그러나 이 왜관은 시설로서는 꽤 문제가 있었던 모양이다. 먼저 지형적으로 남풍이 직접 맞닥뜨리는 위치에 있었기 때문에, 태풍 등의 피해를 입기가 쉽다. 선착장에는 나무로 만들어진 간단한 울타리밖에 없기 때문에 정박하고 있던 배가 떠내려가지 않도록 하기 위하여 보통 때는 배를 뭍으로 끌어올려 놓지 않으면 안 되었다.

내부는 연향청사신의 응접소을 중심으로 하여 동관과 서관의 두 채가 지어져 있었는데, 여기에도 문제가 있었다. 동관이 바깥 도로보다 낮은 위치에 있어서 통행하는 사람들이 왜관 내부를 빤히 쳐다보면서 지나가는 바람에 도무지 신경이 거슬리지 않을 수 없다. 게다가 순전히 조선식 건물이기 때문에 일본인 취향에도 어울리지 않는다.

설치된 지 4년째가 되던 1611년광해3, 慶長16 동래부사가 왜관을 시찰하자, 일본인들이 달려들어 '모두들 서관[56]으로 들어가기를 싫어하며 동관에만 사람들이 몰린다' '하천 입구로 바닷물이 드나들어 모래를 흩뿌린다'는 등 다들 불만을 늘어놓았다고 한다《왜관이건등록》. 아마도 국토를 산산조각 내듯 황폐하게 만들어버린 일본인에게 조선측이 별로 좋은 객관을 제공해 주지는 않았던 것 같다. 같은 해 연향청을 왜관 밖으로 옮기고 그 자리로 서관을 이전하는데, 그래도 좁다고 불평이 끊이질 않았다. 그 무렵 왜관에 있던 수직인 3명이 동관측의 빈터에 별채를 증축하고 싶다고 하면서 목재를 지급해달라고 조선측에 요구를 하고 있다《변례집요》. 이 때부터 고왜관에는 필요하면 수시로 신규 건물이 증축되고 있었던 모양이다.

훨씬 뒤의 일이지만 1806년순조6, 文化3 오가와 지로우에몽小川次郎右衛門이라고 하는 인물이 이미 폐관이 되어버린 고왜관을 찾아가 다수의 건물 흔적을 확인하고 있다. 지로우에몽은 특송사 정관이 되어 왜관으로 건너와 가을의 피안일[57]에 고왜관에 있는 무덤에 성묘를 간 것이다. 추원희초秋園戲艸 슈엔기소라고 하는 멋들어진 아호를 가진 그가 그 때의 정경을《우진토상》愚塵吐想 구진토소이라고 하는 책에서 글로 남기고 있다.

북으로 향하여 넓은 벌판 한 가운데 밭이 있는 곳을 목표로 삼아 걸어가자면, 왜관의 옛 터가 나온다. 중앙에 산이 있고, 소나무 수목이랑 돌담 등이 남아 있다. 돌담에서 1정약 100미터 정도 가면 우물이 있었다. 전하는 말에 따르면 이곳이 옛 동향사東向寺의 우물이라고 한다. 그곳에서 반정 정도를 더 가면 바닷가가 나오는데 거기에 선창 터가 남아 있었다.

고왜관 터에 있는 돌담 중에서 산쪽에 있는 것은 별로 무너지지 않았다. 관수옥은 지금 만호萬戶 외침방어를 목적으로 설치된 관직의 거택이 있는 곳인데, 아직까지도 주춧돌 등이 남아 있는 것 같다. 첨관옥은 마을

에서 서쪽 방향에 위치한 밭 가운데 있다. 그 아래로 난 길에 동향정동
향사의 우물이 있다. 마을 입구에는 술집주막의 우물이 있으며, 지금도 한
인들이 그 물을 마시고 있다고 한다. 노두옥[58]의 집터로 생각되는 곳에
팽나무가 서 있었다.

절영도의 서쪽 산 중턱에 아사히나朝夷奈의 당堂이 있다. 한인은 이것을
성황이라고 부른다. 중략 고왜관 시절에는 왜관 안에 있었다고 한다.

위 내용을 읽어보면 오가와 지로우에몽이 고왜관 터에 가서 관수가옥,
동향사, 첨관옥객관, 노두옥일본측 경비소, 주막 등이 있었던 위치를 확인하
고 있음을 알 수 있다. 훗날 절영도로 이전되는 아사히나의 당집아사히나
大明神을 모시는 사당도 고왜관 시대에 이미 지어져 있었다고 한다.

고왜관에서 사망한 사람들은 근처 묘지에 안치된다. 여기에 성묘를
간 오가와 지로우에몽은 '묘소는 24곳, 세내笹內라고 하는 곳에도 3기'가
있었다고 기록하고 있다.

동북 방향으로 1정 정도 가자면 흙으로 만든 다리 즉 토교土橋가 나온
다. 그 하천 건너편에 개운포開雲浦라고 하는 촌락이 있는데, 이곳을 속
칭 세내笹內라고 부른다. 거기에서 서쪽으로 향하면 황토색을 띤 산이
나오는데, 여기에 쓰노에津江 씨의 무덤이 있다.

묘소에 참배한 뒤 그 옆에서 잠시 쉬면서 노래를 부르는 사이 이것저것
옛터에 대하여 느껴지는 바가 있었다. 이 산에서 내려다보면 부산성이
잘 보인다. 부산의 포구들은 동북쪽에 해당된다고 생각되는데, 절영도
를 굽어볼 수가 있다. 서북쪽으로는 검고 험하며 기묘한 형상을 한 높은

산이 있는데, 중국唐의 풍경도 필시 이와 같을 것이라고 상상이 되었다.

　쓰노에 씨란 쓰노에 효고노스케津江兵庫介를 가리킨다. 나중에 설명하겠지만 왜관의 이관 교섭을 위하여 동래부를 상대로 직접 담판을 벌이던 중 급사해 버린 대마도의 무사이다. 난항을 거듭하고 있던 교섭이 이것을 분수령으로 하여 급진전된 탓에 쓰노에 효고노스케는 왜관의 영웅이 되어 버린 것이다. 오가와 지로우에몽은 '쓰노에 씨의 옛 무덤에 참배하고 그 용덕을 기리며'라는 제목으로 다음과 같은 단가[59]를 읊고 있다.

　　이끼가 끼도록 / 잘도 살아남았네 / 아름다운 꽃이여[60]

　또 산 정상에서 내려다 보이는 고왜관 주변의 모습을 읊은 단가 중에서 네 수 정도 소개하면 다음과 같다.

　　선창 / 여기저기 / 새들의 빈 집
　　가을바람 산들거리는 / 아름다운 벼 / 역시 부산일세
　　아른아른 / 가을 새가 보이네 / 부산성釜山城이구려
　　중국풍 물씬 풍기는 / 바닷물에 비친 그림자 / 가을 빛 가득하네

　이처럼 고왜관의 부지 안에는 왜관을 옮길 무렵1670년대 꽤 다양한 종류의 시설이 증설되어 있었다. 그들은 모두 사절의 일원이라기보다는 왜관에 상주하면서 특수한 임무를 띠고 있었던 관리들이다. 수많은 무덤과 절, 사당, 술집의 존재는 장기간 동안 체류하는 사람들이 상당히 많은 수에 이르고 있었음을 연상시킨다.

　장기 체류자와 그 시설에 관한 것은 1629년인조7, 寛永6 외교승 겐포우

가 조선의 수도에 상경했을 때의 견문록인 《어상경지시매일기》御上京之時每日記에도 종종 등장한다. 이 일기는 겐포우 일행 19명의 사절단 가운데 부사역을 맡았던 소우케宗家의 가로家老 스기무라 우네메杉村采女의 가인家人이 쓴 것이다. 일행은 후금국뒤의 청국에 의한 한반도 침입 사건정묘호란 1627 후 정세를 탐색하기 위하여 서울에 파견된 것인데, 조선후기에도시대 최초이자 최후의 상경사가 되는 셈이다.

일기 속에서 장기 체재자가 처음으로 나타나기 시작하는 것은 겐포우 등이 고왜관을 뒤로 한 채 서울로 떠나는 4월 6일일본력-옮긴이 기사이다.

> 북동풍. 아침부터 점심 무렵까지 날씨가 매우 좋았다. 부산고왜관을 떠나 동래의 유노모토하라[61]라고 하는 곳에서 동래부사의 접대가 있었다. 중략 이곳 동래까지 왜관의 장기 체재자들이 20명 정도 함께 왔다.

단기간 머물다가 대마도로 돌아가는 사절들과 달리 장기 체류자인 이들을 가리켜 '유관중'留館衆이라고 부른다. 글자 그대로 왜관에 머무르는 자들이라는 의미이다. 이에 따르면 겐포우가 출발하던 날, 동래까지 왜관 체재자들만 해서 20명이나 되는 많은 사람들이 전송을 했다고 한다. 유노모토하라라는 곳은 온천이 나오는 곳으로 유명한데, 오랜만에 온천욕을 즐긴 모양이다.

겐포우 일행은 서울에서 임무를 마친 뒤 6월 6일 다시 고왜관으로 되돌아온다. 그때부터 대마도를 향해 출항하는 14일까지 9일 동안의 고왜관 체재에 대하여 기록한 것이 아래 내용이다.

> 6월 7일 오늘 겐포우가 복통이 나서 중략 '유관자'留館衆들이 문병을 왔다. 대관들代官衆은 네 차례나 문병을 오셨다.

6월 8일 오늘 장로님쵸로사마 : 겐포우과 우네메님이 유관留館에 오셔서 집을

　　　둘러 보셨다. 부젠豊前, 야나가와 시게오키의 지배 아래 있음의 대관들에

　　　게 집을 되돌려 주셨다. 대관의 방에서 중관문中官門까지 거리가

　　　17칸약 30미터, 안쪽으로는 야베에 자에몽弥兵左衛門의 방 안쪽까지

　　　8칸약 14미터이다.

6월 11일 대마도주소우 요시나리宗義成로부터 선물이 왔는데 겐테이玄程의 절

　　　에서 장로님, 우네메님, 그 밖에 수행인으로서 마츠오 가에몽, 아리

　　　타 모쿠베에, 대관중이 오셨다. 유관자들에게는 대청에서 잔치가

　　　베풀어졌다.

　여기에서도 '유관'留館 즉 왜관에 머무르는 사람들이 등장한다. 또 겐포
우 일행이 '유관에 외출'했다고 하는 것을 보면, 그 건물이 한 가운데 몰
려 있었던 모습을 전하고 있다. 이 가운데 소우케의 중신인 야나가와 씨
의 지배 아래 있었던 대관무역 담당자의 집이 겐포우의 숙소로 사용되고
있었다. 아직 관수 제도가 성립되기 전이므로 관수옥은 지어져 있지 않
다. 겐포우는 '국왕사'를 칭하면서 조선의 수도에 상경을 하고 있으며,
그토록 격식이 높은 사절이 머물러야 할 곳이기에 왜관 안에서 가장 큰
건물인 대관옥을 선택했다고 한다. 방에서 문까지 거리가 30미터, 안쪽
거리가 14미터라고 하니까 꽤나 큰 집이었던 것 같다.

　8일의 기록 가운데 '야베에 자에몽弥兵左衛門의 방'이라고 하는 대목이
있으며, 그 밖에 다른 날짜에 '아리타 모쿠베에의 방'이라고 되어 있는
기록도 보인다. 이것은 독채로 된 집이라기보다는 단층 연립주택처럼 지어진
나가야[62]의 방 한 칸을 연상시킨다. 아리타 모쿠베에는 중세 이래의 대
마도 무역 특권상인 '로쿠쥬닝'의 일원이다. 상경사의 일원에도 가담하
고 있으며, 1632년인조10, 寬永9부터 20년 동안이나 '재판'이라고 하는 특별

외교 교섭관으로 종사한 것으로 알려지고 있다.

오가와 지로우에몽이 앞에서 언급한 동향사에 관한 것이 11일자 일기에도 보인다. 이 날 '겐테이의 절'에서 연회를 개최했다고 하는데, 겐테이라는 사람 이름을 봐서는 겐포우의 제자로, 그리고 절은 동향사라고 생각해도 무방할 것 같다. 겐포우는 임제종臨濟宗 환주파幻住派에 속하며, 그 무렵 대마도의 이정암에서 외교문서를 혼자서 담당하고 있다. 동향사도 마찬가지로 임제종에 속하는 절이다. 동쪽으로 접하고 있던 바다 근처에 있었는데, 거기에서 이 절의 이름이 유래되었다고 생각된다.

신왜관에도 동일한 이름의 절이 세워져 있는데, 그곳 승려를 조선에서는 '서승왜'書僧倭라고 부르고 있다. 왜관에서 사망한 사람의 법요라든가 일상적인 불사에 임하는 것말고도, 조선과의 사이에 서로 주고받는 외교문서의 초안을 작성하기도 하고, 거기에 사용된 글자나 문서의 형식 등을 점검하는 일을 도맡는다.

동향사가 지어진 정확한 연대는 알 수 없으나 아마도 앞에서 인용한 일기가 작성된 1629년인조7, 寬永6까지 거슬러 올라갈 수 있음은 물론이다.

장기 체재자가 늘어나는 이유 중 하나는 조선과 일본 사이의 업무가 복잡해지면서 전문적인 지식과 경험을 가진 전임관이 필요해지게 되었기 때문이다. 왜관에서 어떤 일이 벌어지고 있었는지를 《어상경지시매일기》에서 좀 더 살펴보기로 하자.

먼저 왜관의 중요 행사를 전하는 기사가 보이는데, 일행이 부산포로 돌아온 지 4일째가 되는 6월 9일 기록 가운데 이런 대목이 있다.

> 오늘 왜관 밖에서 '이하치'가 있었다. 조선측에서는 선위사와 동래부사가 출석하셨다. 중략 오늘의 '이하치'에서 선위사와 동래부사 그리고 장로님이 시를 주고받으셨다.

여기에 나오는 '이하치'[63]라는 것은 한국어의 '이바지하다'가 변형된 것인데, 연회라든가 접대를 의미하는 말이다. 이것은 중세의 '삼포숙공'三浦熟供에 해당되는 것인데, 포소에서 정해진 절차에 따라 개최되는 소정의 접대가 이루어지게 되는 것이다. '나가는 이하치'[64]라고 되어 있는 것을 보니, 겐포우 등이 왜관의 숙소에서 밖으로 나와서 연향청으로 향하였음을 알 수 있다. 서울에서 일행을 데리고 온 선위사응접관, 그리고 왜관을 관할하는 동래부사 등이 동석한 가운데 겐포우가 자신의 특기인 한시를 선보이는 등 분위기가 한층 무르익은 한 때를 보내고 있다.

그 이튿날6월 10일 무역과 관련된 기사가 등장한다.

> 1호선본선과 2호선부선의 뱃사람으로 일할 사람들을 불러모았다. 히라야마 큐베에平山久兵衛님과 함께 내가 그 배에 올라탄 다음, 내 도장을 하나, 그리고 큐베에님의 도장을 하나, 모두 두 개씩 도장을 찍었다. 오늘 장이 섰다.

겐포우 일행은 국왕사를 칭하고 있다. 기유약조에 의하여 본선과 부선 2척이 편성되도록 정해져 있다. 두 척의 배에 타는 승무원의 충원이나 서류의 확인 등이 분주하게 진행되고 있는 모습을 떠올릴 수 있을 것이다. 도장을 찍고 있는 히라야마 큐베에라고 하는 사람은 앞에서 본 아리타 모쿠베에와 똑 같이 무역 특권상인인 '로쿠쥬닝'의 한 사람인데, 이번 사절에도 동행하고 있다.

그런데 위의 기사 중에서 '오늘 장이 섰다'고 하는 대목이 보인다. 사무역개시, 그것도 별시임시로 선 장가 열리고 있다. 이날 거래된 물품에 대해서는 상세한 것을 알 수 없지만, 12일에 1호선과 2호선의 선적 작업이 이루어졌다고 하는 기사가 보인다.

오늘 2호선에 어물御物을 36말丸, 그밖에 장로님과 우네메님의 물건을
싣는다. 큐베에, 가우에몽, 모쿠베에가 준비를 하여 선적을 모두 마치
고, 출항을 위해 흑도黑島까지 배를 타고 갔다.

1호선에도 장로님과 우네메님의 물건을 조금 선적한다. 우리들從者들
짐도 모두 실었다.

　여기에서 말하는 '어물'御物 교부츠이란, 그 단위丸와 표기 방식으로 봐서
는, 중국산 백사품질이 뛰어난 실. 생사를 가리키고 있는 것으로 생각된다. 나
중에 언급하겠지만 백사는 교토의 생사업자에게 비싸게 팔려 나가는데,
대마도가 가장 이익을 많이 보는 수입품인 것이다.
　이 날 선적을 마친 36말은 1,800근1말=50근에 해당하는데, 1회의 사무
역 거래량치고는 꽤 많은 편이다. 이 무렵 조선·중국간 교역로가 전란
에 의하여 불안정했던 점을 생각한다면, 겐포우 등이 이 정도로 많은 양
의 백사를 입수할 수 있었다는 사실 자체가 퍽 놀라운 일이다. 가격은
알 수 없으나, 백사는 현찰 즉 현은現銀으로 거래하기 때문에, 그들이 꽤
많은 양의 은을 왜관으로 가지고 들어왔음에 틀림없다.
　1호선에도 짐은 실려 있지만, 무역품의 수송이라고 하는 본래의 임무
는 아무래도 2호선쪽이었던 모양이다. 이 날 입회하였던 마츠오 가우에몽
은 히라야마 큐베에, 아리타 모쿠베에와 똑같은 '로쿠쥬닝' 상인이자 상경사
의 일원이다. 더욱 재미있는 것은 2호선의 움직임이다. 이날 선적 작업
을 마친 2호선은 1호선을 왜관에 남겨 둔 채 서둘러서 대마도로 향해 출항
을 해 버린다. 백사 등 무역품을 한 시라도 빨리 일본의 국내 시장으로
가지고 가기 위한 것이다. 겐포우 등 사절 일행의 일정에 맞추지 않고
독단적으로 행동하는 사선의 운영이 이 무렵부터 이미 시작되고 있었음

을 말해주고 있다.

사실, 이 2호선은 겐포우 일행이 서울에서 왜관으로 돌아온 바로 그 날인 6일에 대마도에서 왜관으로 다시 되돌아왔다고 하는 기사가 있다.

> 자시밤 12시 무렵, 대마도에서 2호선이 도착했다. 대마도 본청에서 보내
> 온 서장書狀 등을 지참하고 왔는데, 도주島主를 비롯하여 모두 무사하다
> 고 한다. 상경사의 귀국을 축하하여 기옹에[65]서 공연할 '노'[66]의 배역配役
> 등을 일러 주셨다.

한 마디로 말해서 2호선은 겐포우가 조선에 머물고 있는 사이에 한 번 더 왜관과 대마도 사이를 왕복하고 있었던 셈이다. 이와 관련하여 조선 측과 특별히 마찰을 일으킨다거나 하는 일은 없었던 것으로 보인다. 실질적인 무역액 증가를 꾀한 공작이 이미 일상적인 일처럼 되어 있었음을 알 수 있게 해준다. 이와 같이 사선의 운행을 교묘하게 조정하면서 무역의 확대를 도모하였던 것이 실무를 더욱 번잡스럽게 만들고, 그것이 결국 왜관 상주자의 증원으로 연결되어 갔다고 생각된다.

그러면 당시 왜관에서는 어떠한 일이 벌어지고 있었던 것일까? 당초 객관을 머리 속에 넣고 설계된 왜관은 새로운 주민들의 출현에 의하여 얼마가지 못해 공간적으로 과밀 상태에 빠져 버리고 만다. 왜관의 밖에서 생활하는 것이 허용되지 않는 이상, 왜관은 중세와는 또 다른 의미의 '항거왜'를 내부로 받아들이지 않으면 안 되었다. 그렇게 해서 그들의 거주를 위한 시설이 하나 둘 증축되어 간 것이다. 고왜관은 여러 가지 결함을 지니고 있었다고들 하는데, 그것은 지형적인 입지조건 때문만은 아니다. 대부분의 원인은 장기 체재를 일삼는 '거주자' 자신들에게 있었다고 말해야 할 것이다.

중세와의
결별:

       1629년인조9, 寬永6 상경사 겐포우가 조선의 수도로 올라갔을 무렵, 대마도 내부는 하나로 단결되어 있던 상태가 아니었다. 실력자인 중신 야나가와 씨가 그의 주가主家인 소우 씨와 날카롭게 대립하고 있었다. 겐포우는 열세에 놓인 소우 요시나리편에 서 있었다. 겐포우가 고왜관에서 머물렀던 숙소가 대관의 집이었던 점, 그것이 야나가와 씨 소유인 점은 앞에서 설명하였는데, 사실은 그것이 자발적인 것이 아니라 강제적으로 제공된 것이다.

    그 무렵 야나가와 씨의 당주當主는 3대째인 시게오키調興이다. 에도에서 태어나 이에야스 · 히데타다 · 이에미츠로 이어지는 3대에 걸쳐 쇼군將軍의 측근에서 봉사한 특이한 경력을 가진 집안의 이 중신은, 할아버지시게노부 調信나 아버지도시나가 智永와 달리, 대마도로 귀국하는 것을 싫어하여, 자기 자신은 단 한 번도 조선으로 건너 온 적이 없었다. 왜관의 일은 전부 가인家人인 대관에게 맡겼다. 일찍이 소우 요시토시에게 주어진 히젠肥前의 영지 2천 8백 석 중에서 1천 석은 도시나가대에 야나가와 씨에게 분급되고 있다. 그것도 이에야스의 직접 명령에 의한 것이었다고 하니까, 한낱 다이묘 집안에 소속된 가신의 지위를 넘어서고 있다. 타의 추종을 불허하는 세력의 신장은 점차 그의 주인격인 소우 요시나리를 경시하게 되고 급기야 서로 대립하는 구조가 이루어진다.

마침 겐포우 등이 대관옥을 접수했을 당시 야나가와 씨와의 대립은 더욱 심각해지고 있었다. 이것을 바쿠후의 로쥬가 중재하는 사이에, "일본이 조선에 보낸 국서는 대마도가 제멋대로 위조한 것이다"고 하는 폭탄 선언이 시게오키의 입에서 튀어나오고 말았다. 실제로 소우 씨 가문에서는 중요한 사절의 경우 국왕사를 칭하게 되고, 때로는 있지도 않은 국서를 위조하기도 했다. 또 국서의 문구 중 일부를 부분적으로 바꿔 쓰는 개찬改撰이라고 하는 수법이 동원되기도 했는데, 그것을 폭로한다고 하는 것은 엄청난 사건이 아닐 수 없다.

처음에는 단순한 집안싸움[67]으로 보였던 것이 갑자기 외교 의혹이 얽

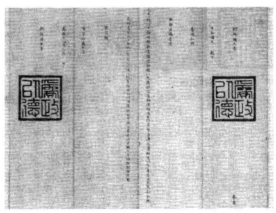

조선 국왕(선조宣祖)의 국서
일본 교토대학 총합박물관 소장

조선 국왕의 국서國書를 나르는 일본인들(1711년)
국사편찬위원회 소장 《신묘통신사행렬도》

한 국제사건으로 번져 버렸다. 사안의 중대성을 고려하여, 일본의 바쿠후는 대마도에게 조선 도항을 일단 중지시키고 관계자들을 에도로 불러 모은다. 쇼군이 직접 심리에 임석하는 삼엄한 분위기가 계속된다. 때는 1635년인조13, 寬永12, 이것이 저 유명한 '야나가와柳川사건'이다. 소우 씨가 계속해서 대마도를 지배할 수 있느냐 그렇지 못하느냐가 걸려 있는 중대 사건이었다.

그런데 국서의 위조라고 하니까 굉장히 엄청난 일인 것처럼 들릴지 모르겠지만, 소우 씨와 그 주변 사람야나가와柳川사건들에게는 이것은 아무 것도 아닌 일이다. 사실 대마도에서는 꽤 일찍부터 이런 일이 벌어지고 있었다. 대마도가 조일관계를 관장하면서 조선이 그 이전부터 무로마치 바쿠후[68]라든가 오우치大内 씨, 그 밖의 유력자들에게 보낸 도서구리로 만든 도장 등을 대마도가 함부로 사용하여 공문서를 위조해 온 전력이 있다. 사용하는 인감류는 소우 씨의 관청 안에 보관되어 있었는데, 가신에게 나누어주는 토지 대신에 조선 도항권사선 소무권을 부여하기 위하여 사용되고 있었다. 경작지가 부족한 대마도에서나 볼 수 있는 방법인데,

이러한 대마도 영내의 운영방식이 자연스럽게 가짜사신을 파견하는 이른바 '위사偽使 체제'를 만들어냈던 것이다.

최근 이와 같은 대마도의 도장 부정사용을 증명하는 대발견이 이루어졌다. 대마도에 오랫동안 비장秘藏되어 오던 중요 고문서가 섬 밖으로 유출되어, 현지에서 사료의 보존운동이 일어나자 그것을 매스컴에서 대대적으로 다루었던 적이 있다. 1995년의 일인데 우연하게도 필자가 그 귀중한 고문서류를 조사할 기회를 얻었다. 16세기 조선왕조가 제작·발급한 23개의 인장 즉 도서 실물과 그 모조품으로 보이는 14개의 목제 도장을 눈으로 직접 확인할 수 있었다.

발견된 인감류는 대마도주가 타인 명의의 사신이라 칭하고 조선에 파견하는 일이 이미 일상적으로 이루어지고 있었음을 증명하고 있는 것인데, 말하자면 '위사체제의 흔적'이라고 말할 수 있는 것들이다. 당시 일본 국내에 현존하고 있던 도서는 단 한 개뿐이었으니까, 한꺼번에 23개가 대량으로 발견된 이 사건은 중대 뉴스가 아닐 수 없었다. 그런데 나중에 알게 된 일이지만, 목제 도장쪽이 역사적 의미로 볼 때 더 귀중한 것이었다. 거기에는 아시카가 쇼군이 조선이라든가 유구琉球 류큐 등에 보낸 국서에 사용하던 '덕유린'德有隣이 4종류, 오우치 씨가 조선으로부터 받은 인감으로 중앙 반쪽을 절단한 '통신부'通信符가 두 개, 그리고 조선 국왕의 국서에 찍는 '위정이덕'爲政以德 도장이 한 개 포함되어 있었던 것이다.

이들 목인木印의 존재는 조선과 일본의 두 톱클래스의 문서가 위조되거나 개찬되고 있었음을 증명하고 있다. 특히 흥미로운 것은 '위정이덕' 도장이다. 그 인영印影을 현존하는 조선국서와 맞추어 보았더니 조선후기에도시대에 사용되었던 것과는 전혀 맞지 않는다. 그런데 그보다도 이전인 1590년선조23. 天正18 히데요시에게 파견된 조선의 통신사가 지참한

조선 국왕의 국서에 찍은 목인(위정이덕爲政以德)
도쿄국립박물관 소장

국서의 국왕인國王印하고는 치수 등등이 딱 맞아떨어진다. 조선국서의
위조는 일본의 도쿠가와 시대에 시작되는 것으로 막연하게 생각하고 있
었는데, 이 목인의 발견에 의하여 그것이 도요토미 시대로까지 거슬러
올라간다는 사실을 처음으로 알게 된 것이다.

앞에서 설명한 기유약조는 그 제9조에서 도서의 사용은 대마도주로
한정한다고 되어 있다. 이것은 뒤집어 생각하면 중세에 부정하게 사
용되고 있었던 여러 인감류가 앞으로는 전혀 사용될 수 없게 되었음을
의미하고 있다. 약조가 결과적으로 '위사체제'를 크게 붕괴시킨 셈이
된다.

그럼에도 불구하고 아직 완전한 파괴로는 이어지지 않았다. 현실적으
로는 조선 국왕이나 도쿠가와 쇼군의 국서 위조와 개찬이 조선후기에도
시대에 들어선 이후만 해서 10회 이상 이루어지고 있다. 이와 관련된 사
람들이 입만 다물고 있으면 그것이 밖으로 드러날 가능성은 매우 희박
했다.

대마도의 비밀 중의 비밀이라고 해야 할 뒷얘기가 참으로 간단하게
바쿠후에 알려지고 만 것이다. 그것도 전모가 아니라 단 2건에 한해서
말이다. 즉 자신의 일족에게는 불씨가 튀지 않도록 하기 위하여, 야나가
와 씨가 관여하지 않았던 1621년광해13, 元和7과 1629년인조7, 寬永6 두 차례
의 국왕사에 국한하여 폭로한 것이니 교묘하다고 말할 수밖에 없다. 그
것도 모두 겐포우가 정사를 맡았던 사행뿐이었으니 더욱 그렇다.

그렇지만 야나가와 씨의 우세라고 하는 대부분의 전망과 달리, 에도성에서의 심리 결과는 싱겁게 끝나고 말았다. 소우 씨에게는 "걱정 말고 이제까지 해 왔던 대로 조선과의 관계 유지에 전념하고, 이듬해에 통신사의 방일을 성사시키도록 하라"는 명령이 떨어진다. 그 뒤 메이지 시대에 이르기까지 중개역을 담당하는 소우 씨의 역할에 변함은 없었다. 단죄의 대상이 된 것은 겐포우와 야나가와 시게오키였는데, 그것도 모두 난부[69]와 쓰가루[70]로 유배를 보내는 수준의 가벼운 처벌이었다.

외교승 겐포우가 자리를 비우게 되자 대마도 이정암에는 교토 오산五山의 승려가 교대로 파견되어 외교문서의 초안 작성과 점검을 맡게 되었다이정암윤번제[71]. 이로써 소우 씨는 두 번 다시 국서의 위조라든가 개찬을 할 수 없게 되었다. 그러나 야나가와 씨가 밀고하지 않았던 위조와 개찬의 가능성에 대해서는 그 뒤 전혀 추궁을 받지 않았다. 바쿠후는 오로지 종전처럼 조선과의 외교를 계속할 수 있도록 소우 씨의 온존을 꾀하였던 것이다.

이 사건은 여전히 풀리지 않은 수많은 수수께끼를 남기면서도 대마도에 확실한 변화를 가져다주었다. 그것은 기유약조 이후에도 살아 숨쉬고 있던 '위사체제'가 이 사건과 함께 완전히 붕괴되었다고 하는 점이다. 이러한 "중세의 종언"은 그 자체로 근세적인 통교무역의 시작을 의미한다. 타인 명의의 사신을 위장하는 것이 불가능하게 된 대신에, 조선측의 허가를 얻어서 야나가와 씨라든가 겐포우가 소유하고 있었던 수도서선受圖書船, 더 나아가서는 5명분의 수직인受職人의 권리가 모두 소우 씨 지배 아래 놓이게 되었다. 가신단이 소유하고 있던 도항권 즉 사선 소무권[72]도 소우 씨에게 돌아가고, 나중에는 '한'藩이라고 하는 하나의 정치기구를 축으로 한 조선 도항이 이루어지게 된다.

더욱이 조선측의 요구에 의하여 사선의 도항이 정리된다. 교섭역을 맡았던 통역관 홍희남洪喜男[73]에 따르면, 제1특송선이 제2·3특송선을 겸대하고, 세견 제4선이 제5~17선을 겸대하며, 조선 정부가 지급하는 물품(사선별로 할당된 조공품이라든가 공무역품, 사자의 도항비와 식료 등)은 적절한 시기에 대관 앞으로 보내서 1년에 한 차례 결산을 하여 처리하고자 한다는 것이다(증정교린지).

여기에서 겸대라고 하는 것은 하나의 사자使者가 몇 건의 사자를 겸하여, 한꺼번에 외교문서를 지참하고 오는 것을 의미한다. 이렇게 하면 왜관에서 거행하는 응접의례의 횟수가 줄게 되고, 그런 만큼 조선측이 번잡한 준비에서 해방될 수 있게 되는 것이다. 바꾸어 말하면 기유약조에 정해진 20척 중에서 실제로 사자가 승선하는 것은 제1특송선과 세견 제1·2·3·4선 등 5척으로 줄어드는 셈이다.

이것이 만일 도항선의 감액을 의미하는 것이었다면 대마도측이 납득을 하지 않았을 것이다. 그런데 겸대를 당한 배에는 사신이 타지는 않지만, 도항증에 해당하는 취허吹噓, 스이코[74]을 지참하고서 왜관으로 내왕할 수가 있다. 규정된 무역총액은 완전히 보증되고 있었던 것이다.

1637년(인조15, 寬永14) '겸대제'에 의한 왜관 도항이 개시되자, 조선측이 처음에 의도했던 것과는 또 다른 의미에서 이것이 매우 합리적인 시스템이라는 것을 알게 되었다. 이제까지 왜관을 드나드는 선박의 도항은 늘 외교와 무역이 하나가 되어서 운영되고 있었으며, 사신 단위로 무역액이 고정된 통교무역이 주체가 되어 있었다. 그런데 새로운 제도의 시행 이후 겸대된 배에는 사신도 공문서도 없기 때문에 외교가 수반되지 않는다.

사신으로부터 해방된 배는 무역품의 수송에만 온 힘을 쏟을 수 있게 되었다. 사신이 올 때와 갈 때 반드시 같은 배를 이용할 필요도 없다. 공적인 무역도 사신의 왕래하고는 단절된다. 사신·무역·선박의 내왕이 각기 별개로 운용된 결과 효율이 증대된다. 그뿐 아니라 무역이윤을 올리기 좋은 사무역私貿易 경영에 집중할 수가 있게 된다. 겸대는 조선과 일본 사이의 교환을 이전처럼 사신 단위로 하던 '중세형'에서, 사무역 주체의 '근세형'으로 이행시켜 나간 것이다.

'겸대제'가 실시되던 그해 고왜관에도 커다란 변화가 찾아들었다. 1637년인조15, 寛永14 11월 왜관에 파견된 우치노 겐베內野權兵衛, 平成連는 차왜임시사절라고 하는 명목임에도 불구하고, 도착 후 곧장 사절의 대우라든가 공문서의 형식, 의례의 개선 등의 내용을 가득 적은 7개조의 요구서를 조선측에 제출해 왔다. 이 사신은 2년 동안이나 왜관에 장기 체재하게 되는데, 1639년인조17, 寛永16 시마오 곤노스케嶋雄權之介, 平智連와 교체되어 귀국 길에 오른다.

왜관 전체의 통괄·관리를 담당하는 '관수'제도가 시작된 것이다. 이와 같은 새로운 관리館吏를 출현시킨 대마도의 의도를 처음에는 조선측이 알아차리기 어려웠다. 그렇지만 2대째인 시마노 곤노스케 때부터 조선 정부가 그들을 '관수왜'館守倭고 부르면서 접대 기준을 마련하고 있는 것을 보면, 그들의 대외적인 지위가 확고해져 가고 있었다는 것을 알 수 있다《통문관지》.

이러한 관수의 출현은 왜관의 역사에서 중요한 의미를 지닌다. 이제까지 고왜관에는 비교적 장기에 걸쳐서 체재하는 대관무역 담당, 재판특별교섭관, 동향사승東向寺僧 공문서 담당 등이 있었는데, 관수는 그런 것하고는 질적으로 다르다. 관수의 역할은 나중에 자세하게 설명하겠지만, 한반도나 중국 대륙에 관한 정보의 수집, 왜관에서 발생하는 범죄자에 대한 단속, 왜관 시설의 충실을 위한 교섭에 이르기까지 매우 넓은 범위에 걸쳐 있다.

이 가운데 정보 수집은 바쿠후의 요청에 응답하기 위한 것이며, 때

때로 관수는 국가적 교섭의 테이블에 나서지 않으면 안 되었다. 왜관은 일종의 재외공관으로서의 역할을 발휘하고 있었던 셈이다. 범죄자단속은 왜관 내부의 치안유지만이 아니다. 체재자의 신변안전이라든가 재산보호를 위하여, 때로는 외부로부터의 압력에 대항하며, 필요할경우 법적인 조치를 요구하면서 조선 정부와 교섭을 벌이지 않으면 안된다.

왜관 시설의 확충은 그 당시 가장 큰 문제가 되었던 것인데, 항만시설의 개선이라든가 무역품을 넣어 둘 창고 증설 등 왜관이 상관商館으로서의 기능을 증대시켜 가고 있었음을 보여주고 있다. 관수에게 주어진 광범한 임무는 왜관이 이미 객관으로서의 기능에 그치지 않고, 일본인의거주지역으로서 다면적인 역할을 다하고 있었음을 의미하고 있다.

일찍이 조선에서는 왜관의 장기 체류자는 '유관왜인'留館倭人이라고 불리고 있었는데, 이미 중세 때부터 문제시되고 있었다. 사선 도항자가 규정된 날짜를 초과했는데도 일본으로 귀국하지 않고, 왜관에 계속해서머물렀기 때문에 식비가 불어난다. 이것을 '가류'加留[75]의 폐단이라고 불렀다. 밀무역을 유발하고 부근 주민과 마찰을 일으키는 원인이 되기도한다. 하여튼 중세의 유관왜인은 조선측에서 보면 골칫덩어리, 불법체류자 그 이상 이하도 아니었던 것이다.

그런데 고왜관 시대가 열리면서부터 유관왜인이 다시금 증가하는데, 그 대부분이 뭔가 역할을 부여받고서 대마도에서 파견되어 건너 온 사람들이다. 중세와 질적으로 다른 유관왜인의 존재는 조선측이 용인할수 있는 범위 내에 있었다. 물론 그들을 통괄하여 관리해 주는 관수제도역시 조선측에서도 환영할 만한 일이었다.

그러나 여기에서 새로운 문제가 발생한다. 객관으로서 지어진 고왜관의 한계가 그것이다. '좁다' '불편하다' '환경이 나쁘다' 등등, 왜관에 대한 불만이 장기 체재자를 중심으로 고조되고 있었다. 맨 처음 왜관의 이전 요구가 있었던 것은 관수가 상주하게 된 지 3년째가 되던 1640년인조18, 寬永17이다. 이것을 신호탄으로 해서 새로운 왜관에 대한 모색이 시작된 다. 왜관도 중세와 결별하여 드디어 근세를 맞이하게 된 것이다.

2장
'일본인 마을,'
2백 년의 역사

길어지는
이전교섭 :

두모포왜관고왜관에 대한 불만은 여러 가지였다. 그렇다고 해서 신왜관이 아무런 어려움 없이 척척 만들어진 것은 아니었다. 조선측 입장에 서서 생각해 보면 왜관은 어디까지나 사절을 응접하기 위한 객관이지 장기 체류자를 위한 것은 아니었다. 설령 그곳이 좁다고 한다면 왜관에 머무르는 사람들이 대마도로 돌아가면 그만이다. 하물며 왜관을 다른 곳으로 옮기려면 막대한 비용이 들어간다. 정해진 장소가 좋지 않다고 해서 다른 곳으로 옮겨주더라도 그곳이 대마도 사람들에게 마음에 들지 않으면 또 이전 요구가 제기될 것이다.

게다가 대마도가 추진한 교섭 방식도 좋지 않았다. 1640년인조18, 寬永17에 들어와서 처음으로 왜관 이전 요구가 제기되는데, 대마도가 제시한 이유는 이렇다. '요즘 후금훗날 청나라군이 한반도로 남하하고 있다는 소문이 끊이질 않는데, 언제 이곳이 전란에 휩싸일지 알 수 없습니다. 이와 관련하여 전에 일본군이 축성한 부산성을 개축하여 그곳으로 왜관을 옮기고 병기를 준비하고자 합니다'. 중세의 포소왜관 시절 부산성 근처에 왜관이 있었다고 하는 점도 작용을 했겠지만, 일판이 벌어지려고 그랬는지 대마도가 왜성에 병기를 설치하고 농성을 하겠다며 조선 정부에 허락을 요청한 것이다. 조선측으로서는 무기에 관한 언급을 중시하여 즉각 이 요구를 거부하였다.

그러나 어느 것이든 설치된 뒤 30년이 경과하게 되면 건물의 노후화는 피하기 어려운 법이다. 그래서인지 1646년인조24, 正保3이 되자 가까스로 두모포왜관의 대대적인 수리가 허가되었다. 이 때 특히 대마도측의 요청을 받아들여 일본인 목수의 파견이 인정된다. 다다미 방, 후스마襖,[1] 쇼지[2] 등 일본식 거주공간이 처음으로 왜관에 출현하게 된다《부산부사 원고》.

그로부터 12년이 지난 1658년효종9, 万治元에는 전년도에 사망한 대마도주 소우 요시나리宗義成의 유명遺命이라고 하는 명목을 내세워, 왜관의 이전교섭이 다시 시작된다. 이때도 전례에 따라서 이전 대상지로 부산성을 희망하였는데, 역시 똑같은 이유로 거절되고 만다. 그러자 대마도는 이듬해 갑자기 후보지를 변경해 왔다. 이번에는 두모포왜관의 항만으로서의 약점을 이유로 내세워, 일찍이 왜관이 설치되어 있었던 웅천제포 아니면 그보다 동쪽의 다대포, 혹은 다른 곳에 좋은 곳이 있으면 그곳도 좋다는 식으로 꽤 유연한 태도를 보이고 있다. 그러나 이때도 조선측은 선창을 깊게 파서 돌로 축대를 쌓는 보수공사를 해 주는 것으로 끝내버렸다. 왜관의 이전은 절대 허용하지 않는다고 하던 기본방침을 바꾸지 않았다. 그 뒤에도 대마도가 불평을 할 때마다 개·증축을 하는 등 소규모 공사만 되풀이할 뿐이었다《변례집요》.

두 번째 교섭이 이루어진 뒤 다시 10년의 세월이 흐른 1667년현종8, 寬

文7 왜관에 큰 불이 났다. 에시마 오쿠우에몽江島奧右衛門이라고 하는 사람이 소유하고 있던 오두막집에서부터 불이 번졌는데, 불난 집에 부채질을 하듯 때마침 불어 닥친 강풍 때문에 주변의 건물들이 대부분 불타버리고 만다. 다른 창고에는 아직 가격 교섭도 해보지 못하고 보관하고 있던 인삼을 비롯하여, 대마도 사람들이 주식으로 사용할 쌀이 잔뜩 들어 있었다. 그런 물품뿐만 아니라 왜관 출입 상인들과의 대차관계를 기록해 둔 장부까지도 소실되어 버렸다. 왜관에 머물고 있던 일본의 사절, 그곳에서 장기 체류하고 있던 대마도 주민 모두 2개월 이상이나 조그마한 가건물에서 지내지 않으면 안 되는 날이 계속되었던 것이다《분류기사대강分類紀事大綱》.

조선측의 협력도 있고 해서 조금씩 재건이 이루어지고 있었다. 그런데 대마도는 이대로 왜관을 복구해 가는 것보다는 차라리 다른 곳에 있는 넓은 지역으로 이전시켜 줄 것을 요청하는 것이 낫겠다고 생각했다. 이 무렵 무역이 활발하게 이루어진 결과 사람과 배 그리고 물건의 출입이 많아져 혼잡스럽게 되자, 왜관이 날로 포화 상태에 가까워지고 있었던 것도 사실이다. 또 이와 같은 해에 하카타博多의 상인 이토 쇼자에몽伊藤小左衛門을 자금줄로 하는 총 90명 이상이 관련된 대규모 밀무역단이 체포되는 사건이 발생한다. 금수품인 무기를 조선으로 가지고 들어온다든지, 대마도주인 소우 씨 말고는 누구도 발행할 수 없는 통행증인 취허吹噓, 스이코을 사용하여 자유롭게 조선과 일본 사이를 왔다 갔다 한 사실이 발각된 것이다. 이 사건은 취허의 발급을 둘러싸고 두 나라의 외교문제로까지 확대되고 마는데, 그 과정에서 통교자에 대한 규제를 강화하고, 통교의 요충지인 왜관의 기능을 충실히 할 필요성이 제기된다. 바로 그 연장선상에서 왜관의 이전교섭이 재연되었다.

1668년현종9, 寛文8과 69년·71년에 걸쳐 교섭사가 속속 파견되기에 이르렀는데, 특히 1671년현종12, 寬文11 2월 왜관에 도착한 정사 쓰노에 효고노스케津江兵庫助, 平成太와 부사로 온 서산사西山寺 세이산지, 대마도의 임제종臨濟宗[3]에 속한 사찰의 승려 겐죠玄常 등은 매우 강경하면서도 집요하게 조선측을 다그쳤다. 이제까지 해 왔던 것처럼 이 핑계 저 핑계 대면서 피하려고 하던 조선의 관리를 상대로 하여, 효고노스케는 접대의 향연에도 출석하지 않은 채, 규정된 식사와 예물 등의 제공도 거부하면서 강경한 자세로 일관한다. 왜관 이전을 둘러싼 교섭은 조선의 국정과도 관계되는 중대사이자, 조정의 대신들과 합의를 거친 다음 국왕이 직접 결정할 일이기 때문에 그때까지 기다리지 않으면 안 된다는 것이 조선 관리들의 논리이다. 이에 대하여 직접 상경하여 국왕이나 대신들과 담판을 짓고 싶다는 것이 대마도의 주장이다. 결국 효고노스케는 왜관을 뛰쳐나가 동래부까지 몰려간다. "이곳에서 머물면서 이전 허가를 약속해 줄 때까지 한 발짝도 물러서지 않겠다"고 하면서 실력 행사를 하고 나선다. 이것을 '난출'闌出 무단외출[4]이라고 하는 위법행위로 간주하여 그들을 왜관으로 돌려보내려고 하는 것이 조선측의 입장이다.

이러쿵저러쿵 하는 사이 11월에 다시금 대화재가 발생했다. 이번에는 불이 난 곳이 조선의 흙을 반죽하여 찻잔 등 그릇을 굽는 도자기 가마터인 것이다. 일상적으로 불을 취급하기 때문에 불씨에는 충분히 주의를 해왔을 법하다. 이 화재로 인하여 왜관은 '집이 한 채도 안 남고 모조리 불타버린' 심각한 상태에 빠지게 된다. 불에 타버려서 집을 잃은 사람들은 인근의 조선인 민가에 가서 셋방살이를 하지 않으면 안 될 지경이었다. 도대체 과실에 의한 것인지, 아니면 왜관의 안팎 어느 쪽에선가 불을 지른 방화인지 화재의 원인조차도 알 수 없다. 심상치 않은 분위기가 감도는 가운데, 이번에는 교섭의 주역이었던 쓰노에 효고노스케가 동래부의 객사에서 돌연사 하는 희한한 일이 벌어지고 만다.

사망한 당일12월 3일 부사 겐죠가 대마도로 보낸 편지에는 효고노스케의 마지막 순간이 다음과 같이 기록되어 있다.

쓰노에 효고노스케가 지난 12월 2일 밤 10시경 뜻밖에도 중풍 증세가 생겨 왼쪽 손발 등이 반신불수 상태가 되어 버렸다. 즉각 뜸 치료를 받으려고 조선 의사 이판사를 동래부로 불러들여 맥을 짚어 보게 하였는데 중풍이 틀림없다고 한다. 침을 놓고 약을 처방해 주었다. 부산포두모포 왜관에 연락을 하여 의사인 미츠야마 겐바쿠三山玄伯와 나카무라 산토中村三統가 약 상자를 들고 달려와 이판사가 처방한 약을 조제하였다. 그것을 복용하기는 했지만 중병이라서 그런지 회복되지 못하고 결국 3일 오전 8시경 사망하고 말았다. 도저히 생각지도 못했던 일이라서 말도 안 나온다《분류기사대강》.

마지막 부분의 '생각지도 못했던'이라고 하는 표현에서도 알 수 있듯이, 그 당시의 당황해하는 모습을 살필 수 있다. 조선 의사에게 침과 약 처방전을 의뢰하고, 약 상자를 들고 왜관에서 급히 달려오는 일본인 의사 2명이 약을 조제하여 복용시켰지만, 회복에는 이르지 않았다고 한다. 왜관 주민의 건강을 담당하는 의사의 상주라든가 조선 의사의 진단 등 의학사 측면에서 보아도 꽤 흥미로운 내용이지만, 여기에서 시사하고 있는 효고노스케의 사망 원인은 아무리 보아도 뇌졸중이다.

그런데도 불구하고 이처럼 극적인 효고노스케의 죽음을 둘러싸고 여러 가지 억측이 부산 일대에 난무하였다. '병으로 죽은 것이다' '아니야! 교섭이 잘 안 되니까 할복자살한 것이다' '아니, 동래부의 누군가에 의해서 독살된 것이다' 등등. 소문은 소문의 꼬리를 물고 그럴싸하게 왜관 사람들 사이를 소용돌이치면서 퍼져 나간다. 상호불신 풍조가 깊어지면서 더욱 더 심상치 않은 분위기가 조성되어 가는데, 하필이면 원인 불명의 화재사고가 자꾸 일어나곤 하였다. 이때가 가장 중요한 국면이라고 판단한 대마도는 해가 바뀌었는데도 아직도 동래부에 머물면서 버티고 있던 부사 이하 일행을 일단 퇴거시킨다. 전열을 정비하여 다시 대마도의 가로家老인 스기무라 우네메杉村采女. 平成令를 조선으로 파견하여 왜관의 이전 교섭을 계속하도록 하게 된다.

한편 에도의 바쿠후에 대해서는 그 전부터 왜관 이전에 대하여 보고를 해 왔기 때문이기도 하겠지만, 대마도는 왜관의 화재를 이유로 내세워 예정되어 있던 대마도주소우 요시자네 宗義眞의 에도참부의 연기를 요청하는 조치를 취한다. '바쿠후도 왜관의 대형 화재사고에 대하여 마음의 상처를 받으셨다'는 기록도 보인다. 이것은 왜관의 이전교섭에 바쿠후의 쇼군이 강한 관심을 보이고 있다는 것을 조선측에 일부러 주지시키려는 의도이기도 했다.

이 무렵이 되자 상황이 조금씩 달라지기 시작한다. 왜관의 이전을 절대로 인정할 수 없다고 하던 조선측의 자세에 미묘한 변화가 보인다. 조선의 조정 대신 중에는, 스기무라 우네메가 지참하고 온 대마도주 소우 요시자네의 서계에, '와니우라鰐浦[5]의 나루터를 사스나佐須奈[6]로 옮기고, 오후나코시大船越[7]를 굴착하여 배가 우회하지 않고 직접 항해할 수 있도록 주요 항로를 개통한다'고 되어 있는 것에 주목하는 사람도 나타나게 된다. 선박 항행의 안전을 위해서라도 왜관의 이전을 허가하는 편이 더 낫지 않을까 하는 의견을 진언하는 중신이 조선 정부 안에서 등장한 것이다. 두모포왜관이 적당한 지역이 아니라고 하면서, 대마도가 그곳의 조류潮流 문제를 거론한 적이 있었는데, 아마도 이것과 연관이 되어 있는지도 모른다.

이와 관련하여 1672년현종13, 寬文12 대마도는 여름철에 조선으로 도항하기 위한 항만으로서 사스나를 새로 개통하고, 오후나코시의 좁은 해협을 깊게 파서 동서의 수로를 연결하는 대공사를 실시하였다. 대마도 후츄에서 왜관으로 통하는 안전한 직행 항로를 확보하려고 한 것이다. 이와 더불어 '우리 대마도에서도 이렇게 막대한 비용을 투자하였으니, 그 나머지 왜관 주변도 항해하기에 양호한 지역으로 만들어 주었으면 좋겠다'고 하는 내용의 청원을 되풀이하고 있다. 조선과 일본 사이의 항해의 안전, 거기에 덧붙여서 통교자에 대한 통제 강화가 왜관 이전의 이유로 제기되었던 것이다.

이윽고 국왕현종을 비롯하여 그 주변 인물들의 생각도 점차 왜관 이전을 허락하는 쪽으로 기울고 있었다. 그러나 한 가지 곤란한 문제가 남아 있다. '안전한 직행 항로'의 후보지로서 웅천제포을 들고 나온 것이다. 순천, 거제 등 다른 지명도 거론하기는 했다. 그러나 그 어느 곳도 연공미의 수송이라든가 군사상의 이유를 들어서 일부 중신들이 이전 반대 주장을 폈다.

그리하여 조선은 1673년현종14, 延宝元 4월에 이르러 낙동강 서쪽으로 이전하는 것은 국정상의 이유에서 허가할 수 없다는 방침을 스기무라 우네메에게 숨김없이 털어놓게 된다. 뒤집어 생각해 보면 이것은 낙동강 동쪽으로는 괜찮다고 하는 신호인 것이다. 6월이 되자 처음으로 '초량항'草梁項이라고 하는 지명이 후보지로서 거론된다. '항'이라고 하면 보통 이 한자를 뜻으로 읽는 훈독을 하여서 '목'이라고 부르는데 산마루를 뜻하는 말이다. 영嶺이라든가 치峙보다도 낮은 고개를 가리키는 이 말로 미루어 볼 때, 그 일대가 평지가 아닌 꽤 울퉁불퉁한 지형이었음을 알 수 있게 한다.

게다가 8월에 들어와서는 조선측이 지정하는 후보 예정지인 다대포多大浦 · 절영도絶影島 · 초량항草梁項의 3곳에 대한 실지 조사가 이루어졌다.

그 결과 다대포는 '좁다'고 하는 이유로, 그리고 절영도는 '지형이 좋지 못하다'고 하여 후보지에서 제외된다. 그렇게 해서 왜관의 이전 대상지로 초량항이 내정되기에 이른다《변례집요》. 정식 결정은 그 해 10월에 내려지는데, 그 다음 달 우네메는 예정지의 지도를 손에 들고서 대마도로 돌아간다. 맨 처음 이전 요구가 제기된 때로부터 실로 33년의 긴 세월이 흐른 셈인데, 이렇게 해서 새로운 왜관 건설의 요청이 조선 정부에 의해 겨우 받아들여진 것이다.

10만 평 규모의
외국인 숙소 :

        초량왜관신왜관**의 건설은** 바쿠후에 대한 보고와 조선에 대한 사절 파견이라고 하는 정해진 절차를 밟은 뒤에, 1675년현종15, 延宝3 3월 착공하게 된다. 대마도의 공사 책임자인普請奉行 후싱부교인 사지 모쿠자에몽佐治杢左衛門, 平成爲은 일본인 목수를 비롯하여 미장이[8]와 잡역부 등 150명을 이끌고 초량으로 건너온다. 임시 숙소로 가건물을 몇 채 지은 다음, 조선의 목수를 비롯한 인부들과 공동 작업으로 건축공사를 시작하였다. 그것이 완성된 것은 3년 후인 1678년 4월이다.

  신왜관의 경관은 현존하는 몇 가지 그림 자료를 통해서 알 수가 있다. 1918년大正7 다카하시 쇼노스케高橋章之助가 조선의 경성京城에서 간행한 《소우케와 조선》宗家と朝鮮이라고 하는 책의 맨 앞부분에 삽입되어 있는 삽화 '엔포延宝 6년 7월 부산 왜관 준공도延寶六年七月釜山和館竣工圖'는 그 대표적인 지도 중 하나라고 말할 수 있다. 저자인 다카하시는 이 지도에

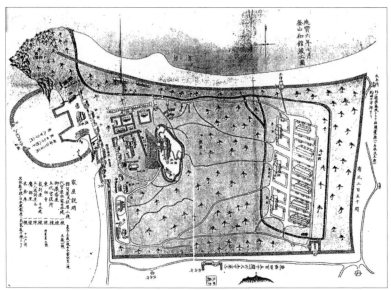

초량 왜관 지도(18세기 중엽)
다카하시 쇼노스케高橋章之助《소우케와 조선》宗家と朝鮮

대하여 어떠한 언급도 없다. 다만 연대가 일본 연호로 되어 있고, '화관' 和館이라는 글자를 사용하고 있는 점, 그리고 지형이나 건물의 묘사 방법 등으로 미루어 볼 때, 이것은 대마도 내부에서 제작된 것으로 생각된다.

그림 가운데 낙성 연도를 나타내는 '엔포延宝 6년'이라고 하는 구절이 있고, 가옥 설명 가운데 1742년영조18, 寬保2 대마도에서 조직된 조선어통사 '오인통사옥'五人通詞屋이 있는 점으로 볼 때, 아마도 18세기 중엽에 작성된 지도로 생각된다. 건물 외부가 많이 생략되어 있으며, 또 실제보다도 옆으로 길게 그려져 있다는 난점은 있다. 그렇지만 왜관 전체의 특징을 잘 보여주고 있어서, 이 그림 자료를 가지고 신왜관의 개요를 살펴보기로 하자.

이 그림을 볼 때 주의해야 할 점은 북쪽 방향을 아래쪽에 그리고 있으며, 그것도 부지 전체가 기울어져 있어서, 남서쪽을 위로 잡고 있는 것이다. 이 남서쪽 부분과 그림의 왼쪽 방향에 해당하는 동남쪽이 바다에 접해 있다. 중앙에 있는 약간 높은 산은 용두산龍頭山이라고 하는데, 동남쪽 모서리 부분에 용미산龍尾山이 있다. 산의 지형을 거대한 용에 비유한 조선식 호칭이다.

용미산은 그 아래에 있는 선창을 강한 남풍으로부터 막아주는 역할을 하고 있다. 고왜관 시절 늘 문제가 되었던 항구에 대한 배려가 되어 있음을 알 수 있게 한다. 이곳에 왜관이 들어서기 전 일찍이 이 용미산의 남쪽에 초가집창고이 3채, 또 왜관의 반대측, 그러니까 그림의 맨 오른편에 사스토벌佐須薰原, 일명 佐次土原이라고 되어 있는 평지 일대에 민가가 50~60호 있었다고 한다《부산부사원고》. 공사 착공 전에 장소를 지정했을 때 그려 둔《초량의 모습》草梁之繪圖에도 왜관 예정지의 서쪽으로 초량천을 끼고 10여 채의 가옥이 그려져 있다. 부지 예정을 나타내는 선의 안쪽에 '가옥 수 10여 채, 단 작은집 포함'이라고 하는 설명이 있다. 실제 공사는 이러한 민가를 다른 곳으로 이전시킨 뒤에 시작되고 있다.

신왜관 전체의 모습을 그림 자료를 통해 살펴보면 세로동면·서면보다도 가로북면·남면가 더 길다. 남면·서면·북면, 거기다가 동면의 선창까지 담으로 쭉 둘러싸여 있다. 조선측은 처음에 이 둘레를 고왜관과 똑같이 목책으로 만들려고 하였다. 그러자 대마도측은 '전부 흙을 파낸 다음 그 위에 둑과 석축을 쌓자'고 다른 제안을 내놓았다. 1675년숙종1, 延宝3 윤 4월 24일 왜관과 대마도 본국 사이에 주고받은 편지에 이 대목의 전말이 다음과 같이 서술되어 있다.

외부 구조外構 소토가마에에 대해서는 '소보리'惣堀 공법을 채택하여 흙을 전부 파낸 다음, 그 위를 둑으로 쌓아 돌담을 만들도록 대마도로부터 지시를 받았다. 그러나 조선국에서는 고왜관의 구조에서도 알 수 있듯이, 사방을 둘러싸는 벽에 대해서는 어쩐지 별로 중요하게 생각하지 않는 듯한 모습이 엿보인다. 흙을 전부 파내는 '소보리'로 공사를 해 달라고 부탁을 하는데도, 그것을 잘 들어주지 않을 것이라는 얘기가 통역들로부터 은밀하게 흘러나오고 있다. 틀림없이 그렇게 될 것으로 추측된다. 그렇지만 고왜관의 구조처럼 공사를 하게 되면 조선인과 일본인의 출입이 혼란스럽게 되어 버릴 것이며, 이런저런 문제가 끊이지 않고 발생할 것이다. 그렇게 된다면 양국의 사이가 더 안 좋아질 것이므로, 이것은 반드시 '소보리'로 하여, 왜관에 대한 출입 통제가 용이해지도록 하려고 생각하고 있다《분류기사대강》.

그 뒤 대마도는 조선을 설득하여 공사에 착수하였다. 그런데 아무래도 이 공법을 조선측이 이해하지 못하고 있다.[9] 그래서 일본인 인부를 앞세워서 시범을 보이면서 땅에서 흙을 파내서 먼저 둑을 만들고, 그 위에 돌을 놓고 쌓아 나갔다. 그런데 매립한 부분이 날이 갈수록 낮아지고 있다. 가까스로 제방이 만들어졌다고 생각했는데, 그 흙이 좀처럼 굳어지지 않는다. 위쪽에서 내리 누르는 힘 때문에 담은 움푹움푹 패인 곳 투성이어서 도무지 볼품이 없다. 그나마 금방 무너질 것 같은 형상이 되어 버렸다고 한다.

이처럼 신왜관의 담은 처음부터 돌담으로 만들어졌던 것이 아니었다. 당면 목표는 흙담 구축이었다. 쉽게 무너질 수도 있는데다가 그곳을 사람들이 마음대로 드나들게 되어 버릴 염려가 있었다. 이것이 나중에 밀무역이나 교간조선 여인의 왜관 잠입 사건의 빈번한 발생으로 이어지게 된다. 그림 자료에서 보았듯이 제방을 전부 석축으로 쌓을 수 있게 된 것은 1709년숙종35, 延宝6의 일이다. 그 무렵에는 담을 6자약 1.8미터 정도의 높이

되 모양으로 만들어진 연석문宴席門
다카하시 쇼노스케高橋章之助《소우케와 조선》宗家と朝鮮

로 쌓을 수 있었다.[10]

문도 개량되었다. 고왜관에는 동쪽에 수문이 한 곳밖에 없었다. 그렇지만 특히 사무역이 열리는 날에는 수많은 사람들과 우마차가 드나들 것이 쉽게 예상되었기 때문에, 신왜관에는 일상적으로 드나드는 문과 외교의례를 위해 사절 일행이 사용하는 문을 분리하여 설치하기로 했다. 그래서 먼저 동쪽에 수문을 만들고 이것을 일상용으로 사용하게 한다. 고왜관 시절에는 문의 열쇠를 밖에서 잠그도록 되어 있었는데, 신왜관의 수문에는 안쪽에도 빗장을 걸어서 안팎으로 잠글 수 있도록 했다. 이것 때문에 초소인 번소番所[11]를 바깥쪽에만 두는 것이 아니라 안쪽에도 설치하였다. 낮에는 문을 열어 둔 채 양국인의 출입을 감시하는데 감찰鑑札을 확인하여 꼼꼼하게 체크한다.

정해진 구역 내에서는 일본인도 담 밖으로 나갈 수가 있었지만, 문이 닫히는 석양 무렵오후 6시쯤까지는 되돌아오지 않으면 안 되었다. 새벽에 수문이 열리면 인근의 조선 사람들이 야채라든가 물고기 등 식료품을 가지고 왜관으로 들어가서 파는 아침장 즉 조시朝市가 이곳 주변에 서게 된다. 수문은 왜관 주민의 생활은 말할 것도 없고, 조선쪽 관리들의 일상적인 업무와도 직결되고 있다. 그래서 수문을 쌍방에서 관리할 수 있도록 만든 것이다.

한편 북쪽 방면에 있는 '연석문'宴席門은 사절이 정례 의식에 출석하기 위하여 이용하는 것이다. 이것은 왜관이 의심의 여지없이 객관客館임을 말해 주고 있다. 고왜관 시절 초기에는 사자의 응접소연향청가 왜관의 중앙에 있었다. 이것을 모델로 하여 신왜관에도 처음에는 담의 안쪽에 설치하기로 예정되어 있었다. 그런데 지형 관계상 북면의 바깥쪽에 건설하기로 결말이 났다. 신설된 응접소를 '연대청'宴大廳이라고 부른다. 이것과 나란히 '초량객사'草梁客舍도 설치된다. 이런 시설들은 일본에서 건너온 사절들이 조선 국왕에 대한 숙배 의식을 거행하는 장소로 사용된다.

대마도는 당초 연석문의 잠금 장치도 안쪽에 설치하자고 주장하였다. 그러나 조선측이 이를 허가하지 않았다. 그래서 문의 안쪽에 네모모양 광장을 만들고 돌로 담을 쌓아 그곳의 일부에 별도의 문을 만들어서 안쪽에서 열쇠를 잠글 수 있게 하는 구조로 만들었다. 이곳의 사각형으로 된 광장과 이중의 문은 외적의 침략에 대비하기 위한 것이다. 이것은 그 당시 일본의 성문 축성에 널리 사용된 양식인데 마치 되 모양을 하고 있다.[12] 쳐들어 온 적을 광장에 가두어 놓고 주변에서 공격을 하려는 것이다. 이와 관련하여 수문을 보면 이곳은 작은 문이라서 그런 것은 없지만, 담을 보면 이것도 역시 되 모양을 한 형상으로 칸이 막아져 있다. 담이라든가 문의 구조를 볼 때 무방비 상태였던 고왜관에 비하여, 신왜관에는 이곳을 '성'에 비견하여 견고하게 지어두려고 했던 대마도측의 의도가 엿보인다.

그림 자료에는 이 밖에도 남면에 '부정문'不淨門이 그려져 있다. 이곳은 별칭으로 수문水門 또는 무상문無常門이라고도 불리는데, 왜관에서 죽은 사람을 대마도로 보낼 때 이 문을 사용한다. 열쇠는 늘 조선측에서 보관하지만 필요할 때에는 그것을 빌려서 문을 열고 닫는다. 유해를 대마도로 송환하는 데에는 돈이 들기 때문에 신분이 낮은 사람들은 왜관의 북쪽 소나무 숲에 있는 무덤에 매장된다. 또 담장 근처에 '복병소'가 그려

왜관 주변 선창과 잔교棧橋
조선사편수회 《조선사료집진》朝鮮史料集眞

져 있는데, 이것은 조선측의 감시소이다. 당초에는 북면의 동쪽과 서쪽 그리고 서면의 남쪽에 모두 3곳에 설치되어 있었다. 이곳에는 관할 관청에서 파견된 복병이 근무하고 있었다. 1739년영조15, 元文4에는 복병소가 당초의 두 배에 해당하는 6곳으로 증설되는데, 이것도 역시 그 무렵에 발생한 교간사건이 발단이 되고 있다.

다음으로 선창배를 대 놓는 곳을 보도록 하자. 왜관의 이전 이유 중 하나로서 고왜관의 경우 항구가 멀고 수심이 얕아 선박을 계류係留하는 데 문제가 있었음이 지적되고 있다. 그렇기 때문에 신왜관을 건설할 때에는 선창의 구조와 설비에 주의가 기울어졌다. 그림 자료의 선창 부분의 숫자를 보면 포구선착항으로 들어가는 입구가 34칸 4자약 70미터, 왜관의 경우는 1칸 = 6자 5치 = 약 2미터, 동서가 78칸 반, 남북으로 122칸이라고 하니, 꽤나 큰 규모이다. 파도를 막기 위한 방파제를 비롯하여 항구 주위가 석축으로 둘러싸여 있다. 다른 그림에 따르면 용미산 아래쪽으로부터가 42칸, 그 반대쪽은 162칸으로 길다《(가제) 동서관 구획도》東西館町割圖.

항구에는 선박을 정박시키기 위한 것으로 2기의 잔교棧橋가 쑥 나와 있다. 이 잔교와 관련해서는 말이 많았다. 공사 착공 전에 대마도는 '바다쪽으로 높게 쌓아 가면서 만드는 것보다는 육지쪽을 파내려 가는 방법을 채택하였으면 좋겠다'고 안을 내놓았다. 그러나 '그런 공사는 지금까지 해 본 적도 없다'고 조선이 거부하는 바람에 서로 옥신각신 하는 일이 있었다. 그 뒤의 교섭 과정은 알 수가 없다. 그러나 대마도가 '이렇게 하는 것이 훗날 붕괴될 염려가 없다'고 거듭 주장하고 있는 것을 보면, 아마도 매립 방식이 아니라 연안 부분을 깎아서 바다를 파 내려가는 방법을 취한 것이 아닌가 생각된다.

이 항만 공사에는 꽤나 많은 인력이 소요된 모양이다. 매일같이 왜관 근처 범어사梵魚寺나 효의사曉義寺 등 경상도 곳곳에 흩어져 있는 사찰의 승려가 400명 이상이나 동원되고 있다《부산부사원고》. 조선사회에서는 국가적인 대규모 공사가 실시될 때일수록 승려가 많이 활용되고 있다. 고왜관 시절에도 마찬가지였는데, 예를 들면 1663년현종4, 寬文3에 이루어진 선창 수리에도 승려만 연인원으로 1,400~1,500명이 징발되어, 민간 인부 1,000명과 함께 공동으로 일을 하고 있다《분류기사대강》. 유학 중심이었던 당시에 사원 세력이 약해지게 되면서 승려의 사회적 지위가 낮아졌다. 그 여파로 하급 승려들이 요역徭役으로서 동원되기에 이르렀기 때문이다.

그런데 새로 단장한 왜관 전체의 넓이는 어느 정도였을까? 착공 전에 대마도는 동서 500칸약 1,000미터, 남북으로 250칸약 500미터의 면적을 주장하였다. 그런데 이것은 너무 넓다고 조선측이 반대하여, 동서를 150칸 줄여서 350칸으로 하였다. 그러나 그 뒤에도 교섭이 있을 때마다 수치가 달라지게 되었는데, 그것이 기록으로 남게 되면서 왜관의 규모에 대하여 현재까지 여러 가지 설이 분분하다. 동서 · 남북의 두 면만을 측정한 것이 있는가 하면, 용미산이 있는 부분만큼 남면 · 동면이 길기 때문에 네 면을 모두 측정한 것도 있어서 측정 방법도 다양하다.

그러한 여러 설을 〔표 1〕로 정리해 보았다. 이 가운데 1과 2는 동서가 너무 길고, 아직 교섭 단계에 있을 때 제시된 숫자로 생각된다. 5는 조선측이 '공식적'인 수치로 삼고 있는데, 두 면만 나타낸 것이라서 꽤나 개략적인 것이다. 마찬가지로 1~4까지도 두 면만 측정한 숫자이다. 네 면의 수치를 알 수 있는 것은 6~10인데, 이들 사이에도 상당한 차이가 보인다. 이 가운데 6의 수치를 보면 북으로 350칸이라고 되어 있는데, 이것은 너무 길어서 실제와 다르다. 7과 8은 출전 사료가 분명하지 않지만, 기재 방식으로 보건대 대마도의 실측 수치로 판단된다. 8에 따르면 남통南通 313칸으로 되어 있는데, 이것은 아마도 373칸을 잘못 기재한 것이 아닐까 짐작된다. 9는 석축의 총공사가 이루어질 때에 실제 측정된 것이어서 꽤 정확한 숫자인데, 애석하게도 동면에 대해서는 명확하지 않다.

이것을 종합해 보면 신왜관의 규모는 다음과 같이 생각된다.

동면 약 280칸 560미터   서면 약 225칸 450미터
북면 약 290칸 580미터   남면 약 375칸 750미터

여기에 용미산 부분이 추가되기 때문에 신왜관의 면적은 약 10만평1평=약 3.3평방미터이 될 것이다. 일찍이 두모포왜관이 1만평이었으니 그보다 10배나 넓은 면적이다. 일본의 나가사키에 설치된 도진 야시키약 1만평의 10배, 데지마약 4천평와 비교하면 실로 25배에 해당한다. 일본의 '쇄국'정책이 실시된 지 40년째가 되던 해에 한반도 남단에 거대한 일본인용 시설이 탄생한 것이다.

표1 | 여러 가지 설을 통해서 본 초량왜관의 규모

	왜관의 규모	출전 사료 · 문헌
1	동서 450칸 남북 250칸	高橋章之助『宗家と朝鮮』책머리 그림 *《御國より朝鮮古和館新館え渡口之圖》 *《草梁之繪圖》
2	동서 400칸 남북 250칸	《對馬政治問答》(일본 국립공문서관 소장)
3	동서 360칸 남북 220칸	**《分類紀事大綱》移館一件
4	동서 350칸 남북 250칸	小田省吾《李氏朝鮮時代における倭館の變遷》
5	동서 372보 4척 남북 256보 (1보=1칸)	《통문관지》《증정교린지》
6	동 250칸 서 220칸 북 350칸 남 370칸	《朝鮮筋之儀ニ付義眞樣阿部豊後守樣え御書付を以被仰上候覺》(九州大學文學部國史研究室 소장)
7	동변(東邊) 279칸 서변(西邊) 224칸 북변(北邊) 289칸 남변(南邊) 373칸	長正統《日鮮關係における記錄の時代》(《東洋學報》50-4)
8	동통(東通) 278칸 서통(西通) 224칸 북통(北通) 289칸 남통(南通) 313칸 (이밖에 37.5칸 요비사키야마 呼崎山의 몫)	《增訂對馬島誌》
9	동통 (수문까지) 120칸 서통 225칸 북통 284칸 남통 375칸	**《(館守)每日記》寬政 10년 5월 28일조
10	동표(東表) 269.5칸 서표(西表) 227.5칸 북표(北表) 287.5칸 남표(南表) 365.5칸 (요비사키 呼崎 동서 41.5칸)	《(假題)東西館町割圖》

1칸 = 6척 5촌 = 약 2미터
*는 대마도종가문서 · 나가사키현립 쓰시마역사민속자료관 소장
**는 대마도종가문서 · 일본 국립국회도서관 소장

　　신왜관이 낙성된 이듬해에 해당하는 1679년숙종5, 延宝7 일본인이 드나들 수 있는 공간을 정한 '신관의 경계'가 조선 정부와 일본 사이에 정해진다. 동면과 남면은 바다로 한정되어 있어서 별 문제가 없었다. 주로 남서 · 서 · 북의 경계와 관련하여 쌍방의 관리 입회 하에 확인을 거친 다음 나무로 만들어진 푯말이 세워진 것이다. 당시의 대마도 기록에 따르면 남서쪽으로는 '초량항에서 산기슭까지', 서쪽은 '초량항에서 민가 바로 앞까지', 그리고 북으로 '사카노시타는 민가 근처까지'라고 되어 있

다《분류기사대강》.

이미 그림 자료에서 보았듯이 신왜관으로 이전하기 전에 민가가 있었던 그 언저리를 사스토벌佐須藪原이라 부르고, 그곳에서 서쪽으로 더 가면 법천法川이라는 개울이 남쪽 해변을 향하여 흐르고 있다. 이 하구가 즉 남서의 경계가 된다. 또 개울의 상류에 초량항이라고 하는 마을이 있는데, 그 민가의 바로 앞까지가 서쪽 경계이다. 북쪽의 '사카노시타'[13]라고 하는 곳은 의식이 거행되는 연대청이나 초량객사 혹은 통역관들의 숙소가 있는 주변을 가리킨다. 그곳과 고왜관 사이에 민가가 있으며, 그 바로 앞까지가 북쪽 경계가 된다. 왜관의 수문을 나온 많은 일본인들이 이곳 '사카노시타'까지 왕래를 하여 말썽이 일자, 그곳을 넘지 못하도록 나중에 문을 설치하여 조선의 관리들이 감시하게 되었다.

그림 자료에서 보았던 것처럼 사스토벌만 해서 40만 평이나 된다. 또 봄과 가을 피안彼岸 춘분과 추분의 전후 각 3일간을 합한 7일간 때에는 고왜관의 성묘가 허용되고 있다. 나중에 설명하겠지만 이른 아침부터 석양 무렵까지 왜관 주변의 산행을 즐기는 도락가도 있었을 정도이다. 왜관의 주민들은 결코 담장 안에서만 생활하도록 강요받고 있지는 않았던 셈이다.

조선과 일본의
합작 건축 :

다음으로 건물에 대하여 살펴보자. 앞에서 소개한 다카하시의 책에 나오는 그림 자료에서 볼 수 있듯이 신왜관은 중앙의 용두산을 사이에 두고 좌우에 건물들이 배치되어 있다. 보통 우측 건물들을 서관, 좌측 건물들을 동관이라고 부른다. 이 가운데 서관은 왜관 본래의 목적이라고도 할 수 있는 객관으로 사용되는 건물이다. 커다란 건물이 3채 정도 산을 등지고 세워져 있다. 당초에는 동대청·중대청·서대청이란 이름으로 불리고 있었는데, 이것을 통칭하여 '서쪽의 3대청'이라고 했다.

그러나 용두산을 사이에 두고 동관·서관이라고 부르는 것이 통례가 되었기 때문에, 남쪽 바닷가와 가까운 순서로 일특송옥一特送屋. 西大廳·참판옥參判屋. 中大廳·부특송옥副特送屋. 東大廳으로 각각 호칭이 바뀌게 된다. '참판'이란 임시사절인 차왜의 일본식 명칭이다. 부특송은 일찍이 수도서선受圖書船 야나가와송사柳川送使을 개명한 것인데, 일특송사와 함께

서관의 경관. 오른쪽부터 일특송옥, 참판옥, 부특송옥.
일특송옥 앞에 〈참판정관행렬〉參判正官行列이 그려져 있다.
조선사편수회 《조선사료집진》朝鮮史料集眞

사절의 인원이 많다. 건물 명칭이 없는 사절예를 들면 세견선이나 이정암송사선 등
이라 하더라도, 방이 비어 있는 곳이 있으면 사정을 봐가면서 수시로 방
배정이 이루어진다. 이들 사절원을 첨관僉官이라고 부르고 있었던 것에
서 유래하여 서관을 총칭하여 '첨관옥'이라고도 불렀다.

　서관의 경관도에서 볼 수 있듯이 3채의 첨관옥은 모두 중앙의 대청이
라 불리는 넓은 방을 사이에 두고 좌우 대칭으로 집이 들어서 있는 형태
를 이루고 있다. 한 채의 가로 폭을 모두 합하면 80칸 정도가 된다. 좌우
로 들어서 있는 부분을 조선측에서는 그냥 동헌東軒·서헌西軒이라 부르
고 있는데, 대마도측에서는 아래와 같은 별칭으로 부르고 있었다.

　일특송옥 …… 제1선 정관가正官家·일특송사 정관가
　참판옥 ……… 정관가·도선가都船家
　부특송옥 …… 부관가副官家·정관가

　각각의 집 앞에는 뜰이 있고 일상적으로 드나드는 문이 있으며, 그 주
변은 담으로 둘러싸여 있다. 또 각 첨관옥 앞에 길게 늘어선 나가야長屋
단층연립주택가 두 채씩 해서 모두 6채가 나란히 서 있다. 이것을 〈6행랑〉
이라고 부르는데, 어떤 기록에는 그냥 '사자옥'使者屋으로 되어 있는 경우

도 있다. 사절의 수행원이 숙박하는 행랑인 것이다. 왜관에 들어온 사신은 정해진 일정에 따라서 의식을 거행한다. 그것이 왜관 밖의 연대청이나 초량객사에서 이루어질 때에는 사신별로 행렬을 지어서 연석문을 나와 밖으로 향한다. 짜여진 일정에 따라 의식이 치러지며 그것이 끝나는 대로 그들은 대마도로 귀국을 하게 되어 있었기 때문에, 서관의 주민들은 비교적 단기 체류자가 많다.

획일적인 서관과 달리 동관 일대는 크고 작은 건물들이 수도 없이 섞여 있다. 이곳의 건물들은 일찍이 고왜관 시절부터 증축되어 문제가 되었던 장기 체류자들을 위한 주거지이다. 장기 체재자의 전용 거주 공간이 공인된 것은 왜관의 역사에서 중요한 의미를 지닌다. 왜관의 역할이 객관게스트 하우스으로 끝나는 것이 아니라, 일본인의 거주 구역을 포함한 더욱 넓은 기능을 겸비하게 된 것이다.

동쪽 면은 평지가 적기 때문에 항구에서 산으로 향하는 비탈길에 주택을 지었다. 이것을 가리켜 대마도 사람은 '유관 구역 배치'留館町割《分類紀事大綱》라고 부르는데, 말하자면 도시계획에 바탕을 두고 건물을 배치해 나가는 것을 가리킨다. 창설된 지 얼마 되지 않은 시점에서 마을의 구획을 그린《가제 동서관 구획도》東西館町劃圖에 의하여 동관의 건물 배치를 살펴보기로 하자.

① 관수옥가은 동관 최대의 가옥이다. 용두산 중턱을 자른 고지대에 세워져 있어서 동관 일대를 조망할 수 있는 곳에 자리 잡고 있다. 그 아래에 있는 ② 개시대청사무역 장소, 그리고 그 오른편에 ③ 재판옥외교 교섭관과 함께 이것을 '동쪽의 3대청'이라고 부른다. 나중에 설명하겠지만 이곳에 있는 '동쪽의 3대청'은 조선측의 예산으로 지어진 것이다.

재판옥에서 좀 더 오른편으로 가면 고왜관 시절에도 있었던 동향사가 세워져 있다. 개시대청의 왼쪽 부근은 무역관계 업무를 담당하는 대관

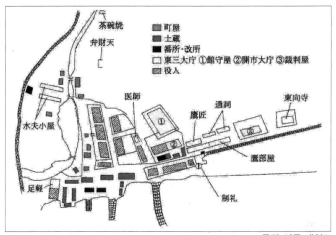

동관 건물 배치도
일본 나가사키현립 쓰시마역사민속자료관 《(가제)동서관 구획도》朝東西館町割圖

의 집이 줄줄이 늘어서 있다. 훗날 이곳 일대를 대관정代官町이라고 부르게 된다. 대관옥 앞에는 무역품을 보관하는 창고 즉 흙벽으로 만든 광이 있는데, 선창 근처에도 수많은 창고가 줄을 지어 들어서 있다. 왜관이 '상관'商館으로서의 기능을 발휘하고 있었음을 보여주는 대목이다.

항구의 검문소는 왜관에 드나드는 사람들의 몸수색이라든가 선박 및 선적물 검사를 위하여 설치되어 있다. 이 밖에 '역인'役人이라 불리는 사람들의 집이 관수옥과 개시대청을 크게 둘러싸듯이 배치되어 있다. 외교와 무역의 운영과 관련되는 사람도 있는데, 많은 사람들이 요코메橫目·메츠케目付로 불리는 감시 업무를 담당하는 관리들이다. 그들은 왜관 내부의 치안유지를 주된 임무로 삼고 있다.

왜관의 남쪽 면, 즉 하천의 좌우에는 상점가가 몰려 있다. 이곳에는 대마도의 허가를 얻어서 왜관에 들어갈 수 있는 무역 특권상인이라든가 주민들의 생활필수품을 판매하는 가게들도 있다. 이곳 상가 근처의 용두산 자락에 '변재천당'弁財天堂[14]이 있다. 이곳은 재물의 신으로 유명한 변재천을 모시는 변재신사제신은 아키노이츠쿠시마 오오카미[15]인데, 왜관에 체류하는 상인들이 출자하여 세운 것이다《분류사고》. 전해지는 말에 따르면 어부의 그물에 걸린 변재천의 목상을 바닷가에서 건져 올려 왜관 안에서 제사를 지냈다고도 한다《愚塵吐想》. 훗날 이 근처의 동쪽과 서쪽에 두 개의 도하신사이나리진자[16]가 세워진다. 이것도 상업신이다. 장사가 번창해지도록 기원하는 마음과 함께, 이국땅에서 살아가는 사람들의 마음의 안식처로서도 신사의 존재 의미는 매우 크다.

신왜관 설치 당초부터 있었던 신사는 이곳 변천신사 외에도 용두산 꼭대기의 금도비라신사고토히라진자,[17] 용미산의 옥수신사玉垂神社, 타마다레진자가 있다. 이 가운데 고토히라진자는 속칭 '곤피라씨'[18]로 잘 알려진 항해의 수호신을 모시는 곳이다. 나중에 1765년영조41, 明和2 주길대신스미요시다이진[19]과 학문의 신인 관원대신菅原大神 스가와라다이진[20]이 이곳에 함께 모셔지게 되는데, 보통 '용두산신사'로 불리는 이곳은 왜관 주민의 신앙이 집결되어 있는 곳이다.

또 옥수신사라고 하는 것이 있는데 이것은 별로 들어보지 못한 것이다. 이 신의 발생지인 대사大社가 치쿠고筑後國의 구루메久留米에 있는 이치노미아―宮의 고량대사高良大社 고오라다이사[21]이다. 제신인 고오라 타마다레노미코토高良玉垂命[22]에 대해서는 여러 가지 설이 있는데, 팔번대사八幡大社 하치만다이사[23]와 주길대사佳吉大社 스미요시다이사와 함께 신공황후神功皇后 진구고구[24] 전설의 반신[25]으로 알려져 있다. 대마도 섬 여기저기에 이런 종류의 설화와 관련된 하치만진자 · 스미요시진자가 여러 군데 있다. 옥수신사타마다레진자도 이들과 마찬가지로 무장武將의 신으로서 건립되었을 것으로 보인다. 훗날 1819년순조19, 文政2 가토 기요마사加藤清正[26]의 가등신사加藤神社 가토진자,[27] 고왜관 시절에도 있었던 아사히나 요시히데朝比奈義秀,[28] 가마쿠라鎌倉시대[29]의 무장. 와다 요시모리和田義盛[30]의 아들로 도모에고젠巴御前[31]으로 일컬어짐의 조비내신사아사히나진자가 합사合祀되는데, 이곳을 '용미산신사'라고 칭하게 된다《龍頭山神社明細記》.

이 밖에 관수옥 아래쪽에 있는 의사옥醫師屋, 그리고 개시대청과 재판옥 사이에 있는 응장鷹匠과 응방鷹部屋, 통사옥의 나가야長屋가 펼쳐져 있다. 상가에서 좀 더 서쪽으로 가면 그릇을 굽는 가마터가 있다. 왜관 주민의 역할과 생활에 대해서는 뒤에서 다시 설명을 하겠는데, 이처럼 다종·다양한 사람들은 이미 고왜관 시절부터 존재가 확인되고 있다.

주민의 구성만 보아서는 두모포시대 말기와 그다지 다르지 않다. 그런데 신왜관이 창설되면서 각각의 거주 구역이 크게 변화하게 된다. 건물 배치도를 봐도 알 수 있듯이 신왜관은 질서정연하게 구획 정리가 잘되어 있어서 계획도시의 구조를 이루고 있다. 예를 들면 관수옥은 돌담32을 쌓은 고지대에 그것도 성곽처럼 유연하게 세워져 있으며 그 주변이 담으로 둘러싸여 있다. 여기를 중심으로 하여 그 아래에 사무라이의 거주 구역이 들어서 있다. 그 외부에 쵸닝町人들의 거주지가 설치되어 있다. 동일 구역을 동일 직종의 사람들이 차지하고 있는 점 등을 볼 때, 비록 작기는 하지만 그곳에 일본의 죠카마치城下町 도성주변 시가지를 방불케 하는 도시건설이 이루어지고 있던 것을 살필 수 있다.

그런데 도시 건설의 최대 적은 화재이다. 1657년효종8, 明曆3 일본의 수도인 에도에 큰불이 일어났다. 또 1661년현종2, 寬文元에는 대마도 후츄에서도 대형 화재가 발생했다. 도시가 발전하면 할수록 화재의 발생률은 높아진다. 특히 인구 밀집 지역은 화재가 끊이지 않아 사정이 더욱 좋지 않다. 고왜관 시절의 경험도 있고 해서 새로운 거주 구역을 건설하면서 곳곳에 화재 대책을 세우게 되었다. 예를 들면 부지가 넓은 집을 서로 짜 맞추어서 집과 집 사이가 떨어지게 하고 그곳에 공터를 두는 것이다. 불이 옮겨 붙는 것을 막기 위하여 집터를 돌담으로 둘러쌓는다. 밀집되기 쉬운 상가를 한 곳에 집중시키지 않고 분산시킨다. 늘 불을 사용하는 그릇 굽는 가마터는 안전을 고려하여 인가에서 멀리 떨어진 곳에 둔다. 창고는 그 속에 보관된 수장품을 화재로부터 지키기 위하여 습기와 불에 강한 흰 벽 제작 방식이 채택된다. 물론 건물의 지붕은 기와가 더 낫다.

'불이 나면 대마도는 그 안에 들어 있는 재물을 잃게 되지만, 조선은 건물을 새로 짓지 않으면 안 된다.' 이것은 넓은 부지를 확보하고자 했던 대마도측이 왜관의 이전이 이루어지기 전부터 조선에 노래를 부르다시피 외치던 협박성 문구이다. 그러나 어느 쪽의 돈으로 건물을 새로 지을 것인지는 처음부터 정해져 있지는 않았다. 조선측에서 보자면 왜관은 어디까지나 객관일 뿐이다. 그러므로 본래대로 한다면 조선측에서는 서관의 첨관옥만 새로 지어 주면 그만인 것이다.

그렇긴 하지만 개시대청에는 많은 수의 조선 관리라든가 상인들이 드나든다. 또 대마도에서 온 재판은 특수한 외교임무를 띠고 왜관에 체류하고 있다. 이런 점 때문에 동관에 위치한 이 두 채의 건물은 꽤 이른 시기부터 조선측의 부담으로 짓기로 결정이 되었다. 이런 저런 말이 많았던 것은 관수옥이다. 관수는 왜관에 장기간 머무는 사람들을 단속하는 직책인데, 당초 일본이 자기들 마음대로 파견해 온 것이다. 고왜관 시절의 관수옥은 이 정도로 크지는 않았으며, 건물도 대마도가 경비를 들여서 지었음은 물론이다. 전례가 없다는 이유로 이것도 당초에는 '일본이 짓기로'대마도의 경비 부담 예정되어 있었다.

그것을 공사 책임자[33]였던 사지 모쿠자에몽佐治杢左衛門이 조선쪽과 교섭을 벌였다. '관수는 왜관의 수호인입니다. 그 중대성을 감안하여 귀국조선-옮긴이으로부터 체류경비도 지급받고 있습니다.' 그는 이것을 이유로 내세운 것이다. 결국 관수옥 공사비도 조선측이 부담하기로 결정이 났다.

1676년숙종2. 延宝4 3월부터 서쪽의 3대청과 동쪽의 3대청관수옥 · 개시대청 · 재판옥 공사가 동시에 진행되는 형태로 건축이 착수되었다.

작업을 위해서 조선인들이 대거 동원되고 있는데, 처음에는 매일 흙을 나르는 인부가 500명, 목수가 300명 정도 동원되고, 나중에는 목수가 1,000명이 왜관에 동원되고 있다. 여기에 일본인 목수와 미장이메이레키나무 자르는 톱장이木引 고비키[4] · 잡역부들이 가담하게 된다. 건물의 실내를 일본식으로 공사를 하기 위한 것이다. 이와 같은 조선과 일본의 공동 건축작업은 일찍이 고왜관 시절부터 서로 쌓았던 경험에서 비롯된 것이다.

동서의 3대청은 25년마다 대대적인 수리가 이루어진다. 그리고 적절한 시기에 부분적으로 하는 수리가 이루어지기도 한다. 한 번 수리를 할 때마다 기록이 작성되기 때문에, 사용된 자재라든가 왜관에 드나든 기술자와 수리 내용 등을 파악할 수가 있다. 그뿐만 아니라 실내의 모습도 알 수가 있다. 방은 기본적으로 다다미를 깐다. 겨울에는 화로로 난방을 하게 되는데, 조선식 온돌방은 만들지 않았다. 가로로 여닫는 미닫이 문히키토[35], 비를 막기 위한 빈지문아마도[36], 허릿장이 있는 미닫이 문고시 쇼지[37], 한 쪽에 흰 종이를 바른 미닫이 문아카리 쇼지[38], 맹장지후스마[39]라고 하는 건축 자재를 사용하며, 그것과 함께 객실에 도코노마[40]가 설치되어 있다.

평면도를 보면 기둥의 위치는 물론이고 현관, 마루, 복도, 화장실, 부엌과 아궁이의 위치 등을 알 수 있다. 일본인이 가장 좋아하는 목욕탕도 집집마다 한 개씩, 드물게는 두 개씩 설치되어 있는 집도 있다. 불을 사용하기 때문에 안채에서 떨어진 곳에 짓는 경우가 많다. 신왜관을 건설할 때 '목욕탕 같은 것은 지어본 적이 없다'고 꺼려하는 조선인 기술자에게 '그것만큼은 어떻게든 해 달라'고 끈질기게 요구하여, '억지로 짓게 하였다'고 한다.

동서의 3대청과 동관의 '일본식'으로 지어진 집을 포함하여 목재·못 등 건축자재는 모두 조선 국내에서 조달하기로 하였다. 기와도 조선에서 만든 것이다. '일본식'으로 짓는 경우에는 나중에 대마도가 값을 치른다. 거꾸로 여닫이 문이나 미닫이문처럼 일본의 세공을 필요로 하는 것은 동서의 3대청을 포함하여 모두 대마도에서 조달해 오는데, 이런 물건의 값은 '일본식'으로 짓는 데 사용된 목재 값과 대체하기로 했다.

참가 인원은 공사의 진척상태에 따라서 증감이 있다. 특히 모내기철이 되면 조선인 인부나 목수들이 일제히 돌아가 버린다. 농사짓는 농민들이 근처에서 동원되었기 때문이다. 그러는 동안에는 일본인 직인만으로 작업을 진행시킨다. 결국 왜관의 신축 공사에 들어간 조선인 목수와 인부는 연인원으로 125만 명, 여기에 연인원 2,000명의 일본인 목수와 인부들이 추가되었다고 한다. 그야말로 거국적인 조·일 합작의 대공사가 진행된 셈이다.

총 공사비는 조선측에서 지불한 것만 해서 대략 쌀 9천석, 은 6천냥인데, 당해연도 공무역公貿易으로 이 비용을 충당했다고 한다《증정교린지》. 대마도측이 부담한 경비는 자세하게 알 수 없다. 다만 '일본식'으로 지은 여러 채의 가옥에 거액의 자금이 투입되었음은 더 말할 나위가 없다. 일본의 바쿠후로부터 자금 원조도 받지 않고, 이 정도의 대규모 공사를 준공할 수 있었던 것은 그 무렵 무역이윤을 주축으로 하는 대마도의 경제상태가 양호하였기 때문이다.

이 다음부터 동서의 3대청 유지와 관리에는 부산진主鎭 이하 두모진豆毛鎭개운진開雲鎭·포이진包伊鎭·서생진西生鎭·다대진多大鎭·서평진西平鎭의 7군데 진이 맡기로 되어 있다. 또 대수리나 대개축이 필요하게 될 때에는 동래부의 허가를 얻어야 하는데, 부담 경비의 분산을 꾀하기 위하여 7진 이외에서 비를 제공하기로 약속이 되었다. 한편 '일본식'으로 지은 것은 항상 대마도가 부담이었음은 더 말할 나위가 없다. 또 신왜관에는 대마도에서 파견된 다다미 기술자라든가 목수가 왜관에 상주하고 있었는데, 그들이 조그마한 수리 같은 것도 청부를 맡아 해 주었다.

신왜관이 완성된 1678년숙종4, 延宝6 4월 가구를 비롯한 짐을 왜관으로 반입하는 등 순차적으로 이사가 시작된다. 마지막 날인 4월 14일 관수[41]인 히라타 쇼자에몽平田所左衛門을 비롯하여 총인원 454명의 일본인이 수문을 통해 왜관 안으로 들어갔다〈왜관이건등록〉. 나무의 향기가 아직 그윽한 새로 지은 건물을 앞에 둔 그들의 기쁨은 어떤 것이었을까? 이렇게 해서 200년 동안 지속된 '일본인 마을'인 왜관이 시작된 것이다.

왜관을 노래하다 :

고왜관을 설명할 때 소개했던 《우진토상》愚塵吐想의
저자 오가와 지로우에몽小川次郎右衛門은 그 무렵 보기 드문 왜관의 특급
가이드였다. 일특송사의 정관이 되어 초량왜관의 서관에서 기거를 하게
되는데, 건강이 조금 좋지 않았던 적도 있었던 그는 '몸을 생각'해서 이
른 아침 왜관의 안팎을 산책하기로 마음먹게 된다.

이쪽저쪽 여기 저기 돌아다니다 보면 온갖 희귀한 꽃들이 많다. 그것을
꺾어다가 꽂아 놓고 벗 삼아 즐긴다.

길가에 피어 있는 꽃을 눈으로 보기도 하고, 그것을 꺾어다가 꽃꽂이
도 해본다. 이처럼 꽃을 즐기는 이 풍류인은 사신으로서의 업무도 봐가
면서, 그가 본 풍경을 느낀 그대로 단가가 무려 175수나 된다. 1806년순

조6. 文化3 6월부터 이듬해 2월까지 8개월 동안 체재한 그는 그 때 처음으로 왜관을 체험한 것이다. 신왜관이 창설된 뒤 130년 정도 세월이 흐른 뒤의 일이기는 하지만, 그곳을 둘러싼 주변의 풍경, 건물의 배치 등은 거의 변함이 없다. 여기에서 《우진토상》에 이끌려 왜관으로 여행을 떠나 보기로 하자.

> 6월水無月 미나즈키 21일 부포府浦를 출항하여, 이튿날 오전 10시경사시 사스나佐須奈에 도착한다. 바로 그 날 그곳에서 돛을 올려 바람을 받으면서 바다를 건넌다.

배는 대마도 후츄府中에서 조선으로 건너가는 관문이자 검문소가 있는 사스나의 세관을 거쳐서 왜관으로 향한다. 출발 당초에는 순조로웠던 날씨가 날이 저물 무렵 갑자기 돌변한다.

> 왜관까지 이제 얼마 남지 않았다고 생각했는데 날이 저물고 바람도 사라진다. 점점 바다의 조수潮水 흐름도 나빠진다. 왜관의 포구로 들어가기가 어렵게 되어 기장機張이라고 하는 곳에 닿았다. 그러나 바다 한가운데에서 밤새 내내 배를 띄어 놓는다. 날이 새어 어슴푸레 밝아져 사방을 둘러보았더니 근처에 커다란 산이 보인다. 찬찬히 살펴보니 산기슭에 포구가 여러 군데 보이는데, 한인들이 여러 척의 배에 타고서 닻을 올려 이곳으로 다가오고 있다. 내가 타고 있던 배로 다가온 그들은 소리를 지르면서 노를 저어 나간다. 얼마 되지 않아 옛 두모포인가 하는 포구로 노를 저어 들어간다. 여기는 경상도인데 왜관의 포구에서 10리 정도 위쪽에 있는 곳이라고 한다. 포구는 동쪽을 향하고 있는데 항구는 넓었고 커다란 배도 이곳에 대 놓을 수 있을 것 같은 포구이다.

서쪽으로는 높은 산이 끊임없이 이어져 있는데 모두 민둥산이어서 미끈미끈하게 보인다. 좌우로 마을이 있는데 민가도 많고 논밭도 있다. 높은 산 아래쪽에 우뚝 솟은 고지대에 성곽의 흔적이 보이는데 동남으로 향하고 있다. 자세히 보니 이곳이 바로 임진년 전란 때 세워진 성의 옛 흔적인가 싶다.

한반도는 바닷물이 들고나는 조수간만의 차가 심하다. 밀물과 썰물의 흐름에 휘말려서 앞으로 나가기가 어려울 때에는 무리를 하지 않고 해상에 배를 띄워놓은 채 하룻밤을 지새운다. 날이 밝으면 가까이에 있는 포구의 만호영_{경상도 좌수영에 배속된 수군}이 배를 내 보내서 유도를 해 준다. 왜관에 들어가기 전에 보았던 임진왜란의 흔적이란 자성대子城臺라고 하는 산꼭대기에 있는 왜성 터를 말한다.

같은 날 정오 무렵 왜관에 도착한다. 배를 항구에 계류시켜서 뭍으로 끌어올리고 있는데, 주인_{관수}이 나와서 정중하게 인사를 한다. 해도 이미 서산에 기울어 있었다. 고맙다는 말을 전하고 작별인사를 한 다음 내가 머무르게 될 나가야_{長屋}로 들어간다. 앞뒤를 둘러보니 좌우가 모두 돌담이다. 문간은 서쪽을 향하고 있고, '노조키야마'⁴², 구덕산, '히다테가케'火立隈⁴³ 등 유유자적 자태를 뽐내는 커다란 산이 눈앞에 펼쳐진다.

'다테가케'를 한인들의 책에서는 화성산火城山이라고 적고 있다. 이전에는 그곳에 감시초소가 있었는데 한인이 설치한 것이다. 왜관 안에 있는 선박 감시초소도 거기에 있었다고 한다. 1692년_{숙종18, 元禄5} 10월 17일 히다테가케의 초소⁴⁴ 두 곳이 불이 난데다가, 1728년_{영조4, 享保13} 3월 14일 그곳에서 선박을 감시하던 사람이 거처할 곳이 없어서, 새로 양역[45]이 세웠다고, 관수가 남긴 기록에 그렇게 적혀 있다. 나중에 불이 나서 없어져 버렸는데 재건하지 않는 이유를 알 수 없다.

앞쪽에 향석문享席門이 보인다. 뒤로는 동쪽을 향하고 있는데 중산[46]이 있다. 뜰 앞쪽으로 3, 4보도 안 되는 곳에 있다. 과연 소문대로 소나무가 빽빽하다. 늘 혼자 앉아서 시를 읊고 있노라면 날이 저물어 사물의 형체를 분간할 수 없을 정도로 어두워진다. 소나무 숲에서 바람이 살랑살랑 불어오고, 저 멀리 남쪽 바닷가에서 파도소리가 끊이지 않고 귓전에 울린다. 또 풀숲에서는 벌레의 울음소리가 조용히 적막을 깨는데 뭐라 말로 형용하기 어렵다.

중산의 소나무 / 서서히 밝아오는 / 달구경인가
소나무 바람 / 파도를 불러오는 / 여치일세

사신 일행이 도착하면 관수가 항구까지 마중을 나간다. 배에서 짐을 내리는 작업은 하급 관리들에게 맡기고, 관수는 정사와 함께 이런저런 얘기를 나눈다. 항해 상황, 대마도의 소식, 일본의 국내정세, 그리고 앞으로의 간단한 스케줄 등에 대해서 얘기를 주고받는 것이다. 처음으로 서관에 들어간 사람은 6행랑 쪽西향의 아름다운 경관에 눈을 홀리고 만다. 500~700미터 정도 산이 겹겹이 펼쳐져 있는 금정산맥이 눈앞에 들어온다. 구덕산九德山을 가리키는 이 산을 한자로 '舊德山'이라고 적기도 한다. 히다테카게란 비상시에 신호를 보내기 위해 봉화를 피우는 산을 말한다. 이것과는 반대로 동편, 그러니까 뒤뜰 부분이 뜻밖에도 좁다.

서관에 있는 사람들이 동향사로 가서 해마다 등불을 바친다. 이번에도 어김없이 봉헌을 한다. 7월 14일 석양에 참배를 한다.

몇 년째 / 맞이하는 / 등불인가
동쪽 향해 / 마음으로 기도하는 / 백중제[47]라네

17일 해지기 전부터 동향정사東向精舍로 걸어간다. 오륙도 근처에 달이
떠오른 바다를 종루鐘樓에 올라가 바라본다. 동그란 모양의 청명한 달
빛이 반짝반짝 파도 위에 가득 찬다. 그 치장한 모습이 어디에도 비길
수 없을 만큼 아름답다.

이름도 고귀한 / 오륙에 비치는 / 달빛이여
동향의 종을 치는 / 신을 맞이하는 / 사람일세

동향만종東向晩鐘
동향의 종소리 / 울려 퍼지는 / 가을의 석양
마음도 맑아지네 / 새로 빚은 / 술 한 잔에

　왜관의 연중행사는 일본 국내와 거의 변함이 없다. 동향사에서는
봄·가을의 피안과 여름의 백중맞이[48]7월 15일 전후에 법회가 열린다. 조상
에 대한 감사, 대마도에 두고 온 가족, 고향에 대한 그리움은 끝이 없다.
동향사의 종소리는 아침저녁으로 왜관 안에 울려 퍼진다. 왜관의 주민
들에게 시간을 알리기 위함이다. 오륙도라고 하는 것은 동쪽 바다 위에
우뚝 솟아 있는 기암을 가리킨다. 고지도를 보면 6개의 섬이 크게 그려
져 있고, 그림 자료에도 섬이 5개 그려져 있다. 그런데도 '오륙도는 현재
섬이 4개이다'고 되어 있는 것을 보면, 실제로는 붕괴되어 그 수가 줄어
든 것이 아닌가 생각된다.[49] 오륙도의 안쪽으로 꽤나 넓은 여울이 있는
데, 이곳을 우노세노자뢰 鸕鷀瀨라고 한다. 왜관 그림 자료에도 바다 가마

동향사 종루(왼쪽 아래 모서리)와 오륙도(윗쪽)
국사편찬위원회 《제부산포 초량왜관 그림》朝釜山浦草梁和館之圖

우지海鷯와 함께 이곳의 여울이 그려져 있다.

　가을의 한 가운데에 이르니 하늘도 청명하다. 두세 명을 불러내서 왜관
밖으로 나가려고 걸어 가니, 수문守門이라고 하는 것이 있다. 이 문 안에
는 왜관의 병사가 굳게 지키고 있으며, 밖에는 한인이 지키고 있다. 여
기를 지나서 나가면 오른쪽으로 오륙도, 구로자키黑崎, 우암포牛岩浦 등
이 멀리 보인다. 왼편으로는 산이 있다. 2정町[50] 정도 걸어가면 군데군데
자그마한 언덕이 나온다. 거기에서 1,2정 정도 더 가면 오른편에 '후타츠
고쿠'라고 하는 곳이 있다. 그 중간에 영전營纏 요쿠세기이 굽어보인다.

　왜관 밖으로 나가기 위하여 수문으로 간다. 이곳을 굳게 지키고 있는
조선측의 군관은 6명인데 동래부와 부산진에서 절반씩 파견한다. 근무
를 서는 것은 2명인데 10일마다 교대한다. 여기에 소통사하급 일본어 통역관
2명이 추가되는데, 이들은 5일마다 교대를 한다. 동래부에 보고하기 위
하여 고목告目이라고 하는 서류를 작성한다. 문을 나오면 오른쪽에 오륙
도, 흑기黑崎 구로자키, 星嶺 ; 그 앞쪽으로 두기兜崎가 있음, 우암포사료에 따르면 '이전에는

용강(龍+康 요구다이)이라고 부른다'고 되어 있음 등이 멀리 바라다 보인다. 도중에 '후타츠고쿠'[51]를 통과하게 된다. 이곳은 왜관에서 범죄를 저지른 사람들의 처형장이다. 그 주변을 영전고개라고 한다. 영전은 탄막炭幕이라고도 하는데, 이곳은 왜관에서 연료로 사용하는 땔감을 넣어둔 창고를 가리킨다. 연간 사용량이 정해져 있었는데 부산첨사의 관리 아래 미리 낙동강 상류에서 매에 실어 운반해 온다. 땔나무는 조선측이 영전 근처의 산에서 베어다가 모아둔다. 실제로는 왜관 주민이 직접 '마키노시마'절영도[52]에서 베어 오는 경우가 많다. 석탄의 반입도 제때에 이루어지지 않아 말썽이 끊이지 않는다.

1정町 정도 가면 훈도의 거처인 성신당誠信堂이 있다. 또 외대청外大廳이 있는데 이곳을 숙배소肅拜所라고 한다. 문이 2개 있다. 바깥문은 앵문櫻門 사쿠라몽[53]인데 이것을 가오문架鼇門 가가우몽[54]이라고 한다. 안쪽 문은 기숙문祈肅門 기시쿠몽이라고 한다. 당堂은 남동쪽辰巳[55]을 향하고 있으며, 임영관臨瀛館 링에이칸이라 적힌 가로로 긴 액자 즉 편액扁額이 걸려 있다. 당 안쪽으로 삼면은 모두 벽인데 그 위에는 화마인물花馬人物이 단청으로 그려진 채색화가 있다. 기둥楹[56] · 서까래橡[57] · 도리桁[58]는 둥글게 생겼는데 모두 단청으로 칠해져 있다. 당내의 좌우에는 동래부사라든가 부산첨사의 휴게소가 설치되어 있는데 이곳을 토실土室이라고 부른다. 거기에서 30칸 정도 더 가면 설문設門이라고 하는 것이 있다. 이곳은 한인이 지키고 있는 문인데, 이 주변을 가리켜 속칭 사카노시타라고 부른다. 설문의 끝에서부터 돌담이 이어지는데, 산 계곡을 넘어서 봉우리까지 통하는 것으로 보인다.

훈도가訓導家의 뒷산, 그러니까 북쪽으로 작은 숲이 있다. 그 한 가운데 일우작은 사당가 있는데, 이곳에서는 흰 호랑이白虎를 모셔놓고 있다. 임관任官이 교대할 때마다 제사를 지내는데, 기도를 하면 영험이 있다고도 한다. 그 옆으로 복병초소가 한 군데 있는데 신복병新伏兵이라고 부른다.

사당은 보통 고당高堂 또는 산신령山神靈이라고도 한다. 중략 산쪽으로 세워져 있는 단檀에 진달래가 많이 심어져 있는데 꽃피는 철이 되면 꽃 구경을 즐긴다고 한다.

성신誠信이 / 길게 뻗어 있나니 / 버들가지가 아니던가

영전고개에서 내려가다 보면 통칭 '사카노시타'에 닿는다. 이 일대는 조선의 일본어 통역관 집무소任所, 役所를 비롯하여 숙배소鼎拜所라든가 연대청宴大廳, 초량객사 등 조선측의 시설이 들어서 있다. 역관은 훈도와 별차를 말하는데 줄여서 훈별訓別 혹은 양역兩譯으로 부르기도 한다. 그들 밑에는 소통사小通事가 배속되어 있다. 성신당은 훈도의 집무소를 일컫는 것이다. 1730년영조6, 享保15 재판역으로 임명되어 왜관으로 건너와 있던 아메노모리 호슈雨森芳洲가 훈도 현덕윤玄德允의 부탁을 받고 개축된 훈도옥에 이름을 붙여준 것으로 잘 알려져 있다. 성신당의 오른편에 별차의 거소別差家인 빈일헌賓日軒이 있다. 그밖에 유원관柔遠館, 소통사 사무소出仕廳의 편액, 유원각柔遠閣, 小通事廳의 額 등이 있다. 이 가운데 유원관은 이전에 부산에 체재하던 역관들의 일본어 학습이 이루어지던 곳이었다고 한다. 의례·향응이 거행된 숙배소라든가 연대청에 대해서는 뒤에서 장을 달리 하여 자세하게 언급하고자 한다.

'설문'은 1709년숙종35, 宝永6 새로 지어진 것이다. 신왜관으로 이전한 바로 이듬해인 1679년숙종5, 延宝7에 일본인 접근 구역의 북쪽 한계를 '사카노

시타는 집 바로 앞까지'로 정하고, 그곳에 나무 푯말을 세웠다. 그런데 의
례나 연회가 있을 때마다 혹은 역관들과의 실무 교섭 등을 위하여 매일
같이 이곳에 수많은 일본인들이 몰려든다. 그때까지만 하더라도 아직 민
가가 몇 채 남아 있었는데, 일반인들과의 교류를 막기 위하여 그곳의 민
가를 다른 곳으로 옮기고 문을 새로 만들어 좌우로 돌담을 쌓았다. 편액
의 문구에서 이름을 따서 설문으로 통칭되는 이곳에는 군관 1명10일마다 교
대, 소통사 1명3일마다 교대, 발군잔심부름을 담당 1명이 상주하면서 경호를 한다.

겨울 하늘이 구름 한 점 없이 맑고 고요하다. 오늘 같은 날 마음먹고
구덕산 주변을 구경하려고 묘시가 조금 지났을 새벽 무렵부터 한 두 사
람을 데리고 떠난다. 사도벌을 지나 천 그루의 소나무 숲을 오른쪽으
로 바라보면서 한치大峙의 산기슭으로 향한다. 언덕을 올라가서 고갯
길에서 잠시 쉬는데 한치의 들판과 마을의 집들이 눈에 들어온다. 차
츰차츰 산봉우리를 넘어 올라가 보니, 한인들이 여럿이서 계곡 여기
저기에서 풀을 베고 있는 것이 보인다. 등에 지고 돌아가는 사람도 있
다. 그런가 하면 노래를 부르면서 가는 사람도 있다. 더 없이 평안한
모습이다. 이곳을 지나 2리 정도 더 가다보면 구덕산에 이른다.

희미하게 흩어져 / 이제야 바라보네 / 구덕산의 정경을

겨울의 이른 아침 등산을 하기 위해 외출을 한다. 서쪽으로 갈 수 있는
한계구역은 '초량항草梁項도 집 앞까지'라고 되어 있는 것을 보면 민가의
바로 앞까지였다. 그런데 그곳을 지나서 구덕산을 향해 올라간다. 사카
노시타의 설문을 넘어가는 것은 난출무단외출이라 하여 엄하게 문책을 당
하게 되지만, 서쪽 방향으로 산책을 가는 것은 별로 문제를 삼지 않았던

모양이다. 그래서 왜관 주민들은 특히 나무가 아름다운 봄철과 가을철의 구덕산에 오르는 것을 즐긴다. 아니면 더욱 멀리 떨어져 있는 절에 가서 단풍을 즐기면서 기분전환을 하는 사람도 있다. 명심할 것은 도중에 마을의 민가에 들어가지 말 것! 마을 사람들과 마주치더라도 그냥 보고 지나가면 그만이겠지만, 때때로 싸움을 걸어온다든지 돌멩이를 던다든지 하기 때문에, 될 수 있으면 산 속으로 들어가 버리는 것이 상책이다.

구덕산 바로 앞에 왜관 사람들이 사도벌沙道原·佐須薫原·佐次土原이라고 부르는 초원이 펼쳐져 있다. 여기에서 메추리 사냥을 자주 한다. 일본에 수출하는 조선의 매쇼군이나 다이묘의 매사냥에 이용됨에게 줄 먹이로 쓰기 위함이다. 이 주변을 옛 초량촌草梁村이라고 부른다. 신왜관이 건설될 무렵 여기저기 흩어져 있던 민가를 다른 곳으로 이주시켰는데, 그 뒤에 다시 가옥의 수가 늘어나 버렸다. 이전에는 해변 근처에 한 두 집밖에 없었다. 거기에서 이름을 따서 왜관 사람들은 이곳을 '히토츠야'[59]라고 부른다. 사도벌의 막다른 길을 이산곡二山谷이라고 한다. 앞쪽으로 더 가다보면 대치[60]大峙, 왜관에서는 '한치'라고 부름라고 하는 고개가 있다. 북동 방향으로는 대치촌大峙村, 서쪽의 계곡 사이에는 당동堂洞, 마찬가지로 '아미랴고리'라 부름이라고 하는 마을이 있다.

밭고랑 사이 / 메추리의 푸드덕거리는 날개 짓 / 사도벌이구려

넓디넓은 / 밭 한 가운데 / 매 사냥이 한창이네

집 한 채 덩그렇던 히토츠야 / 지금은 담쟁이덩굴로 / 집들이 빽빽하네

또 산을 넘어 1리 정도 더 가서 노조키[61]에 닿는다. 건너편은 북동쪽丑인 丑寅[62]에 해당하는데 동래의 집들과 크고 작은 소나무가 심어져 있는 송산松山의 안쪽이 보인다. 앞뜰에는 연못이 있다. 그 옆에 대청으로 생

각되는 커다란 집이 눈에 들어온다. 좌우로는 모두 넓은 들판의 논이 보인다. 동래를 넘어가 보면 커다란 하천이 보인다. 눈 아래 펼쳐지는 산은 고왜관의 뒤편에 해당하는데 그 산록은 밭이다. 왼쪽 방향으로 하천 입구의 안쪽이 보인다. 남쪽 방향으로 가다 보면 구봉산龜峯山에 다다른다. 오륙도, 구로사키黑崎, 우암도, 부산의 포구들이 눈앞에 펼쳐지는데, 하류의 입구 그러니까 '밧치도島'까지 내려다 볼 수 있다. 왜관은 12시 방향으로 굽어보인다. 산 고개에 돌담을 쭉 둘러쌓았는데, 그 가운데 한인의 감시 초소가 있다. 그 토담집에 들어가 잠시 찬바람을 피한다. 산을 내려가면 큰 길이 있다. 그곳에서 2~3정町을 더 가면 사도벌이 나온다. 밭두렁을 지나 대암大岩이라고 하는 것을 왼쪽으로 보면서 논두렁을 지나 큰 길本道로 나와 밤이 되어 왜관으로 돌아온다.

멀리 바라다 보이는 / 동래부사의 연못 / 흐르는 물이던가
'노조키야마'에서 내려다보이는 / 하얀 눈 / 동래부사의 마을일세
'노조키야마'에서 보는 고을동래읍 / 오늘은 / 새로 빚은 술을 마시고 있겠지
고지대 초소에 오르다 보니 / 자꾸만 생각나네 / 다마고자케玉子酒[63]

구덕산에 오른다. 낙동강과 여기 저기 흩어져 있는 천변의 모습, 남쪽의 다대포와 일본이름으로 야도지彌藤治, 우오츠리魚釣, 가라스지마烏嶋 등으로 불리는 섬을 바라본 뒤, 북쪽으로 금정산쪽을 향한다. 금정산은 표고 800미터 정도 되는 높은 산인데, 가을이 되면 단풍이 아름답다. 도중에 일본인이 '노조키'라고 부르는 곳이 나오는데, 그곳에서 동래부를 내려다본다. 그 날은 겨울철의 맑은 날씨였으니 공기도 무척 깨끗하였을 것이다. 한 폭의 그림처럼 도읍의 전경이 한 눈에 들어온다. 읍내에 있는 객사의 대청이라든가 앞뜰의 연못, 더 나아가 그 건너편에 있는 동

동래부와 왜관을 표시한 고지도
오른쪽 상단에 연못池과 향교鄕校가 있고 객사客舍 근처에
동래부가 표시되어 있으며, 왼쪽 하단에 왜관倭館이 그려져 있다.
출전:《해동지도》

래부의 동쪽을 흐르는 실개천까지도 내려다 볼 수 있었다고 한다. 이날 등산은 여기까지 하고 되돌아온다.

돌아오는 길에 찬바람을 피하기 위하여 잠시 들른 감시초소는 구봉산 속에 있다. 이곳을 일본 사람들은 다카도오미高遠見라고 부른다. 초소가 설치되어 있을 정도이니 이곳에 서면 부산포가 한 눈에 들어온다. 시모노구치라고 하는 것은 절영도로 들어가는 서쪽의 후미진 곳을 가리킨다. '시모노구치에 움푹 파인 곳이 있는데, 이것을 사츠마호리薩摩堀라고 한다. 임진란 때 사츠마의 병선兵船을 대기 위하여 팠다고 한다. 한인들은 이곳을 '절영도의 서강西江이라고 부른다.'고 되어 있다. 해마다 4월 14일이 되면 이곳에 조선의 배가 몰려든다. 이 날은 임진왜란1592년 초기에 일본군이 상륙하여 부산진을 포위하고 첨사 정발鄭撥 등을 쓰러뜨린 날이다. 전사자를 애도하는 동시에 기습에 대비하기 위하여 말하자면 방위훈련을 실시하고 있는 것이다. "이것을 왜관 사람들에게는 절대 비밀에 붙이고 있다고 한다"고 되어 있다. 하루가 걸린 등산을 마치고 밤이 되어 왜관으로 되돌아갔다고 하는데, 어느 길로 들어갔는지는 입을 다물고 있어 알 수가 없다.

멀리서 바라보니 / 세상이 온통 / 하얀 모래밭일세
절영도에도 / 눈이 / 쌓이려나

이 다음에 나오는 《우진토상》에는 왜관의 겨울이 매섭다는 점, 고향에 관한 것, 한 해가 저물어 가고 새해를 맞이하는 기분, 구덕산의 봄철 등산 등 이런 저런 장면을 읊은 노래로 가득 메워져 있다.

잔치때마다 / 예방禮房의 선물은 / 겨울철 동백잎이네
겹겹이 포장하여 / 보내온 음식 / 겨울철 방어鰤일세

왜관을 뒤흔드는 / 대포 소리 / 연말인가
　　집집마다 / 먼지 터는 소리 / 부산함이니
예방은 / 아침장부터 / 수복초福壽草일세
　　또 / 내려주시네 / 매화꽃 분재를
처음으로 장이 열리니 / 소매를 붙잡고 / 신년하례일세
　　한시를 / 읊고 있나니 / 야나기시마柳島여

　마지막으로 저자가 '관팔경'館八景이라고 제목을 붙인 노래 가운데 4수
정도를 소개해 두고자 한다.

부산으로 돌아옴釜山歸帆

　　돛단배 왔다갔다 / 봄이 왔네 / 부산포에
　　소금에 절여 말린 생선 / 말이 없고 / 해면도 잠잠하네

요비사키에 내리는 밤 비呼崎夜雨

　　장마 비가 내리는데 / 노 젓는 배 불러 세우는 / 밤의 소리
　　창포주/ 마시니 / 취기가 오르네

왜관 정자에서 보는 가을의 달館亭秋月

　　왜관 정자 / 이름도 빼어나니 / 추월秋月이라네
　　마음껏 즐기세 / 열 엿새 날 / 밤의 하늘을

연말에 내리는 절영도의 눈牧嶋暮雪

　　흰 눈 내린 / 절영도 / 후지산 같구려
　　활짝 펼친 날개는 / 산꼭대기 춤추는 / 매 아니던가

3장

'쇄국' 시대의 왜관무역

돈 많은
다이묘大名 :

신왜관은 **33년이라고** 하는 장기간에 걸친 이전 교섭 끝에 1675년숙종元. 延宝3부터 만 3년의 공사 기간을 거쳐서 준공된다. '조선식 건축' '일본식 건축'이라고 하는 두 가지 형태의 건물에 조선과 일본의 목수를 비롯하여 많은 인부들이 공동으로 작업을 하였다. 그것도 10만 평이라고 하는 광대한 부지에 이 거대사업이 완성을 보게 된다. 일찍이 '야나가와사건'¹⁾국서위조사건이 터졌을 무렵만 하더라도 존속 자체가 위험했던 일본의 서쪽 끝 조그마한 섬에 지나지 않는 대마도에 어느새 이러한 에너지가 축적될 수 있었던 것일까?

신왜관 탄생의 원동력은 대마도주 소우 요시자네宗義眞를 정점으로 하는 브레인들의 강력한 정치력, 그리고 무엇보다도 풍부한 자금력에 있었다. 1639년인조17, 寬永16 출생인 그는 1657년효종 8. 明曆 3에 아버지 요시나리義成가 사망하자 가독家督을 이어받는다. 어머니福는 일본의 조정朝廷

소우 요시자네宗義眞
만송원萬送院 소장

세력인 '구게'[2] 중에서도 명문가로 손꼽히는 히노[3] 가문의 태생이다. 일
설에 따르면 야나가와사건이 발생하였을 때 요시자네의 어머니 친정이
소우 씨 가문의 승리를 위하여 쇼군[4]의 오쿠무키[5]에 적극적으로 줄을 대
서 힘을 보태주었다고 한다.

요시자네는 53세가 되던 1692년숙종18, 元禄5 그의 적자인 요시츠구義倫
에게 가독을 물려준다. 그렇지만 은거생활이나 즐기고 있을 그런 요시
자네가 아니었다. 요시츠구가 2년 뒤에 갑자기 사망을 하자, 그의 동생
인 요시미치義方가 대마도주가 된다. 그런데 그의 나이가 어리다고 하는
점도 작용하였겠지만, 요시자네가 1702년숙종28, 元禄15 63세의 나이로 세
상을 떠날 때까지 계속해서 정치의 실권을 장악하였다. 요시자네는 남
녀 합해서 22명의 자녀를 두었다고 하는데, 요시미치의 뒤를 이은 요시
노부義誠, 미치히로方熙의 대까지 모조리 대마도주 자리를 오시자네의 아
들들이 차지하고 있다《종씨가보략》. 45년에 해당하는 이 치세 기간을 요시
자네의 법명을 따서 천룡원天龍院, 텐류인시대라고 부른다.

바로 이 천룡원시대가 대마도의 전성시대에 해당한다. 그의 치적은 신왜
관 건설에 그치지 않는다. 훗날 위업으로 칭송되는 대마도의 대토목공사

는 거의 모두 이 시기에 집중되고 있다. 오후나코시大船越 세토瀬戸의 굴착공사, 사지키하라棧原 건물 공사, 죠카마치城下町 도성 주변 시가지 후츄府中의 건설, 선박 계류장인오후나에 お船江, 대마도 관청 소유 선박御用船을 계류하는 곳의 건설, 하천·도로 공사, 소우 씨 가문의 보리사[6]인 만송원萬送院 반쇼우잉의 대대적인 개축, 에도의 양옥원養玉院 요우교쿠잉 창건, 일본 각지에 건설한 대마도의 출장 사무소인 번저藩邸 등 근세 대마도의 형태가 일거에 정비되어 간 것이다.

토목건축뿐만 아니라 그는 '사람'에 대한 투자도 아끼지 않았다. 유능한 인재를 육성하기 위하여 대마도 밖으로 사람을 내보내 장기간 유학을 시키기 시작한 것도 이 때부터이다. 그 대상은 사무라이로 국한하지 않고 상인이나 기술자들도 포함시키고 있다. 학문·의술·무예의 수업, 중국어와 조선어 어학연수, 그림·'노'[7]·북[8] 등 예술 부문에까지 미치고 있다. 유학을 보내는 지역은 오사카·교토·에도·나가사키는 물론이고, 본인이 원한다면 부산의 왜관으로까지 갈 수 있도록 허용하고 있다.

물론 밖으로부터 유능한 인재를 대마도로 불러오기도 하였다. 저명한 유학자인 아메노모리 호슈雨森芳洲라든가 마츠우라 가쇼松浦霞沼는 아라이 하쿠세키新井白石와 어깨를 나란히 하는 기노시타 준앙木下順庵 문하의 수재들인데, 이들은 천룡원시대에 신규로 불러들인 사람들이다. 의사로 유명한 나카라이[9] 가문에서는 기쿠센菊仙이 등용되어서 대마도의 의학 진흥에 공헌한다. 메이지 시대 해외특파원으로서 활약하였으며, 또 히구치 이치요[10]의 스승으로도 유명한 나카라이 도스이半井桃水[11]의 할아버지가 바로 그 사람이다. 1684년숙종10, 貞享元 초등교육을 위하여 대마도 후츄에 〈소학교〉가 문을 열게 된다. 그곳의 선생인 시난야쿠[12]로서 오사카의 학자 시오카와 마사치카塩川政親, 고쿠사이 谷齋가 초빙된다. 그로부터 3년 뒤에는 나카에 토쥬中江藤樹의 3남인죠소 常省도 대마도로 건너가 학교봉행學校奉行 갓코부교에 취임한다. 현해탄 건너편에 있는 외딴 섬에 일거에 문화의 꽃이 활짝 핀 느낌이다.

그것은 그렇다 치더라도 요시자네는 이 정도로 어마어마한 일을 추진해 나가면서 어디에서 자금을 끌어 온 것일까? 자주 거론되는 것이지만 이 시기 대마도의 지방행정地方知行 지카타 지교오이 개혁이 되어 세수稅收가 늘었다고 한다. 그러나 곰곰이 생각해 보면 경지가 적은 대마도對馬藩 본토의 봉록俸禄 즉 지행고知行高는 없는 것이나 마찬가지라고 해야 할 것이다. 요컨대 쌀의 수확은 전무하다시피 한데, 보리를 석고石高 고쿠다카로 환산하면 2천 석이 조금 못된다. 여기에 일찍이 도쿠가와 이에야스德川家康로부터 하사 받은 히젠肥前의 영지를 더하더라도 12,000 석에 약간 못 미친다. 다이묘大名의 등급 일람표가 기재되어 있는 《무감》無鑑 부칸을 보면, 대마도 소우宗 씨 가문의 규모分限[13] 부겐가 11,837 석이라서 2만 석의 격식格式으로 되어 있다. 이런 수준으로는 아무리 세수를 올리더라도 농민들이 비명을 지를 뿐 거액의 자금을 손에 쥘 수는 없는 노릇이다.

그런데 요시자네 연간에 일부러 《무감》이라는 관청 소개 책자를 출판하는 곳[14]과 교섭을 벌인다. 대마도의 재정 규모를 '10만 석 이상의 격식'으로 개정하여 출판을 하도록 하기 위함이었다. 물론 이것은 바쿠후가 펴낸 정식 출판물은 아니다. 어디까지나 격식이라고 하는 애매한 형태로 로쥬의 내락을 얻은 것이라고 한다. 다이묘의 격식家格이 올라가면 참근교대의 꾸밈새만이 아니라, 바쿠후라든가 다이묘들끼리 교제하는 레벨까지도 달라지게 된다. 이것이 나중에 가서는 방만한 재정 운영의 원인이 되자, 아메노모리 호슈雨森芳洲 같은 사람에 의해서 비난을 받게 된다. 그렇지만 요시자네의 입장에서는 〈조선과의 외교를 책임지고 있는 번藩이 10만 석 정도의 격식도 갖추지 못한다면 외부의 평판이 좋지 않을 것〉이라고 판단했던 모양이다.

바쿠후에 대하여 대마도의 존재를 강력하게 각인시킬 것! 이것은 무엇보다도 야나가와 사건 이후 의기소침해지기 쉬운 대마도 사람들에게 자신감을 되돌려 주려는 염원에서 비롯된 것일 터이다. 그런데 희망이 현실로 이루어졌다. 지행고知行高 2만 석 미만의 다이묘가 10만 석 규모의 자금력을 뽐내며, '돈 많은 다이묘'로서 전국에 명성을 날리게 된다. 다른 이유가 있다고 해도 역시 대마도의 경우 조선이라고 하는 나라가 배후에 있기에 이런 일이 가능했던 것이다.

요시자네가 맨 처음 번주藩主 한슈 자리를 이어받았을 때만 하더라도, 선대로부터 물려받은 적자유산 즉 재정 핍박 때문에 몹시 허덕이는 상황이었다. 사무역도 아직은 이렇다 할 정도로 무역량이 늘어나지는 않았다. 그래서 봉진封進[15]과 공무역公貿易에 전력을 기울이지 않으면 안 되었다. 무역은 본디 사신이 탄 배 한 척 한척을 단위로 해서 이루어지는 것이다. 그런데 앞에서 설명한 것처럼 그의 선대 때부터 있었던 조선측의 요청에 따라서 사선의 왕래를 정돈한 '겸대제' 실시 이후 무역의 방식이 크게 달라졌다. 봉진과 공무역의 물품을 1년간 총계를 내서 공목公木, 품질이 뛰어난 조선의 목면 즉 면포를 가지고 결제를 하는 것이다. 그 당시 합계액은 [표 2]와 같이 공목으로 산출하여 1,134속 23필1속=50필이었다.

┃ 표2 ┃ 일본의 봉진과 공무역 규모 ┃

봉진(封進)		공무역(公貿易)	
수출 (조선←일본)	호초 4,400근 명반 1,400근 단목(소목) 5,680근 일본진주 8근 기타(벼루상자, 서류상자, 병풍 등)	수출 (조선←일본)	구리 29,073근 정도 납 15,768근 정도 단목(소목) 455근 흑각(물소뿔) 297개
수입 (조선→일본)	공목 값 134속	수입 (조선→일본)	공목 값 1,000속 23필
공목 값 합계 1,134속 23필 (1속=50필)			

그런데 '겸대제'가 실시된 뒤 조선에서 거의 해마다 목화의 작황이 좋지 않았다. 품질도 전보다 떨어지고 있었다. 게다가 일본 내에서도 질 좋은 국산 목면이 나돌게 되어, 대마도가 조선의 목면을 수입하더라도 그다지 이익이 늘어나지 않게 되었다. 그래서 미수된 공목을 둘러싼 교섭에서 한 걸음 더 나아가 공목의 일부를 대마도 사람들의 식량이 될 쌀로 바꾸어 주도록 조선측에 교섭을 하자는 안이 수면 위로 떠오르게 된다.

'공목을 쌀로 바꾼다'고 하는 것인데, 교환의 대상이 되었던 쌀을 특히 조선에서는 '공작미'公作米라고 부른다. 사고 시키우에몽佐護式右衛門, 平成扶이 교섭 임무를 띠고 재판裁判에 임명되어 조선으로 건너오게 된다. 왜관에서 여러 차례 교섭을 거듭한 끝에 1651년효종2, 慶安4부터 향후 5년 동안 공목 300속을 공작미 12,000석으로1필당 쌀 12말 바꾸어 주기로 하는 약속이 이루어진다. 그러나 조선의 흉작은 쌀에도 그 여파가 미쳐서 약속한 5년분의 공작미 6만 석이 전액 체납되어 버렸다. 요시자네는 취임하자마자 선대가 남겨 준 미수 쌀을 회수함과 동시에 '공작미'의 수법을 더욱 발전시키기로 했다. 역시 교섭 임무를 띤 재판으로 테라다 이치로베에寺田市郎兵衛, 橘成般가 파견되어 왜관으로 건너왔다. 1660년현종元, 万治3 공목 400속을 1필당 쌀 12말의 비율로 계산하여 공작미 16,000석으로 교환해주도록 약속을 받는 데 성공한다. 기한은 이때도 5년간으로 되어 있었는데, 연한이 끝나가게 되면 기한을 연장하기 위한 교섭 임무를 띠고 재판이 정해져서 왜관으로 건너왔다. 요컨대 5년마다 연기를 거듭하면서 계속적으로 공목의 일부를 쌀로 바꾸어 주도록 한 것이다. 이것을 '환미제'換米制라고 한다.

다만 여기에서 나오는 '석'石이라고 하는 것은 조선의 단위이다. 그래서 비록 같은 한자를 쓰고 있기는 하지만 일본에서 말하는 1석 즉 고쿠石의 용량하

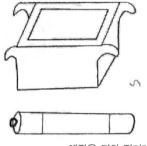

왜관용 되와 평미레
일본 나가사키현립 쓰시마역사민속자료관 소장 《곡일건각서》斛一件覺書

고는 다르다. 조선에서는 1말 짜리 되枡를 정평승正平枡이라고 하는데, 일본의 표준 되인 경승京枡의 3분의 1 정도의 크기밖에 안 된다. 얘기가 복잡해졌는데, 조선에서는 정평승으로 15번 담은 양을 1석石, 또는 곡 斛으로 삼는다. 이 곡승斛枡의 형태가 일본인의 눈에는 이상하게 보인 것이다. 구경口徑이 직사각형이 아니라 장방형長方形으로 되어 있으며, 네 모서리에 손잡이가 달려 있기 때문이다.

예를 들면 일본에서는 되로 쌀을 잴 때 위로 수북하게 올라 온 쌀은 수평으로 깎아서 잰다. 그렇게 하기 위해서 사용되는 봉棒을 '도카키'[16]라고 하며, 평미레질을 하여 계량하는 것이 보통이다. 그런데 조선에서는 되로 양을 잴 때 위로 수북하게 쌓아서 고봉으로 담는다. 조세미를 수납할 때 고봉으로 올라간 부분, 혹은 멍석 위에 떨어진 쌀낙정미 落庭米은 이 계량 업무를 맡은 담당자가 차지하게 된다. 장방형의 커다란 1석짜리 되石枡, 斛枡는 조금이라도 쌀을 더 많이 상납 받기 위하여 고안된 것이다. 굉장히 무겁기 때문에 두 사람 이상이 작업을 한다. 양쪽에 있는 손잡이는 그것 때문에 만들어진 것이다.

이러한 조선식 계량 관습이 왜관의 일본인한테는 어쩐지 익숙하지 않았던 모양이다. 그래서 등장한 것이 왜관에서만 사용하는 특수한 되이다.〔그림〕에서 볼 수 있는 것처럼 되의 구경이 장방형인 데다가 양쪽에 손잡이가 달려 있어서 겉으로는 조선의 곡승과 차이가 없어 보인다. 그러나 실제로는 조선의 되보다도 구경이 한층 작다. 되의 위쪽을 길다란 평미레도카키로 밀어서 평미레질을 하여 계량하기 위한 것이다. 구경을 작게 한 만큼 양이 줄어든 쌀을 일본의 경승으로 재서 가승加升해 나간다. 양국의 관습을 절충한 방식이 채택된 셈인데, 과연 두 나라의 문화가 교차하는 왜관이 아니면 볼 수 없는 시스템이다.

계산을 해 보니 조선에서 말하는 공작미 16,000 석은 일본의 경승京桝으로는 8,400 석밖에 안 된다. 그러나 조선에서는 벼를 정미한 백미로 징수하기 때문에, 일본의 연공미와 비교할 수 있는 현미로 다시 환산하면 1만 석에 조금 못 미치게 된다. 이 가운데 거의 3분의 1이 매년 왜관 전 주민의 식료나 체재비로 쓰이니, 그 나머지 3분의 2가 대마도 본토로 보내진다.[17] 조선과의 무역을 통해 쌀을 확보하는 것은 대마도 입장에서는 마치 영지를 얻은 것이나 다름없는 일이다. 그러니 이 시기에 새로운 인물이 대마도에 다수 초빙될 수 있었던 것도 수긍이 간다.

여기에서 힘을 얻어서 요시자네는 선대인 요시나리義成가 남겨 둔 과제 중 하나였던 '선무역'[18]의 번영화藩營化[19]를 완성시킨다. 앞에서 설명한 것처럼 일찍이 사선使船에는 소우 씨 가문의 가신단이나 무역상인들의 권리가 얽혀 있으며, 도항권이 마치 주식과 같이 분할되어 있었다. 야나가와 사건을 분수령으로 하여 이 권리가 소우 씨쪽으로 되돌아갔다고 하는데, 장기간에 걸쳐서 지켜 온 권리의식을 바꾸려 했으니 이만저만 어려운 일이 아니었다. 선대까지는 오래 전부터 관습처럼 내려왔던 가신단에 대한 배려 때문에도 이 정책이 아무래도 철저히 이행되지 못했다.

새롭게 가독을 이어받은 요시자네가 선대가 하지 못했던 개혁을 단행하게 된다. '조선무역'은 그것을 운영하는 것 자체가 번藩의 직무이다. 여기에서 얻어진 것은 일단 대마도 재정번고 藩庫으로 환수되어야 하며, 도항자는 개개의 직분에 따라서 번藩으로부터 지급되는 부지미扶持米 후치마이로 처리하라는 것이다.

대마도의 유학자 아메노모리 씨 가문에 전해 내려오는 《대마지》對馬志의 1663년현종4, 寬文3 조항 가운데 다음과 같은 기사가 있다.

> 매년 파견하는 사신을 비롯하여 그 밖의 모든 사신은 오일 잡물로 받은 쌀을 관에 납부官斂한다. 이것을 오야토이 소오시御雇送使라고 부른다.

'오일잡물'이란 사신이 왜관에 체류하는 동안 조선 정부가 식료 등 명목으로 사신 개인에게 준 잡물을 가리킨다. 5일마다 지급되고 있었기 때문에, 왜관의 대마도 사람들은 그것을 조선어 발음에서 전화된 '오이리 조모츠'五日雜物 라고 불렀다. 전에는 그것이 현물로 지급되었는데, 이것도 거의 모두 쌀로 환산하여 지급되게 되었다. 과거에는 이것이 사신 개인의 부수입이 되었음은 물론이다. 거의 묵인되다시피 하면서 이어져 오고 있었는데, 이 해를 기점으로 하여 그것이 모두 번藩으로 수납되도록 제도가 바뀌었음을 이 기사는 전하고 있다.

'오야토이 소오시'御雇送使를 요즘 말로 표현한다면 사신의 셀러리맨화라고 할 수 있을 것이다. '관렴'官斂이라고 써 놓은 글자에 일부러 거두어들인다는 뜻으로 '오토리아게'라고 일본어로 읽는 법을 달아놓은 것을 보면, 특권을 박탈당한 쪽 사람들의 한숨이 뒤섞인 비탄이 전해져 오는 듯하다. 대규모 구조개혁에는 어느 시대든지 고통이 뒤따르게 마련인 모양이다.

꽃이 활짝 핀
사무역 :

　　보통 '쇄국'이 완성되고 바쿠후의 관리가 강화되어
가자 외국과의 무역은 보잘 것 없는 것으로 생각하기 쉽다. 그런데 '조
선무역'은 사정이 다르다.

　여기에서 그것을 말해 주는 하나의 에피소드를 소개하고자 한다. 신
왜관이 완성된 이듬해인 1679년숙종5, 延宝7 네덜란드 상관장商館長 딜크
드 하아스Dircq de Haas[20]는 에도로 참부[21]하는 중이었다. 가끔씩 오사카를
거쳐가는데, 그 때 마침 대마도 사람들이 엄청나게 많은 양의 생사生糸
와 견직물을 거래하는 현장을 그가 목격하게 된다. 윗녘上方[22]에서 수집
한 정보라고 하면서, 나가사키의 데지마에 있는 상관商館[23] 앞으로 다음
과 같은 편지가 전달되고 있다《데지마상관일기》 이와나미 세이이치 옮김.

1679년 3월 17일금요일 오사카에서

예년과 같이 대마도주가 조선국에서 가져 온 중국 생사 14~15만 근,
즉 17만 5천~18만 7천 5백 폰드와 2만 7천 반反[24]의 축면縮緬 치리멘[25],
윤자綸子 린즈[26], 사릉紗綾, 사야[27], 그 밖의 비단絹織物을 며칠 전에 오사
카로 보내왔다. 남경南京, 광동廣東, 복주福州에서 만들어진 것과 길이가
다른 물건들인데, 오늘 공매公賣에 넘겨졌다. 그 가격은 정확하게 알 수
없으나, 그런 것은 교토에 가서 확인할 수 있을 것이다.

이 무렵 네덜란드인은 일본과 중국 사이의 무역 거점으로 삼고 있었
던 대만을 상실하였다. 그렇기 때문에 데지마에 들어오는 생사는 동남아
시아산 하급 면사下絲類 시타이토가 주류를 이루고 있었다. 일본 시장 특히
교토 니시진西陣의 고급 견직물 생산자가 요구하는 중국 생사의 수입은
1705년숙종31, 宝永2의 414근을 마지막으로 중단되고 말았다.

그렇기 때문에 그들이 오사카에서 목격하였던 조선을 경유한 '중국 생
사 14~15만 근' '2만 7천 반反의 축면, 윤자, 사릉, 기타 견직물'은 정말
경이적인 수치이다. 그것이야말로 그들이 학수고대하던 교역품인 것이
틀림없다. 그것도 글 첫머리에 '예년과 같이'라고 되어 있는 것을 보면,
대마도에 의한 중국 물자의 대량 거래가 그 해 한 해에 국한된 것이 아
니라, 꽤 일찍부터 어느 정도 궤도에 올라와 있었던 것으로 보인다.

사실 대마도의 중국산 물품 거래는 일본의 바쿠후가 보증을 한 것이
다. 선대인 요시나리義成 때의 일인데, 바쿠후는 기독교금지령을 철저히
관철시키기 위하여 포르투갈 선박의 일본 입항을 금지시켰다. 1639년인
조17, 寬永16의 일인데, 이 조치로 말미암아 일본의 무역 상대국은 네덜란
드, 중국, 유구琉球 그리고 조선의 4개국으로 제한된다. 포르투갈 선박
의 내항이 금지되고 나서 얼마 지나지 않아 요시나리는 에도성江戶城으

로 불려가서 바쿠후의 각료인 로쥬로부터 다음과 같은 명령을 받게 된다《朝鮮渡銀位御願之通往古銀被蒙仰候記錄》.

> 우리나라일본–옮긴이에서는 금년부터 남만선南蠻船 포르투칼 선박의 내항을
> 금지하기로 했다. 이제부터 일본 국내용 물품수입품이 부족하게 될 것이
> 다. 조선국은 이웃나라로서 우호관계를 맺고 있는 나라이다. 일본 국내
> 의 소비에 불편함이 없도록 약종藥種 약재료의 종류 · 실생絲 생명주실 · 견
> 직물, 그 밖의 물품들을 이제까지 해왔던 것 이상으로 조선국으로부터
> 수입해 올 수 있도록 숙망熟望 열의를 가지고 요청해 주었으면 한다.

아무래도 일본의 바쿠후는 포르투갈 선박의 일본 내항을 금지시키기
는 하였지만, 그로 말미암아 일본으로 가지고 들어오는 외국물자가 줄
어드는 것이 아닌가 하고 우려하고 있었던 모양이다. 시기는 그 전후 로
보이는데, 이와 비슷한 취지의 주문이 히라토平戶에 설치되어 있던 네덜
란드 상관에도, 그리고 유구琉球와의 무역을 담당하고 있었던 사츠마번
薩摩藩에도 전달되고 있다. 이것을 보더라도 '쇄국'이 결코 무역의 축소를
목적으로 한 것이 아니었음을 알 수 있다. 무역의 축소는커녕 바쿠후는
오히려 수입품의 국내 부족을 걱정하고 있으며, 남겨진 무역경로를 활
용하여 무역을 확대해 주도록 요청하는 데까지 이른 것이다.

한편 대마도측 입장에서도 바쿠후의 명령은 오히려 환영할 만한 것이
었다. 무역량을 늘리도록 특별히 지시를 받은 품목은 이미 사무역에서 거
래되고 있던 물품들이었다. '쇼군의 명령'이라고 먼저 말을 꺼내고서는,
포르투갈 선박의 일본 내항 금지 사실에 대한 보고와 사무역의 확대 요청
이 요시나리의 이름으로 조선국에 통달되었음은 더 말할 나위가 없다.

대의명분을 얻기는 하였지만, 때마침 선대에는 명나라 말기 청나라

초기에 일어난 전란의 영향으로 말미암아, 사무역은 그다지 활발하게 전개되지 못하였다. 요시자네義眞가 번주藩主에 취임한 지 4년째가 되던 1661년현종2. 寬文元 청국이 중국 전국토를 통일한다. 그 뒤 중국 · 조선 사이의 교역로가 안정을 되찾고, 더 나아가 무역기지인 신왜관이 완성됨으로써, 사무역이 비약적으로 확대된다.

봉진이나 공무역과 달리 사무역에서는 수량의 제한은 없다. 이것을 합리적으로 경영할 수만 있다면 거액의 이익을 올릴 수도 있다. 중요한 것은 왜관의 개시대청에서 돈이 될 만한 물건을 대량으로 사들여서 이것을 한시라도 빨리 일본 국내로 가지고 가서 팔 수 있도록 하는 것이다. 그렇게 하기 위해서는 수입품의 시장가격에 대한 정보를 될 수 있는 대로 정확하면서도 신속하게 파악하지 않으면 안 된다.

요시자네의 사무역 경영 개선책은 교토 · 오사카 · 에도 등 거대 소비지인 대도시를 중심으로 시작된다. 각지의 어용상인의 지정, 번저藩邸의 신규 구입이라든가 확장 · 정비 등 국내의 시장 네트워크를 확충하고 효율성을 높여서 더 많은 이윤을 남길 수 있도록 하는 환경을 만들어 나간다. 특히 이 무렵 에도를 중심으로 하여 인삼의 복용이 크게 유행하게 된다. 인삼을 구입하려는 사람들이 에도번저로 몰려들자, 혼잡을 피하기 위하여 특별히 인삼 판매소인 인삼좌를 설치하여 대마도가 직영을 하기로 했다. 에도의 인삼좌 창설은 1674년현종15. 延宝2의 일이다. 또 생사나 견직물의 판매를 맡게 될 교토라든가 오사카의 번저는 대체로 조쿄貞享 ; 1684~1687에서 겐로쿠元禄 ; 1687~1703 연간의 초기 무렵1680년대까지 입수를 완료하고 있다.

더욱이 사무역에서 거둔 이윤을 대마도 재정으로 직결시키기 위하여, 요시자네는 왜관에서의 무역 참가자를 규제하기로 했다. 원래 사무역이라고 하는 것은 개시일에 왜관에 있는 사람이면 누구든지 참가할 수 있었다. 그래서 대마도 상인들은 연줄을 이용하여 왜관에서 무역 업무를 취급하는 대관역代官役 : 마치다이칸 町代官의 일원이 되고 싶어한다. 그것 때문에도 왜관을 출입할 수 있는 청부상인請負屋 우케오이야의 자격을 취득하기도 한다. 그런가 하면 왜관 출입 자격을 가진 상인의 고용인이라든가 세견선과 함께 파견된 하급 잡역 등 여러 가지 명목을 붙여서 대마도 사람들은 왜관으로 건너오려고 한다.

사무역이 활기를 띠게 되면서 이처럼 돈 벌려고 조선으로 건너오는 사람들이 늘어나기 시작한다. 왜관무역에 참가하는 사람이 많아지자 시장이 혼잡해지고 밀무역이 자주 발생하게 된다. 더욱 난처해지게 되는 것은, 왜관에 있는 많은 사람들이, 더 나아가서는 왜관으로 건너올 수 없는 대마도의 관료나 상인들까지도, 왜관에서 무역업무를 취급하는 마치다이칸町代官에게 자금을 맡겨서 개인무역을 위탁하는 일이 거의 관습적으로 발생하고 있다는 점이다. 이렇게 되면 사무역에서 얻어지는 이윤이 왜관의 무역업무 담당자인 마치다이칸을 거쳐서 개인들의 호주머니로 흘러 들어가 버리게 된다.

사무역 참가자 문제는 조선측에서도 그냥 방치해 둘 수 없었다. 조선에서는 맨 처음 호조戶曹 의정부의 하나로 재정을 담당하는 부서 혹은 각 도의 감사가 발행하는 행장行狀 통행증을 발급 받으면 누구든지 자유롭게 개시대청에 출입할 수 있었다. 그런데 사무역이 점차 활기를 띠게 된 탓도 있었지만, 신왜관이 완성을 보게 되는 1678년숙종4. 延寶6에는 하루 동안에 왜관무역 참가자가 70~80명이나 되어 과열 양상을 띠었다.

시장질서를 어지럽히는 '남잡지폐'濫雜之弊를 염려한 관할 관청은 곧이어 사무역 참가 자격자를 20명, 나중에는 30명으로 축소하게 되며, 허가를 받은 상인에게는 호조의 차첩差帖 임명서을 발급하기로 했다. 그이후 왜관에 출입할 수 있는 자격을 가진 상인을 가리켜 '동래상고'東萊

商賈라고 부르게 되는데, 줄여서 '내상'萊商[28]이라고도 한다. 그런가 하면 조선 정부는 대마도에 대하여 사무역 참가자를 제한하도록 다그쳤다. 몇 차례 대마도 본토와 협의를 거친 다음 1683년숙종9. 天和3 왜관 주민의 규율 준수라든가 밀무역 금지 등을 제창한 '계해약조'癸亥約條를 체결하도록 한다.

여기에 호응이라도 하듯이 같은 해 요시자네義眞는 대관代官과는 별도로 사무역 업무를 전담할 관리인 '쇼바이가카리'商賣掛 10명을 대마도 안에서 새롭게 조직한다. 그때까지는 20명의 대관이 무역을 전반적으로 감독해 왔다. 그런데 그것을 절반으로 줄여서 봉진과 공무역 업무만 취급하게 하였다. 이렇게 함으로써 우선 대관과 개인자본과의 연결이 대폭적으로 줄어들게 된다.

새로 창설된 사무역 전담 관리인 쇼바이가카리의 멤버를 대마도에 전해 내려오는 《본주편임략》本州編稔略에서 살펴보도록 하자.

> 상고商賈로서 쵸닝町人 10명이 의뢰를 받음. 조선에 파견될 사람은 가케하시 시치로우에몽梯七郎右衛門, 가케하시 겐시치梯源七, 요시다 지로베에吉田次郎兵衛, 홋다 기치에몽堀田吉右衛門, 홋다 야에몽堀田弥右衛門, 오오기 리헤에扇利兵衛, 세키노 진베에關野甚兵衛, 오토 야지베에大遠弥次兵衛, 야기 야소에몽八木弥三右衛門, 하시베 한고로橋辺半五郎임. 칼을 찰 수 있게 허락함. 요닝후치四人扶持[29]는 4석石 고쿠[30]이며 산닝후치三人扶持[31]는 5석임.

여기에서 '상고 쵸닝 10명'이라고 되어 있듯이, 쇼바이가카리의 신분은 모두 상인이다. 그 가운데 하시베 한고로橋辺半 (判)五郎의 성씨는 본디 마츠오松尾였다. 이 가문은 15세기 중엽부터 이어져 내려오는 대마도의 유서 깊은 무역 특권상인으로서, '옛날에 지정된 육십인'이라는 뜻의 '고로쿠쥬닝'古六十人으로 불리는 상인단의 하나이다. 이들은 원래 소우 씨의 가신이었다. 그런데 토지가 적은 대마도에서는 가신들에게 영지 대신에 상업상의 특권을 부여하게 된다. 그렇게 해서 결성된 상인단의 수가 60명이었다고 해서 이런 이름이 붙여진 것이다.

또 세키노 진베에의 할아버지는 이요마츠야마伊予松山[32] 출신인데, 임진 · 정유왜란분로쿠 · 게이쵸노에키 때에는 가토 기요마사加藤淸正 진영에 편성되어 참전한 적도 있다. 전란이 끝난 뒤에는 대마도에 거주하는데 야나가와 씨의 지배 아래 있으면서 조선과의 무역에 종사하고 있다. 야나가와 사건 이후 대마도주의 세력으로 흡수되는데, 신규로 '로쿠쥬닝' 상인으로 지정을 받는다. '옛날에 지정된 육십인'이라는 뜻의 '고로쿠쥬닝'古六十人에 대하여, 세키노 씨 가문과 같은 상인들을 가리켜 대마도에서는 '새로 지정된 육십인'이라 하여 '신로쿠쥬닝'新六十人이라고 불렀다. 바로 이 세키노 진베에關野甚兵衛의 사위가 홋다 야에몽堀田弥右衛門, 신로쿠쥬닝이다. '로쿠쥬닝' 상인 집안은 서로 인척관계를 맺어 그물의 코처럼 복잡하게 얽혀 있었다. 그들은 에도시대조선후기를 통하여 자신들의 특권적인 성씨의 유지에 안간힘을 쏟게 된다. 그 밖의 쇼바이가카리 멤버들도 그들의 성씨로 미루어 보건대 모두 '로쿠쥬닝' 상인의 일족임에 틀림없다.

앞에서도 언급하였듯이 마치다이칸町代官을 비롯하여 사무역에 어떤 형태로든지 참가하려고 획책하는 사람들은 사실 이러한 '로쿠쥬닝' 상인들이 중심을 이루고 있었다. 그야말로 200년 이상 동안이나 공인되어 왔던 활동인 셈이다. 대마도로서는 이제 와서 그들을 조선과의 무역에서 내쫓을 수는 없는 노릇이다. 그렇기 때문에 오히려 유력상인들만 골라내서 쇼바이가카리를 조직한 다음, 그들을 사무라이급으로 발탁하여 대마도가 운영하는 사무역 전담 관리 자격을 부여해 버린 것이다. '영주님殿様 도노사마께서 장사치들이 하는 일을 시작하셨다'《賀島兵介言上書》는 식의 비판도 제기되었지만, 요시자네義眞 입장에서는 대마도의 재원을 확보하는 쪽이 더 중요했던 것이다.

쇼바이가카리는 얼마 안 가서 '모토가타야쿠'元方役[33]로 명칭이 바뀐다. 수출입품을 수납하고 무역과 관련된 장부를 관리하는 것이 그들의 주된 업무였다. 실제 활동은 1684년숙종10, 貞享元부터 시작된다. 그런데 1711년숙종37, 正德元에는 다시 새롭게 조직된 '베츠다이칸'別代官에게 업무를 인계하게 된다. 그러니까 모토가타야쿠는 28년 동안 사무역을 전담하고 있었던 셈이다. 그들은 요시자네의 기대에 부응하여 사무역품을 조달한다든가 판매하기 위하여 왜관은 물론 나가사키 · 교토 · 오사카 · 에도까지도 활동무대로 삼았다. 금품의 수납을 명확하게 하고 대마도주에게 상세하게 보고하는 것을 게을리 하지 않았음은 물론이다. 그 대표적인 예가 사무역 장부의 기록이다. 즉 모토가타야쿠가 설치되어 있었던 전 기간에 걸쳐서 사무역 장부《御商賣御利潤幷御銀鐵物渡幷御代物朝鮮より出高積立之覺書》가 완비되어 있는데 이것은 좀처럼 보기 드문 사례이다. 오늘날 우리가 양국간 사무역의 전모를 살필 수 있는 것은 바로 이들이 작성한 기록 덕택이다.

다음에 제시한 〔표 3〕은 모토가타야쿠가 활동을 개시한 해의 사무역 거래 내용이다. 먼저 일본대마도의 수입 즉 조선의 수출을 살펴보기로 하자. 이 해에 모토가타야쿠가 왜관에서 사들인 백사고급 생사가 3만 근 정도가 된다. 백사는 이듬해인 1685년숙종11, 貞享2에 7만 근 정도, 그리고 2년 뒤인 1687년에는 3만 근에 약간 못 미치는 수준이었다. 이것은 다른 해에 비하면 오히려 거래량이 매우 적은 편에 속한다. 다만 수입액 전체에서 차지하는 비율을 보면 백사의 비중이 50%나 되는데, 여기에 견직물을 추가하게 되면 중국산 물품이 80%를 차지하게 된다. 나머지 20%

가량은 조선산 인삼으로 채워져 있었다. 모토가타야쿠는 일본으로 가지고 갔을 때 가장 돈벌이가 좋은 3가지 품목만을 타겟으로 설정하여 수입하고 있었음을 알 수 있다.

일본 즉 대마도의 수출조선의 수입쪽은 품목 수가 더 많다. 광산물은 · 구리 · 납 등, 가죽류여우 · 너구리 등, 동남아시아산 물품단목 · 후추 · 사탕류, 담배, 담뱃대, 바구니籠, 상아로 만든 바늘, 안경 등 실로 다채롭다. 또 이 해에는 거래가 없지만 이듬해부터 동남아시아산 물소뿔조선에서는 흑각黑角이라 불림이 연간 평균 1,800통이나 조선으로 수출되고 있다. 품목의 종류는 많지만 무역액 전체의 비율을 보면 일본의 대조선 수출의 대부분이 광산물이다. 그 가운데 은銀 하나의 품목만 해서 66%를 차지하고 있다. 여기에서 말하는 은이란 은으로 만들어진 일본 국내 유통화폐게이쵸쵸긍[34] 그 자체인 것이다.

더욱 주목하지 않으면 안 될 것은 수출입 품목의 아래쪽에 계상計上되어 있는 '이윤'이다. 두 종류의 수치가 제시되어 있는데, 아래쪽에 있는 붉은 색 글씨로 되어 있는 것은 훗날 교토의 시장가격으로 계산되어 있는 참고숫자이기 때문에 여기에서는 일단 고찰의 대상에서 제외하기로 하자. 중요한 것은 위쪽에 있는 '모토가타야쿠가 계산한 이윤'元方役計上利潤이다. 이것은 모토가타야쿠가 사무역을 통해 거두어들인 수익을 은을 기준화폐로 하여 환산한 것인데, 실제로 대마도에 납부된 은액銀額인 셈이다. 그 액수를 보면 1,065관 270목인데,[35] 이것을 다시 금으로 환산하면 약 2만 1천 3백 냥이나 된다. 이 계상이윤計上利潤이 1690년숙종16, 元祿3에는 2,539관 190목금으로 5만 7백 냥으로, 그리고 이듬해인 1691년에는 3,577관 400목금으로 7만 냥 정도으로 점점 상승하는 경향을 보이고 있다. 요시자네가 모토가타야쿠에게 의뢰한 사무역이 말 그대로 만개하는 시기를 맞이하고 있었다.

표3 | 일본의 1684년 사무역 거래표

수출 (조선←일본)					수입 (조선→일본)				
품목	수량	가격		비율	품목	수량	가격		비율
		관	돈	%			관	돈	%
은	古代官 현은 이월분	138	000	4	백사(白絲 상/중/하)	30,396근	709	229	50
경장은	정은(丁銀)	1,937	925	66	축면(縮緬)	6,295반	195	140	13
					문무(紋無)	888반	26	640	1
납(鑞)	44,689근	236	851쯤	8	소비사릉(小飛紗綾)	6,388반	159	700	11
구리(荒銅)	152,214근쯤	258	764쯤	8	윤자(綸子 대/중)	313반	14	085	1
구리(棹銅,延銅)	17,535근	43	144쯤	1	사야(鼠切磚)	53반		212	0
유석(鍮鉐)	26,293근쯤	78	290쯤	2	토라면(兎羅面)	9반		225	0
토단(釷단)	96근		403쯤	0					
호피(狐皮)	6,860매	96	040	3	상(上)·병(並)인삼	877근	274	913	19
리피(狸皮)	8,638매	69	104	2	소(小)인삼	12근	1	200	0
순피(韓皮)	460매	14	420	0	꼬리인삼	408근쯤	24	530	1
점피(狖皮)	2,450매	8	575	0					
담배	1,000상자들이 9궤짝	2	250	0					
단목(丹木)	6,900근	8	625	0					
후추(胡椒)	3,780근	9	450	0					
황연(黃連)	261근	10	962	0					
담뱃대(銀山煙器)	27,307근	4	369쯤	0					

수출 (조선←일본)				수입 (조선→일본)				
품목	수량	가격		비율	품목	수량	가격		비율
		관	돈	%			관	돈	%
설탕 (五花糖)	200근		616	0					
설탕 (白砂糖)	232근		505쯤	0					
공작꼬리	5미		175	0					
일번皮籠	5하		560	0					
상아(眞針)	2개		49	0					
안경	8개		280	0					

은(銀) 합계 ①   2,075관 925돈

기타 대물대은 합계   843관 448돈쯤
(실제 계산 843관 5돈)

할인(용와리 츠부시) ②   602관 463돈
(실제 계산 602관 3돈)

수출액 합계 ③=①+② 2,678관 388돈쯤	수입액 합계 ④ 1,405관 874돈쯤

차액	수출액 합계 ③	2,678관	388돈쯤	이윤 1,065관 270목 모토기타이쿠(元方役)
	수입액 합계 ④	1,405관	874돈쯤	계상 이윤
	대관 지급분	710관	932돈	(빨간글씨) 3,559관 423문 正德2년~5년
	지원금 지급분	6관554관	736돈	교토(京都) 상장(相場)
	잔액(미수금)		844돈쯤	평균치에서 산출

* 소숫점 이하는 버림.
* 수출 구성비는 은(銀) 합계와 기타 물품을 은값으로 환산한 합계(代物代銀)의 총액(2,075관 925돈+843관 435돈=2,919관 360돈)을 100으로 한 것임.

세 나라의 수도 이야기
— 교토·한성·베이징 :

　　　　　　　지금 같았으면 상상도 할 수 없는 일인데, 에
도시대_{조선후기} 초기만 하더라도 일본은 광산 자원이 풍부한 나라로 알려
져 있었다. 특히 동아시아 최대의 산출량을 자랑하던 은이 은본위_{銀本位}
[36] 국가였던 중국과의 교역관계를 돈독히 하고 있었다. 산출량이 풍부
하고 품질이 뛰어난 은 생산에 힘입어 에도바쿠후_{江戶幕府}가 처음으로 주
조한 은화_{銀貨}인 경장정은_{慶長丁銀} 게이쵸깅은 순도가 80%나 되는 고품위 통
화였다.

　안정된 품위가 뒷받침되어서 경장은_{慶長銀} 게이초깅은 조선과의 무역만
이 아니라, 다른 교역 루트에서도 일본의 주력 수출상품이 된다. 나중에
유학자인 아라이 하쿠세키_{新井白石}가 계산한 바에 따르면, 경장은의 전체
주조액_{120만 관, 1관=3.75kg} 중에서 일본 국내에서 유통된 것은 불과 1할 정도
였다. 다시 말해서 나머지 9할 가량이 국외로 빠져나간 셈이니 굉장한

수량이었음에 틀림없다. 어쩌면 그것을 일본의 국내통화라고 하기보다는 국제상품이라고 부르는 것이 더 적절할 지도 모르겠다.

일본이 경장은을 가장 많이 수출한 것은 처음에는 나가사키항에서 이루어지고 있던 중국과의 무역이었다. 그런데 모토가타야쿠가 사무역 경영을 담당하던 무렵에는 그것이 역전되어 조선과의 무역이 최대의 수출통로가 된다. 융성을 거듭하던 은 생산이 17세기에 들어선 뒤 줄어들기 시작하자 바쿠후가 나가사키를 통한 일본의 은 수출을 제한하게 된 때문이다.

먼저 1668년현종9, 寬文8에는 네덜란드 무역선에 의해서 일본의 은이 해외로 유출되는 것이 금지된다. 더욱이 1685년숙종11, 貞享2에 이르면 연간 무역총액의 한도를 정하는 '죠다카'定高제도 즉 무역상한제가 실시되기 시작한다. 중국 무역선에 대해서는 6천 관목貫目, 네덜란드 무역선에 대해서는 금 3만 냥이것을 은으로 환산하면 3천 관목이라고 하는 틀 속에서 무역을 하도록 지시가 내려진 것이다. 이로 말미암아 중국의 무역선에 의한 일본의 정은 수출고는 1685년숙종11, 貞享2부터 1697년숙종23, 元禄10 사이에 연간 평균 3백 관목 정도가 된다. 더욱이 1708년숙종34, 宝永5부터는 160 관목으로 격감하게 되며, 이윽고 은은 자취를 감추게 되고 그 대신에 수출의 주력이 점차 구리로 바뀐다.

고죠다카시호御定高仕法 즉 무역상한제는 대마도에도 적용되었다. 1686년숙종12, 貞享3 대마도에 의한 조선과의 무역 한도액은 연간 1,080 관목으로 정해졌다. 그와 함께 사츠마번薩摩藩의 유구琉球와의 무역도 120 관목으로 정해지게 된다. 처음에는 이 숫자가 〈무역총액〉을 의미하고 있었다. 그런데 대마도에 대하여 설정된 1,080 관목의 숫자는 언제부터인가 정은丁銀 초깅 자체를 의미하는 '현은'現銀이라고 하는 틀로 바뀐다.

대마도와 똑같은 해에 120 관목이라고 하는 낮은 무역총액을 부여받은 사츠마번이 바쿠후에게 항의를 해서 그 뒤 약간 변화가 생겼다. 유구로 향하는 선박의 수에 따라서 804 관목과 402 관목을 격년으로_{연평균으}로 하면 603 관목 하여 무역총액이 정해지고 그것도 현은 수출액으로 결정되었는데, 거기에 대마도가 편승을 하게 된 것이다. 즉 요시자네는 훗날 1700년_{숙종26, 元禄13}에 바쿠후의 화폐개주에 의하여 대마도의 무역 이윤이 감소했다는 것을 이유로 내세워서 바쿠후와 교섭을 벌인다. 그 결과 대마도는 연간 1,080 관목에서 1,800 관목으로 증액을 허락 받게 되는데, 이때에도 무역총액이 아니라 현은을 가리키는 숫자로 인정을 받고 있음을 알 수 있다.

그런데 이 숫자는 어디까지나 바쿠후와 대마도 사이의 결정에 지나지 않는다. 나가사키무역[37]과는 다르게 바쿠후의 관리가 부산의 왜관으로 출장을 와서 은의 거래량을 체크할 수는 없다. 그렇기 때문에 바쿠후의 법령이 내려졌다고 해도, 그것이 무역의 현장에서 지켜질지는 별개의 문제이다. 과연 모토가타야쿠가 취임하고 있었던 전 기간을 통하여 왜관에서의 정은 거래량은 어느 정도였을까?

〔표 4〕에서 보는 것처럼 일본의 정은 수출 규모는 모토가타야쿠의 활동 개시 연도부터 거의 연간 2천 관목 수준에 이르고 있다. 설치 된 지 2년이 지난 1686년_{숙종12, 貞享3}에는 1,080 관목의 무역한도가 설정되는데, 일본의 수출액즉 조선의 수입액은 좀처럼 줄어들 기미를 보이지 않는다. 이렇게 높은 수준의 은 거래는 1684년_{숙종10, 貞享元}부터 1697년_{숙종23, 元禄10}까지 이어진다. 이 기간의 연평균_{2,349} 관목이 같은 시기 중국 무역선에 의한 연간 평균액₃₀₀ 관목의 7배 이상이나 되는 것으로 드러났다.

표4 | 일본의 정은 수출 규모 |

연대 (1684~1710)			정은(丁銀) 수출고① (조선←일본)		순은량②		구성비 %
서력	조선	일본	관(貫)	돈	관(貫)	돈	
1684	숙종10	貞享 元	1,937	925	1,550	340	66
1685	11	2	2,007	250	1,605	800	64
1686	12	3	2,887	345	2,309	876	69
1687	13	4	2,044	121	1,635	296	59
1688	14	元禄 元	2,487	226	1,989	780	63
1689	15	2	1,994	748	1,595	798	50
1690	16	3	2,231	139	1,784	911	47
1691	17	4	2,730	603	2,184	482	47
1692	18	5	2,437	241	1,949	792	52
1693	19	6	2,274	246	1,819	396	41
1694	20	7	2,579	049	2,063	239	46
1695	21	8	2,449	373	1,959	498	47
1696	22	9	2,439	997	1,951	997	49
1697	23	10	2,404	954	1,661	403	40
1698	24	11	1,400	000	896	000	53
1699	25	12	1,980	000	1,267	200	68
1700	26	13	1,565	000	1,001	600	98
1701	27	14	2,730	000	1,747	200	64
1702	28	15	1,806	960	1,156	454	64
1703	29	16	730	000	467	200	59
1704	30	宝永 元	1,350	000	864	000	70
1705	31	2	1,077	500	689	600	44
1706	32	3	1,300	000	832	000	67
1707	33	4	971	900	622	016	63
1708	34	5	980	000	627	200	62
1709	35	6	940	000	601	600	58
1710	36	7	620	000	396	800	48
총계			50,356	577	37,230	478	–
연평균			1,865	058	1,378	906	55

① 1684~1697년은 경장은, 1697~1710년은 원록은 수출. 다만 1697년의 거래 내역은 경장은 763 관 954돈원록은 1,641관이었기 때문에, 경장은 총액은 31,264관 217돈, 원록은 총액은 19,092관 360돈임.

② 경장은 순도 80%, 원록은 순도 64%를 기준으로 산출한 것임.

이것을 놓고 보면 요시자네가 바쿠후의 지시를 전적으로 무시하고 있었음을 알 수 있다. 거꾸로 일본의 은 수출조선의 수입이 줄어드는 것은 1700년숙종26, 元禄13에 거래한도가 1,800 관목으로 증가한 전후이다. 나중에 자세하게 언급하겠지만, 바쿠후의 화폐개주에 의하여 일본 국내에서의 정은이 조달난에 빠지게 되고, 그로 말미암아 왜관시장이 혼란스럽게 되는 것이 은 거래 부진의 원인이 된다. 이렇게 보면 조선으로의 은 수출량은 일본 국내에서의 정은 조달이 원활하게 이루어지고 있었는지 어쩐지, 그리고 왜관의 무역 현장이 활기를 띠고 있었는지 여부와 관련이 되어 있었음을 알 수 있다.

그렇다면 사무역 현장은 어떤 상태였을까? 먼저 사무역에서는 일본의 은을 사전에 지불하는 선불제先拂制[38]가 원칙이다. 대마도의 사무역 전담 관리인 모토가타야쿠는 그에 걸맞는 상품일본의 수입품을 몇 개월 뒤에 조선 상인들한테서 수납을 받는다. 이처럼 물품의 대가를 선불하는 것을 가리켜 왜관에서는 '피집'被執[39]이라고 불렀다. 구하고자 하는 물건이 귀중한 것일수록 당연시되는 상거래이다. 견직물이라든가 인삼 등은 그 일부를 은銀이 아닌 다른 물건예를 들면 구리라든가 공목 등으로 보충하는 경우도 있었지만, 백사白糸만큼은 현은現銀[40]즉 현찰이 아니면 안 되었다.

사무역에서 중요하게 다루어지고 있었던 백사라든가 견직물은 일본의 정은과 교환하여 조선 상인들이 중국에서 수입해 온 것들이다. 조선은 중국을 중심으로 하는 전통적인 책봉체제[41]를 기반으로 하여 해마다 정례 및 임시 조공사절단연행사을 파견하고 있었다. 이들 사절의 움직임에 맞추어서 조선의 국경주로 의주에 무역상인들이 몰려든다. 혹은 베이징北京에 머물고 있는 동안 사절의 일행들이 가지고 간 물자가 교역된다. 사절 일행은 일정 범위 안에서 사무역을 할 수 있도록 공인되어 있었다. 중국에서의 무역에 참가할 수 있는 권리라든가 무역의 이권을 둘러싸고 연상燕商 북경무역을 전업으로 하는 서울이나 개성 등지의 상인이라든가 만상灣商 의주상인들이 치열한 경쟁을 벌이고 있었다. 그 결과 밀무역이 성행하였음은 물론이다.

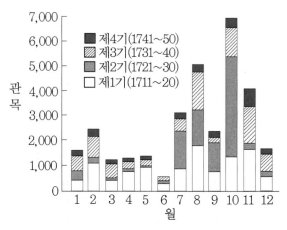

정은T銀 수송의 규모의 계절 변동

　이처럼 공인된 사무역 혹은 밀무역을 통하여 가장 많이 중국으로 가지고 들어가는 것이 일본의 정은이다. 조선에서는 일본의 은을 가리켜 그냥 '왜은'倭銀이라고 부른다. 또 정은의 모양이 개의 혀와 닮았다 하여 '견설은'犬舌銀이라고 부르는데, 같은 음의 글자를 써서 '개서은'介西銀이라고 적는 경우도 있다《만기요람》재용편. 하여튼 정은의 대부분은 조선 국내에서 녹히지 않고 그 모양 그대로 백사나 견직물의 대가로서 중국으로 다시 수출되고 있었다.[42]

　모토가타야쿠가 설치되었을 무렵, 조선과 중국 사이에서 은이 대량으로 움직인 시기가 해마다 두 번 있다. 정기적인 사절단인 '역자행'曆咨行과 '동지사'冬至使가 파견될 때가 그때이다. 역자행이라고 하는 것은 조선이 중국의 역曆을 받으러 가는 사절이다. 8월에 조선의 수도인 한성서울을 출발하여 베이징에 체재한 다음 11월에 귀국한다. 동지사는 역자행보다도 규모가 더 크다. 11월에 베이징으로 떠나서 신년 하례 등 정례적인 의식을 치른 다음 이듬해 4월경이면 조선으로 돌아온다.

이와 관련하여 왜관으로 보내진 은의 움직임을 살펴보면 퍽 재미있는 현상이 발견된다. 대마도는 왜관으로 은을 수송하기 위하여 '은선'[43]이라고 하는 자그마한 전용선을 사용한다. 이 '은선'의 움직임이 달마다 상당한 격차를 보인다. 〔그림〕은 정은의 수송량을 왜관에 도착한 달별로 보여주는 것이다. 은의 수송이 많은 시기는 7월과 8월, 그리고 10월에서 11월에 걸친 4개월이다. 이 기간만 해서 연간 총 수송량의 60% 이상이 집중되어 있다.

대마도에서는 7·8월에 조선으로 싣고 갈 은을 '황력은'皇曆銀이라 부르고, 10·11월에 실어 나를 은을 가리켜 '동지은'冬至銀이라 불렀다. 다른 시기의 은 수송과 구별하기 위해서이다. 요컨대 '역자행'용과 '동지사'용으로 각기 출발 시기에 맞추어서 왜관으로 은을 보내고 있었던 것이다. '은선'에서 볼 수 있는 은 수송의 계절적 변동은 왜관무역의 앞길에 펼쳐진 한성서울·베이징으로 이어지는 '은의 길'이 존재하였음을 연상시키고 있다.

이와 같은 '은의 길'의 일본 측 출발점은 대마도가 은 조달의 본거지로 삼고 있었던

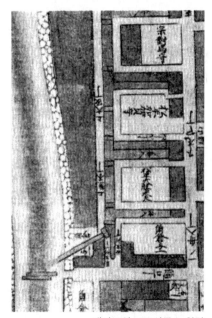

대마도의 교토사무소 위치

교토이다. 과거에 화려한 조명을 받았던 '산죠 가와라마치 도오리'三條河原町通り[44]의 번화가에는 현재 카톨릭 성당과 호텔[45]이 들어서 있다. 이 일대가 일찍이 대마도의 출장 사무소라고 할 수 있는 교토번저가 있었던 곳이다. 북쪽 인근에는 가가[46]의 번저가 있으며, 한 집 더 떨어진 근처에는 다카세가와[47]에 인공운하를 만들어 유명해진 호상豪商 스미노구라 요이치[48]의 건물[49]이 있다.[50] 사무역이 한창 번성하고 있을 무렵 요시자네의 명령에 따라 명의인으로 후카에야深江屋라고 하는 환전상[51]을 내세워서 스미노구라 씨 가문으로부터 구입한 것이 대마도의 교토번저인 것이다.[52]

대마도의 번저 앞쪽으로 다카세가와의 선착장이 늘어서 있었는데, 물건을 보관할 구라야시키[53]로서는 가장 적합한 곳이다. 이곳에서 상자에 담아 포장한 정은이 후시미伏見·오사카大坂, 더 나아가서는 세토나이카이瀬戸内海를 거쳐 시모노세키下關·잇키壹岐·대마도로 운반되고 있었다. 대마도에서 일단 짐 검사를 한 다음부터는 '은선'을 통해 왜관으로 실어 나른다. 교토에서 왜관까지 걸리는 시간이 약 반 달, 길어도 한 달이 채 못 되어서 부산의 왜관에 도착하게 된다.

'은의 길'의 기점인 교토도 조선·중국 사이를 이동하는 사절의 움직임과 무관하지는 않다. 1681년숙종7. 天和元 대마도의 교토번저를 담당하는 대관은 대마도의 본섬으로부터 정은의 수송과 관련하여 다음과 같은 지시를 받고 있었다《어벽서공》御壁書控.

1, 인삼의 대금과 불시不時의 사자使者[54]가 사용할 은 1,000 관목을 2월 중에 대마도 본섬國元 구니모토에 도착시킬 것.

1, 황력은皇曆銀 700 관목을 6월중에 대마도 본섬에 도착시킬 것.

1, 동지은冬至銀 1,500 관목을 8월중에 대마도 본섬에 도착시킬 것.

이에 따르면 교토번저는 황력은을 6월까지, 동지은을 8월까지, 그리고 그 밖의 은인삼대금 등을 2월까지 대마도 본섬에 도착하도록 할 의무를 지고 있었다. 정은 수송의 계절적 변동도 교토를 기점으로 하고 있었던 것이다.

이렇게 보면 교토·한성서울·베이징으로 펼쳐지는 '은의 길'은 중국으로 가는 조선의 사절이 파견되는 달에 맞추어서 연 2회 정기적으로 움직이고 있었음을 알 수 있다. '역자행'이 중국으로 가지고 갈 황력은은 6월에서 8월에 걸쳐서, 그리고 '동지사'가 가져가는 '동지은'은 8월에서 11월에 걸쳐서, 일본·조선·중국의 각 수도를 이동하고 있었던 것이다.

	교토(京都)⇒대마도	대마도⇒왜관(조선)	조선⇒중국
황력은(皇曆銀)	6월중	7~8월	8월 이후
동지은(冬至銀)	8월중	10~11월	11월 이후

'은의 길'의 귀로는 그대로 '비단의 길'이 된다. 조선 사절이 중국에서 입수한 백사나 견직물은, 역자행이 조선으로 귀국하는 것이 11월이니까, 왜관에는 이듬해인 2~3월이면 닿는다. 또 4월에 귀국하는 동지사편에 실려 온다면, 왜관에는 6~7월이면 도착될 수 있다. 그러니까 사절단의 조선 귀국 후 2~4개월이 지나면 왜관시장으로 운반된다. 이렇게 해서 앞서 있었던 '은의 길'을 역류하여 백사·견직물이 일본 최대의 견직물 산업지대인 교토로 흘러 들어간다. 요컨대 교토는 '은의 길'실크로드의 출발점인 동시에, '비단길'실크로드의 종착지이기도 했던 것이다.

교토의 니시진西陣에는 비단 짜는 공방인 다카하타오리야[55]가 길게 줄을 지어 들어서 있었다. 여기에서 짜는 고급 비단의 원료로 쓰이는 실은 새하얀 광택이 날 뿐만 아니라, 매듭 하나 없이 끊어지지 않고 이어져 있는 백사가 아니면 안 된다. 일본이 바쿠후 말기에는 생사生糸의 수출국으로 알려지게 되지만, 18세기 중엽까지는 일본의 국산 생사가 기술적인 면에서 중국의 백사를 따라가지 못하였다. 나가사키를 통한 수입에 의존해 왔건만 그것도 바쿠후의 정은 수출억제 정책의 영향을 받아서 크게 줄어들고 있었다. 그 결과 17세기 말 교토의 직물 공장은 심한 원료=실 부족 상태에 빠져 있었던 것이다.

부진의 늪에서 허덕이고 있던 교토의 직물 업계 입장에서 보면 대마도가 가지고 가는 백사가 더 없이 귀중한 존재였다. 여기에서 가장 주목하고자 하는 점은 교토 오미야도오리[56]통칭 이토야마치 糸屋町 일대에 점포를 열어 놓고서, 니시진에 생사生糸를 공급해 온 와케이토야分糸屋의 나가마仲間들이다. 그들은 언제부터인가 대마도의 교토번저와 백사의 구입을 둘러싸고 특수한 계약을 맺게 된다.

20명 정도 되는 와케이토야가 '이토야마치의 은주銀主 긴누시'라고 하는 공동의 명의로 조선과 무역을 하는 대마도에 자금을 제공하게 된다. 이것을 가리켜 '실 대금 선납은'糸代先納銀 이토시로센노우깅이라고 하는데, 사전에 현물의 은을 제공받고 백사가 교토에 도착한 시점에서 사후에 현물로 갚는 것을 말한다. 이렇게 하면 와케이토야는 원료부족 상태에 빠져 있던 백사를 확실하면서도 우선적으로 확보할 수 있게 되는 것이다. 왜관에서의 은 선불 방식인 '피집'이 '은의 길'의 출발지인 교토에서 이미 시작되고 있었던 셈이다.

호에이宝永・쇼토쿠正德 연간1700년대 초반이 되면 교토에 본점을 둔 미츠이三井 가문越後屋 에치고야이 대마도가 가지고 가는 중국산 물품에 흥미를 보이기 시작한다. 미츠이는 나가사키무역에 자금을 투입한 것으로 잘 알려져 있는데, 조선무역에 참여하게 되는 것은 이것이 처음이다. 그것도 표면에 등장하는 것이 아니라 대마도로부터 '직매'直買함으로써 보통 가격보다도 더 싸게 구입하는 방법을 취하고 있다.

　미츠이는 그들의 독자적인 장사 수법인 '현금거래 방식'[57]을 통해 일반 가격보다 저렴한 가격으로 물건을 제공하여 소비자의 인기를 끌었다. 그렇지만 한편에서는 원재료를 직접 사들이는 것 때문에 도매상問屋 동야·나카마 상인仲間商 혹은 동업자들로부터 반발을 불러일으키는 일이 잦았다. 그래서 대마도가 경영하는 조선과의 무역에 자금을 제공할 때에도 마찰을 피하기 위하여 눈을 돌린 것이 후카에야深江屋라고 하는 상인이다. 후카에야는 대마도의 교토번저 명의인이자 환전상인데, 정은 조달에 깊이 관여하고 있었다. 이곳이 자금난에 빠져 있던 시점을 포착한 미츠이는 거액의 융자를 통해 후카에야를 포섭하는 데 성공하게 된다. 미츠이의 거래은행 역할을 담당한 후카에야를 앞세워 위장거래를 함으로써, 그들은 대마도를 경유해서 들어오는 백사 등 견직물을 독점적으로 구입하기 시작한 것이다.

　'이토야마치 은주'의 존재, 그리고 호상豪商 미츠이에 의한 자금 투자는 18세기가 되어서도 좀처럼 줄어드는 법이 없었다. 이것은 바로 대마도·조선 경유의 '은의 길'실버로드·'비단길'실크로드의 건재함을 말해 주고 있는 것이다.

인삼대 왕고은人參代 往古銀의
특명 :

천룡원天龍院 텐류인 **때의 일이다.** 대마도주 소우 요시자네宗義眞의 재정개혁은 사무역의 경영합리화 덕분에 괄목할 만한 실적을 거두게 된다. 바쿠후가 무역의 상한을 설정하고 통제를 강화했는데도 그것을 과감하게 돌파해 나가는 대담함, 그리고 일본·조선·중국·동남아시아로 이어지는 동아시아 교역로를 꿰뚫고 있는 원대한 구상이 효력이 있던 것이다. 그렇지만 이 시기의 모든 일이 순풍에 돛을 단 듯이 진행되었는가 하면 반드시 그렇지는 않다. 사실은 모토가타야쿠 창설로부터 12년째가 되던 1695년숙종21, 元禄8에 어처구니없는 일이 벌어지고 있었다. 이 해에 바쿠후가 화폐개주를 단행하여 통용은의 품위를 크게 낮추어 버린 것이다.

이미 살펴본 것처럼 일본의 정은은 원형 그대로 조선에서 중국으로 흘러 들어가고 있었다.[58] 그런데 이 은의 품위를 판정하는 근거는 화폐의 주조소인 은좌銀座 긴자의 관리가 은의 표면에 찍은 도장 즉 극인極印 고쿠인이다. 경장은慶長銀의 극인으로는 모두 3가지가 사용되었다. 은좌의 장관인 다이코쿠 죠제大黑常是[59]의 '상시'常是라고 쓰여진 도장, '대흑천상' 大黑天像 문양,[60] 그리고 '보'寶 다카라라고 하는 문자 등이 새겨진 도장이 그 것이다. 이것은 도쿠가와 씨가 정권을 장악하게 된 이래 100년 가까이 지나도록 오랜 세월 동안 단 한 번도 바뀌지 않았다. 순도가 80%라고 하는 높은 품위 때문에 국제적인 신뢰를 얻어서 일본의 은화는 '은의 길'실버로드을 확보하면서 이동하고 있었다.

그런 경장은이 개주된 것이다. '사용 기간이 길었기 때문에 통화가 낡았다' '경제가 상승하게 되어 국내에 대량의 통화가 필요해지게 되었다' '일본 국내의 금은 산출량이 격감했다' 등등 이유는 여러 가지가 있다. 하여튼 5대 쇼군 츠나요시綱吉 시대가 되자, 바쿠후는 새로운 화폐 주조에 착수하게 된다. 이렇게 해서 발행된 것이 원록은元祿銀 겐로쿠깅이다. 경장은과 구별하기 위하여 '원'元이라고 하는 극인이 찍어져 있다. 그 품위는 64%, 한 마디로 말해서 악주惡鑄인 것이다.

그 무렵 원록은의 품위는 공표되어 있지 않았다. 그런데 영내領內에 광산을 가지고 있었던 대마도에서는 이 신은新銀의 순도를 정확하게 밝혀내서 그것이 경장은에 비하여 상당히 악주된 것임을 이미 파악하고 있었다. 사무역은 정은의 수출을 기축으로 하여 움직이고 있다. 아무런 사전 예고도 없이 이처럼 가치가 하락한 원록은을 지금 당장 무역용으로 그대로 사용하게 된다면, 베이징으로 이어지는 교역로는 대혼란에 빠져들게 될 것이 분명했다.

그래서 잠시 동안 조선에는 일본의 은화 개주 사실을 숨기기로 했다. 그렇지만 그것도 2년이 한계였다. '악화惡貨는 양화良貨를 구축驅逐한다'고 하는 법칙대로, 양화인 경장은은 점차 유통계에서 모습을 감추고 있

경장정은慶長丁銀과 원록정은元錄丁銀

었다. 일이 이렇게 된 마당에 개주 사실을 조선측에 숨김없이 털어놓고, 악화인 원록은의 수출을 인정받도록 하는 수밖에 없었다.

요시자네는 이 교섭의 모든 것을 모토가타야쿠에게 일임하기로 했다. 대마도 종가문서인 《원자표은기록》元字標銀記錄 겐지효킹기로쿠에 따르면, 이 때 발탁된 사람이 모토가타야쿠의 창설 당시 멤버인 하시베 한고로橋辺判五郎와 세키노 진베에關野甚兵衛이다. 이 무렵 하시베는 현역에서 은퇴한 지 이미 오래되었다. 그리고 세키노는 병이 들어 치료를 받고 있던 중이 었다. 그렇지만 위의 두 사람이 평소 조선 상인들로부터 두터운 신망을 받고 있었고 장사 수완도 뛰어났기 때문에, 도저히 다른 사람으로 교체 할 수 없다는 판단에서 그들을 왜관으로 파견하기로 결정이 났다.

1697년숙종23. 元祿10 4월 하시베와 세키노는 개시에 참가하기 위하여 왜 관으로 들어온 조선 사람들을 한 곳에 모이도록 했다. 맨 처음 설득하 지 않으면 안 되었던 상대는 사무역에 직접 관여하고 있었던 조선의 통 역관훈도 · 별차과 상인행수이다. 상인행수란 왜관에 출입하는 동래상인이 무렵은 30명을 5인 1조로 결성한 조장이다. 소속된 상인들을 통솔할 뿐만 아니라 세금을 징수한다든가 밀무역을 방지하는 일에도 협력하는 사람들이다. 그들에게 일본에서 새로 화폐를 만들게 된 점, 앞으로는 신은을 가지고 교역을 하고자 한다는 점 등을 알린 뒤, 다음과 같은 발언을 했다.

> 앞으로는 원자표元字標 겐지효 즉 원록은元祿銀 외에는 다른 통화가 없습니다. 이곳 왜관에서 지불하게 되는 은은 당중국에서 통용되는 것이므로, 고은古銀 ; 慶長銀을 기준으로 삼아서 신은新銀의 양목兩目 ; 純度과 차이가 나지 않도록 하겠습니다.

이 말의 의미는 경장은과 비교하여 원록은의 순은 부족분을 채워서 지불하겠다고 하는 것이다. 순은의 함유량을 계산해서 이전과 같게 해 준다면 조선측에 폐를 끼치지 않고서 일이 해결된다. 역시 성실하고 솔직하다고 평판이 난 하시베橋辺와 세키노關野다운 행동이다. 일시적이며 임시변통의 수법을 동원하지 않고 일본의 이번 개주가 악주惡鑄임을 정직하게 고하고 있다.

그렇다면 어느 정도 보전을 해 주었던 것일까? 신은의 순도를 미리 알고 있었던 두 사람은 경장은에 대하여 원록은을 2할 5부를 추가지급 할 셈이었다.加給 ; 80÷64=1.25, 그러니까 종래의 경장은 100 관목貫目에 대하여 원록은을 125 관목으로 쳐서 계산해 준다면 문제가 없을 것으로 생각하고 있었다. 그러나 보전액을 정하기 위하여 견본용으로 조선측에 미리 전달한 바 있는 원록은을 서울에서 녹여서 은·동을 분리해 낸 숫자를 보고 이 두 사람은 깜짝 놀라지 않을 수 없었다.

평소에 잘 알고 지내던 조선상인 김내금金內禁이 왜관으로 가지고 들어간 정보에 따르면, 맨 처음에는 원록은 1 관목 즉 1,000 문匁에 대하여

607~608 문의 은밖에 추출되지 않았다고 하는 것이다. 조선측 주장대로 한 다면 원록은의 품위가 60%라는 소리이니, 일본측 교섭 담당자로서는 도 대체 어이가 없는 노릇이다. 그 뒤 은 불리기를 몇 차례 더 되풀이하였 는데, 최근에 이르러서 겨우 630 문까지 도달했다고 한다. 그렇지만 은 의 테두리에 검정 불순물이 섞여 있다 하여, 620 문으로 계산하여 베이 징에 통용시키고자 한다는 것이었다. 이렇게 된다면 원록은의 순도가 62%가 되는 셈인데, 경장은 100 관목에 대하여 원록은 129 관목80÷62= 1.29이 요구된다고 하는 것이다.

  이 숫자를 보고 하시베와 세키네는 아연실색을 하고 말았다. '조선의 은장銀匠이 기술이 서툴다' '화력이 올라가지 않는 연료를 사용하고 있을 것이다' '한양서울에서 정련한 것'을 가지고는 결말이 나지 않는다. 우리 들이 기술지도를 할 테니까 왜관 근처에서 은 불리기를 했으면 한다〉 등 등. 《원자표은기록》에는 이런 표현들이 군데군데 보인다. 하여튼 어떻 게 해서라도 시간을 들여서 은 불리기 작업을 되풀이하도록 해서, 속도 가 느리더라도 추출되는 은의 양이 조금씩 늘어나기를 기다리는 수밖에 없었다.

  이윽고 1698년숙종24, 元禄11 5월이 되어서야 동래부東萊府에서 고은경장은 과 신은원록은을 동시에 불리는 작업이 실시되었다. 고은 1 관목에 대하 여 800 문, 신은 630 문, 그러니까 2할 7부80÷63≒1.27 추가지급加給이라 고 하는 결과가 나왔다. 처음에 생각하고 있었던 2할 5부 가급보다도 2 부 정도가 많아서 대마도가 손실을 보게 되었다. 그렇지만 더 이상 교섭 이 지체되면 사무역이 더욱 혼란에 빠지게 될 것을 염려하여, 하시베와 세키노는 대마도 당국의 허가를 얻어 이 선에서 타결을 보기로 했다. 그 래서 구체적으로 은을 추가로 지급할 금액을 명기한 증서가 대마도 당 국자戡定所와 조선의 역관ㆍ상인들 사이에서 교환됨으로써, 우선 왜관의 관계자들 사이에서는 결착이 이루어진 셈이다.

그러나 소동은 거기에서 끝난 것이 아니다. 조선의 수도에서는 중국과의 무역과 관련하여 일본의 은과 이해관계를 맺고 있는 사람들이 많이 있었다. 그들 사이에서는 이번 일이 애초부터 대마도의 '간사한 계략'에 의한 것일지도 모른다는 소문이 꼬리를 물고 퍼져 나갔다. 이것 때문에 조선 정부는 사태를 진정시키기 위하여 대마도주 요시자네가 서계書契: 공문서를 보내오지 않으면 원록은의 통용을 허락할 수 없다고 하는 의향을 보이고 있었다.

외교문제가 아닌 사무역과 관련된 일로 해서 서계를 제출한 전례는 없었다. 그러나 대마도의 면목만을 고집하게 된다면, 이미 상당한 궤도에 올라와 있던 사무역이 좌절을 맛보게 될 것이 틀림없다. 하는 수 없이 요시자네는 원록은을 향후 교역은交易銀으로서 삼고자 한다는 내용의 서계를 작성하여 동래부사와 부산첨사 앞으로 보내기로 하였다.[61] 1699년숙종25, 元禄12 12월 이에 대한 동래부사의 회답서계가 대마도로 전달되는데, 이렇게 해서 간신히 이듬해부터 원록은이 교역은으로서 정식 인정을 받게 된다.

정규의 순도보다도 더 많이 프리미엄을 붙이고, 거기다가 대마도주의 서계까지 제출했음에도 불구하고, 왜관에서의 원록은에 대한 평판은 별로 달라지지 않았다. 개시가 이루어지는 날에 가끔씩 조선 상인들이 원록은을 받지 않고 거부하는 일도 있었다. 하는 수 없이 본래는 교환이 금지되어 있었을 경장은을 조금씩 섞어서 신은을 받아가도록 하는 상황이 벌어지고 있었다. 그러나 그것도 점차 개선되어 한 때 부진했던 사무역이 회복의 기미를 보이기 시작했다. 1702년숙종28, 元禄15에는 마치 원록은 문제의 해결을 마지막 순간까지 지켜보기라도 한 듯, 요시자네가 63세의 생애를 마감한다. 대마도주로서의 지도력을 유감없이 발휘하여 대마도를 돈 많은 다이묘大名의 반석 위에 올려놓은 중흥의 아버지 천룡원天龍院 텐류인 시대가 그렇게 해서 막을 내리게 된 것이다.

그런데 그 뒤 교역은의 문제는 더욱 복잡한 양상으로 전개되어 간다. 요시자네가 세상을 떠난 지 4년째가 되던 1706년숙종32, 宝永3 바쿠후는 거듭 은화의 악주를 단행한다. 이번에는 은의 품위가 50%이다. 처음에는 보영은寶永銀 호에이깅으로 불리고 있었다. 이 보영은은 정은丁銀의 위와 아래 두 곳에 '보'寶라는 문자가 적힌 극인極印이 찍혀 있었다고 하여, 이것을 '이보은'二寶銀 후타쓰호깅이라고도 불렀다. 다시금 교역을 둘러싼 교섭의 재연인가 하고 생각할지 모르지만, 이번에는 그렇게 간단하지 않았다. 주조된 지 2년이 지난 뒤 간신히 동래부에서 은 불리기가 실시되었다. 그런데 조선측의 회답은 '전혀 은이 추출되지 않아서 비율을 결정할 수 없다'는 것이다.[62] 매정하기 짝이 없는 일이다.

화폐의 질을 떨어뜨려 증주增鑄하게 되면 바쿠후의 호주머니로 일시적이긴 하지만 막대한 이익[63]이 굴러 들어오게 된다. 그 재미를 잊지 못하여 화폐의 개악은 갈수록 도를 넘게 된다. 1710년숙종36, 宝永7 3월에 영자은永字銀 에이지깅, 순도 40%, 이로부터 1개월 뒤인 4월에는 삼보은三寶銀, 순도 32%, 게다가 이듬해인 1711년숙종37, 正德11에는 사보은四寶銀, 순도 20%이 차례차례 발행된다. 마지막에 소개한 사보은 등은 1개의 은화에 함유된 것이 은 20%·구리 80%라고 하니, 이것을 은화라고 부르는 것이 오히려 우스울 정도이다.

요시자네 사망 후 대마도의 번정藩政은 가로家老들이 서로 의견을 제시하는 합의제合議制로 바뀌어 있었다. 그들은 이처럼 화폐개주가 되풀이되는 현상을 목격하고, 머지않아 일본 국내의 통용은에 대한 신용이 땅에 떨어지게 될 날이 올 것으로 예견하게 된다. 그래서 교섭 상대를 조선이 아니라 악주를 계속하고 있던 바쿠후쪽으로 바꾸었다. 바쿠후 각료에게 조선과의 무역이 몹시 어려운 상황에 빠져 있음을 호소하고, 조선측이 받아 줄 만한 양질의 은을 바쿠후가 제공해 주도록 요청을 하고 있는 것이다.

그들이 유일하게 의지하고 있었던 끈은 바쿠후의 특별 대우였다. 즉 대마도는 조선과의 무역을 통해서 경제를 유지하고 있으면서도, 조선 정부가 파견한 통신사의 일본 방문 등 국가적인 행사를 능숙하게 치러 내고 있었기 때문에, 바쿠후는 대마도에 대하여 특별대우를 해 주고 있었던 것이다. 이미 세상을 떠났지만 요시자네義眞가 매우 강인한 수법으로 그것을 증명해 주었다. 근년 일본 정부의 화폐개악이 얼마나 조선과의 무역에 악영향을 미치고 있는지, 그것이 얼마나 대마도 재정을 압박하는지 등등 어려운 사정을 설명해 가면서, 바쿠후의 온정에 호소하는 것이다. 그렇게 해서 조선과의 무역에 사용할 수 있는 양질의 은화를 바쿠후의 특명을 통해 받아 내려고 하는 계산이다. 그래서 가로인 스기무라 사부로자에몽杉村三郞左衛門이 에도로 가서 조선 담당 로쥬인 츠치야 마사나오土屋政直, 그리고 바쿠후의 재정을 관장하는 간죠카타勘定方인 오기와라 시게히데荻原重秀를 상대로 하여 교섭을 벌이기 시작했다.

특히 오기와라 시게히데는 겐로쿠元祿·호에이寶永 연간의 화폐개주가 단행되었을 때 중심적 역할을 수행하고 있었다. 그밖에도 나가사키에 동좌銅座;일본이 나가사키를 통해 해외로 수출할 구리 확보를 담당와 무역회소貿易會所를 설치하는 등 츠나요시綱吉 정권의 재정을 한 손에 쥐고 있던 중요 인물이 바로 그였다. 얼마 지나지 않아 사부로자에몽三郞左衛門은 교섭 상대를 오기와라 시게히데 한 사람으로 좁혀 들어갔다. 그의 집에 매일 같이 찾아가서 대마도의 궁박한 처지를 호소하게 된다. 그때마다 조선에서 가져간 진품, 그 중에서도 최고급 인삼을 지참하고 가는 것을 잊지 않았다. 이것은 단순히 뇌물을 쥐어주고자 하는 의미가 아니다. 사부로자에몽의 변명을 잘 들어보면, 이번 교섭의 주역은 사실 인삼이었다.

스기무라 사부로자에몽의 주장은 이런 것이다. '최근 여러 해 동안 대마도의 노력에도 불구하고 조선에서 양질의 인삼을 확보할 수 없게 되었으며, 게다가 가격도 크게 올라 버렸습니다. 그렇기 때문에 에도의 인삼좌에서도 가격 상승이 심하여 서민들이 크게 어려움을 겪고 있습니다.' 그의 주장은 계속된다. '인삼은 인명을 구제하는 매우 중요한 약종藥種입니다. 은銀은 그 귀중한 인삼을 확보하기 위하여 없어서는 안 될 것입니다.'《朝鮮渡銀位御願之通往古銀被蒙仰候記錄》. 요컨대 대마도에서 은을 수출하는 것은 다른 교역 루트와는 달리, 사람 목숨과 관련된 인삼을 확보하기 위한 것이기 때문에, 의약행정 측면에서 보더라도 특별 취급을 받아야 한다는 것이 대마도측의 논리였다.

이 논법에 따른다면 왜관에서 조선에 수출된 일본의 은이 거의가 조선에서 인삼을 수입해 오는 데 할당되었어야 옳다. 그렇지만 지금까지 살펴본 것처럼 실제로는 수출은의 대부분이 백사나 견직물과 같은 중국산 물자의 수입에 소요되고 있었다. 또 소매가격 폭등의 원인이라고 주장한 수입인삼의 원가상승도 모토가타야쿠元方役의 무역장부를 통해서 보건대 반드시 사실과 일치하지는 않는다. 바쿠후의 관리가 부산 왜관의 거래 현장에 입회하는 것은 도저히 불가능하다고 간파한 대마도는 인삼 가격의 상승원인을 모두 은의 품위 탓으로 돌린 뒤, 그것을 해결하기 위해서는 바쿠후가 양질의 은을 대마도에게 교부해 주어야 한다는 계산을 깔고 있다.

나중에 설명하겠지만 그 무렵 에도의 시중은 굉장한 인삼 붐으로 들끓고 있었다. 대마도 직영 인삼좌에 인삼을 사겠다고 몰려드는 사람들로 북새통을 이루었다. 환자가 복용할 것만 구입하는 것이 아니었다. 인삼 구입이 심지어 투기의 대상마저 되어 있었다.[66] 소매가격은 말하자면 정액제로 되어 있었는데, 1700년숙종26, 元禄13 무렵에는 인삼 1근이 은가銀價로 680문 즉 금가金價로 11냥 정도 하던 것이, 840돈 → 1관 80돈 등으로 몇 번씩이나 개정되고 있다. 1707년숙종33, 宝永4에는 1관 440돈 즉 24냥까지 폭등하고 있다. 그렇지만 값이 아무리 비싸도 인삼은 얼마든지 팔리고 있었다. 파는 쪽이 유리한 시장 상황에서 역시 조선산 인삼은 대마도에게 꽤 재미가 좋은 장사가 아닐 수 없다.

1710년숙종36, 宝永7 9월 27일일본력-옮긴이. 결국에 가서는 대마도가 바라던 대로 바쿠후의 허가가 떨어졌다. 스기무라 사부로자에몽 앞으로 보내진 로쥬 츠치야 마사나오의 봉서奉書에는 다음과 같은 내용이 적혀 있었다《통항일람》.

> 조선산 인삼을 마련하는 대가로 지불하는 은, 즉 대은代銀에 대하여. 인삼을 지체 없이 세상에 많이 내 놓게 하기 위해서는 고은古銀 고깅 수준의 대은을 지불하도록. 먼저 2~3년 상황을 살펴 가면서, 인삼이 지체 없이 전달되고 있는지 상황을 지켜볼 것이며, 그 때는 상세하게 오기와라 오미노가미荻原近江守에게 상담하시도록.

'고은의 수준'이란 경장은80%과 같은 수준임을 의미한다. 또 '인삼을 지체 없이 세상에 많이 내 놓게 하기 위해서'라고 되어 있는데, 사부로자에몽이 의도했던 그대로 이것이 인삼대책의 특례로서 허가되었음을 보여주고 있는 것이다.

오기와라 시게히데에게도 로쥬의 봉서가 전달되었다. 거기에는 위에서 본 것과 같은 내용의 문면文面에, '공의公儀의 실추失墜이기는 하지만, 고은古銀 수준의 대은代銀을 전달한다'고 하는 문구가 추가되어 있다. 양질의 무역은貿易銀과 악질의 통용은通用銀을 1 대 1의 같은 금액으로 바꾸어 준다는 의미이다. 그 무렵 삼보은은32%이 통용되고 있었는데, 무역은 80%과의 순도 차이, 더 나아가서는 여기에 기록되어 있지는 않지만, 화폐의 주조와 관련된 모든 비용이 '공의公儀의 실추失墜'바쿠후의 부담로 결정되었다. 즉 대마도에는 추가적인 비용 부담 없이 교환해 주기로 공약되어 있었던 것이다.

이렇게 해서 탄생한 전대미문의 특수한 무역 은화를 가리켜 '인삼대왕고은'人參代往古銀 닌징다이 오고깅이라고 부른다. 왕고옛날의 경장은과 동일한 품위라고 하는 의미, 그리고 주조 목적이 일본의 인삼수입 촉진에 있었다고 하는 의미를 겸하고 있는 것이다. 바쿠후의 주조소인 은좌에서 주조되어, 500목씩 종이에 싸서 포장을 한 다음 먹으로 '인삼대 왕고은 5백목'人參代 往古銀五百目이라고 위에다 적게 된다. 바쿠후의 주조 은화에 수입 상품명이 사용된 것은 이 때가 처음이자 마지막이지 않을까? 1년간 주조액은 1,417 관 500 목이다. 이것은 일찍이 현은現銀의 틀로 되어 있었던 1,800 관목元祿銀에서 산출된 것인데, 요시자네 시대의 작전이 여기에서도 살아 숨쉬고 있다.

인삼대 왕고은人參代往古銀은 극히 일부의 바쿠후 각료와 은좌의 담당자만 알고 있었을 뿐, 일반 세상에는 전혀 알려지지 않았다. 오로지 조선과의 무역용으로서 대마도에만 전달되었을 뿐이다. 게다가 이 명칭도 대마도에 갈 때까지만 사용되었다. 대마도에서는 '은선'銀船에 실려서 운반되기 직전에 포장을 교체하여, '특주 은 오백목'特鑄 銀 五百目이라고 포장지 위에 새로 적게 된다. 인삼대금은 어디까지나 바쿠후와 교섭을 벌이기 위한 방편으로 사용되었던 명분에 지나지 않는다. 더군다나 '왕고은'往古銀 등으로 적어 놓게 되면, 조선측에서 볼 때 옛날에 사용되던 낡은 은화를 가지고 온 것처럼 생각되어 평판이 좋지 않을 수도 있다. '특주은'特鑄銀이라고 붙여진 이름은, 조선측과 품위 확인을 위한 교섭을 하

인삼대 왕고은人參代 往古銀

러 갔을 때 지참하고 있었던 대마도주 소우 요시미치宗義方의 서계書契에, '지금 바쿠후로부터 직접 명령朝旨이 내려져 특별히 주조를 한다'고 되어 있는 것에서 유래한다.

　인삼대 왕고은일명 특주은의 특명 덕분에 대마도는 화폐의 악주 시대를 뛰어넘을 수가 있었다. 그러는 사이에 오기와라 시게히데가 실각을 하자,[65] 1714년숙종40, 正德4 일본 국내의 통화는 아라이 하쿠세키新井白石의 진언에 따라 게이쵸기慶長期와 동일한 품위로 복귀하게 된다正德金銀. 하쿠세키는 대마도를 통해 빠져나가는 거액의 은 유출을 중단시키려고 하였으나, 조선과의 무역을 석고石高 고쿠다카제도의 이론으로 무장하여 강력하게 반론을 펼친 아메노모리 호슈雨森芳洲의 의견을 뒤엎지는 못했다

이 점에 대해서 여기에서는 상세하게 언급을 하지 않지만, 만일 흥미를 가지고 있으면 다시로 가즈이田代和生〈白石・芳洲論爭と對馬藩〉《史學》69권 3・4호를 참조할 것.

　그 뒤 8대 쇼군 요시무네吉宗도 교호기享保期 1716~1735년의 20년 동안 통화의 품질을 바꾸지 않았다. 그렇기 때문에 시중에 유통되고 있던 정은丁銀을 그대로 상자에 담아서 무역용으로 사용할 수 있는 시대가 이어진

다. 이전과 같은 연간 2천 관 수준은 유지하지 못했지만, 왜관을 통과하는 '은의 길'실버로드은 교호享保 시대까지 원래의 상태대로 회복되어 갈 징조마저 보이고 있었다.

4장
왜
관
에
살
다

두 나라의
틈바구니에 끼어서 :

          에도시대조선후기**의 한일관계는** 근대국가에서는 찾아볼 수 없는 '두 개의 층을 가진 외교'를 바탕에 두고 전개되었다. 도쿠가와 쇼군德川將軍은 '대군'大君 다이쿤이라고 하는 외교상의 호칭을 사용하여 조선 국왕과 대등한 서식으로 작성된 국서國書를 주고받는다. 양국은 어느 쪽이 위도 아래도 아닌 똑같은 위치에서 관계를 맺고 있었는데, 그것은 조선의 통신사가 일본으로 갈 때마다 확인된다. 이것이 두 개의 층 가운데 '표면에 드러나 있는 층'에 해당한다.

    그런데 도쿠가와 바쿠후[1]는 조선과의 외교를 추진하면서 현대의 일본 외무성에 해당하는 전문 부서를 바쿠후 안에 설치하지 않았다. 그 대신에 모든 실무는 대마도 소우宗 씨 가문 즉 소우케宗家에게 맡겼다. 이것이 조선과 일본의 외교를 구성하는 '또 하나의 층'인 것이다. 소우 씨는 중세부터 조선 국왕에 대하여 조공적朝貢的 입장에 있었다. 바쿠후는 그러한 위치에 있는 소우 씨를 적극적으로 이용하여 일본 정부를 대행하는 역할을 시키고 있었던 것이다.

조선과 일본의 양국관계가 이처럼 복잡한 구조로 되어 있었던 것은 한편으로는 쌍방의 국가가 지니고 있었던 중화주의적 사상 때문이다. '자기 나라가 위에 서고, 상대국은 조금 아래쪽에 두려는' 자국의식의 정면충돌을 피하기 위한 것이기도 했다. 중국을 종주국으로 삼는 책봉관계는 동아시아의 전통적인 국제사회의 원형을 이룬다. 조선도 일본도 그러한 문화의 영향을 받으면서 오랜 역사를 형성해 오고 있었던 것이다.

그도 그럴 것이 한 쪽은 막번제幕藩制 사회이고 다른 한 쪽은 왕조王朝 사회라고 하는 이질적인 사회체제가 대등한 관계를 유지해 하기란 좀처럼 쉬운 일이 아니다. 그래서 대마도 소우 씨 가문이 나서게 된 것이다. 일본의 쇼군과 조선의 국왕, 이 양자의 하위에 위치하면서 서로의 주의주장을 완화시켜 가는 가운데 외교를 추진한다. 외교의 현장에서 말하자면 완충장치와 같은 작용을 하는 것인데, 그것은 동시에 두 개의 이질적인 국가를 연결시켜 주는 고리와 같은 존재이기도 하다.

야나가와 사건국서위조 사건은 거꾸로 이러한 소우 씨 가문의 역할을 바쿠후에 재인식시키는 계기가 된다. 바쿠후가 선택한 조선과의 관계는 중세 이래의 전통적인 '소우 씨 외교'의 흐름에 편승한 '두 개의 층을 가진 외교'였다. 이 도식 속에 들어 있는 한 소우 씨 가문은 독자의 지위를 보장받을 수 있기 때문에 자신들의 지위가 무너지는 것을 면할 수 있다. 또 소우 씨 가문이 그 위치에 설 수 있었기에, '쇄국' 시대임에도 불구하고 그들이 가장 바라던 조선과의 무역을 독점적으로 운영할 수 있는 권한을 손아귀에 넣을 수 있게 된 것이다.

조선과 일본과의 외교현장에서, 말하자면 무대 뒤에서의 역할을 통해서 대마도 소우 씨 가문은 바쿠후를 대신하여 외교 실무를 추진하는 임무를 수행하지 않으면 안 된다. 그 '현장'이 바로 왜관이다. 대마도의 외교활동에 의지하고 있던 바쿠후는 왜관에 필적할 만한 시설을 마지막 순간까지도 일본 국내에 상설하지 않았다. 그렇기 때문에 왜관은 조선과 일본의 외교 집무소로서는 유일한 곳이다.

그렇다면 구체적으로 어떠한 사람들이 왜관에서 외교를 추진하고 있었던 것일까? 먼저 조선에 파견되어 온 사절부터 살펴보기로 하자. 이미 언급한 것처럼 왜관의 서관西館에 들어가는 사신은 정례연례송사 年例送使와 임시차왜 差倭 등 두 가지 부류가 있다. 연례송사는 '겸대제' 실시 이후 상당히 정돈되는 변화를 보이는데, '기승'寄乘 요세노리이라고 하여 한 척의 배에 2명의 사신이 동승하기도 한다. 서관에 사람들이 한꺼번에 몰려들어 혼잡해지는 것을 피하기 위하여 입항하는 달을 다르게 했다. 세견歲遣 사이켄 제1·2·3선은 정월에, 세견 제4선과 이정암송사以酊庵送使 이테앙소시는 2월에, 1특송사特送使 도쿠소시는 3월에, 만송원송사万松院送使 반쇼잉소시는 6월에, 그리고 부특송사副特送使 후쿠토쿠소시는 8월에 오도록 정해져 있다. 연례송사가 연간 8회 파견되어 온다고 하여 이것을 가리켜 '팔송사'라고 부른다. 계절 인사 등 정기적인 외교의례가 그들의 주된 역할이자 임무이다.

이에 반해서 조선이나 일본에 뭔가 특별한 일이 생겼을 때, 예를 들면 조선의 국왕이나 일본의 쇼군, 소우 씨 가문의 길흉, 혹은 통신사의 파견과 관련된 일, 표류민의 송환 등 그때그때 임시 사절이 파견되는 경우도 있다. 조선측에서 말하는 '차왜'가 여기에 해당되는데, 많을 때에는 연간 10회 정도 파견되어 온다.

연례송사와 차왜 중 어느 쪽이든 사절이 왜관으로 들어오면, 각각 격식에 맞추어서 조선 정부는 중앙에서 접위관接慰官이나 지방관地方官을 파견하여 내려 보낸다. 그들은 왜관에 밖에 설치된 숙소柔遠館로 들어가 일본에서 온 사신들이 귀국할 때까지 응접하는 역할을 맡게 된다. 한편 일본의 사신들이 입항을 마치고 나면 하선연下船宴·봉진연封進宴·중연中宴·승선연乘船宴[2] 등 왜관 체재 일정에 따라 규정된 연석宴席이 마련된다. 당시 의식거행 절차와 식순은 모두 조선의 방식대로 진행된다. 이 가운데 봉진연이 있는 날에 거행되는 숙배식肅拜式 조선 국왕에 대하여 절을 올리는 의식은 매우 중요한 의식이다. 물론 서울에 있는 국왕이 부산까지 행차할 리는 없다. '전패'殿牌라고 하여 국왕의 상징에 대하여 절을 올리는 의식을 거행하는 것이다.

이 때의 모습을 묘사해 놓은 그림이 있다. '초량객사'草梁客舍의 정면 안쪽에 전패殿牌가 모셔져 있고, 그림의 맨 앞쪽으로 보이는 뜰에 자리를 잡고 있는 사신들이 곧 이어 숙배식에 임하려 하고 있다. 절을 하는 예법을 보면 먼저 전패 앞에 서서 무릎을 꿇고 '국궁'鞠躬 깃큐 ; 엎드리듯이 크게 앞으로 구부리는 인사법을 4회 반복한다. 절을 한 번 할 때마다 조선의 소통사小通事 하급 역관가 일본말로 '오다치'일어서세요라고 외치는데, 그때까지는 몸을 일으켜 세워서는 안 된다는 뜻이다《관수매일기》. 그림을 보면 객사 앞에 조선의 관리들이 줄을 지어 서 있다. 정면을 향하여 오른쪽에 접대관, 왼쪽에 역관이 서 있는데, 그들의 하인들도 옆으로 비켜 서 있는 모습을 볼 수 있다. 이렇게 되면 일본 사신들이 전패를 향해 절을 올릴 때 옆에 서 있는 조선의 관리들에게도 모두 절을 해버리는 꼴이 된다. '국왕에 대한 숙배이기 때문에 조선의 관리들이 전패 앞에 서 있지 않았으면 좋겠다'고 일본측이 요청을 한 적도 있었지만, 한 번도 받아들여지지 않았다고 한다. 조선 국왕에 대한 조공자의 위치에 놓여 있었던 대마도 소우 씨 가문의 또 다른 얼굴이 거기에 있었던 것이다.

숙배식이 끝나게 되면 장소를 연대청宴大廳으로 옮겨서 연향의宴享儀로

숙배도

들어간다. 이것도 그림으로 보면 중앙의 옥내 오른편으로 조선의 관료
가, 그리고 왼편으로는 대마도의 사절이 자리를 하고 있는 모습을 볼 수
있다. 중심이 되는 사람 앞에는 술과 안주를 담은 잔칫상이 준비되어 있
다. 술은 9헌3, 안주는 7가지생선이라든가 말린 육류 등가 규정이다. 그런 가운
데 앞쪽에서는 악인들이 노래를 부르고 춤을 춘다. 여성들은 여악인女樂
人이라고 하여 동래부에 소속된 예기藝妓들이다. 연향의宴享儀가 있게 되
면 그들은 관리들과 함께 왜관으로 출장을 나가서 왕조王朝의 전통 예술
을 선보인다.

　왜관의 연향의에 여악인이 언제부터 등장했는지 자세한 것은 알 수
없다. 《변례집요》에 따르면 에도시대조선후기 초창기에 일시적으로 소동
小童 남자이 노래와 춤을 담당한 적도 있다고 한다. 일본에 가는 통신사를

수행하는 소동과 똑같다. 그것이 '옛날부터 전해 내려오는 관례'라고 하는데, 어느새 여악이 부활하고 있다. 이것은 중세 이래의 전통이 틀림없다. 왜관의 공식 석상에서 조선의 여성을 볼 수 있는 유일한 기회가 바로 이 때이다.

외교는 서관뿐만 아니라 동관에서도 이루어진다. 이것을 담당하는 것이 관수館守 간슈 · 재판裁判 사이항 · 동향사승東向寺僧 도코지소 등 3역이다. 이들 모두 고왜관古倭館 시대부터 파견되고 있는데, 신왜관으로 이전한 뒤에는 동관에 각기 넓은 주거 공간이 제공되고 있다. 물론 서관에 들어가는 사자使者, 客人하고는 분명하게 선을 긋고 있다.

동관의 외교는 말하자면 바쿠후 혹은 대마도 당국과 관련된 실무 외교를 중심으로 한다. 3역 중에서 관수는 왜관의 주관자로서 교섭의 전말을 하나부터 열까지 파악하고 있어야 한다. 뿐만 아니라 직접적인 실무 담

연향도
국립중앙박물관 《동래부사접왜사도》朝東來付使接倭使圖

당관인 재판과 함께 모든 일을 절충해 나가지 않으면 안 되는 것이 관수의 책무이기도 하다. 교섭 내용이라든가 추진 방식 등 구체적인 것은 대마도 본국[4]으로부터 지시가 떨어지는데, 일의 성격이나 형편에 따라서는 현장에서 즉시 판단을 내려야 할 필요도 생긴다. 교섭이 잘 안 되어 서로 옥신각신할 때도 자주 있다. 관수는 재판의 상담 상대일 뿐만 아니라, 필요하다면 조선측 담당관과 중간에 서서 스스로 의견 조정을 하기도 한다. 때로는 대마도 본국에서 지시하는 방침하고는 다른 결론을 이끌어내는 수도 있다. 현지에서는 현지 나름의 사고와 대처방법이 있게 마련인데, 현지의 상황을 충분히 고려한 판단이 관수에게 요구되는 것이다.

그것만이 아니다. 대마도는 관수에 대하여 오히려 조선의 심정을 고려하여 의견을 제시하도록 명령을 내리고 있다. 관수의 직무 내용을 규정한 《관수조서》館守條書에 따르면 이런 내용이 있다. "양국의 통교에 관한 일은 옛날부터 전해 내려오는 사정이 있다." 그렇기 때문에, "만일 대마도 당국[5]의 일 처리방식이 조선국의 심정에 맞지 않는 것이 있을 것 같으면, 그 내용을 말해 줄 것! 경우에 따라서는 변경하지 않으면 안 되는 일도 있을 것! 그리고 뭔가 의견이 있으면 사양하지 말고 말하도록 할 것!" 대마도는 자신도 모르는 사이에 눈앞에 보이는 이해관계만 보고 방침을 정하기가 쉽다. 특히 교섭을 할 때마다 바쿠후의 의향과 관련된 경우라면, '국가' 입장에서 마땅히 내려야 할 판단을 놓쳐서는 안 된다. 그렇기 때문에 관수에게 부여된 임무는 중요하다.

재판역이라고 하는 것은 글자만 보면 요즘말로 사법관처럼 생각되기 쉽다. 그렇지만 사실은 그렇지 않다. 당시에는 순전히 외교관 역할을 하는 사람을 가리켜 재판이라 부르고 있다. 뭔가 개별 외교문제가 발생하게 될 때 왜관에 파견된다. 일반적인 외교 이외에 공작미관영무역을 통해 일본이 수입해 간 쌀의 기한 연장을 위한 교섭이라든가, 혹은 통신사나 문위행

問慰行, 조선의 통역이 외교관 자격으로 대마도로 건너가 실무 외교를 펼치는 것이 일본을 방문할 경우, 차왜差倭 임시사절와 별도로 사전 실무교섭을 펼치기도 하고 사절의 마중이나 배웅 등을 담당하기도 한다.

재판은 조선측의 응접 기준으로 볼 때 '소차왜'小差倭로 분류된다. 그러나 다른 차왜와 달리 유관留館 왜관체재 기한이 없다. 한 명의 재판이 왜관에 파견되어 있는 동안에 다른 교섭을 해야 할 일이 생기면 전에 파견되었던 재판하고는 전혀 별개로 파견되기도 한다. 그렇기 때문에 반드시 한 조의 재판이 왜관에 체재하는 것으로 간주하는 인식이 점차 굳어져 간다. 어느덧 재판은 왜관에 상주하는 관리처럼 취급을 받게 되는 것이다.

동향사승東向寺僧 도코지소은 이제까지 설명한 것처럼 조선측에서는 '서승왜'書僧倭라고 부르고 있었다. 말하자면 서기관 역할을 담당하는 사람이다. 이곳의 승려는 대마도 서산사西山寺 세이산지의 지배 아래 있는 임제종臨濟宗 계통의 절에 속한다. 대마도 후츄府中에 있는 이정암以酊庵 이테앙윤번승輪番僧 ; 교토 고산京都五山에 소속된 승려로서 외교문서 담당관과는 별도로 왜관에 파견되고 있다. 주된 업무는 왜관을 통과하는 모든 외교문서를 공식 기록으로 작성하여 그것을 보관하는 것이다. 현재 일본의 국립국회도서관에 소장되어 있는 《양국왕복서등》兩國往復書謄이 바로 그것이다. 더 나아가 조선이 보낸 공문서의 내용, 문자, 체제문자의 높낮이라든가 점, 획에 이르기까지 등을 체크하고, 만일 격식에 어긋나는 것이 있으면 받지 않고 다시 써 주도록 요청하는 등 관수를 보좌하는 직무를 맡고 있다.

그의 수비 범위는 공문서만이 아니다. 대마도 본국의 가로家老, 관수, 재판, 대관 혹은 정례 · 임시의 사신들이 조선측과 주고받는 서장書狀 ; 사문서에 이르기까지 모두 기록을 작성하여 남긴다. 공문서든 사문서든 모두가 대마도, 더 나아가 말로 쉽게 표현하기 어려운 일본 외교의 기묘한 사정과 관련된 경우가 많다. 그렇기 때문에 동향사승의 기록은 함부로 남에게 보여주지 않는다. 설령 승려 자신을 위한 일이라 하더라도 필사가 엄격히 금지되어 있다. 동향사승의 직무를 통해서 왜관이 틀림없는 조·일 외교의 '최전선'임이 거듭 확인되고 있다.

그렇다면 이처럼 왜관에서 외교에 종사하는 사람들에게 바쿠후는 무엇을 바라고 있었던 것일까? 바쿠후가 왜관에 대하여 기대하는 것 중 하나는 한반도에서 중국대륙에 이르는 정보의 수집이다. 바쿠후 입장에서 볼 때 국제정보는 이것 말고도 나가사키에 입항하는 중국 선박이나 네덜란드 무역선, 혹은 사츠마번을 통해서도 수집할 수가 있다. 이러한 통로는 '쇄국'시대를 통하여 제한된 것이기는 하지만 세계로 향하는 눈이 되고 귀가 되어 주는 정보망 구실을 했다. 다만 나가사키라든가 사츠마번에서 보내오는 정보는 교역 루트와의 관계에서 볼 때 남방 정보에 편중되어 있다. 여기에 비해서 왜관은 유일하게 북방의 정보를 전달해 주고 있다.

이러한 정보 수집도 관수에게 부여된 중요 임무이다. 《관수조서》에 다음과 같은 구절이 보인다.

> 조선국 및 베이징北京 방면에서 떠도는 소문 가운데 쇼군公儀이 관심을 가질 만 한 것이 있으면 허실虛實에 상관없이 이것저것 내용을 들어 두고, 시기를 봐서 문서로 작성하여 비밀리에 말해 줄 것.

여기에서 '허실에 상관없이'라고 되어 있는 부분이 눈길을 끈다. 소문으로 나돌던 이야기 중에는 때때로 어처구니없는 진실이 섞여 있는 경우도 있다. 현지의 최전선에 그물을 깔아 놓고 치밀한 정보 수집을 전개하는 것도 왜관이 지닌 강점인 것이다.

왜관을 통해 전해지는 잡다한 정보는 일단 대마도 안에서 정리를 한 다음 바쿠후로 전달된다. 그 가운데 특히 중요하다고 생각되는 사건은 별도로 그 전말을 보고서로 작성하여 나중에 따로 바쿠후에 헌상을 한다. 예를 들면 1627년인조5, 寬永4 후금국後金國, 훗날의 淸國의 한반도 침입, 1644년인조22, 正保元 이자성李自成의 베이징北京 함락과 청군의 입성, 1673년현종14, 延宝元~81년숙종7, 天和元까지 중국 남부를 뒤흔들었던 '삼번三藩의 난'의 동향, 1851년철종2, 嘉永4 '태평천국의 난' 등이 상세한 보고서와 함께 매우 신속하게 바쿠후에 보고 되고 있다.

　　이 중에서 바쿠후 말기 '태평천국의 난'과 관련된 첫 소식은 베이징에 가 있었던 조선의 동지사가 가지고 온 것이다. 관수에게 정보를 전해주는 것은 왜관에 드나드는 통역관이라든가 상인들이다. 그것은 1급 비밀에 속하는 정보였다고 한다. 이것을 읽은 다음에는 바로 '불 속에 집어넣어 태워 버리라'고 되어 있다. 그것이 그대로 바쿠후에 전해지는 등 긴박한 상황이 보고되고 있다. 정보는 바쿠후가 흥미를 가질 만한 특종 뉴스거리에만 국한되는 것은 아니다. '지금은 아무런 일도 일어나지 않고 있다'는 것도 중요한 정보인 것이다. 동아시아 여러 나라의 정세 변화를 탐색하기 위해서라도 왜관을 통해 전달되는 정보에 대해서는 늘 바쿠후가 관심을 기울일 수밖에 없었던 것이다.

일기를 남긴
관수 :

　　　관수館守의 왜관 상주는 1637년인조15, 寬永14 우치노 곤베에內野權兵衛 때부터 시작된다. 2년 전인 1635년에 이르면 야나가와柳川 사건도 마무리되어 가고 있다. 대마도주인 소우 씨를 중심으로 번정藩政 기구가 하나 둘 정비되어 가는 가운데, 왜관에서도 거주자들을 통솔할 사람이 필요하게 된 것이다. 관수는 그 뒤 105대 후카미 로쿠로深見六郎 때까지 파견된다. 일본의 메이지 정부에 의하여 왜관이 접수⁶되는 그 날까지 관수는 230년이라고 하는 긴 세월 동안 왜관의 주관자로서 역할을 계속해 오고 있었다.

　　역대의 관수들을 보면 대마도의 번사藩士 중에서도 톱클래스에 해당하는 우마마와리馬廻⁷의 가격家格 문벌⁸에 속하는 현역 구미카시라与頭⁹ 중에서 발탁되고 있었음을 알 수 있다. 임기는 원칙적으로 2년이다. 일단 대마도로 귀국한 사람이 다시 임명되기도 한다. 이른바 근세 중기에 해당하는 18세기 말에 크게 이름을 떨친 명관수名館守로 알려진 도다 다노모戶田賴母 등은 1779년정조3. 安永8에 70대 관수가 되는데, 그 뒤로도 74·77·79대를 역임하여 모두 4기에 걸쳐 근무를 하고 있다.

관수의 역할은 매우 다양하다. 외교나 무역의 실상을 파악하는 것은 물론이고, 왜관 안에서 일어나는 모든 일에 정통하지 않으면 안 되었다. 그렇지만 무엇보다도 필요하고 중요한 것은 왜관 내부의 통제이다. 왜관 안에서는 무기 등 금수품의 반입 금지를 비롯하여, 밀무역 금지, 각종 의식이나 규례의 준수, 불조심 등 26개 조항에 걸친 '벽서'壁書 가베가키라고 하는 관내규약이 있다. 그 옛날 법령을 직접 벽에다 쓰기도 하고 판자 같은 곳에 적어 벽에 걸어 두기도 하였는데, 그래서 이런 이름이 붙여진 것으로 보인다. 그렇지만 여기에서 말하는 왜관의 벽서는 종이에 적혀져 있다. 새로 부임하게 될 관수는 임명되기 전에 대마도에서 이 벽서의 내용을 읽은 다음 법률의 준수를 맹세하게 된다. 왜관에 도착하게 되면 전임 관수와 사무인계를 마친 다음 관수옥館守屋으로 들어가 바로 집무를 수행한다.

관수가 대마도를 떠나 왜관으로 향할 때는 반드시 의사를 1명 데리고 가도록 되어 있다. 그만큼 관수가 하는 일이 격무였음을 말해 주는 대목이다. 실제로 왜관에서 객사客死 하는 관수도 적지 않다. 관수를 파견할 때 의사를 딸려 보내기 시작한 것은 1664년현종5. 寬文4 6월 12대 관수인 요시카와 로쿠로자에몽吉川六郞左衛門 때부터이다. 아비루 겐세츠阿比留玄雪라고 하는 의사가 초대 관의館醫로서 부임하고 있다《朝鮮江被召仕候役々》. 의사는 관수만이 아니라 왜관에 있는 모든 사람들의 질병치료와 건강관리를 맡게 된다. 업무에 지장을 초래할 염려가 있을 때에는 조기에 대마도로 귀국하도록 종용한다. 그 대신 새로운 인재의 보충을 대마도 본국에 요청하도록 관수에게 진언을 한다.

관수의 중요한 임무 중 하나는 일기를 작성하는 일이다. 새로 관수 자리에 임명된 순간부터, 임기를 마치고 공무를 후임 관수에게 넘겨준 뒤 왜관을 출항하는 날까지, 그날그날 일어났던 모든 일을 일기에 적어서 기록으로 남겨두는 작업이다. 작성된 일기는 그대로 집무기록으로서 왜관에 보관된다. 이렇게 해 두면 새로 관수에 부임하는 사람에게도 업무 인계가 순조롭게 이루어질 수 있게 된다. 100년, 200년 세월이 지나게 되면, 일기 자체가 굉장한 사료가 됨은 물론이다. 왜관에서 뭔가 사건이 발생하였을 때, 일의 전말이라든가 과거의 사례를 될 수 있는 대로 많이 알고 있다고 하는 것은 매우 중요하다. 과거에 있었던 가장 좋은 해결방법을 찾아내서, 그것을 바탕으로 하여 교섭을 유리하게 이끌 수도 있는 것이다. 실제적인 문제라든가 국제관계는 전례가 중시된다. 또 그것이 축적되는 과정에서 국제적인 규약, 말하자면 국제법이 탄생하게 된다. 기록의 충실은 국제사회에서 살아가는 사람들에게는 중요한 의미를 갖는 것이다.

관수의 일기는 제목을 《관수일기》館守日記 간슈닛키라고도 하고, 그냥 줄여서 《매일기》每日記 마이닛키로 부르기도 한다. 현재는 일본의 국립국회도서관에 총 860책 정도가 보관되어 있다. 현존하는 일기 중 시기가 가장 빠른 것은 1687년숙종13. 貞享4 9월 23일 22대 관수 요시다 사쿠에몽吉田作右衛門이 대마도 와니우라鰐浦 항구를 출발한 날로부터 시작된다. 그리고 마지막은 1870년고종7. 明治3 윤 10월 5일 104대 관수 반 누이노스케番縫殿介가 근무하던 날까지로 되어 있다. 실로 184년간에 걸친 기록이다. 더군다나 기록물이 연속해서 전해지고 있기 때문에, 왜관의 실태를 탐구하는 데 크게 도움이 된다.

관수일기에 무엇이 어떻게 적혀져 있을까? 한 가지 예로 1707년숙종33. 宝永4 3월 17일 기사를 읽어 보기로 하자.

3월 17일 날씨가 맑음, 북동풍.

: 규이치마루久市丸의 키잡이梶取 가지토리인 곤베에近兵衛가 순찰[10]을 하기 위하여 통행허가증인 표찰을 제출함.

: 순찰을 마친 사람이 돌아와서 비선飛船 히센 3척을 보았다고 보고함.

: 위와 같음. 조선의 두 통역관인 양역兩譯, 訓導와 別差으로부터도 통지가 있었음.

: 은선銀船 3척이 미시오후 1~3시경에 왜관에 도착함.

: 소시카타送使方의 하인인 진자에몽甚左衛門, 긴죠구라斤定藏[11]의 하인인 규베에久兵衛가 은銀의 사이료宰領 : 화물감독[12]로서 도착함.

: 은을 싣고 온 비선飛船의 도항증인 취허吹嘘 스이코 3장을 양역兩譯에게 전달함.

: 모토가타야쿠元方役인 고야나기 진자에몽小柳仁左衛門이 관수옥으로 와서 다음과 같이 말함. '대마도 본국에서 이번에 건너온 비선편에 전해 오기를, 에도에서 지금 인삼이 부족하여 지장을 받고 있으니 설령 소량이라도 좋으니 한 시라도 빨리 보내주라고 합니다. 대마도로 귀국하기 위하여 섬으로 건너가고 있는 하치만마루八幡丸라고 하는 배 안에 인삼이 한 궤짝 실려 있습니다. 그리고 모토가타야쿠의 사무실에도 한 궤짝이 있으니, 이것을 은선이 대마도로 돌아갈 때에 그편에 실어 보내도록, 요코메橫目들한테 지시를 내려 주십시오'라고 한다.

중략

: 양역兩譯이 말하기를, '오늘 순찰사가 동래로 오셨기 때문에, 사카노시타의 초량 근처에 순찰조선의 관리이 돌고 있습니다. 오늘부터 오는 20일까지 일본인이 초량의 사카노시타 주변에 오지 않도록 해 주시기 바랍니다.'라고 한다. 이것을 이치다이칸—代官인 요시다 마타조吉田又藏, 요코메橫目[13]인 사카노시타[14] 기도 마타에몽幾度又右衛門[15]에게 서신

을 통해 연락함.

: 요코메橫目인 후루카와 쇼자에몽古川小左衛門, 우마야厩[16]인 고노우에몽此右衛門이 시마방島番[17]의 임무교대가 있었음을 보고함.

: 요코메橫目인 스즈키 쇼자에몽鈴木勝左衛門, 뎃포鐵砲[18]의 데스케出助가 야간 순찰을 보고함.

: 모치즈츠持筒[19]인 리헤에利兵衛가 하마방浜番[20]에 대하여 보고함.

: 와키타 츄베에脇田忠兵衛가 야간 순찰을 보고함.

　관수일기는 그날그날의 날씨라든가 풍향, 그리고 아침에 실시되는 항구 주변의 순찰에 관한 것부터 시작된다. 더 나아가 관수의 집무실에 전달되는 보고가 시간 순서대로 기록되는 시스템으로 되어 있다. 이날 대마도에서 은을 싣고 온 이른바 은선이 3척 입항하고 있는데, 사무역 담당관인 모토가타야쿠가 인삼을 급히 서둘러서 대마도로 발송하는 절차를 밟고 있다. 또 조선측 역관들로부터 주의사항이 전달되었는데, 순찰사가 동래부에 내려와 있으니 되도록 일본인들이 사카노시타로 오지 않았으면 좋겠다는 것이다. 여기에서 말하는 순찰사란 정확하게 말한다면 관찰사감사를 가리킨다. 조선의 8도에 파견된 그들은 부사·목사·군수·현령 등 지방의 수령을 통괄·감독하는 역할을 맡고 있다. 왜관에 대한 감독을 허술하게 했다는 질책을 받지 않도록 하기 위하여 동래부가 바짝 긴장하고 있는 분위기가 연상된다. 그 다음에는 석양 무렵부터 저녁까지 실시된 순찰에 관한 기사로 마지막을 장식하고 있다.

　이 밖에도 일기의 기사는 연중행사, 절구[21]·중원[22]·세밑 등에 주고받는 증답품, 온갖 교섭의 경과와 전말, 왜관 안에서 일어난 사건·사고, 조선측 관리의 인사이동을 포함하는 여러 가지 동향 등 매우 다양한 분야에 걸쳐 있다. 그러나 항상 일관되게 충실한 기록이 남아 있는 것이 선박의 출입에 관한 사항이다. 이것을 치밀하게 추적해 들어간다면 왜관에 드나드는 사람·물건·편지의 움직임을 포착할 수 있다. 그래서 선박에 관한 기사만 추출해 보았더니, 다음과 같은 재미있는 사실과 만날 수 있게 된 것이다.

예를 들면 앞에 인용한 일기의 그 다음 부분을 읽어내려 가다보면 3월 23일[23]에 이정암송사와 세견 제4선의 두 사절이 호복환虎福丸 도라후쿠마루이라고 하는 배에 탑승搭乘하여 왜관으로 입항했다고 하는 기사가 있다. 당연한 일이겠지만 호복환는 사신이 승선한 배 즉 사선이다. 그런데 호복환은 그로부터 한 달도 되지 않은 4월 16일 사절使節을 왜관에 그냥 남겨둔 채 대마도로 귀국을 해 버린다. 호복환은 그 후 6월 2일에 다시 왜관에 입항하여 8월 5일에 출항을 하는데, 또 다시 10월 18일 왜관으로 들어왔다가 11월 24일 왜관을 떠나는 등 입·출항을 여러 차례나 되풀이하고 있다. 결국 1년 동안 대마도와 왜관 사이를 3회나 왕복한 셈이다.

한편 이정암송사와 세견 제4선의 두 사절은 서계의 교환과 규정된 응접의례를 마치고 난 뒤 7월 20일 왜관을 출항한다. 이 때 처음 타고 온 도라후쿠마루가 왜관에 정박해 있는데도 불구하고, 삼사환三社丸 산샤마루라고 하는 다른 배를 '사선'으로 세워서 대마도로 귀국할 준비를 서두르고 있다. 요컨대 사신과 선박의 왕래가 각기 별개의 스케줄로 움직이고 있음을 확인할 수 있다.

대마도가 파견한 사신들이 승선하는 배는 말로는 '사선'이라고는 하지만, 조선이 통신사를 태울 배를 특별히 마련하던 것하고는 다르다. 대마도 입장에서는 굳이 그렇게 할 필요가 없었던 모양이다. 사절이 타고 있으면 공문서인 서계書契 쇼케이가 곧 도항증이 된다. 그러면 그 배는 입항시점에서 기록상 '사선'이 된다. 사선이지만 사절과 전혀 관계가 없는 사람이나 물건·편지를 실어 나를 수도 있다. 사절이 타지 않은 배명목상으

표5 | 관수일기를 통해서 본 왜관 입항수(1707~9년)

(단위: 척)

도항증의 종류	1707년	1708년	1709년
1 서계 (연례송사)	5	5	5
2 서계 (임시송사)	7	6	10
3 취허 (부선 · 재도선 등)	40	36	42
4 비선취허	32	18	33
총계	84	65	90

로는 부선副船 · 수목선水木船 · 재도선再渡船 · 겸대兼帶된 배 등는 대마도가 발행하는 간이 취허吹嘘 스이코라고 하는 것이 도항증이 된다.

그래서 1707년숙종33, 宝永4년부터 3년 동안 관수일기를 기초로 하여 왜관에 입항한 모든 배를 종류별로 정리해 보았다. 〔표 5〕를 보면 알 수 있듯이 1707년의 경우 왜관 입항수는 총 84척이나 된다. 도항증을 기준으로 구분해 보면 그 가운데 12척이 1과 2의 '서계'그 중 연례송사가 5척, 임시송사가 7척를 가지고 입항하여 사선이라고 하는 명목을 충족시키고 있다. 40척이 3의 '취허'로 입항을 하고 있다.

중요한 것은 4의 '비선취허'飛船吹嘘로 입항한 선박이 확인된 것만 하더라도 32척이나 된다는 점이다. 비선이라고 하는 것은 앞에서도 설명한 것처럼 '은선'정은丁銀을 수송하는 선박이 여기에 해당되는데, 때로는 긴급한 일이 발생하였을 때 사람이나 서간을 수송하는 데도 사용된다. 승선인원은 7~8인으로 소형 선박이다. 앞에서 본 3월 17일 모토가타야쿠의 말에서도 언급되어 있듯이 인삼 등 일본의 국내 시장가격이 빠르게 움직이는 상품을 신속하게 수송하는 데 매우 편리한 것이 비선이다. 크기가 작은 소형 선박이라고 하는 것 빼놓고는 본질적으로 수송선이라는 점에서는 전혀 다를 바가 없다. 비선의 도항수에 대해서는 규정이 없기 때문에, 대마도는 그 점을 이용하여 왕래회수를 늘림으로써 수송력의 증대를 꾀하고 있는 것이다.

마찬가지로 1708년의 입항 총수가 65척, 1709년에는 그것이 무려 90척으로 늘어난다. 이 정도가 되면 기유약조己酉約條에서 규정하고 있는 입항 선박의 수연간 20척 같은 것은 이미 완전히 껍질만 남아 버리게 된 꼴이다. 비선은 그 가운데 거의 30%를 차지하고 있다. 이처럼 왜관을 드나드는 선박의 내왕은 대마도가 창출해 낸 합리적인 운항시스템에 의하여 성립·운영되고 있었던 것이다.

그런데 〔표 5〕의 4항에 제시한 '비선취허'를 제외하고는 1~3까지의 선박에 대한 선명船名과 선장 이름船頭名이 관수일기에 기록되어 있기 때문에, 선박별로 어떤 활동을 펼치고 있었는지 추적해 들어갈 수가 있다. 1707년의 경우 1~3까지의 선박 입항수가 52척이라고 하는 숫자는 사실 19척의 선박이 왕복 운항을 한 결과이다. 이 가운데 대마도가 소유하고 있는 선박은 겨우 3척뿐이다. 나머지 16척의 선박은 대마도의 상인町人 쵸닝들 소유이다. 이것을 대마도가 일정한 운임 즉 임은賃銀을 지불하고 상인들로부터 빌린 것이다. 앞의 예에서 보듯이 호복환도 삼사환도 모두 상인 소유 선박이다.

대마도에서는 왜관에서 돌아오는 상인 소유 선박을 가리켜 '미조선'米漕船 베이소센이라고 불렀다. 왜관을 출항할 때 반드시 조선의 쌀을 선적하기 때문에 붙여진 이름이다. '미조선'이라고 이름을 붙이는 것은 일본에서는 찾아보기 힘든 일이니, 이것은 조선어에서 따온 것으로 보인다. 조선에서는 지방에서 조세로서 징수하는 곡물쌀·콩 따위을 서울로 수송하고 있었는데, 이른바 삼남지방이라 불리는 충청·전라·경상도에서 배로 수송을 한다. 거리도 꽤 떨어져 있는데다가 수송할 양도 많기 때문에 해상운송을 한다. 이것을 가리켜 '조운'漕運이라 불렀고, 그 때 사용하는 선박을 '조선'漕船이라 했다. 수상운송이라는 점에서는 똑같지만, 한강이라든가 낙동강 등 하천을 이용하는 '강운'江運 '강선'江船과는 구별된다.

왜관으로 흘러 들어가는 쌀은 앞에서도 설명한 것처럼, 사절들이 식량으로 쓸 것과 공작미를 포함하여 계산하면 조선의 가마니로 연간 2만 개 분량에 이른다. 이들 쌀은 경상도의 대구[24] 근방 촌락에서 거두어들인 공조미公租米로 충당되고 있다. 그것을 일단 부산에 있는 창고에 수납한 다음에는 왜관으로 1회에 200가마니를 정액으로 하여 조선漕船을 이용하여 해상운송을 하고 있다. 이처럼 왜관으로 반입하는 선박에 대해서도 대마도에서는 '미조선'이라 부르고 있다. 요컨대 조선의 조운제도에 기초하여 미곡을 전문적으로 운반하는 배를 총칭하여 왜관에서는 이렇게 부른다.

반입된 쌀은 왜관의 창고에 저장된다. 며칠 뒤 대관代官 다이칸이 하인들이나 목수 등을 동원하여 수많은 사람들이 쌀의 선적작업을 펼친다. 이 작업을 가리켜 '고메유이'쌀 포장[25]라고 하는데 꽤나 힘든 노동이다. 《조선어대관기록》朝鮮御代官記錄을 보면 '미조선'여기에서는 일본 선박을 말함 1척에 적을 때에는 200가마니[26], 많을 때에는 800가마니까지 싣고 있다. 평균을 내 보면 450가마니 정도 되는데, 조선의 가마니는 일본 가마니3말 5되들이보다도 커서, 한 가마니에 일본의 경승京枡으로 5말 3되~4되가 들어간다. 450가마니라면 중량으로는 36톤가량 된다. 1707년의 경우 '쌀 포장작업'을 46회나 실시하고 있다. 수확철인 가을도 아닌데, 1월부터 12월까지 평균적으로 월 4회의 비율로 '쌀 포장작업'을 실시하고 있다. 경작지가 적어 쌀 생산을 할 수 없었던 대마도 입장에서 보면 왜관과 대마도를 잇는 '미조선'의 운항이야말로 도민島民의 사활이 걸린 문제인 것이다. 관수가 선박의 입·출항에 대한 감시를 게을리 할 수 없는 이유가 바로 여기에 있다.

다만 움직이는 양이 많았던 만큼 쌀을 둘러싼 마찰이 끊이질 않는다.

왜관에서는 쌀의 품질을 둘러싸고 늘 말썽이 끊이질 않았다. '화수'和水 와스이라고 하여 물에 젖은 쌀濡米, 누레마이과 관련된 폐단이 그것이다. 원인은 왜관으로 조운漕運을 담당하는 운미감관運米監官 감독관, 등패等牌, 인부의 우두머리, 통역 등 하급관리가 조운선漕船의 뱃사람들과 공모하여 생산지→창고→왜관으로 운반하는 사이에 많은 양의 쌀을 빼돌려 버리는 데 있다. 부족한 양의 쌀을 눈속임[27]하기 위하여 모래를 섞는다든지 물을 뿌리는 것이다.

특히 쌀에 물을 적셔서 양을 불리는 행위는 물을 조금만 뿌리면 거의 탄로가 나지 않는다. 쌀의 부정 거래로서는 가장 잘 알려진 수단이다. 이와 관련하여 백미 1말에 물 1홉을 적시게 되면 몇 시간 뒤에는 2홉 5작 정도가 불어난다. 만일 5홉의 물을 뿌린다면 1되 정도 늘리는 것은 어렵지 않다. 물 뿌리는 양을 1홉 이하로만 하면 거의 들통이 나지 않는다고 한다.

요시자네義眞시대에 화수의 부정을 저지른 조선의 쌀을 그대로 받아가서 하는 수 없이 '호테지메리 쌀'[28]이라고 이름을 붙여서 대마도에서 그것을 판매한 적이 있다. 그런데 이 쌀이 팔리지 않는 것은 둘째로 치고, '영주님殿樣 도노사마께서 상인들의 눈을 빼 가신다'는 등 나쁜 소문이 나돌았다. 상인들한테도 '해서는 안 될 짓'이라고 말들이 많았다. 가신들 사이에서도 악평이 쏟아졌음은 물론이다《賀島兵介言上書》가시마헤이스케곤죠쇼.

인삼에도 여러 가지 수법이 동원된다. 인삼의 내부를 파낸 다음 그 안에 납을 교묘하게 집어넣는 것이 가장 보편적인 방법이다. 인삼은 중량을 달아 가격을 정한다. 그래서 인삼의 무게를 검사한다는 구실로 부정하게 중량을 가로채는 공작이 되풀이되곤 한다. 무심결에 보고도 그냥 지나쳐서 위조인삼을 인삼좌人參座 닌징자에서 팔려고 했다가는, 그것이야말로 대마도의 체면을 손상시키는 중대한 잘못을 저지르게 되는 것이다.

불량품을 반입하지 않도록 관수가 문서를 작성하여 동래부사나 그 위의 상급 관료에게 호소를 하여도 별로 효과가 없다. 왜관에서 실제로 화수의 폐단을 경험한 적이 있는 아메노모리 호슈雨森芳洲 등에 따르면, '결국에 가서는 쌀도 인삼도 면포도 품질이 나쁜 것은 처음부터 받지 않도록 하는 것이 최선의 방책이다'고 한다. 오히려 조선 정부로부터 인정되고 있었던 점퇴點退 덴타이 ; 불량품을 골라내서 받아가지 않는 것라고 하는 권리를 행사하는 것 이외에는 달리 길이 없다고 말하고 있다《재판기록》裁判記錄.[29]

관수일기는 이처럼 왜관과 관련하여 발생한 여러 가지 마찰을 날짜별로 명확하게 기록하고 있다. 처음에는 사소한 일이더라도 나중에 가면 문제가 의외로 커지는 수도 있다. 사건이 해결되기까지 2~3년 혹은 그 이상이 소요되는 경우도 있다. 그럴 때에는 관수일기를 기초로 하여 개별 문제만을 골라내서 적어두는 특수기록이 편찬되기도 한다.

관수일기를 이용하고자 할 때에는 항목별 색인이 가장 편리하다. 책 이름이 《분류사고》分類事考라고 되어 있는데, 19책으로 정리된 것이 현재 일본의 국립국회도서관에 보관되어 있다. 이것은 명관수名館守로 널리 알려진 도다 다노무戶田賴母가 1795년정조19, 寬政7에 3번째로 관수에 재임하는 동안 작성하기 시작한 것이다. 또 관수일기라든가 그 밖의 왜관 관계 문서에서 발췌하여 작성한 것이 《분류기사대강》이다. 이것은 에도시대조선후기의 거의 전 시기를 대상으로 하여 사항별로 편집된 것인데, 7기에 걸쳐 모두 168권에 달할 정도로 방대한 분량의 편찬서이다. 현재 일본의 국립국회도서관, 나가사키현립 쓰시마역사민속자료관, 그리고 한국의 국사편찬위원회 등 3곳에 분산 소장되어 있다.

색인이나 편찬물의 작성이 이미 에도시대조선후기부터 이루어지고 있었던 것을 보면, 왜관의 현장에서 관수일기가 얼마나 잘 활용되고 있었는가 하는 것을 쉽게 알 수 있다. 여기에는 공문서나 규칙 같은 것만으로는 파악할 수 없는 왜관의 일상과 실태가 극명하게 기록으로 남아 있다. 왜관의 일개 부서에 그치는 것이 아니라, 왜관 전체를 꿰뚫고 있는 관수가 아니고서는 도저히 흉내도 낼 수 없는 기록인 것이다.

남자들의
마을 :

왜관의 동관 주민들은 서관에 비하여 장기간 체류하는 사람들이 많다. 그렇다고 해서 일생 동안 그곳에서 살려고 하는 사람은 없다. 중세까지만 하더라도 일본에서 처자식을 데리고 건너온 영주자항거왜인 恒居倭人들이 불법적으로 왜관 주변에서 눌러 살고 있어서 그것이 늘 문제가 되었다. 그렇지만 근세에 들어와서는 그런 사람들의 모습을 찾아볼 수 없게 된다. 근세에는 왜관의 주민이 되고자 할 때 우선 대마도의 허가를 받지 않으면 안 된다. 그뿐 아니라 금지된 행위를 하면 법으로 처벌을 받는다. 일본인은 장·단기를 불문하고 왜관 안에서 주거를 하도록 규제를 받게 된다. 왜관 밖에서 거주하는 것은 일체 허용되지 않았던 것이다.

그렇기 때문에 왜관의 담은 그 자체가 일본인의 거주지역을 구분하는 경계선의 의미를 갖는다. 관수 이하 대마도의 관리를 비롯하여 하층

노동자, 뱃사람, 요리사, 상인에 이르기까지, 모두가 공무公務를 명분으로 하여 건너와 있는 사람들이다. 가족을 동반하거나 특히 아내나 딸 등 여자를 데리고 오는 것은 용납되지 않는다. 일본인의 거주가 허용되는 마을이면서도, 그곳에서 영주할 수 없는 이유가 바로 여기에 있는 것이다.

여성의 동반 금지는 일본의 나가사키長崎 데지마出島에 있었던 네덜란드인이라든가 도진야시키唐人屋敷의 중국인도 마찬가지였다. 그렇지만 그런대로 그들에게는 나가사키에서 일본인 여성 즉 유녀遊女과 만날 수 있는 기회가 있다. 시볼트[30]가 6년 동안 데지마에 체류하다가 '오타키ぉ瀧 씨'[31]를 만난 것이나 '이네'稻[32]라는 이름을 가진 딸을 낳은 것은 유명한 일화이다. 도진야시키에 드나드는 유녀도 꽤나 많았다. 연 인원수로 하면 연간 2만 명 이상에 달했다고 하니 놀라지 않을 수 없다. 그 사이에서 태어난 아이들은 모두 나가사키의 관청에 신고를 하지 않으면 안 되었으며, 아버지의 나라로 돌아가는 것은 금지되어 있었다. 어머니인 유녀와 함께 시설 내에서 양육할 수 있도록 허용되었을 뿐이다.

그런데 왜관은 설령 기생이라 하더라도 여성의 출입이 금지되어 있다. 숙배식이 끝난 뒤 기생이 춤을 추고 노래를 부르는 여악女樂이 베풀어지지만 그 장소는 왜관의 담 밖이다. 1715년숙종41, 正德5의 일인데, 국왕 직속의 어떤 관료가 갑자기 '우리나라에 오는 청나라 사절한테도 향응을 베푸는 자리에 기녀를 내놓지는 않는다. 통신사가 일본에 갈 때에도 쇼군은 기악의 접대를 하지 않는다고 듣고 있다. 즉각 금지해야 한다.'고 하면서, 여악의 폐지를 제기한 적이 있다. 며칠이 지난 뒤 거듭된 논쟁 끝에, 일본이 숙배식을 보이콧할지도 모른다고 염려한 담당 관리가 중재를 하여 폐지안은 기각되고 만다《기악일건지각서》妓樂一件之覺書.

그보다 5년 전인 1710년숙종36, 宝永7에는 수문 앞에서이것도 왜관의 밖임 아침장인근 마을 주민들이 생선이나 야채 등 식료품을 왜관 주민들에게 팔러 가는 것이 설 때에, 젊은 여자들은 참가하지 못하도록 조선이 규제를 하게 된다. 물건을 사는 대마도 사람들이 아무래도 그쪽으로만 몰려갈 뿐만 아니라, 값이 비싸고 품질이 나쁘더라도 젊은 여자들이 가져간 물건은 금방 팔려버리기 때문이다. 물건을 가져가도 팔리지 않는 쪽도 있다. 남자나 할머니들이 그런 경우인데 이들은 아침장에 가지 않게 되어 풍기가 더욱 문란해진다고, 조선의 담당 관리가 개선을 호소하게 된 것이다. 그러나 며칠 뒤 왜관의 부엌살림이 텅텅 비어버리는 사태가 발생하고 만다. 마침 그 무렵 조선 여성들을 왜관으로 몰래 데리고 들어가다 적발되는 사건이 자주 일어나 국제문제가 되고 있었다고 하는 불운도 겹쳐 있었던 것이다《교간일건기록》交奸一件記錄.

왜관의 담 밖이라 하더라도 예를 들어 기생하고도 접촉을 하면 안 되게 되어 있다. 여성이 왜관으로 들어가다가 발각되는 날이면 바로 '교간' 交奸. 密通 사건으로 취급되어 문제가 생긴다. 중개한 사람은 반드시 사형, 여성도 남성도 일이 잘못되면 사형을 포함한 엄벌에 처해진다. 조선정부가 이상으로 삼고 있던 근세의 왜관은 완벽하다고 할 정도로 '남성의 마을'이다.

그렇다면 이 마을에서 살 수 있도록 허용을 받은 것은 어떤 사람들이었을까? 먼저 왜관으로 건너오려면 모두 대마도 본국에서 발행하는 도항증인 표찰을 소지하지 않으면 안 된다. 표찰은 시기에 따라 다르지만, 대체로 직책별로 매수가 정해져 있다. 표찰은 수표[33]라고도 한다. 1736년영조2, 元文元 선박의 출입을 감독하는 부서인 후나부교船奉行의 기록에 나오는 왜관 상주 관리에게 허가된 표찰의 수를 정리한 것이 (표 6)이다.

표6 | 직책별로 본 표찰 허가수 (1736년) 《어절수공장상하인수정식》에 의함

직책	매수	직책	매수
관수	13~14	이치다이칸 (一代官)	10
관수 서기	4	니다이칸 (二代官)	7
의사	4	마치다이칸 (町代官)	5
재판	12~13	다이칸의 서기	2
동향사승	4	베츠다이칸 (別代官)	12
응장	3	베츠다이칸 서기 (書手)	1
응장 메츠케 (目付)	4	베츠니다이칸 (別二代官)	10
대통사 (大通詞)	6	마치베츠다이칸 (町別代官)	8
병통사 (並通詞)	3	베츠다이칸 서기	1
계고통사 (稽古通詞)	5	베츠다이칸 메츠케	7
견습통사 (見習通詞)	1	요코메가시라 (橫目頭)	9
도자기 기술자	4~5	오고쇼 (大小姓) 요코메	7
첨관옥 관리인	4	요코메 가치 (徒士)	4
요코메 메쓰케	7	요코메 메츠케 (目付)	7
합계 157~160매			

예를 들면 관수는 하급 노동자를 포함하여 상하 13명관수로 임명되는 사람의 과거 경력에 따라 14명을 데리고 왜관으로 건너올 수가 있다. 또 관수에 따라 붙는 서기佑筆役 유히츠야쿠 상하 4명, 의사館醫 상하 4명에 대해서는 별도로 '관수서수찰'館守書手札 '관의찰'館醫札이 발급되며, 각각 하인들의 행동을 책임지게 된다.

왜관의 치안을 담당하는 요코메橫目는 도야쿠·오고쇼·가치라고 하는 신분별로 상하 20매의 표찰이 발급된다. 하급직인 메츠케目付는 응장鷹匠·베츠다이칸카타別代官方·요코메카타橫目方에 전속 배속되는데 상하 18매의 표찰이 발급되고 있다. 대관代官 다이칸 가운데 베츠다이칸別代官은 모토카타야쿠元方役의 후임으로서 사무역 담당관이다. 이치다이칸一代官이 우두머리도야쿠인데, '마치'町가 붙어 있는 것은 상인들 중에서 임명된 자들이다. 이 밖에도 대마도의 조선어 통역관인 통사를 비롯하여, 응장

鷹匠, 쇼군이나 다이묘에게 헌납하는 조선의 매 사육 담당, **챠완야키**茶碗燒, 陶工이라고도 하는데 조선의 흙으로 도자기를 굽는 기술자 즉 도공, **센칸야모리**僉官家守, 屋守라고도 불리는 서관의 가옥 관리인 등을 합쳐서 표찰이 모두 157~160매에 이른다.

이 밖에도 상주하는 것은 아니지만, 연례송사나 임시사절의 수행원이라든가 표류민 관계자, 왜관에 대공사가 이루어지는 경우 공사 책임자인 후신부교普請奉行와 관련되어 허가를 받은 상하 인원의 표찰이제까지 합계 281매, 더 나아가서 청부옥請負屋 우케오이야. 이에 대해 후술함, 선원인원수가 일정하지 않음 등이 추가된다. 또 유학생도 왜관에 몇 명 정도 머물게 된다. 목적을 막연하게 '한학계고'韓學稽古[34] '학문계고'學問稽古[35] 등으로 기재하고 있는 사람도 있는데, 그들 중 대부분이 의학연수'稽古醫師' 케이코이시나 어학연수'詞稽古'고토바케이코를 위하여 온 사람들이다. 이 가운데 의학연수는 내과·외과·침구의 습득을 목적으로 삼고 있다. 그 당시 조선은 의학 선진국으로서 널리 알려져 있다. 요시자네義眞시대부터 왜관 유학을 장려한 이래, 대마도의 '번의'藩醫[36]·'정의'町醫[37]를 막론하고 연수가 성행하고 있다. 왜관에 근무하는 관의館醫 중에는 조선의 의사로부터 직접 기초부터 전수를 받으려고 왜관행을 자원하는 사람도 많다.

어학연수 즉 '고토바케이코'詞稽古라고 하는 것은, 현직에 있는 조선어 통역[38]인 '계고통사'稽古通使 게이코쓰지'와는 달리, 말하자면 어학을 공부·연수중인 학생語學生을 가리킨다. 처음에는 대마도의 특권상인인 '로쿠쥬닝'六十人 출신 상인이 많았는데, 가업을 위하여 자식을 데리고 왜관으로 건너와서, 개인적으로 조선말을 배우게 하는 경우도 많았다. 그것은 1727년영조3, 享保12에 아메노모리 호슈雨森芳洲가 대마도 후츄府中에 조선어학교를 창설한 데서 비롯된 것인데, '연수코스'와 비슷한 형태로 특별훈련을 받을 수 있게 된 것이다. 특히 대마도의 학교에서 초급코스를 마친 다음, 성적이 우수하다고 인정되는 사람에게는 대마도의 관비官費로 왜관유학을 할 수 있도록 인정을 해 주게 된다. 호슈가 세운 학습 플랜에 따라서 조선의 역관들로부터 살아 있는 언어를 학습한다. 유학생에게 발급되는 도항증은 '계고찰'稽古札³⁹이다.

이것 외에도 왜관의 생활에 없어서는 안 되는 식료품이라든가 잡화류의 조달, 의복의 재봉과 재단, 그밖에 대마도가 허가한 특정 물품을 취급하는 청부상인이 왜관에 많이 드나들고 있다. 청부찰請負札을 받으려면 대마도에 신청서를 제출하여야 한다. 만일 인가가 나면 도항증 대신에 표찰이 발급된다. 표찰은 신청인 본인에게 발급되는 '본찰'本札과, 그의 사용인들에게 적용되는 '가찰'加札 '하동찰'下働札이 여러 장 발급된다. 앞에서 본 선박의 감독관인 '후나부교'船奉行의 기록을 기초로 하여, '청부찰'의 종류와 매수를 정리하여 [표 7]에 제시하고자 한다.

| 표7 | 청부찰의 종류와 허가수* | 《어절수공장상하인수정식》에 의함

종류	매수	종류	매수	종류	매수
수리(목수)	7	도자기 가마 수리	6	선원가옥 수리	5
다다미	3	건물 및 지붕 이엉 수리	4	경비원	10
소형선박	1	새끼줄가게	2	잡화상	10
옷 수선집	1	염색가게	3	종이가게	3
우피	1	우피 · 말린해삼 · 참깨 · 말린 쇠고기	3	파래(해초)	3
우뭇가사리	1	약재료의 종류	3	오미자 · 산수유	3
꼬리인삼	6	인삼의 잎 구입	3	두부	2
누룩집	6	곤약	3	술집	4
젓갈	1	엿	3	쇠기름 덩어리	2
밀랍	1	히토쿠치카타(一口方) 청부업	5	기타 청부	5
합계 110매					

* 가찰 · 하동찰을 포함.

이 표 가운데 '히토쿠치카타 청부업'대마도의 히토쿠치카리아쿠카타 一口借役方가 취급하는 상업[40]과 '기타청부'別請負는 취급하는 내용이 구체적으로 기재되어 있지 않다. 그러나 다른 청부찰은 거의 기술자들의 것이다. 의·식·주 등 일상생활과 관련된 직종이 많다.[41] 간단한 수리를 청부하는 사람, 또는 '다다미'가게·두부가게·곤약가게·술집·잡화점·옷 수선집·염색가게 등등은, 왜관 주민을 상대로 가게를 열고 있는 기술자의 점포이다. 취급하는 물품에 따라서는 조선에서 원료를 구입하여 제조한 다음 그것을 판매하기도 한다. 쇠가죽·엿·밀랍·한약재료·오미자·산수유·꼬리인삼·말린 해삼 등등의 표찰은, 조선에서 수입해 간 물품 혹은 왜관 근방에서 채취한 물품의 수송·판매를 단일 품목으로 청부하는 상인들의 표찰이다. 청부옥의 직종이 얼마나 다채로운가를 알 수 있는 대목이다.

다만 이들이 인가를 받고 있는 기간이 한정되어 있다. 시기에 따라서는 종류도 다르고 표찰의 수도 다르다. 더욱이 왜관에 잠깐 머물다가 대마도로 돌아가는 사람도 많다. 지금까지 살펴본 도항표찰의 수를 가지고 왜관 전체의 인구를 계산해 내는 것은 어렵다. 다만 고왜관에서 이사를 가던 날 관수 이하 450여 명이 신왜관으로 들어갔다고 하니까 주민들은 대체로 400명에서 500명 정도이지 않았을까 추측된다.[42]

그 무렵 대마도의 총 인구는 약 3만 명 정도이다. 따라서 400~500명이라고 하는 숫자는 그 중 1.5%에 해당한다. 다만 왜관에는 여자의 거주가 인정되지 않았기 때문에, 남자만 가지고 계산을 한다면 3% 정도가 된다. 극단적인 케이스, 그러니까 노인이라든가 어린 아이, 병든 사람을 제외한다면, 장년 남자 인구 가운데 차지하는 비중은 5%나 된다. 요컨대 어느 한 시점에서만 보더라도 대마도의 장년 남자 20명 중에서 1명이 왜관에 있었던 셈이 된다. 정례 혹은 임시사절 등이 왜관으로 건너오게 되면, 그만큼 인원수가 불어나게 된다. 남자들만의 특수한 마을, 그것도 '쇄국'이라고 일컬어지던 시대에, 해외의 한 지점에 이 정도로 많은 일본인들이 거주하고 있는 곳은 '왜관'뿐이다.

왜관에서 살고 있는 이들은 청소, 세탁, 바느질, 식사 준비 등 온갖 잡다한 가정 일을 모두 남자들 손만 가지고 해결하지 않으면 안 된다. 수문 앞에 아침장이 서는 이른 아침 그곳에는 식사 준비를 하기 위해 식료품을 사러 오는 왜관 사람들로 붐빈다. 전문 요리사가 따라붙게 되어 있는 대마도의 상급 관리는 예외이지만, 보통 관리들은 시설별로 혹은 직책별로 하급 노동자들을 고용하여 그들에게 일상생활의 잡다한 일을 시키고 있다. 또 하급 무사라든가 별로 돈을 가지지 못한 상인·기술자들은 물론 자기들 손으로 준비를 하지 않으면 안 되었다.

일상생활 중에서도 특히 왜관 자체적으로 규정이 마련되어 있는 것이 복장이다. 상의와 하의 등 신분에 따라 복장의 제한이 있는 것은 다른 번藩과 똑같다. 그렇지만 왜관의 복식제도는 그런 것하고는 약간 다르다. 일본 국내에서 검약령이 내려져 비단옷 등 사치품을 입지 못하도록 금지한 사치금지령이 공포될 때에도, 관수의 이름으로 그것과는 거꾸로 '비단옷 착용령'이 내려지고 있는 것이다.

《왜관복식제》[43]의 서두에는 다음과 같은 구절이 있다.

지난번에 법령이 개정되어 모든 일을 각별히 검소하게 하지 않으면 안된다. 그래서 대마도 본국에서는 귀천의 차별 없이 면복綿服을 입도록 규제되고 있다. 그런데 왜관에서는 다른 나라 사람들과 서로 만나는 것 때문에, 관내 사람들의 복장 착용에 대하여 다음과 같이 지시가 내려졌다.

이와 같이 대마도 본국에서는 귀천의 차별 없이 무명옷을 착용하도록 하는 법령이 내려졌지만, 왜관은 '다른 나라 사람들과의 만남', 그러니까 외국인과 회합을 하는 곳이라 하여 특별 케이스로 취급되고 있다. 예를 들면 우마마와리馬廻. 上士[44]와 오고쇼大小姓. 中士는 옷의 안감이 달려 있는 상·하의에 용문[45]을 사용하며, '가타기누'[46]에 '모지리'[47]까지 걸치란 말인지, 여름에는 얇은 견직물[48], 하오리羽織는 축면縮緬 치리멘·용문龍文·사릉紗綾이라고 되어 있다. 여름철에는 얇은 견직물綃을 착용하라는 식인데, 비단의 종류까지 지정을 해 놓고 있는 것이다. '가치'徒士에 대해서도 이에 준하여 여러 가지 품목들이 나열되어 있다.

또 회합 장소가 아니더라도 "왜관은 매일 조선인들이 들어오는 곳이며, 업무의 성격에 따라서는 도중에 임관판사任官判事 담당 관리라든가 상역商譯들과 마주칠 일이 생기는데, 그럴 때 옷차림이 볼품없으면 몹시 어색해지게 된다. 그러니 왜관 안을 거닐 때에는 격에 맞게 가벼운 견직물[49]이나 명주[50]를 착용하도록" 한다는 규정이 있다. 이것을 보면 왜관에서는 일상적으로 비단옷을 입고 있도록 특별히 주의가 내려지고 있음을 알 수 있다. 다만 관수가 고민하지 않을 수 없었던 것은, 비단옷 운운하기 이전에 먼저 몸가짐과 마음가짐을 가지런하게 하도록 왜관 사람들을 지도하는 일이다. 가장 곤란한 것은 더위가 한창 기승을 부리는 여름철에, 혹은 술에 취해 알몸으로 왜관 안을 걸어 다니는 일이다.

'남자들의 마을' 왜관의 밤은 술과 함께 깊어간다. 왜관 안에는 술집이 여러 군데 개업을 하고 있다. 돈만 있으면 술은 얼마든지 마실 수 있다. 조선의 관리들을 접대하기 위하여 대낮부터 왜관 안 여기저기에서 술판이 벌어질 때도 있다. 과음을 해서 술에 취해 난폭해지는 것은 흔한 일이다. 술 때문에 건강이 나빠져 고생하는 사람도 많다. 관수일기에는 일상의 그런 사소한 다툼까지도 적어 두고 있다. "도박을 하지 말라" "술을 너무 많이 마시지 말라" "훈도시[51]만 차고 밖으로 나가지 말라" "큰 소리를 지르지 말라" "싸움을 해서 상대방을 죽이는 일이 없도록 하라" 등등 이런 표현이 자주 눈에 띈다. 관수가 내쉬는 한숨이 여기까지 들려오는 듯하다.

특히 싸움은 왜관 안에 있는 사람들끼리만 하는 것이 아니다. 조선의 하급 관리라든가 상인들하고도 말썽을 일으키는 일이 종종 있다. 이런 일이 일어나면 골치 아파지지만 조선과 일본 사이에는 싸움을 하는 방식이 서로 다르다. 장황하게 험악한 말을 퍼부으면서 말로 상대방을 제압하려고 하는데도 좀처럼 손을 들지 않는 쪽이 조선식 싸움이다. 이에 반하여 일본인은 걸핏하면 때린다. 말보다도 주먹이 먼저 나가는 것이다.

양국인 사이에 일어나는 싸움은 반드시 뭔가 이해관계가 얽혀 있다. 예를 들면 지급품이라든가 수출입품, 개인적으로 약속한 물품 등의 납기가 늦어진다거나, 설령 그것을 가지고 갔더라도 품질이 나쁘면 반품을 하는 수도 있다. 일본으로 귀국할 날짜가 임박해지면 더욱 스트레스가 쌓이게 마련이다. 가까이에 통역이라도 있으면 조선식으로 싸움을 할 수도 있다. 그러나 술이 들어가면 일촉즉발이다. 분함이 절정에 달하면 주먹을 들고 만다.

'싸움문화의 차이'라고 말해 버리면 그만이겠지만, 일이 그렇게 간단하지는 않다. 신관으로 이전을 한 지 5년째가 되던 해에 맺어진 국제약조계해약조 속에, '일본인은 조선의 하급 관리들을 구타하지 말라'고 하는 구절이 들어가 버렸다. 이렇게 되어서는 일본이 입은 국제적 체면 손상이 이만저만이 아니다.

이 계해약조는 1683년숙종9, 天和3에 조선 정부가 왜관 주민을 상대로 하여 공포한 규율 조항이다. 이것을 보면 조선의 입장에서 볼 때 그 당시 왜관에 거주하던 일본인들이 얼마나 성가신 존재였나를 한 눈에 쉽게 알 수 있다. 약조는 아래의 4개 항목으로 구성되어 있다.

1. 경계구역 밖으로 나가지 말 것. 어기면 사형死罪.

2. '피집은'被執銀, 밀무역 자금을 받는 자는 쌍방이 사형.

3. 사무역이 이루어지고 있을 때 각 방왜관 안의 방 안으로 몰래 들어가
서 밀무역을 일삼는 자는 쌍방 모두 사형.

4. 오일차五日次 오이리 잡물조선으로부터의 지급품이 왜관으로 반입될 때,
일본인은 조선의 하급 관리들을 구타하지 말 것. 이를 어긴 쌍방의
죄인은 왜관의 관문에서 처형함.

1은 '난출'闌出 란슈츠이라고 하는 것인데, 지정된 구역을 벗어나서 배회
하는 것을 금지한 것이다. 2와 3은 밀무역 관계, 4가 싸움에 관한 것이
다. 요컨대 난출·밀무역·싸움이 왜관 주민에 대한 관리를 떠맡고 있
던 조선측의 고민거리였다고 말할 수 있다. 나중에는 이 조문의 내용을
큰 돌에 새겨서, 모든 사람들의 눈에 잘 띌 수 있도록 수문 옆에 세워 두
었다.

계해약조는 사전에 조선 정부와 대마도 본국이 협의를 거듭한 결과
체결된 국제법이다. 그런데 훗날 대마도의 유학자인 마츠우라 가쇼松浦
霞沼가 《왜관 안에 있는 제찰에 관한 의견서》[52]라고 하는 것을 대마도 번
청에 제출하여, 이 조문에 대한 비판을 제기하고 있다. 가쇼霞沼가 특히
문제로 삼고 있는 것은 처벌규정이 일률적으로 사형으로 정해져 있다는
점이다.

예를 들면 밀무역을 하다가 적발된 경우라 하더라도 인삼 반근을 밀
수한 사람과 5근 이상 밀수한 사람이 똑같이 사형死罪를 당하는 것은 도
저히 납득하기 어렵다는 것이다. 범죄에는 경중이 있으며, 그에 걸맞는
죄값을 물어야 한다. 특히 약조의 원문에 명시되어 있는 '피차일죄'彼此一
罪 쌍방 모두 사형이 적용되는 범죄는 매우 보기 드문 일이다. 지금 이 조문

을 당장 삭제하는 것은 어렵더라도, 실제로 그것을 적용할 경우에는 사형을 내리기까지 몇 개의 등급을 정해서 처분해야 한다고 주장을 하고 있는 것이다.

가쇼霞沼의 의견서가 지적하고 있듯이, 계해약조는 조선 측의 엄벌주의를 그대로 강하게 반영하고 있다. 그러나 그로부터 28년이 지난 1711년숙종37. 正德원에 맺어진 '신묘약조辛卯約條'는 일본의 법 관습과의 조정을 통해 탄생한 새로운 국제법으로서 주목된다. 그것은 '남자들의 마을'인 왜관의 숙명이라고도 해야 할 교간과 관련된 것이다.

교간은 앞에서 말한 난출 · 밀무역 · 싸움과 마찬가지로 왜관에서 자주 일어나는 사건이다. 조선측이 왜관을 완전히 금녀禁女의 구역으로 정한 그 순간부터, 당연히 경계를 게을리 해서는 안 되는 위험 요소의 하나였는지도 모른다. 조선에서는 교간에 대하여 일관되게 엄한 태도로 대처해 왔다. 중개자와 여성은 쌍방 모두 사형死罪로 처벌을 하였으며, 교간의 상대편인 일본인 남자에게도 동일한 조치가 요구되었다.

그런데 관수는 교간을 법으로 금지한다고 부르짖으면서도, 일단 일이 터져 수사가 진행되려고 할 때면, 그때마다 당사자를 대마도로 귀국시켜 버린다. 일본인의 죄 의식으로 볼 때, 교간이란 사람을 죽일 정도의 죄는 아니며, 고작 이국異國의 남녀가 서로 교제한 정도 가지고 사형을 적용하는 법은 도무지 용인할 수 없다고 하는 것이 그 이유이다.

그러나 동일한 범죄를 저질렀는데 한 쪽은 사형을 적용받고 다른 한 쪽은 방면대마도로 귀국하게 된다면, 처벌의 공평성에 문제가 있게 된다. 조선쪽이 이것을 법으로 성문화하려고 하는 기운이 감돌게 되자, 결국 1711년숙종37. 正德元 통신사의 일본 방문을 계기로 하여 신묘약조 3개조가 체결되기에 이른다. 내용이 모두 조선 여성과의 교간과 관련된 것이라는 점 때문에, 이것을 별칭으로 '교간약조'라고도 부른다.

1, 마도馬島, 대마도의 사람이 왜관을 뛰쳐나가 조선의 여성을 강간하면 사형.

2, 여성을 유인해 내서 화간和奸 합의하여 간통하는 자, 혹은 강간 미수에 그친 자는 유배流罪.

3, 왜관으로 들어간 여성을 보고서도 통보하지 않고 교간交奸한 자는 그 이외의 죄를 적용.

앞의 계해약조癸亥約條에서 누락되었던 교간이 여기에 이르러 비로소 국제법으로 등장하게 된다.

다만 그 처벌 규정이 앞의 마츠우라 가쇼松浦霞沼가 비판한 '피차일죄' 즉 쌍방 모두 사형이 아니라, 강간, 강간미수·화간, 교간으로 죄의 경중에 따라 3등급으로 나누어진 점 등 내용이 커다란 변화를 보인다. 조선측이 일방적으로 자국의 엄벌주의를 밀어붙이는 것을 그만두고, 일본의 법 관습과의 타협점을 찾으면서 처벌의 공평성, 즉 '피차동죄'彼此同罪를 관철시키고 있다.

약조관계에 대하여 상세한 분석을 한 바 있는 윤유숙尹裕淑 씨의 '약조에서 보이는 근세의 왜관 통제에 대하여"라는 글에 따르면, 신묘약조의 성립을 계기로 하여 조선도 교간과 관련된 자국민의 형벌을 재고하게 되었다고 한다. 중개자를 사형에 처하는 것은 변함이 없지만, 여성에게 적용되고 있던 사형을 그만두고, 장죄杖罪나 유죄流罪로 감형을 시도한 것이다. 왜관 주민 입장에서 볼 때 실제문제로서 약조의 1과 같은 사건은 좀처럼 일으키지 않는다. 2와 3은 자발적인가 수동적인가 하는 데 차이가 있다. 그런데 중개자의 꼬임에 빠져 별 생각 없이 교간으로까지 이어져 버리는 3의 경우가 대부분이다.

그렇다고는 하지만 교간은 일단 적발되면 국제문제로 처벌대상이 된다. 그러나 난출·밀무역·싸움, 그리고 교간 등 위법행위는 아무리 약조를 정비하더라도 근절하기란 불가능하다. 아무리 징계를 하더라도 "반성의 기미가 없는 남자들"은 동서고금 어디를 가더라도 존재한다. 조선 정부는 물론이거니와 관수 입장에서도 왜관 종언의 그 날까지 계속해서 안고 가지 않으면 안 되는 고민의 불씨인 것이다.

왜관의
사건기록 :

다음으로 왜관에서 자주 발생하는 사건을 몇 가지 실례를 들어서 설명하고자 한다.

I. 밀무역잠상

관수일기를 넘겨가면서 읽다 보면 왜관에서 명령을 어기는 사람이 의외로 많음을 알 수 있다. 그 가운데 병으로 죽은 자는 제외하더라도, 변사라든가 사형이 집행되는 경우에는 그 이면에 반드시 뭔가 사건이 따라 붙는다. 왜관에서 벌어진 사건 중에서 대표적인 것을 들자면 밀무역일 것이다. 법으로 금지된 거래를 하는 잠상潛商 즉 밀무역 행위는 계해약조에 의하여 일률적으로 사형에 처해지게 되어 있다.

〔표 8〕은 18세기 초까지 왜관에서 사형死罪으로 처형된 일본인들을 정

구분	서력	조선	일본	성명	직책	처벌 원인
①	1684	숙종10	죠쿄 원 (貞享元)	오타 쇼에몽 (太田勝右衛門)	스기무라 마타자에몽 (杉村又左衛門)의 가신	밀무역
②	1698	숙종24	겐로쿠 11 (元禄11)	시로스 요헤에 (白水与兵衛)	첨관옥 관리인	밀무역
③	1704	숙종30	호에이 원 (宝永元)	기치에몽 (吉右衛門)	도자기 가마 관리인	밀무역 · 살인
④	1714	숙종40	쇼토쿠 4 (正徳4)	오우라 이에몽 (大浦伊右衛門)	요코메(橫目)	밀무역
⑤	1717	숙종43	교호 2 (享保2)	기헤에(喜兵衛)	오하타 (御簱)	밀무역

표8 | 왜관에서 사형을 당한 일본인(1710년대까지) | 《관수매일기》에 의함

리한 것이다. 이유는 모두 밀무역이다.

사건 ①은 사무라이武士가 대량의 인삼 밀무역에 연루된 것이다. 사건 ②는 나중에 다시 설명하겠지만, 왜관 밖으로 나가서 밀무역 현장을 덮친 것이다. ③의 사건은 밀무역을 같이 하자고 제의해 온 조선의 소통사를 죽인 살인죄에다가, 그가 소지하고 있던 밀무역 물품을 도둑질한 절도죄가 추가되었다.

이것은 1704년숙종30, 宝永元 7월 8일 소통사인 '운봉'이라고 하는 자가 3일 전에 왜관으로 갔는데 돌아오지 않자, 역관들이 왜관에 알려서 들통이 난 사건이다. 구석구석 빠짐없이 왜관 안을 샅샅이 수색한 끝에, 왜관의 중천中川 개울가에 묻혀 있던 소통사의 시신이 발견된다. 변사자의 시체를 검시檢屍를 해보니 목구멍과 옆구리에 여러 군데 상처가 발견되어 피살된 것으로 판정이 내려진다. 범인의 수색을 진행해 나가는 사이에, 도자기 가마의 관리인茶碗竈屋守 차완가마야모리인 기치에몽吉右衛門이 자수를 해 왔다.

그가 진술한 바에 따르면 이렇다. '운봉'이란 자가 잠상밀무역을 하자고

제의해 오자, 기치에몽이 운봉에게 술을 먹여 취하게 한다. 그가 잠들어 있는 사이 칼로 찔러 죽이고 인삼을 탈취한 것이다. 가택수색을 해보니 인삼 240목目이 나왔다. 대마도 번청의 지시를 받아서 기치에몽은 참죄에 처한 뒤 시신을 옥문에 걸어둔다. 이 일은 왜관에 체재중이던 아메노모리 호슈하고도 '충분한 상의를 거쳐' 결정된 것이라고 한다.[53] 형의 집행은 7월 22일 요코메의 손에 의하여 왜관 밖 '후타츠고쿠'라고 하는 곳에서 실시되었다《분류기사대강》.

〔표 8〕의 ④와 ⑤는 이제까지 살펴본 케이스하고는 다르다. 대마도로 건너간 조선의 역관사[54] 일행을 상대로 하여 밀무역을 하는 것을 대마도 안에서 현장을 급습하여 들통이 난 사건이다. 일본 영내에서 발생한 사건임에도 불구하고 왜관에서 처형을 하고 있다. 이 가운데 오우라 이에몽大浦伊右衛門은 밀무역을 감독해야 할 요코메横目라고 하는 직책을 맡고 있었던 사람이라는 점을 감안하더라도, 기헤에喜兵衛는 오하타御籏[55]라고 하는 기껏해야 아시가루足輕[56] 신분에 지나지 않는다. 역시 기헤에의 처형 때에는 왜관측도 대마도 본국의 사건 처리방식에 대하여 의아해 하고 있다. 최종적으로는 대마도 본국의 지시대로 '후타츠고쿠'에서 참형이 집행되고 있다.

이와 같이 대마도는 번藩의 이익을 침해하는 밀무역에 대해서는 항상 엄벌주의를 채택하고 있다. 필요하다고 생각되면 왜관 주민의 방은 예고도 없이 불시에 수색이 이루어진다. 거금이나 밀무역 물품을 숨겨놓고 있지는 않는지 수시로 소지품 검사가 실시된다. 만일 발각되는 날이면 엄중한 심문과 사형을 포함하는 엄벌이 기다리게 된다. 밀무역을 함께 한 조선인의 이름이 밝혀지면 곧장 동래부에 알려서 범인의 수색과 처벌을 요구한다.

왜관과 대마도를 왕래하는 사람들에 대한 검사는 특히 엄격하다. 비록 신분이 높은 사람이라 하더라도 예외는 없다. '후로교키'風呂行規라고 하여 완전 나체로 벌거벗겨 놓은 채로 옷 등을 포함한 몸수색이 이루어진다. 선박과 선적물에 대한 검사도 드나들 때마다 실시된다. 그럼에도 불구하고 밀무역이 근절되기는커녕 관리들의 눈을 속이는 방법이 더욱 교묘해진다. 몰래 숨겨 가는 물건은 소량이면서도 고가인 물품, 간단히 말해서 대부분의 경우 일본의 은과 조선의 인삼이 그 대상으로서 선택된다.

도대체 범인들은 물건을 어디에다 어떻게 숨겨서 가지고 간 것일까? 1702년숙종28, 元禄15의 《조선 · 사스나 · 와니우라의 서신 사본》에 선박 검사를 실시하는 부서인 '세키쇼'關所 세관 앞으로 전달된 조문이 실려 있는데, 그것을 보면 범인들이 사용한 몇 가지 수법이 드러나 있다.

수법 1_ 일본의 수출용 구리에 덮어씌우는 거적 안쪽에 은을 집어넣는다. 헝클어져 있는 거적보다는 오히려 짐이 잘 진열되어 있는 쪽에 집어넣는다. 또 거적의 줄기에 둘둘 말아가면서 인삼을 꼬아 넣어 두었다가 왜관 밖으로 빼돌린다. 조선의 통사나 수문의 문지기들이 인삼을 거적 속에 엮어 숨기는 것을 실제로 도와준 적도 있다.

수법 2_ 인삼을 대량으로 밀무역 할 때에는 뚜껑이 달린 나무통에 그것을 넣고 밀봉을 한다. 밀무역 상대자인 조선인이 이것을 밤에 몰래 배에 싣고 운반을 하는데, 대마도로 귀국하기 위해 순풍을 기다리고 있는 선박 옆의 바다 속에 가라앉혀 놓는다.

수법 3_ 검문소 근처의 땅 속에 은이라든가 인삼을 묻어 둔다. 모시풀이라든가 낡은 새끼줄을 잘라서 쑤셔 넣은 가마니를 그 위에 덮는다. 가마니의 밑바닥을 미리 잘라 놓고는, 선적물의 검사가 끝나면 그 밑으로 손을 집어넣어서 땅 속에 숨겨둔 물건을 가마니에서 꺼낸다.

수법 4_ 쌀을 운반하는 조선의 선박 담당자와 결탁을 하여 창고의 흙벽에 쥐구멍을 파놓고, 금이 간 부분에다가 인삼을 끼어 넣는다.

이 밖에도 요코메들이 중점적으로 체크해야 할 대상으로서 다음과 같은 곳을 제시하고 있다.

• 밥짓는 화덕 밑 배 바닥 대들보	• 마츠다이 대들보(末代船梁)
• 거적 안쪽	• 껍질이 붙어 있는 둥근 나무
• 삿대	• 삿대를 쌓아둔 나무
• 표면의 빗장 주변	• 수납장
• 장부를 넣어 둔 상자	• 휴대용 문갑
• 장롱	• 변기통 구멍 주변의 나무틀
• 두꺼운 나무로 만든 그릇	• 망루 위쪽
• 우마노리(馬乘)의 귀국시 속옷	• 쌀 담는 궤(뒤주)
• 물건 담는 큰 궤짝	• 선원의 이부자리
• 목수의 도구상자	• 쌀가마니 안쪽
• 둥근 대마무로 만든 바구니	

과연 범인들이 숨기기 좋아하는 곳뿐이다. 아마도 대마도가 실제로 검거한 사례를 기초로 하여 분석한 데이터가 아닌가 생각된다.

II. 교간

앞에서 본 것처럼 처음에 조선은 교간에 관여한 중개자도 사형에 처하면서, 일본에도 같은 처분을 요구하고 있었다. 그러나 밀무역과는 달리, 교간에 대해서는 범인 검거도 그렇지만, 대마도는 항상 흐지부지 넘어가려 한다. 왜관에서 자발적으로 범인을 조선에 인도하는 일은 없다. 조선 측이 적발을 하면 그때 가서야 마지못해 대응하기 시작하는 식이다. 그럴 경우 대체로 관수는 범인으로 지목된 왜관 주민을 감싸고 돈다.

다른 나라의 여성과 성관계를 한 것을 가지고 사형이라고 하는 극형으로 처벌한다는 것은 그 당시 일본의 법 관습으로는 도무지 납득하기 어려운 일이었기 때문이다. 실제로도 교간을 이유로 하여 사형을 당한 일본인은 한 사람도 없다. 1711년숙종37, 正德元에 신묘약조가 체결된 후에는, 왜관 밖에서 이루어진 강간만 사형의 대상이 된다. 교간을 한 조선 여성도 사형으로부터 해방될 수 있게 된 것이다.

신묘약조 이후 교간이 적발된 것은 불과 5건이다. 대마도종가문서 가운데 교간과 관련된 1859년의 한 사료[57]를 보면, 교간사건의 범인인 하인 두 명이 이렇게 말을 하고 있다. '한 밤중에 문을 두드리는 사람이 있었는데 ……', '늙으신 어머니를 부양하고 있다면서, 먹을 것이 없어 몸을 팔고 싶다고 말을 하길래……'라고 진술을 하고 있다. 도무지 마음이 내키지 않았지만 어쩌다가 그만 사건과 연루되고 말았다고 하는 식의 주장을 펴고 있는 것이다. 그렇지만 일단 적발이 되기만 하면 금방 관련자들의 이름이 나돌게 된다. 전부터 얼굴을 알고 지내던 사람에게 알선을 의뢰하고 있었다고밖에 말할 수 없을 것이다.

왜관 내부로부터의 고발은 거의 없다. 중개자와 여성이 새벽에 왜관의 담을 넘으려다가 보초를 서던 사람에게 들켜서 발각된다. 그렇게 해서 상대방 남자인 일본인이 누구누구라고 밝혀지게 되면, 밀무역 등 여죄가 없는 지를 추궁한 다음, 중개자는 사형, 여성은 유배流罪, 일본인은 대마도로 송환되어 유배라고 하는 식의 패턴이 되풀이된다. 잡히는 것은 "운이 나쁜 사람"일 뿐이다. 거의 대부분의 교간이 묵인되거나 발각 되지 않고 있었다고 보아도 잘못은 아닐 것이다.

그러나 결국 금지된 규율을 어긴 사람에게 떳떳할 것은 없다. 기껏해 야 교간일 것이라고 대수롭지 않게 넘겨 버린 결과, 다음과 같은 커다란 사건을 미연에 막지 못한 사례도 있다. 왜관에서 사형이 집행된 일본인 가운데 [표 8]의 ②와 같은 사건이 그러한데, 1698년숙종24, 元禄11 시라스 요베에白水与兵衛 사건을 소개하면 다음과 같다.

이야기가 사건의 1년 전으로 거슬러 올라간다. 1697년 6월 어느 날 밤 왜관의 남쪽 해변 근처의 담 옆에 두 명의 여성이 비명을 지르는 소리가 들렸다. 근무를 서고 있던 보초병이 그 여자들을 붙잡아서 동래부로 넘 겨 조사를 했다. 두 사람은 부산의 북쪽에 해당하는 양산梁山에서 왔다 고 한다. 김철석金哲石이라고 하는 남자가, '판사判事 : 역관 옆에서 시중을 들어 줄 사람을 뽑아 쓰려고 한다'고 말로 꼬드겨서 왜관 안으로 데리고 들어가려 해서 비명을 질렀다는 식이다. 철석은 이미 도주해 버리고 없 었다. 그렇지만 조사를 해 보니 이제까지 여러 명의 조선 여성을 왜관 안 에 있는 술집의 이이즈카 기베에飯束喜兵衛라고 하는 사람에게 알선을 하 고 있었던 모양이다.

기베에는 이전부터 여성을 몰래 숨겨두고 있었다고 소문이 자자했다. 도망을 친 철석이도 한 때는 기베에 집에 몸을 숨기고 있었음이 드러나 고 만다. 그래서 기베에와 하인 3명의 방, 그리고 그 주변과 중산 등을 샅샅이 수색을 했지만 아무 것도 발견되지 않았다. 이 때 기베에의 옆방 에 있었던 것이 첨관옥수僉官屋守 서관의 관리인인 시라스 요베에였는데, 그 곳도 일단은 조사를 받고 있다. 그렇지만 늘 그러했던 것처럼 너무나 형 식적인 수사였던 것으로 보인다. 결국 이 때의 교간은 불문에 부치기로 결말이 나고 만다.

너무도 범죄혐의가 뚜렷했던 이이즈카 기베에와 시라스 요베에가 거듭 대형사고를 터뜨리고 만 것은 이듬해1698년 4월이다. 이 때의 주범은 시라스 요베에였는데, 대담하게도 옷을 빌려 입고 조선인 행세를 하면서 왜관을 빠져나가 동래부의 한 여관에서 밀무역을 계획한다. 그것을 여관의 안주인에게 들켜서 밀고가 들어가는 바람에 일망타진이 되고 만다.

밀무역을 했다고 해서 왜관측도 이번에는 본격적인 조사를 실시한다. 이윽고 20관이라고 하는 대량의 은이 요베에에 의하여 왜관에서 흘러나간 사실이 판명된다. 조선측의 가담자 4명도 붙잡혀서 사형을 당하고, 시라스 요베에도 사형에 처해진다. 공범으로 지목된 이이즈카 기베에는 행방을 감추고 있었는데, 5월이 되어 왜관 안에서 자살한 채로 발견된다. 일이 다 끝나고 난 뒤에 알게 된 것이지만, 당초 교간이 문제가 되고 있었을 때 이이즈카 기베에라든가 시라스 요베에의 이름이 떠돌고 있었는데, 그 때 이미 이 나쁜 친구들의 움직임이 시작되고 있었던 모양이다《唐坊新五郎勤役之節町人飯束喜兵衛白水与兵衛人參[58]潛商仕相手之朝鮮人共＝兩國被行御制法候一件日帳拔書》.

그런데 이이즈카 기베에의 사례에서 보듯이, 왜관에서는 이따금 자살하는 사람들이 생겨난다. 관수일기의 색인이라고도 말할 수 있는《분류사고》分類事考의 '변사'變死 항목을 찾아보면, 자해自害 자멸自滅 수액首縊 액사縊死 등이 있다. 게중에는 와키사시脇差[59]로 자해하는 사람1693년의 아사에몽麻右衛門, 독약을 들이키는 사람1713년의 모헤에茂兵衛도 있다. 자살의 동기는 광기1689년의 다카하타 쇼자에몽 高畠勝左衛門나 질병으로 인한 고통1691년의 간베에 勘兵衛 등등, 드물기는 하지만 명확하게 기록이 남아 있는 경우도 있다. 그렇지만 대부분은 그 원인이 분명하지가 않다.

주변 사람들도 '전날까지는 이상한 점이 없었다'고 한결같이 똑같은 증언을 하고 있다. 그렇지만 오히려 그 뒤에 뭔가 감춰진 사연이 있는 것이 아닌가 하는 느낌이 든다. 예를 들면 음독자살을 한 모헤에茂兵衛, 선원는 '대마도의 국법을 어겼다'고 되어 있는데, 인삼 밀무역을 하려다가 발각된 것을 말한다. 또 앞의 〔표 8〕에서 소개를 한 바 있는 사형을 당한 일본인 가운데 ③ 1704년숙종30, 宝永元의 기치에몽吉右衛門, 도자기 가마 관리인은 붙잡히기 전에 밀무역과 살인 사건의 전말을 그가 평소 잘 알고 지내던 사람에게 숨김없이 털어놓고는 자살을 암시하는 듯한 말을 한 적도 있다고 한다. 모두가 다 그렇다고는 말하기 어렵겠지만, 무언가 자신의 중죄가 드러나고 말 것 같은 상황이 되면 스스로 매듭을 짓고자 자살이라고 하는 방법을 동원하는 경우가 많다. 자살자의 그늘에 가려서 사건이 수면 아래로 가라앉아 버리는 경우가 적지 않다고 보는 것이 옳을 것이다.

Ⅲ. 도난사건

왜관에는 창고가 줄을 지어 들어서 있다. 그 중에는 대량의 쌀, 값비싼 수출품·수입품이 쌓여있다. 그런 만큼 바로 이 보물창고를 노리는 도난사건이 자주 발생한다. 1696년숙종22, 元祿9 남쪽 해변에 있는 창고 열쇠를 부수고 쌀 25가마를 훔쳐간 사건이 발생한다. 며칠 지나서 조선인 밀고자 2명이 나타난다. 두모포豆毛浦의 고왜관 터에 근거지를 마련하고 있는 5인조 강도에 의한 소행으로 판명된다. 그들을 포박하기 위하여 여러 명의 요코메가 급파된다. 그 중 4명은 도망을 가 버렸지만 나머지 1명인 김택선金擇先이라고 하는 범인을 체포하여 왜관으로 끌고 들어간다. 도주한 4명을 붙잡기 위하여 왜관에서 인근 마을로 사람이 파견되지만 도무지 찾을 수가 없다. 털린 쌀은 '명명배분'銘銘配分이라 적혀 있

는 것을 보니, 아마도 이미 처분되어 버린 듯하다《於和館御藏へ盜入候樣子館守方より申越候書狀口上等之寫》.

범인의 조사는 원칙적으로 일본측이 실시한다. 고문도 함께 이루어지는데, 나머지 4명의 도둑 이름손상학 · 이후석 · 이시한 · 석택석을 자백받았다. 작은 배를 이용하여 왜관으로 들어왔다고 하는 점, 대장간에서 사용하는 부젓가락으로 자물통을 부순 점 등이 밝혀졌다. 왜관으로부터 연락을 받은 동래부사가 달아난 4명을 탐색하기 시작한다. 그 중 이시한李時汗과 석택석 두 사람을 붙잡아 취조를 한 다음, 왜관 근처 사카노시타에서 처형을 한다. 나머지 두 사람의 행방은 결국 찾지 못한 채 사건이 종결되고 만다.

한편 왜관에 포박되어 있던 김택선金擇先에 대한 처분은 '조선의 국법'에 따르게 되어 있다. 그래서 서울에서 회답이 내려오기를 기다리고 있는데, 김택선이 죄수를 가두어놓은 대바구니와 그 아래쪽 마루의 판자를 칼로 뜯어낸 다음, 마루 밑으로 기어나가 도주해 버린다. 재차 왜관에서 사람을 내보내 인근 마을을 수색해 보지만 끝내 찾지를 못한다. 동래부에서 부근 13개 군에 공문을 돌려서 수사협조를 의뢰한 끝에, 힘겹게 수영水營에 숨어 있는 그를 붙잡게 된다. 그런데 이번에는 조선에서 포박한 것이라 하여 김택선을 왜관으로 넘겨주지 않았다.

서울한성에서 참형에 처하라는 회답이 내려온 지라, 처형하는 날 요코메 등 4명의 검시역檢視役이 형장에 파견되고 있다. 훗날 2명의 밀고자에게는 각각 은 5매금으로 3냥60 정도라고 하는 꽤나 많은 액수의 포상금이 지불된다. 그렇지만 쌀 창고를 지키던 근무자와 감옥의 간수 등 일본인 7명이 업무상 과실을 이유로 하여 왜관에서 투옥되는 처벌을 받았다.

이 사건 하나만 보아도 알 수 있듯이 왜관 안에서 일어나는 범죄에 조선인이 관련되는 경우, 같은 범죄를 저지른 범인이라 하더라도 어느 쪽 관헌이 체포하느냐에 따라서 구류장소, 심문방법, 그리고 처분에 이르기까지의 수속이 달라지는 것을 알 수 있다. 범인이 도주를 해 버렸을 때는, 본디 일본인에게 접근이 금지되어 있는 구역 건너편에 있는 마을까지도 요코메들이 수색을 위해 들어갈 수 있도록 허가가 내려지고 있다. 범인이 왜관 안에서 붙잡혔을 때에는 심문은 일본이 담당하는데 고문도 함께 이루어진다. 죄상과 처분에 관한 의견서를 첨부하여 조선측에 관련 자료를 제출하는 것은 더 말할 나위가 없다. 처벌규정은 조선의 국내법에 따르게 되는데, 장죄杖罪라든가 사형 등이 왜관 근처에서 이루어질 때에는 왜관의 관리들이 검시역 자격으로 입회하도록 되어 있다.

왜관 주민의 개인 물건도 곧잘 노림의 대상이 되곤 한다. 대낮에 걸어가고 있는데 갑자기 머리를 내려치고는 가지고 있던 금붙이를 낚아채서 달아나 버렸다고 하는 사건도 종종 발생한다. 대부분의 경우 범인이 밝혀지지 못한 채 사건이 묻혀 버리고 만다. 그러나 똑같은 개인 물건이라 하더라도 무기류와 관련된 사건일 경우에는 대대적인 수색이 이루어진다. 에도시대조선후기의 초기에 바쿠후는 무기의 수출금지령을 내린 적이 있다. 왜관의 내부규정인 벽서壁書 제1항에도 '일본의 무기류를 외국으로 가지고 건너가는 것은 바쿠후公儀가 금지하고 있다……'고 되어 있다. 당장은 왜관 주민들이 소지하고 있던 '닛본도'日本刀, 그 중에서도 작은 칼인 '와키사시'脇差가 자주 도난을 당한다.

1696년숙종22, 元禄9에 '와키사시'가 두 자루나 도난을 당했는데도, 처벌을 받을까 두려워 한 나머지 분실신고를 하지 않은 사람도 있다. 훗날 이것을 구입한 조선의 역관 배속 군관이 몸에다 그것을 차고 있었는데, 그것이 도난당한 물건임이 드러나 쌍방 모두 질책을 받았다. 1706년숙종

32. 宝永3에는 옷을 넣어 둔 큰 상자 등이 도둑을 맞은 적이 있다. 그 안에는 '가타나'刀 큰 칼를 비롯하여 크고 작은 와키사시가 들어 있었다. 그래서 무려 1개월에 걸친 왜관 내부의 일제 수색이 이루어졌다. '가타나'는 큰 것과 작은 것이 중산에서 발견되었지만, 이것도 범인이 누구인지는 밝혀지지 않았다. 피해자인 파수꾼番人 요헤에与兵衛는 '무기를 소홀하게 다루었다'고 하는 이유로 대마도로 축출된 뒤 반 달 가량 폐문외출금지 조치를 받게 된다《於朝鮮表番手与兵衛刀脇差失候＝付覺書》.

총[61]을 도난당한 적도 있다. 신관으로 이전을 한 지 아직 얼마 되지 않은 시점인 1681년숙종7, 天和元 하라 고스케原五助가 서관의 숙소 옆에 붙어 있는 방현관 옆의 작은 방에 장식해 놓은 총을 잃어버린 사건이 일어난다. 그것도 6자루나 분실이 되어 큰 소동이 벌어진다. 하라 고스케는 조선 정부에 대하여 쇼군의 습직을 고하고 통신사의 파견을 요청하기 위해 왜관에 와 있던 수빙참판사修聘參判使 슈헤이삼판시의 정사 자격으로 체재 중이었다. 하라 고스케의 신분도 그렇지만, 도둑을 맞은 물건도 엄청난 것이어서, 왜관 안에는 말로 다할 수 없는 긴장감이 맴돌았다. 수색을 위하여 대마도에서 왜관으로 특사가 파견되어 오는데, 그런데도 도무지 결말이 나지 않는다. 그래서 하라 고스케의 집안사람에 대한 알리바이 수사가 실시된다. 그런 가운데 왜관 안에서 해서는 안 되는 도박을 한 사실도 드러난다. 그렇지만 총기 도난사건하고는 관계가 없음이 판명된다.

그런데 3개월이 지났을 무렵 동향사 앞에서 총 6자루가 갑자기 나타난다. 아침장에 물건 사러 가던 사람이 발견했다고 하는데, 일본·조선 어느 쪽의 소행인지 알 수가 없다. 무기를 제대로 취급하지 못한 하라 고스케는 한때나마 폐문開門의 처벌을 받게 되지만, 그것도 어느새 중지되어 버리고 만다. 결국 사건은 흐지부지되어 버린 채 종결되고 만다

《분류기사대강》.

이와 같이 왜관의 범죄는 거의 대부분 야음을 틈 타 이루어진다. 왜관의 야간 순찰은 요코메橫目 · 메츠케目付 등 하급 관리들이 담당을 한다. 그것만으로는 부족했는지 1688년숙종14, 元禄元 8월 20일부로 재판裁判, 다이칸代官, 쇼바이가카리商賣掛 ; 元方役, 의사, 청부옥請負屋 등에서도 몇 명씩 사람을 내보내 사설 야경단夜警團을 조직하여 밤마다 순찰을 돌게 된다. 이 때의 관수였던 후카미 단자에몽深見彈左衛門이 내린 명령 가운데 다음과 같은 내용이 들어 있다.

순찰[62]을 돌 때에는 왜관의 구석구석까지 신경을 쓰고, 집집마다 불조심하라고 소리를 지를 것이며, 그 대답을 반드시 듣도록 할 것. 왔다 갔다 하는 하인들의 표찰을 확인해 보고, 왕래찰往來札을 소지하지 않은 사람이 있으면 관수에게 보고할 것. 조선인은 말할 것도 없고, 불을 지르는 행위[63] · 도박 · 도둑질 등을 하고 있는 사람을 발견하면, 그 즉시 붙잡을 것. 이 밖에도 수상한 모습을 하고 있는 사람이 눈에 띄면 빠뜨리지 말고 신고를 하도록 집 안에 있는 사람들한테도 엄중 주의를 줄 것.《관수매일기》

그런데 야경단이 조직된 지 불과 이틀밖에 안 지난 어느 날 밤 도난사건이 일어난다. 곤도 야헤에近藤弥兵衛, 우마노리 馬乘り[64]가 알려온 바에 따르면, 가케스즈리掛硯 배에 실어서 가지고 온 휴대용 개인 문갑으로 후나단스[65]라고도 부름 속에 들어 있었던 현은現銀 4~5돈[66]이 도둑을 맞았다고 한다. 야베에弥兵衛는 이날 밤 만취 상태에 있었으며, 도난당한 금액이 적었다고 하는 점 때문이었는지는 모르지만, 이 사건도 범인을 밝혀내지 못하고 흐지부지되고 만다.

| 표9 | 곤도야베에의 휴대용 문갑의 내용물 | 《관수매일기》에 의함

종류	수량	종류	수량	종류	수량
저울	1개	동전	14문	은	4~5돈
족집게	4~5개	부채 상자	2 (안에 부적 · 부채 1개)	장부	2권
일본어사전	1권	반절 종이		납촉	1자루
머리카락 묶는 끈		3자짜리 줄	1다발	작은 차 상자	1
삼베실(麻糸)		교훈서(今川)	1권	휴대용 약통	
그릇(고로방)	1	'라시야노가라 히츠코미'	1	'야라시'(?)	
족자	1폭 (정월 그림)	일본 붓	1대	종이	2첩
'외국인 □□□ 付'		벼루	1면		

이 때 도난을 당한 은 이외에 휴대용 문갑인 가케스즈리 안에 들어 있던 내용물에 대하여 낱낱이 조사를 하여 기록으로 남겨둔 것이 현재 전해지고 있다. '문갑 안에 들어 있는 물건을 적은 메모'掛硯入àf之覺라고 되어 있는데, 판독이 확실하지 않은 문자도 몇 군데 보이지만, 전부 23개 품목이나 그 안에 수납이 되어 있었음을 알 수 있다. 은만 도둑을 맞고 동전錢 제니은 그대로 들어 있었다고 하는 것은 동전이 일본에서만 통용되는 돈이었기 때문이었는지도 모른다. 족집게, 머리카락 묶는 끈,[67] 족자簇子, 掛軸 가케지쿠, 필기용구붓 · 종이 · 벼루, 혹은 서적((절용집)節用集 세츠요슈은 일본어 국어사전, 이마가와今川의책은 교훈서) 등이 그 안에 들어 있었다. 이것은 왜관 주민들이 보통 때 어떤 물건을 휴대하고 있었는지를 알 수 있게 해 주는 귀중한 사료인 것이다.

Ⅳ. 호랑이 퇴치

사건을 일으키는 것은 사람만이 아니었다. 드물기는 하지만 호랑이가 왜관의 담을 넘어서 쳐들어오기도 한다. 그렇더라도 대부분 날이 샐 무렵이 되면 왜관에서 빠져나가 주는데, 가끔씩 중산 인근의 산중턱에서 눌러 있는 바람에 큰 소동이 벌어지기도 한다. 18세기 후반 다지마 사콩에몽田嶋左近右衛門이 66대 관수를 역임하고 있을 당시, 호랑이 2마리가 왜관으로 쳐들어와서 대낮부터 하루 종일 주민들과 대치를 하고 있었다. 많은 사람들이 쭉 둘러서서 지켜보고 있는 가운데, 대대적인 포획극이 연출된 것이다.

관수의《매일기》를 통해서 그 때 호랑이를 퇴치하던 모습을 살펴보기로 하자. 1771년영조47, 明和8 3월 23일에 일어난 일이다. 이 무렵 왜관에서 기르고 있던 망보는 번견番犬이 여러 마리 잡혀 먹히는 사태가 속출하고 있다. 막상 일이 이렇게 되자, '근처에 있는 산에 호랑이가 들어왔을 것이다' '호랑이 사냥을 하지 않으면 안 된다'등등 이런저런 얘기가 오가고 있었다. 바로 그 때 '호랑이도 제 말을 하면 온다'는 말대로, 오전 10시경[68] 도자기 가마 위쪽에서 '호랑이가 나왔다!'고 외치는 소리가 들린다.

왜관 안에 있던 사람들이 각자 무기를 가지고 나와서 소리가 나는 쪽으로 뛰어간다. 최초로 서관의 위쪽에 있던 고헤에타小平太 관수 호위 하급무사[69]가 호랑이와 맞닥뜨린다. 들고 있던 창[70]으로 찌르려고 달려들자, 호랑이가 옆쪽으로 피해서 달아난다. 사람들이 이것을 뒤쫓아가고 있는데, 맞은편에 서 있던 오리헤에折平, 관수옥 하급 노동자[71]가 총구멍이 3개 달린 소총을 1발 쏜다. 총에 맞은 호랑이가 비틀거리다가 다시 일어서 오리헤에 한테 달려들 태세이다. 그곳으로 고헤에타가 뛰어들어 호랑이와 맞서게 된다. 일기에는, '너무도 포효하는 소리가 커서 마치 안개를 내뿜듯 기염을 토하고 있다. 고헤에타는 오장육부에 그 기가 통하는 것 같았다고 말한다'라고 되어 있다. 용기를 내서 창으로 얼마나 여러 차례 찔러댔는지 하여튼 호랑이의 숨통을 끊어놓는 데 성공한다.

잠시 후 재판옥 위쪽에서 호랑이 한 마리가 또 나온다. 맞닥뜨린 고지로小次郎, 관수옥 하급 노동자가 총을 쏴서 어깨 쪽에 명중을 시키자 호랑이는 수풀 속으로 도망치고 만다. 그것을 발견하고 허리 쪽에 다시 총을 쏜다. 탄환은 허리를 관통하여 등골 쪽에 맞았는데, 그래도 호랑이는 통사옥 방향으로 달아나 버린다. 마침 그 날은 개시開市, 사무역가 열리던 날이었기 때문에, 통사옥에는 조선의 통사들이 여러 명 있었다. 한바탕 큰 소동이 벌어지고 있었는데, 호랑이는 바로 산 쪽으로 올라가 달아나 버렸다.

고지로가 그 뒤를 쫓아갔다. 마침 나무 위에 올라간 사람이 있었는데, '호랑이가 이 앞에 있다'고 소리를 지르고 있다. 고지로도 나무 위로 올라가 위쪽에서 총을 쏘려고 하자, 그 때 갑자기 호랑이가 달려들어 발을 물어 버렸다. 비명을 들은 마타기치又吉, 禮物札 기부츠후다가 달려가서 호랑이의 콧방울에서 눈 아래쪽을 칼로 찔렀는데도 쉽게 고지로를 놓아주려 하지 않는다. 머리와 다리 등 여러 군데를 찔리고 나서야 겨우 물고 있던 고지로를 놓아준다. 그러자 이번에는 마타기치에게 달려들 태세이다. 그곳으로 달려간 진스케甚介, 御駕籠[72]가 들고 있던 야마가타나山刀[73]로 호랑이의 머리를 찔러 넘어뜨리자, 주위에 있던 사람들이 달려들어 호랑이의 숨통을 완전히 끊어 놓는다. 호랑이에게 물린 고지로의 발은 호랑이의 발톱자국과 이빨자국이 그대로 남아 있는데, 그 중에는 하얀 뼈가 드러나 보일 정도로 깊게 패인 곳도 있었다고 한다.

때려잡은 호랑이 중에서 맨 처음에 붙잡힌 1마리는 내장을 끄집어내고 전신을 소금에 절인 다음, 사건의 전말을 적은 관수의 보고서와 함께 대마도 본국으로 보내기로 했다. 나머지 1마리는 손상이 심했기 때문에 가죽을 벗겨낸 다음, 머리는 호두골虎頭骨로 만들어서 이것도 대마도로 보낸다. 나머지 살은 그 날 관수옥 뜰에서 구워 가지고, 여럿이서 나눠 먹는다. 그 날은 개시가 열리던 날이라서 조선의 관리·상인들이 많이 왜관에 들어와 있었는데, 그들이 지켜보는 가운데 펼쳐진 대대적인 포획극이 입에서 입으로 전해져 널리 퍼져 나가게 된다.

특히 통사옥으로 뛰쳐나간 호랑이를 바로 눈앞에서 목격한 사람들은 '우리도 살아 있는 호랑이 포획 장면을 처음으로 구경했다'면서 흥분을 감추지 못했다고 전한다.

순식간에 이 사건은 역관의 공식문서傳令을 통해서 동래부사에게 알려진다. 다음날 표창하는 의미로 백미 2가마니가 왜관으로 보내진다. 특히 부상을 입은 고지라한테는 "묘약"이라 하여 닭이 4마리 하사되고 있다. 대마도 본국에서 보내 온 표창은 그보다 뒤인 5월이 되어서야 왜관에 전달된다. 활약이 두드러진 5명에게는 모두 신규로 '사무라이 신분'徒士 가치[74]으로 기용된다. 게다가 고헤에타에게는 '고이데 토라헤에타' 小出虎平太, 오리헤에는 '쇼지 도라쿠로'庄司虎九郞, 고지라는 '사이토 도라지로'齋藤虎次郞, 진스케는 '다치바나 도라스케'橘虎助, 그리고 마타기치는 '오다 도라기치로'小田虎吉郞라고 하여, 모두 '호랑이' 호虎 자를 내려 받아 성과 함께 실명을 가질 수 있도록 허락을 받는 등 인정 넘치는 조치가 내려진 것이다.

사건이라고는 하지만 오랜만에 거둔 쾌거여서 그런지 후일담은 그 뒤로도 이어진다. 얼마 지나지 않아 왜관의 호랑이 퇴치 이야기가 에도의 극작가로서 이름을 떨친 오타 난포大田南畝[75]의 《반일한화》半日閑話에서 다루어지게 되는데, '대마도주 소우 씨의 게라이家來 호랑이를 물리치다'宗對馬守家來를討라고 하는 제목이 붙게 된다. 또 이 사건은 통사옥에서 구경을 한 조선의 관리들에게는 '성난 호랑이, 일본인의 용기를 보고 나니 느낌이 남다르다. 조선에만 있는 맹수인데도 일본인들이 두 마리나 되는 호랑이를 그토록 쉽게 때려눕히는 것을 보니, 임진왜란 이래 지금까지 느껴보지 못했던 일본인의 용맹을 확인한 매우 보기 드문 일이다'고 말하도록 만든 것이다. 이 일로 말미암아 전래 무용담을 묘사한 작품들이 꽤나 많이 만들어지게 된다.

그러나 고헤에타 이하 크게 활약한 5명의 이름도 정확하며, 또한 두 마리의 호랑이를 때려눕히는 방법 등을 보더라도, 관수일기에 적혀져 있는 사실과 크게 다르지 않다. 오타 난포大田南畝는 이 정보원을 '대마도주 소우 씨의 가신인 다지마 사콩에몽田嶋左近右衛門이 조선에서 근무할 때 호랑이를 때려잡은 사건기록의 사본'[76]이라고 밝히고 있다. 이것은 아마도 대마도 출신의 어떤 사람이 말하자면 자기자랑을 늘어놓은 이야기일 것으로 짐작되는데, 그가 일부러 관수의 보고서 내용을 유포한 것이 아닌가 하는 생각도 든다.

더욱이 이것도 훗날의 일인데, 대마도 안에서는 《호랑이 포획 실록》獲虎實錄 갓코지츠로쿠이라고 하는 이야기책이 널리 퍼지게 된다. 여기에서는 관수였던 다지마 사콩에몽이 '다지마류'田嶋類[77]라고 하는 총기를 주로 다루는 무술로 이름난 집안 출신이라고 밝히고 있다. 어디까지나 호랑이 퇴치와 인과관계가 있는 것처럼 꾸며낸 이야기이다.[78] 더욱 흥미로운 것은 호랑이 퇴치를 임진 · 정유왜란과 중첩되도록 써내려 간 부분이다. '조선에 쳐들어갔을 때에 대마도의 관신官臣인 오이시 아라카와노스케大石荒川之助 형제가 커다란 호랑이를 때려잡은 이래로 좀처럼 들어보지 못했는데 그에 버금가는 공명功名을 떨친 것이다. 일본의 용기를 빛나게 한 보기 드문 사례이다.'고 되어 있다. 여기에서 오이시 아라카와노스케 형제라고 하는 이름이 등장하는 것이 주목된다.

대마도의 《소우씨가보략》宗氏家譜略[79]이라고 하는 책에는, 조선 침략[80] 때 소우 요시토시宗義智가 여러 장수들과 수렵을 하는데, 그 때 사고군다이佐護郡代를 역임하고 있던 오이시 아라카와大石荒河[81]라고 하는 자가, 동생과 함께 커다란 호랑이를 창으로 찔러 죽였다고 기록되어 있다. 나중에 가면 그 때의 무용담이 '오이시 씨가 호랑이를 잡은 이야기'大石氏刺虎記라고 하여 대마도 안에 널리 유포되기에 이른다.[82] 이번 호랑이 퇴치가 그것과 오버래핑이 되어 나타나고 있음을 알 수 있다. 저 유명한 '가토 기요마사加藤淸正의 호랑이 퇴치'라고 하는 이야기도 물론 사실은 아니다. 혹시 위와 같은 역사적 사실이 하나 둘 쌓여가면서 '기요마사식 무용담'[83]이 만들어져 내려온 것일지도 모른다.

5장 조선과 일본의 음식문화 교류

왜관의
일상 음식 :

        외국에서 생활하는 사람들한테 가장 신경이 쓰이는 것이 있다면 그것은 하루하루의 식사가 아닐까? 오랜 동안 일본을 떠나 있다 보면, 아무리 호화찬란한 식사에 초대를 받더라도, 김이 모락모락 나는 쌀밥이 그리워지니 참 이상한 일이다. 일본과 다름이 없는 식생활을 유지하기 위해서는 그와 동일한 음식 재료를 얼마만큼 입수하느냐 하는 것이 관건이다.

  다행스럽게도 왜관은 한반도의 남단에 자리를 잡고 있어서, 음식 재료의 대부분이 일본과 비슷하다. 주식인 쌀은 왜관에서의 무역을 통해 조선에서 수입한 것이 넉넉하게 조달되고 있다. 그밖에도 조선으로부터 선물로 지급 받는 증답품 명목으로 여러 가지 종류의 식품이 왜관으로 운반된다. 〔표 10〕은 아메노모리 호슈雨森芳洲가 재판裁判 사이한, 외교 교섭관으로 임명되었을 때, 조선의 관리로부터 추석과 세밑에 받은 선물 중에서 식료품과 관련된 것만 골라서 정리한 것이다. 쌀은 물론이거니와 정월 초하루에 사용할 떡^餠 모치, 철마다 나는 야채, 생선과 조개, 건조시킨 동물의 살코기, 술, 기름, 살아 있는 닭과 꿩에 이르기까지, 매우 다양한 음식 재료가 왜관으로 들어가고 있었음을 알 수 있다.

| 표 10 | 아메노모리 호슈에게 보내진 식료품(1729년) | 《재판기록》에 의함

추석	찹쌀	흰쌀	잣	호도	외
	곶감	대추	녹두가루	꿀	황소 고기
	산 닭	말린 꿩고기	문어	대구어	가자미
	해삼	소주	청주	얼음	기름
세밑	찹쌀	흰쌀	팥	흰떡	오층떡
	호도	밤	곶감	녹두가루	꿀
	흰사탕	기름	대구어	가자미	청어
	붕어	홍합	해삼	황소 고기	쇠고기
	오리	말린 꿩고기	산 꿩	황주	청주

　왜관 주민이 먹을 음식 재료는 동관의 수문 앞에 서는 아침장 즉 조시^{朝市}에서 구입을 한다. 매일 아침 해가 뜨기 전 어둠이 가시지 않아 아직 어둑어둑할 무렵부터, 그 전에 왜관이 설치되어 있었던 두모포^{豆毛浦}라든가 사도^{沙道}, 대치^{大峙} 등 왜관 인근의 마을 사람들이 자신들이 수확한 야채와 생선 등을 가지고 왜관으로 팔러 간다. 왜관 주민들은 이것을 쌀_{조선에서는 화폐 대신으로 사용}을 가지고 구입한다.[1] 앞에서 서술하였듯이 '교간' 交奸이니 뭐니 하여 시끄러워지지 않도록 하기 위해서, 아침장에는 조선의 젊은 여성들은 참가하지 못하게 금지되어 있다. 파는 사람들은 할머니 몇 명 정도이고 나머지는 남자들밖에 없다. 하여튼 아침장은 왜관 주민의 식탁을 풍성하게 해 주는 없어서는 안 될 시장인 것이다.
　해가 떠오를 무렵 왜관에는 이곳저곳에서 아침밥을 짓느라 연기가 모

락모락 피어오르고 있다. 관수나 재판처럼 신분이 높은 관리들의 경우에는 전임 요리사조선에서 말하는 숙수[2]가 있어서 식사를 마련해 준다. 대마도의 요리사는 '활잡이 신분[3]弓の者'와 동격이다. 말하자면 쫄병인 '아시가루'足輕 신분인 것이다. 때로는 교토나 오사카 근방에서 불러들여 고용하기도 한다. 대마도 사람을 '윗녘[4] 즉 교토 근방으로 요리수업을 보내는 경우도 있다《경부지인》輕扶持人. 나중에 향응요리에 관하여 설명을 할 때 다시 언급되겠지만, 그들은 일본의 정통요리인 혼젠요리本膳料理 일본요리의 풀코스를 만들어 낼 수 있는 프로 요리사들이다.

왜관의 식사에 관하여 일찍이 1671년현종 12, 寬文 11의 《어벽서공》御壁書控에 다음과 같은 규정이 보인다.

1, 조선인이 참석하는 모임에는 각별히 할 것. 일본인들끼리 하는 잔치
요리에는 1즙 3채, 주 3색 이상은 절대 금지할 것.

일본인들끼리라면 예를 들어서 '후루마이노젠부'연회요리라고 하더라도, 1즙 3채국 한 가지와 반찬 세 가지를 넘어서는 안 된다고 되어 있다. 주 3색이라고 하는 것은 술 종류가 3가지라는 뜻일까?

고왜관 시절에 만들어진 이 규정은 신왜관이 되어서도 바뀌지 않은 것으로 보인다. 왜관기록에 '1즙 3채의 요리를 내 놓는다'고 하는 기사가 여기저기 등장한다. 다만 벽서壁書에 '조선인이 참석하는 모임에는 각별'하다고 되어 있듯이, 회식에 조선의 관리들이 참가하게 되면 이 규정의 적용을 받지 않는다는 뜻이다.

대마도에서 건너와 왜관에서 머무는 날이 길어지게 되면 이런저런 일이 있게 마련이다. 어느 날 낯익은 조선의 관리와 상인들이 왜관으로 들어와서 이렇게 말한다. '맛있는 음식을 대접만 받고 있자니 부담스럽다'

면서, 조선식 일상 음식을 만들어 주겠다는 것이다. 왜관의 유명한 조선어 통역관이었던 오다 이쿠고로小田幾五郎 1755~1832는 그 때의 모습을 《통역수작》通譯酬酢에서 다음과 같이 기록했다.

친해지게 된 역관이 '오늘 아침 부산의 아침장에 하녀를 보내서 커다란 도미 1마리를 구해 왔습니다. 달걀, 야채, 무, 미나리, 파, 쑥갓, 톳, 수조穗藻해초의 일종, 미역 등을 준비해 주세요.'라고 한다.

만드는 방법을 보니 먼저 풍로 위에다 작은 냄비를 올려놓고 도미를 끓인다. 참기름을 약간 넣고 간장을 친 다음, 야채를 남김없이 넣는다. 달걀을 5~6개 깨서 넣고 국자로 젓는데 달걀이 다 풀릴 때까지 섞는다.

'우리나라5의 매운탕 요리는 이렇게 해야 비로소 참 맛이 납니다.'라고 하면서, 역관이 맛을 보는데, 나도 맛을 본 다음 '국물까지 맛이 좋습니다.' 하고 칭찬을 했더니, '소주를 좀 내놓으시면 좋겠습니다.'하고 역관이 말한다. 이것을 사양하였더니,
'아, 참! 당신은 술을 못 마신다고 그러셨지요? 그러면 다음에 봄이 되면 따로 화전6과자의 일종을 만들어 드리지요.'라고 한다.

이 때 오다 이쿠고로가 대접을 받은 것은 틀림없이 '찌개'라고 하는 조선의 대표적인 탕요리7일 것이다. 단 지금과는 달리 그 때는 고추가 들어가지 않는다.

두 사람의 대화 가운데 등장하지만, 그 당시에는 식사 도중에 술을 자주 마신다. 다만 이쿠고로는 술을 마시지 못하는 사람8으로 알려져 있다. 그런데 왜관의 주민이 400~500명, 게다가 장년기의 남자가 중심

이 되다 보니, 술잔치는 피할 수 없는 일이다. 앞의 표에도 있듯이 아메노모리 호슈雨森芳洲도 조선으로부터 황주·소주燒酒·청주淸酒 등 여러 종류의 술을 선물로 받았다. 이 가운데 황주라고 하는 것은 '황금주'黃金酒를 말하는 것인데, 술 색깔이 금색을 띠고 있다고 해서 붙여진 이름이다. 흰 쌀가루로 일단 죽을 만든 다음, 그것을 누룩과 함께 넣어 둔다. 여름철 같으면 사흘 동안, 겨울철이라 하더라도 7일 정도이면 만들 수 있다고 하니, 꽤 속성으로 만들어지는 술이다.

조선의 술은 기본적으로는 소주·탁주·청주 등 3가지로 되어 있다. 거기에 여러 가지 과일이나 꽃, 약재 등을 넣어서 독특한 술을 제조하기도 한다. 어느 것이든 속성주가 많은데, 그다지 오랜 기간 동안 재워 두지는 않는다. 조선의 술에 대하여 오다 간사쿠小田管作 오다 이쿠고로의 아들인데 그 역시 대마도의 통사 역임는 다음과 같이 기록했다.

> 술에는 여러 가지가 있다. 흔히 만드는 것은 소주라고 들었다. 청주라고 하는 것은 신맛이 난다. 탁주는 보리를 가지고 빚는 경우가 많은데, 탁주를 마시면 허리가 안 좋아 잘 걷지 못하게 된다. 이름난 술로는 계강주桂姜酒·죽역주竹瀝酒 외에도 여러 가지가 있음. 모두 소주에다 계피肉桂[9]·생강生姜·꿀 등을 넣어서 맛을 부드럽게 한 것으로서, 따로 제조하는 것이 아님. 화소주花燒酒는 술을 내릴 때 소줏고리에 계관화鷄冠花 게이토를 얹어 놓아 예쁜 색깔이 우러나도록 한다고 함《상서기문습유》象胥紀聞拾遺.

청주란 위에 뜬 술을 떠 낸 것을 말한다. 그것이 시다고 하는 것은 술을 빚을 때 오랫동안 두지 않고 꽤 속성으로 만들었다고 하는 증거이다. 여기에서 이름난 술로 알려진 계강주·죽역주는 모두 약주藥酒의 일종인데, 이 가운데 죽역주는 지금도 전통주인 '죽역고'竹瀝膏로 그 이름이 널리 알려져 있다.

오다 이쿠고로는 술을 마시지는 못하지만 연회 석상에서 대화에 참여한다든가 조선의 관리들로부터 받는 선물 등을 통하여 조선의 술, 특히 최고급품에 대하여 상세하게 기록을 남겼다.

> 최고급 술은 일년주一年酒라고 한다. 그것 말고도 이화주梨花酒·방문주方文酒 같은 것도 있다고 한다. 다만 일년주는 땅 속에 묻어 두고 가장 추운 한중寒中[10]이 지난 뒤 5개월 만에 꺼낸다고 한다.

> 소주의 최상급은 오홍로烏紅露라고 한다. 그 외에도 늘 독한 술을 좋아한다고 한다. 다만 소줏고리를 세 번 증류하여 그 맛이 꿀처럼 부드럽다고 한다. 평안도 명물이라서, 감사監司 8도의 장관인 관찰사를 말함가 서울로 돌아갈 때, 그리고 군수·현령도 여러 병 가지고 돌아갈 정도로 선물로 인기가 있다고 한다《상서기문》象胥紀聞.

극상품의 술은 속성으로 빚은 것보다는 1년 동안 숙성시킨 술이 좋다고 한다. 겨울철 내내 천천히 숙성시켜서 빚어내는 이른바 '칸즈쿠리'는 아마도 일본 술의 맛과 비슷할 것으로 보인다. 여기에서 등장하는 이화주·방문주·오홍로는 마찬가지로 오늘날에도 명주로 꼽히고 있다.

그러나 아무리 조선의 명주라고 하더라도 일본인의 입에 맞을지 어떨지는 별개의 문제이다. 술이라고 하는 것은 그 나라 고유의 풍토라든가 민족성이 스며들어 있는 것이다. 일종의 독특한 풍미風味 때문이었는지, 그 무렵 왜관의 주민들은 아무래도 조선의 술을 그다지 좋아하지 않았던 모양이다.

우리나라일본의 술과 귀국조선의 술은 특성이 다릅니다만, 우리나라의
술은 귀국의 소주처럼 독하지 않기 때문에 아무리 많은 양을 드시더라도
염려하지 않으셔도 되옵니다. 주량껏 드시면 정주亭主가 감사하게 생각
할 것이옵니다.

　이것은 조선에서 편찬된 일본어 학습서인 《인어대방》隣語大方에 나오
는 회화 예문일본어 원문을 옮긴 것이다. 일본인들이 조선의 술을 별로 마
시지 않고, 핑계만 늘어놓기 때문에, 일상회화의 연습 문장에까지 그것
이 수록되어 있다.
　이것을 보면 일본인이 조선의 술을 좋아하지 않은 이유로 톡 쏘는 '알
콜의 정도'와 '술의 특성풍미'을 들고 있다. 앞에 소개한 오다小田 씨 부자
가 쓴 책에서도

　'탁주를 마시면 허리에 안 좋아 잘 걷지 못하게 된다고 한다'
　'소주의 최상품은 ……… 일상적으로 독한 것을 즐긴다고 한다'

　라고 되어 있듯이, 한결같이 일본인한테는 조선의 술이 꽤 자극적인
것으로 느껴진 모양이다. 지금도 한국인과 술을 함께 마실 때면, 물 같
은 것을 섞지도 않고,[11] 독한 술을 그냥 스트레이트로 쭉쭉 들이키는 것
을 보게 되는데 그때마다 묘한 느낌마저 든다. 먼저 쓰러지는 것은 이미
정해진 대로 일본인이다. 이것은 에도시대조선후기에도 변함이 없었던 모
양이다.
　그렇다면 풍미 즉 술맛의 차이는 어디에서 오는 것일까? 사실 조선과
일본의 술맛 차이는 누룩에 그 元인이 있다고들 한다. 조선의 누룩은 떡
누룩이라고 하는데, 밀을 거칠거칠하게 갈아서 그것을 물로 반죽을 한

다음 발효를 시킨다. 조선의 청주는 찹쌀과 멥쌀을 재료로 하여 거기에 떡누룩을 섞어 만든다. 이것을 약주약용으로 마시는 술과는 다름라는 별칭으로 부르기도 한다. 원래 왜관이 위치하고 있는 조선의 남부지방에서는 곡류를 재료로 하여 며칠 만에 속성으로 빚어내는 탁주濁酒를 즐기고 있다. 말하자면 막걸리이다.

일본에서도 중세까지는 탁주, 그러니까 일반인들이 '도부로쿠'濁酒 막걸리라고 부르는 술이 중심을 이루고 있었는데, 근세 초기에 들어오면서부터 술의 대혁명이 기나이畿內 지방에서 일어난다. 맛 좋은 니혼슈日本酒인 청주淸酒가 탄생한 것이다. 니혼슈일본주의 술맛을 내는 비결은 흰쌀을 충분히 사용하는 데 있다. 먼저 백미를 발효시킨 흰누룩白麴 '바라코지'라고도 부름을 백미와 함께 섞는다. 백미를 함께 사용한다고 하여, 이렇게 해서 만들어진 술을 가리켜 모로하쿠諸白[12]라고 부르는데, 이것은 동시에 품질이 뛰어난 술이라는 뜻도 가지고 있다. 떫은맛을 내는 부유물에 재를 넣어서 침전시킨 뒤 위로 떠오른 것만 걷어내서 말갛게 하면 청주가 된다.

좋아하는 니혼슈를 매일같이 원 없이 마시고 싶다! 바로 이런 생각이 '왜관 토속주'의 양조로 이어진다. 왜관으로 건너오는 도항증인 청부찰請負札을 보더라도 주옥찰酒屋札이라고 하여 술집과 관련된 것이 늘 3~4매 정도 발행되고 있다. 누룩가게의 청부찰請負札도 여러 장 있는 것을 볼 때, 조선의 쌀을 원료로 하여 니혼슈의 주조가 이루어지고 있던 것을 알 수 있다. 물론 누룩은 된장과 간장을 만들 때에도 없어서는 안 되는 재료이다. 원료인 콩은 조선에서 수입할 수 있었기 때문에, 아마도 이것도 왜관 안에서 제조되고 있지 않았을까?

그런데 조선의 쌀의 품질이 달랐기 때문이었을까? 아니면 양조기술 탓이었을까? 왜관에서 생산된 토속주[13]는 왜관에서 일상적으로 마시는 술로는 문제가 없었지만, 손님을 접대할 때 사용되는 '고급술'의 범주 속에는 들지 못했던 모양이다. 셋츠攝津¹⁴에서 생산된 명주名酒가 나무로 만든 술통¹⁵에 담겨진 채 왜관으로 운반되어 오고 있었다.

이쪽은 역시 술의 본고장에서 만들어진 것이다. 술맛도 깊을 뿐만 아니라, 그것을 마신 조선의 관료나 상인들의 평판도 퍽 좋다.

> 일본의 이름난 술을 여러 가지 마셔 보았습니다만, 한결같이 꿀물 같은 맛이었습니다. 자주 마시는 최고급 술은 우리나라조선 사람도 좋아합니다만, 이것은 맛도 좋고 술 마시고 난 뒤끝도 좋아 모든 것이 다 좋습니다. 조선의 술하고는 조금 다릅니다만, 일본의 고급술은 썩 괜찮습니다. 우리나라에도 이름난 술이 있습니다만, 소주에다가 꿀맛을 더한다면 일본의 고급술에 필적할 것인데, 조선에서는 독한 것을 제일 많이 만듭니다. 베이징北京이나 그 밖의 오랑캐의 술 가운데는 소주가 많이 있습니다. 일본은 쌀이 좋기 때문에 술로 해서는 천하제일이라고 생각됩니다《통역수작》.

일본 술은 '꿀물과 같은 맛'이라고 되어 있는데, 아마도 술을 마시고 난 뒤의 느낌이 달콤하게 느껴지는 맛이었던 듯싶다. '독한 것을 제일'로 치는 조선의 기호를 생각하면, 일본 술은 뭔가 조금 부족한 느낌이 들었을지도 모른다. 그러나 베이징北京이라든가 그 밖의 오랑캐의 술과 비교하면, 일본 술이 '천하제일'이라고 하면서 꽤 칭찬을 하고 있다.

그런데 청부옥請負屋이라고 하는 것은 술을 빚는 일하고만 관련되는 것이 아니다. 특정 물품을 대마도와 계약을 맺어 운송하기도 하고, 때로는 왜관에 제조기술을 제공하는 일종의 청부업을 가리킨다. 앞에서도 서술하였지만 대마도의 허가가 떨어지면 도항증으로서 청부찰이 지급되기 때문에, 발급된 표찰의 종류와 숫자를 보면 왜관에서 어떤 물건이 얼마만큼 부족했는지를 짐작할 수가 있다. 그래서 식품과 관련된 청부찰에 대하여 살펴보려고 하는 것인데, 우선 눈에 뜨이는 것이 누룩이라든가 술 외에도, 두부, 곤약,[16] 생선젓갈, 엿, 과자 등이다.

이 가운데 청부찰의 수가 가장 많은 것이 두부가게이다. 원료와의 관련 때문에 곤약가게를 겸하는 사람이 많다. 1705년숙종31, 宝永2의 예를 보면 12명이나 두부 청부찰을 발급 받았다. 두부는 에도시대조선시대의 일본인에게 매우 잘 알려진 식품이자 중요한 단백질 공급원이다. 나중에 설명하게 될 왜관의 향응요리를 보더라도 '아게 도후'[17] '우스야키 도후'[18] 등 식단 가운데 반드시 두부가 등장한다. 물론 조선에도 두부가 있지만 일본과 달리 꽤 단단하다. 여하튼 조선에서는 두부를 사러 갈 때 새끼줄을 가지고 가서, 그것으로 묶어서 가져온다고 하니까, 일본의 속담에 나오는 것처럼 '두부 모서리에 머리를 부딪혀 죽는다'[19]는 식의 농담도 통하지 않는다.

이 외에도 나중에 자세히 설명하겠지만 왜관에 과자가 대량 반입되는 경우도 있다. 그런가 하면 왜관 안에서 과자를 만들기도 한다. 이처럼 주요 가공식품을 보더라도 술 · 된장 · 간장 · 두부 · 과자와 같이 일상의 수요가 많은 물건은 왜관 주민의 입에 맞도록 현지에서 만들거나, 아니면 일본에서 생산된 것을 왜관으로 가지고 옴으로써, 왜관의 수요에 대응을 하고 있었음을 알 수 있다.

조선식
요리 :

       왜관 주민이 조선의 요리와 접할 기회는 아무래도 일상식日食보다는 향응요리饗應料理쪽이 더 많다. 사신들이 드나들 때마다 외교의식이 되풀이되는데, 그 의식이 끝나게 되면 조선측에서 술과 향응요리를 제공해 주기 때문이다.

  조선식 향응요리를 가리켜 왜관에서는 '젠부'膳部라고 부른다. 그러나 조선의 요리는 일본과 달라서 요리를 조금씩 나누어서 내놓는 법은 없다. 조선에서는 음식이나 요리를 차려내는 도구를 가리켜 상床이라고 부른다. 접시와 사발 등 10종류 이상 그릇에 수북하게 담아서 차린 요리를 한꺼번에 내놓는다. 게다가 거기에는 반드시 예쁘게 꾸며진 크고 작은 상화床花가 장식되어 있는데, 그것을 보고 있노라면 화사한 기분마저 든다.

  그러면 1736년영조12, 享保26[20] 2월 2일 재판裁判 사이한 아사노 요자에몽淺

井與左衛門이 실제 접대를 받은 '봉진연'의 요리상 내용부터 살펴보기로 하자. 여기에서 말하는 '봉진연'이란 여러 가지 교섭이 타결된 뒤, 조선이 써 주는 서계書契 외교서간와 별폭別幅 별지목록이 전달되는 의식이 거행되는 자리에서 베풀어지는 축하잔치를 말한다. 보통 때 같으면 왜관 밖에 있는 연대청宴大廳에서 이루어진다. 그런데 이 날은 특별히 체재 기간 중에 신세를 진 담당관들에게 석별의 잔치를 열기로 약속이 되어 있었기 때문에, 재판옥裁判屋에서 개최가 되었다.

이 날 정오 무렵 재판은 자기에게 배속된 봉진封進, 헌상품 담당이라든가 하인들을 거느리고 '가미시모'裃[21]를 입고 지정된 자리에 앉는다. 일본 쪽에서는 그 외에도 서계의 내용을 확인하기 위하여 동향사승東向寺僧을 배석한다. 뿐만 아니라 별폭의 품목 즉 인삼·백포白布·유포油布·백주白紬·백목면白木綿·먹·붓 등이 규정대로 되어 있는지를 확인하기 위하여 마치다이칸町代官이 1명, 통사通詞가 2명 동석한다. 또 조선에서는 차

요리상

① 대구어·상어 토막	수북하게	받침대 1	높이 2촌 3	말린 꿩 넓적다리 한쪽 말린 쇠고기 말린 가자미 말린 문어 꽃모양 말린 전복 꽃모양
② '구와스리'(과자)	받침대 1	사각 과자 대 2매 작은 과자 대소 6개씩	산자 2매	
③ 매밀국수 1사발	④ 돼지고기 편육 1접시		⑤ 삶은 달걀 3개 1접시	
⑥ 돼지곱창 1접시	⑦ 생밤 1접시		⑧ 생 전복 3개 1접시	
⑨ 무 1접시	⑩ 톳나물 1접시	⑪ 말린 해삼 1접시 홍합	⑫ 식초 접시 1개	
⑬⑭ '오코시 쌀'(쌀강정) 흰색 적색 3개씩 2접시			⑮ 호도 1접시 잣 대추 감	

《재판기록》에 의함

비관差備官 응접 담당관이라든가 역관훈도 · 별차이 하인 2~3명을 거느리고서 재판옥으로 들어간다. 서로 한 번씩 인사를 한 다음 서계와 별폭이 교환된다. 각각 내용 확인이 끝나자 조선 조쪽이 준비를 해 둔 요리상이 참석자 앞에 놓여진다.

요리상은 아래와 같이 15가지 종류의 접시에 담아서 차려지게 된다.

먼저 위의 식단 내용을 간단히 설명해 두고자 한다.

① 대구 · 상어 토막이란 대구나 상어를 말린 것인데, 그것을 토막을 내서 잘라놓은 것을 말한다. 받침대 위에다가 겹겹이 포개서 높게 쌓아둔 것을 가리켜 '수북하게'高盛라고 적고 있다. 높이가 2촌 3보 약 7㎝라고 되어 있는데, 보통 때 같으면 5촌 이상, 높을 때는 1척약 30㎝ 정도까지 쌓는 경우도 있다. 더욱이 그 위에 꿩 · 소 · 가자미의 살을 말린 것이 놓여 있고, 또 말린 문어와 전복으로 꽃처럼 장식하여 곱게 꾸며진 것이 그 위에 올라와 있다. 여기에는 기입되어 있지 않지만, 보통 이처럼 높게 쌓아 상을 차리는 경우는 빨간색이나 노란색 색종이를 이용하여 예쁘게 장식을 하기도 한다.

② '구와스리'과자라고 하는 것은 '하나스리' '구다스리'라고 기록되기도 한다. 밀가루를 반죽하여 둥그렇게 경단 모양이나 납작한 판자 모양, 네모 모양, 생선 모양, 꽃 모양 등 여러 가지 형태로 만든 다음, 그것을 기름에 튀겨내는 조선식 과자를 가리킨다. 크기는 대 · 중 · 소가 있는데, '사각 과자 대'라고 되어 있는 것은 크게 만든 것을, 그리고 '각'이란 사각형으로 만든 것을 말한다. 또 '판'이라고 되어 있는 것은 판자 모양으로 만든 것을, 그리고 '소'라고 적혀 있는 것은 꽃 모양 등으로 만들어진 작은 것을 가리킨다. 다른 기록을 보면 '콩으로 만든 사각 과자' '콩 과자' '콩으로 길다랗

게 만든 과자' '흰색 쌀과자' '붉은 색 쌀과자' 등으로 되어 있다. 내용물로 콩을 넣기도 하고 홍백 색깔로 물을 들여서 만드는 경우도 있다.

③ '매밀국수'는 국수를 국물과 함께 금사발에 담은 것을 말한다. 여기에서는 없지만, 닭의 가슴살·달걀부침·버섯 같은 것으로 고명을 만들어 그것을 위에다 얹어서 먹기도 한다.

④ '돼지고기 편육'이라 적혀 있는 것에는 경우에 따라서 돼지고기 대신에 구운 쇠고기를 꼬챙이에 꽂아서 내놓기도 한다.

⑤ '삶은 달걀'은 물에 넣어 찐 달걀을 내놓은 것인데, 이것은 일본에서 말하는 '유데타마고'와 똑같다.

⑥ '돼지곱창'은 돼지의 창자_{내장}를 삶은 것이다. 소 내장이 나올 때도 있다.

⑦ '생밤'은 밤을 물에 담가 둔 것이다. 경상도는 밤이 많이 나는 고장인데, 특히 밀양에서 생산된 밤이 크고 단 맛이 많다고 한다. 조선에서는 속껍질을 벗기지 않은 채 밤을 날것으로 먹는다.[22] 껍질을 벗긴 것을 '황율'_{黃栗}이라고 하는데, 이것을 삶아서 으깬 다음 '소'[23]를 만들어서 과자 속에 넣기도 한다.

⑧ '생전복'은 살아 있는 전복을 그대로 상에 올려놓은 것이다.[24]

⑨ '무'라고 되어 있는데, 이것은 김치를 가리킨다.

⑩ 톳나물은 일본에서도 자주 나오기 때문에 친숙한 것인데 해초의 일종이다. 말리면 검게 된다.

⑪ '말린 해삼'[25]이란 조선에서 말하는 '해삼'을 찐 것이다. '이노가이'는 '이가이'를 가리키는데, 조선에서는 이것을 '홍합'이라고 적고 있다.

⑫ '식초'는 조미료이다. 간장을 약간 곁들여서 '초간장'을 만들기도

하고, 다른 그릇에 꿀이 첨가되기도 한다. '죠쿠'라고 적혀 있는 것은 '저구'猪口에서 음을 따서 가차假借한 것이다. 일본에서 말하는 '오쵸코' 모양의 그릇을 가리킨다.[26]

⑬⑭ '오코시 쌀'이란 조선에서는 강정糠正으로 적고 있다. 찹쌀을 쪄서 말린 다음 기름으로 튀겨낸 것을 말한다. 검붉은 색을 내는 다목[27]으로 색깔을 입힌다. 흰 색과 붉은 색을 3개씩 얹어서 두 개의 접시에 나누어 담고 있다.

⑮ '호두 · 잣 · 대추 · 감'은 모두 조선의 요리에 붙어 나오는 과일 열매의 일종이다. 감은 둥글게 깎아서 말리고, 호두와 잣은 속껍질까지 벗겨 낸 다음 보관을 한다. 제철에 수확되는 과일을 '정실'正實이라고 했는데, 계절에 따라서는 감 외에 복숭아나 배가 나오는 경우도 있다.

조선식 향응요리는 역시나 일본요리하고는 취향을 달리한다. 양자의 최대 차이점은 소 · 돼지와 같은 짐승의 생고기를 음식재료로 사용하느냐 그렇지 않느냐에 있다. 그 당시에도 멧돼지라든가 사슴 고기를 먹는 일본인은 있었다. 그렇지만 일반적으로 짐승의 고기는 '발이 네 개'라고 하여 기피의 대상이 되었다. 더군다나 손님 앞에 차려놓는 요리에는 절대 사용하지 않고 있었다.

이번에 차려진 ④ '돼지고기 편육'이라든가 ⑥ '돼지곱창'은 왜관이 아니면 맛볼 수 없는 메뉴이다. 이따금 돼지고기 대신에 쇠고기 산적이나 소 곱창내장이 나오는데, 그 때는 틀림없이 '소 갈비뼈'든가 '소 족발'이 옆에 진열된다. 쇠고기는 조선에서 굉장한 진수성찬에 해당되는데, 갈비뼈나 발은 거기에 붙어 있는 살을 발라낸 다음 뼈를 고아서 국물을 내는 데 사용된다. 그렇지만 물론 왜관 사람들은 별로 쇠고기를 좋아하지 않았다. 뼈나 발 같은 것은 의외로 그들에게는 '눈으로 즐기는 음식'감상용 쯤으로 받아들여지고 있었던 모양이다.

그렇기는 하지만 왜관 생활이 길어지면서 육식과 접할 기회가 많아지게 되자, 고기 맛에 눈을 뜨게 되는 일본인도 나타난다. 그 가운데 한 사람이 대마도의 조선어 통역관으로 유명한 오다 이쿠고로이다. 그는 쇠고기의 최대 팬이라고 해도 틀림이 없다. 그것만이 아니다. 돼지·노루·물개 고기도 좋기는 하지만, 이런 것들은 사슴고기와 맛이 비슷하다 하여 쇠고기를 더욱 즐긴다고 한다. 또 이쿠고로의 자랑거리는 조선 사람도 맛보지 못했던 호랑이의 생고기를 먹어 보았다는 점이다. 그 때의 모습을 다음과 같이 전하고 있다.

제가 스무 살 무렵의 일이었을까요? 이곳 통사옥通詞屋의 산 쪽 방향으로 호랑이를 쫓아가서 하루에 2마리나 때려잡았답니다. 그 중 1마리를 관수가館守家에서 해치우게 되었는데, 왜관 사람들에게 마음대로 먹으라고 하는 것입니다. 그래서 저도 1~2덩이 받아 왔답니다. 맛은 늙은 소처럼 기름기가 없었습니다. 모두들 몸에 얼마나 좋은 효과가 나타났는지 모르겠습니다만, 그래도 뭔가 힘이 솟는 듯한 느낌이 난다고들 말하더군요〈통역수작〉.

놀랍게도 오다 이쿠고로는 1771년영조47, 明和8 호랑이 사건이 발생하였을 때, 관수가에서 잔치가 베풀어진 호랑이 고기를 맛 본 사람 중 한 사람이라고 한다.

호랑이 고기를 먹어 본 일본인의 감상을 기록한 것 중에서, '뭔가 힘이 솟는다'고 되어 있는데, 이것은 강한 인간이 되고자 하는 욕구의 표현일 것이다. 다만 이쿠고로는 육식 자체가 몸에 좋다고 긍정적으로 평가를 하는 입장에 서 있다.

조선에서는 독한 소주를 사람들이 많이 마시고 있습니다. 그렇지만 늘 육식을 하기 때문에 비장脾臟 히조이나 위 상태가 튼튼한 것 같습니다. 그 때문일까요? 남자든 여자든 목청이 높은데, 보통 대화를 할 때도 마치 싸움을 하고 있는 것처럼 들립니다. 특히 여성의 목소리는 하늘을 찌르듯이 날카롭답니다. 술을 잘 마시는 여자 분들이 위 아래로 많이 계시는 모양이지요?《통역수작》

마지막 문장은 이쿠고로의 독특한 유머이다.

그런데 이쿠고로 만큼은 아니지만, 왜관의 일본인들이 좋아하는 고기가 있다. 조선에서는 고기 조리법으로서 생고기를 삶는 방법 이외에 보존용으로 건조시켜서 먹는 경우가 많다. 짐승의 고기만 그런 것이 아니라, 새라든가 생선도 고기를 얇게 잘라서 바위나 돌 위에 얹어 놓고 햇볕에 말린다. 이것을 포脯라고 하는데, 일반 가정에서도 즐겨 먹는다. 앞에서 살펴 본 '젠부'膳部 즉 향응요리 중에서 ①에 나오는 말린 대구干鱈 다라 · 말린 상어干鱶 후카 · 말린 꿩干雉子 기지 · 말린 소干牛 우시 · 말린 가자미 鮃 가레이 등이 여기에 해당한다.

이 가운데 쇠고기를 말린 것을 '편포'片脯라고 한다. 고기를 얇게 자른 다음 참기름과 간장을 섞어서 만든 양념을 그 위에다 발라서 말린다. 이와 같은 말린 고기를 가리켜 왜관 주민들은 '히모노'라고 불렀는데, 이것이야말로 생선 말린 것 만큼은 감각으로 즐겨 먹고 있다. 물론 불에 슬쩍 얹어서 구워 먹는데, 조선에서는 이것을 굽지 않고 그대로 먹는다. '본방'일본에서 건너 온 "말린 오징어"干烏賊 스루메도 불에 굽지 않고 먹는다'《상서기문습유》고 되어 있는 것을 보면, 조선에서는 '스루메' 즉 오징어도 육포를 먹듯 불에 굽지 않고 생으로 먹어 버린다. 바로 이런 대목에서 식습관의 흥미를 느낄 수 있는 것이다.

조선의 요리에서 김치[28]를 빼 놓을 수는 없다. 우선 김치 하면 빨간 고추를 듬뿍 넣은 매운 것을 머리에 떠올리게 된다. 근세 초기 고추가 일본을 통해서 조선에 전해진 것임은 널리 알려져 있는데,[29] 고추의 대량 생산이 이루어져 여러 가지 용도로 사용되기 시작한 것은 그렇게 오래되지 않았다. 오히려 18세기 경 조선의 김치는 주로 소금으로 간을 하여 맛을 내고, 향신료로서는 생강이라든가 산초山椒[30]가 많이 사용되고 있다. 그러니 고추는 사용되었다고 하더라도 아마 소량이었을 것이다.

김치를 담그는 야채도 배추라든가 오이가 아니라, 무 · 파 · 미나리 · 외 등이다. 《상서기문습유》에

> 젓국지, 여러 가지 생선 살, 또는 전복이나 생선 창자내장, 쇠고기 등을 소금에 절인 것을 모아서, 무 · 참외 · 가지 등을 김치로 담근다.

고 되어 있다. 젓국지[31]지금의 소박이 김치. 뚝뚝 썰어 담근 김치라고 적고 있는데, 생선의 살이라든가 젓갈을 함께 비벼서 김치를 담그는 방법이 소개되고 있다.

그러나 여기에서도 아직 고추가 다용도로 사용되고 있는 모습은 보이지 않는다. 맛을 내는 데는 역시 소금이 주로 이용되고 있는 듯하다. 재료를 잘라서 물을 붓고 소금에 절여두면, 그것이 점차 숙성하면서 야채에서 나오는 국물과 섞여 마침 알맞은 맛이 나온다. 마치 야채를 물에 가라앉힌 상태가 되기 때문에, 조선에서는 김치를 '침채'沈菜라고 부른다. 그것이 잘못 전해져서 왜관 사람들은 '기미스이'라고 부른다. 요즘 말하는 김치의 어원인 것이다.

따라서 요리상의 ⑨에 나오는 '무' 김치도 적당히 소금간을 하여 만들어진 것으로 보인다. 이 경우는 접시에 담아져 있는데, 보통 때 같으면 일본에서 말하는 '덴모쿠 차완'天目茶碗[32]에 썰어진 무를 담아서 내놓는다. 조선에서는 김치의 건더기와 국물을 하나의 세트로 생각하고 있다. 그래서 김치는 야채가 김칫국과 함께 섞여 찰랑찰랑 넘실거릴 정도로 그릇에 담아져서 요리상에 나오게 된다. '국물이 맛있다'고 하면서, 조선 사람들은 김칫국도 남기지 않고 마신다. 거꾸로 일본의 김치[33]는 맛은 그렇다 치더라도, 조선쪽에서 보면 '국물이 없다'고 하여 불평을 듣는다.

마지막으로 이것도 조선요리에 따라 나오는 것인데, 과자에 대하여 언급하고자 한다. 특히 ②의 '구와스리'는 향응요리의 상다리를 더욱 화려하게 꾸며준다. '구와스리'의 어원은 《교린수지》交隣須知 대마도에서 편찬된 조선어 학습서의 '밀과'密果 항목에 나오는데, 한글로 '가스리'라고 적혀진 옆쪽으로 일본어로 '구와시'菓子라고 읽는 법을 달아 놓고 있다. 또 《첩해신어》捷解新語 조선에서 편찬된 일본어 학습서의 제2권에도 '구와시菓子'의 일본어로 '가츄루'라고 한글이 적혀 있는데, 과자를 의미하는 것임은 분명하다.

조선의 과자에 대하여 통사인 오다 간사쿠小田管作는 다음과 같이 설명을 하고 있다.

> 과자 색깔에는 여러 가지가 있음. 약과는 밀가루에 꿀을 풀어서 기름에 튀겨 내거나, 아니면 육계肉桂 즉 계피를 밀가루에 풀어서 꿀을 첨가함. 쪄낸 것도 있음. 중략 약과의 크기에는 대·중·소가 있음. 물고기 모양을 내기도 함. 보릿가루에 소주·꿀을 풀어서 만드는데, 참기름으로 튀겨냄. 또 다식과茶食菓라고 하는 것이 있음. 구운과자烊菓와 비슷함. 육계 등을 첨가함. 또 차진 곡물에 물을 들임. 여러 가지 색깔로 물을 들인 것은 색다과色茶菓라고 한다《상서기문습유》.

또 조선에는 '병과'餠菓라고 하는 말이 있다. 떡餠도 과자菓와 똑같이 여러 가지 색깔로 물을 들이고, 그것을 꿀 등에 찍어서 먹는 관습이 있는데, 일본인에게 제공되는 향응요리에도 가끔씩 나온다. 이것에 대해서도 오다 간사쿠의 설명을 들어보기로 하자.

떡의 색깔에도 여러 가지가 있음. 떡에 석이[34]를 붙이고, 꿀에 찍어 먹는 것이 있음. 콩가루를 묻힌 경단이 많이 있음. 계절에 따라서는 소나무 꽃가루松黃를 이용하기도 함. 아니면 대추·밤·잣 등을 섞어서 다양하게 만들 수 있음. 또 밤을 으깨서 소를 만든 것도 있음. 오색으로 장식된 화전花煎이라고 하는 것은 멥쌀로 만든 떡을 판에 넣고 꽃 모양을 만든 다음 기름으로 지지는데, 봄철에는 진달래 꽃잎을 붙여서 만드는 것이 있음. 어느 것이든 꿀을 찍어서 먹음. 엿을 풀어서 만든 것도 있음.

여기에 나오는 '화전'花煎 가센이라고 하는 것이 맛이 있는 모양이다. 그런데 오다 이쿠고로는 서로 낯이 익어 친해진 조선의 역관이 만들어 준 것을 먹고는, 《통역수작》에서 그것을 다음과 같이 적고 있다.

'지난번에 약속하신 화전을 준비하였습니다. 후원後遠 왜관 서쪽의 사스토벌 佐須薰原으로 가서 즐기시지요.'라고 조선의 역관이 말하기에, 깔고 앉을 자리를 준비해 가지고 왜관 밖으로 나갔다. 자리 한 가운데 냄비를 놓고 그 위에 참기름만 두른다. 가루와 떡을 작은 접시程度 되는 크기로 얇게 펼치더니, 거기에다가 진달래꽃을 한 잎씩 올려서 지져내는데, 맑은 꿀벌꿀을 찍어서 그냥 먹는다. 조선에서 손님 접대에 이 정도로 괜찮은 향응요리는 없는데도 불구하고, 요리상에는 나오지 않는다.

《조선의 요리서》에 나오는 전화법煎花法에 따르자면, 가루는 찹쌀에다가 메밀가루를 조금 섞은 것을 사용한다. 꽃은 진달래도 좋고 장미꽃도 좋다고 한다. 한 움큼씩 자그마한 크기로 떼어서 기름에다가 바삭바삭할 때까지 지져낸 다음 조금 식혀서 벌꿀을 끼얹는다.

이것이 왜관의 요리상에 나오지 않는 것을 이쿠고로는 몹시 애석하게 생각하고 있다. 그리고 보니 앞에서 살펴본 《우진토상》의 저자에 따르면, 역관이 근무하는 성신당誠信堂의 뒷산이 진달래의 명소라고 한다. 아마도 이 날도 산에 올라가 따온 것이 아닐까? 화창한 봄날 따스한 햇볕이 내리쬐는 가운데 들판에서 외국의 벗을 대접하는 정감 넘치는 한 때가 눈에 들어오는 듯하다.

미식가의 잔치는 '스키야키杉燒 요리'[35] :

조선식 향응요리는 대략적으로 식단·품목·수량
이 모두 옛날부터 정해진 규정이 있다. 그러나 왜관의 주의사항을 적은
벽서壁書[36]에 '조선인이 참석하는 모임은 특별'하다고 되어 있는 것처럼,
거꾸로 왜관의 일본 사람들이 조선인에게 제공하는 요리에는 규정이 없
다. 어느 레벨에서 요리를 내놓을 것인가는 모임에 참석하는 조선 관리
의 격이나 연회의 목적에 따라서 달라진다.

여기에서 말하는 '조선인이 참석하는 모임'에 내놓는 요리라고 하는
것은 두 가지 형태로 나뉜다. 하나는 예정되지 않았던 것인데, 가끔씩
회합이 길어지다 보면 회식으로 이어지는 경우가 있다. 술과 함께 마른
우동, 아니면 국수·수제비 등을 중심으로 간단한 식사가 나온다. 물론
교섭에 따라서는, 그리고 회합이 많아지게 되면, 다음날로 이어지는 경
우도 드물지는 않다.

또 다른 하나는 신년 등 축하하는 날이라든가 의식 후의 연회, 혹은 왜관에서 '가케아이 요리'[37]라고 불리는 환영회交歡會, 여기에서 중요한 교섭이 이루어지는 경우가 많음가 거행될 때의 향연을 말한다. 이럴 경우의 요리는 참석자를 포함하여 미리 예정되어 있는 것이기 때문에, 상당히 호화로운 요리가 기대된다.

그러나 막상 그 내용을 추적해 가려고 하면 꽤 어려운 문제에 부딪히고 만다. 왜관의 기록류를 보더라도, 조선의 응접을 확인하기 위해서인지, 조선의 '요리상'에 대해서는 꽤 자세하게 적혀 있다. 일본이 제공하는 요리에 대해서도, 규정상으로는 '그때그때 내놓는 식단까지도 모두 기록으로 남기라'《급가사조서》給假使條書 되어 있기는 하다. 그럼에도 불구하고 실제 기술을 들여다보면 비슷비슷한 내용들뿐이다. 거의 대부분이 단순히 '회식을 했다'거나 '2즙 7채[38]의 요리를 내놓았다'는 식으로 간단하게 적혀 있다. 어떤 식단이었는지 도무지 알 수 없다. 더군다나 사용된 음식재료 등에 이르러서는 거의 기록이 보이지 않는다. 기입을 해야 하는 쪽에서 별로 관심을 보이지 않았다고 하는 것이 진심인지도 모른다.

그런데 보기 드물게도 앞에서 설명한 조선식 향응요리 부분에서 인용한 아사이 요자에몽의 《재판기록》전 8책은 일본이 제공한 향응요리의 내용에 대해서도 매우 상세하게 적고 있다. 아사이 요자에몽은 1734년영조 10, 享保19 11월에 '공작미가한재판'[39]조선에서 수입해 가는 쌀의 기한을 갱신하기 위해 파견된 교섭관으로서 왜관에 들어오게 되는데, 대마도로 돌아갈 때까지 그는 16개월 동안이나 왜관에 체재하게 된다. 그 사이 조선의 교섭관이나 통역관들을 상대로 하여 여러 차례 '조선인이 참석하는 모임'의 요리를 대접하는데, 그 가운데 18회분에 대한모두가 계획된 향응요리 식단이 자세하게 기록으로 남겨져 있다.

내용은 혼젠·니노젠 … 등으로 요리를 내놓는 순서에 맞추어서 식단의 구성, 사용된 식품재료, 때로는 조리법, 식기의 종류 등에 이르기까지 다양하다. 그 부분만 발췌하여 보면 마치 요리책을 보고 있는 듯한 느낌이 들 정도이다. 남달리 이색적인 기록을 남기기를 주저하지 않은 아사이 요자에몽이 혹시 대마도에서 손꼽히는 미식가였는지도 모른다.

| 표11 | 헌립과 음식재료를 알 수 있는 아사이요 자에몽의 향응요리(18회분) |

1734년			1735년		
1	12월 15일	오리나베	10	4월 23일	기타
2	12월 25일	스기야키	11	5월 25일	스기야키
1735년			12	7월 27일	스기야키
3	1월 29일	스기야키	13	8월 17일	스기야키
4	2월 15일	기타	14	8월 25일	기타
5	2월 19일	기타	15	11월 11일	스기야키
6	3월 1일	기타	16	11월 29일	오리나베
7	3월 13일	기타	1736년		
8	윤 3월 22일	스기야키	17	1월 4일	신년
9	4월 9일	스기야키	18	2월 2일	봉진연

〔표 11〕은 18회분의 회식이 개최된 월일과 식단의 종류를 제시한 것이다. 물론 이것 외에도 향응요리가 나오고 있지만, 어디까지나 식단이라든가 음식재료 등이 자세하게 기록된 경우에 한정해서 보면 이렇다는 뜻이다. 흥미로운 것은 왜관 향응요리의 식단에서 보이는 두드러진 특징이다. '스기야키'라고 하는 요리가 18회의 연회 중에서 8차례나 등장하고 있는 것이다.

〔표 11〕 중에서 '기타'로 되어 있는 것은 특별히 메인 요리라고 내세울 만한 식단이 보이질 않고 단순히 일본요리를 나열한 것을 의미한다. 신년·봉진연은 의식이 거행된 날의 특별요리이다. 여기에 반하여 오리

'나베'鴨鍋라든가 '스기야키'杉燒라고 하는 것은, '오늘은 … 제대로 된 요리를 먹었구나'하고 말할 수 있을 만한 정도로 향응요리의 중심이 되는 메뉴가 우선 나오고, 그것을 둘러싸고 있는 형태로 요리가 구성되어 있음을 뜻한다.

스기야키가 많이 등장하는 것은 아사이 요자에몽 때만 그러했던 것은 아니다. 음식재료 등 상세한 내용은 알 수 없지만, 관수의 《매일기》라든가 《재판기록》 등 다른 기록을 보더라도, "스기야키를 대접 받았다"고 하는 식의 기사가 눈에 띈다. 왜관에서 베풀어진 잔치에 스기야키가 나오는 빈도가 이토록 높다고 하는 것은 그만큼 이 음식이 인기요리로서 정착되어 있었음을 의미하는 것이다. 또 뒤집어 생각해 보면 이것이 왜관 요리가 내세울 수 있는 장기라고 말할 수도 있을 것이다.

왜관의 인기 메뉴인 '스기야키'라고 하는 것은 그 당시 일본에서 일반적으로 선호되던 요리이다. 스기야키는 '스기 바코야키'杉箱燒와 '스기 이타야키'杉板燒의 둘로 나뉜다. 먼저 삼나무로 만든 상자杉箱 안에 된장을 넣고 육수[40]를 부어 그것을 풀면서 끓인다. 그런 다음 대구 아니면 철에 따라서는 날짐승 고기를 중심으로 넣어가면서 야채를 섞어서 끓이는 것이 '스기 바코야키'이다. 그리고 삼나무 판자杉板 스기이타 위에 올려 높고 그것을 굽는 것이 '스기 이타야키'라고 부른다. 두 가지 모두 삼나무에서 나는 향기를 맡으면서 음식 맛을 즐긴다《일본요리법대전·속》.

이 가운데 왜관에서 내놓는 요리는 '국물 스기야키'라고 되어 있는 것을 보면, '스키바코야키'임을 알 수 있다. 계절에 관계없이 나오고 있는데, 1월·윤3월·11월·12월에 차려진 것에 한해서는 '스기야키 무슨무슨 나베'라고 되어 있으며, 4월·5월·7월·8월에는 그런 기록이 보이지 않는다. 이것을 보면 겨울철에서 봄철에 걸친 추운 계절에는 불에다 끓일 때 삼나무 상자를 걸쳐놓은 철기를 그대로 개별 요리상에 설치해 두었던 모양이다.

스기야키요리는 아사이 요자에몽의 시대로부터 100년이 지난 뒤에 쓰여진 오다 이쿠고로의 《통역수작》에도 자주 등장한다. 이쿠고로가 조선 사람에게 "일본요리 중에서 무엇이 입에 잘 맞습니까?"하고 물어보면, 한결같이 '첫째는 스기야키杉燒, 둘째는 안코鮟鱇[41], 셋째는 하마야키濱燒[42]와 소멘素麵[43]'이라고 하여, 가장 먼저 스기야키요리를 들고 있다고 적고 있다. 거기에서 이쿠고로는 스기야키에 얽힌 몇 가지 에피소드를 기록하고 있다.

스기야키와 아귀안코 요리는 정말 조선 사람들이 좋아하더군요. 지난번에 동래부사가 연향에 참석하러 오셨을 때, 의뢰하신 대로 스기야키를 조리하였답니다. 굉장히 마음에 드셨던 모양입니다. 드시고 남은 것은 관녀官女, 女樂人한테도 내려주셨습니다. 연대청宴大廳까지 가져오게 하여 드셨지요. 스기야키는 부사만 그런 것이 아니라, 서울에서 내려오신 양반님들도 좋아하셨는데, '일본의 된장 맛이 좋다'고들 말씀하시더군요. 일찍이 역관을 역임하신 박사정朴士正, 俊漢이라고 하시는 분은 이것을 유독 좋아하셨는데, 대마도에 체재하실 적에는 아침저녁으로, 그리고 귀국하시는 배 안에서도 이쪽에서 준비를 하여 내드린 적이 있답니다. 그러고 나서 선물용으로 가져가고 싶다 하시기에, 작은 통에 2~3개 담아 드렸더니, 귀국후 서울에서 부산으로 내려오신 높으신 분들에게 잡수시게 하였다고 전해 들었습니다. 이 밖에도 일본 선물로서 '보명주'保命酒 호메이슈를 한 두병 가져가신 모양입니다만, 그에 대한 평판은 알 수 없습니다. '일본의 고급술과 된장을 싫어하는 조선인은 없다'고 듣고 있습니다.《통역수작》

| 표12 | 스기야키에 사용된 음식재료 |

재료 \ 요리일	1734 12/25	1735 1/29	1735 윤3/22	1735 5/25	1735 7/27	1735 8/17	1735 11/1	빈도 (회)
도미	○	○	○	○	○	○	○	7
전복	○	○	○	○	○	○	○	7
달걀	○	○	○	○	○	○	○	7
유부	○	○	○	○		○	○	6
무	○	○	○		○	○	○	6
유채잎	○		○	○	○	○	○	6
유자	○	○	○		○	○	○	6
파		○	○	○		○	○	5
톳			○	○	○	○		4
토란	○	○	○				○	4
우엉	○	○					○	3
미나리	○	○					○	3
모자반[1]	○	○						2
가지				○	○			2
흰순무				○				1
하케(생선)[2]					○			1
소라						○		1
미역							○	1
재료수	11종	11종	10종	9종	9종	10종	12종	

역주: 1) '호다와라'(穗俵)='혼다와라'(馬尾藻)란 마치 쌀가마니 같은 모양을 하고 있는 해초의 일종으로 바다 밑 바위에서 잘 자라며 태평양 연안이나 일본의 니가타(新潟) 남쪽에 주로 분포하고 있다. 모자반의 일종.

2) '하케'란 대구와 비슷한 생선의 일종.

왜관의 담 밖에 설치된 연향청까지 스기야키를 '배달'시켰다는 점, 개중에는 열렬한 "스기야키 팬"이 있어서 나무통에 담아서 일본에 갔다 온 선물로 가져가기도 했다는 실화가 소개되고 있다.

그런데 스기야키는 왜관에 드나드는 조선 사람들에게 어째서 이렇게까지 사랑을 받았던 것일까?

오다 이쿠고로는 그렇게 평판이 좋은 이유를 일본의 된장맛에서 찾고 있는데, 맛의 비결은 그것만이 아닐 것이다. 그래서 스기야키요리의 재료에 주목해 보려는 것이다.

〔표 12〕는 아사이 요자에몽이 접대한 8차례의 스기야키요리 중에서 음식재료의 내용을 완전하게 파악할 수 있는 7회분에 대하여 재료의 사용 빈도가 높은 순서로 나열한 것이다. 즉 상단에 있는 도미·전복·달걀 등 3종류는 모든 스기야키에 사용되고 있는데, 이것이 '고정' 메뉴임을 알 수 있다.

그렇다면 다른 요리는 어떠했을까? 겨울철에 나베냄비요리가 2차례 개최된 적이 있는데, 오리 '나베'의 재료와 비교해 보기로 하자.

1734년 12월 15일 개최된 오리'나베'의 재료
　　　　　　　　오리 편어묵 무 우엉 미나리 미역 토란 유부 모자반 유자

1735년 11월 29일 개최된 오리'나베'의 재료
　　　　　　　　오리 유채잎 미나리 우엉 미역 무 유부

이와 같이 오리 '나베'의 재료에는 도미는 물론이고 전복·달걀도 들어가지 않는다.

그런데 《재판기록》에 나오는 스기야키요리에 관한 부분을 원문을 통해 살펴보면, 도미가 반드시 중앙에 놓여 있으며, 그러고 보니 글자도 큼직하게 적혀 있다. 이것은 '고정' 메뉴 3가지 중에서도 진짜 주역은 도미라고 하는 기록자의 메시지인 것이다. 도미는 '썩어도 도미'라고 한다. 정말로 뛰어난 대표 중의 대표로 뽑혀 있는 것에서 알 수 있듯이, 맛도 깊고 그런 만큼 값도 비싼 도미는 생선요리 재료로서는 최상급이 아닐 수 없다.[44]

앞에서 살펴 본 〈표 12〉로 되돌아가 스기야키에 사용된 음식재료에 다

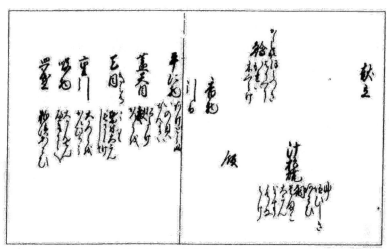

일본의 외교 교섭단(재판)이 남긴 《재판일기》 중 스키야키 부분(원문)
오른쪽 하단 부분에 '국물 스키야키'汁杉燒의 메뉴가 적혀 있는데, 그 중앙에 '도미'鯛가 보인다.
일본 국립국회도서관 소장 《재판기록》

시 주목해 보기로 하자. 스기야키의 재료로서 도미 · 전복 · 달걀에 이어
서 자주 등장하는 것이 유부 · 무 · 유채잎 · 유자인데, 7회 중에서 6회
에 걸쳐 사용된 것으로 확인되고 있다. 이들은 '준고정' 출연자라고 해도
좋을 재료들이다. 또 〈표 12〉의 맨 아래쪽에 표시된 재료의 수를 보면 1
회의 스기야키에 사용되는 재료가 적어도 9종류, 많을 때에는 12종류
나 되는 것을 알 수가 있다. 원래 일본에서 스기야키를 조리를 할 때에
는 재료가 3~4종류밖에 들어가지 않는다고 한다《일본요리비전집성》. 따라
서 왜관쪽이 '본가'인 일본 국내보다 3~4배나 더 많은 다양한 음식재료
를 사용하여 조리하고 있었던 셈이다.

　왜관의 잔치에 제공되는 스기야키요리의 인기 비결은, 생선요리의 왕
자인 '도미'를 중심으로 하여, 색깔 배합과 포만감을 주는 '달걀' 그리고
맛도 맛이지만 씹는 맛이 일품인 '전복'을 반드시 사용하고 있으며, 이처
럼 풍부한 재료를 일본의 된장과 함께 끓여내는 데 있다. 흔히 일본요리

는 맛은 뛰어나지만 한꺼번에 나오지 않고 조금씩 나오는 점이, 중국이나 조선의 요리와 다르다고들 한다. 맛도 만점, 볼륨도 만점을 받을 수 있도록 개량된 "왜관판 스기야키요리"는 일본요리와 조선요리의 장점을 결집시켜 놓은 그야말로 두 나라 음식문화가 교차하는 왜관에 가장 잘 어울리는 메뉴로서, 미식가들에게 오래오래 사랑을 받고 있었음이 틀림없다.

화려한 향응요리 :

'스기야키'라든가 '나베'요리 이외에, 왜관의 본격적인 향응요리는 어떠했을까? 실례를 들어서 1736년영조12, 享保21 2월 2일 아사이 요자에몽이 개최한 석별의 잔치에서 차려진 요리를 살펴보기로 하자. 그 날은 '봉진연'에 해당하는데, 앞에서 설명한 조선의 향응요리가 나온 뒤에, 일본요리가 제공되었다.

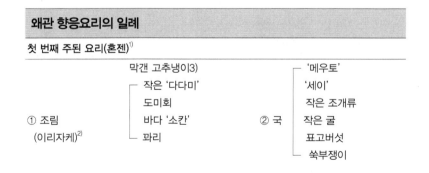

왜관 향응요리의 일례

첫 번째 주된 요리(혼젠)[1]

| ① 조림
(이리자케)[2] | 막갠 고추냉이3)
┌ 작은 '다다미'
│ 도미회
│ 바다 '소칸'
└ 꽈리 | ② 국 | ┌ '메우토'
│ '세이'
│ 작은 조개류
│ 작은 굴
│ 표고버섯
└ 쑥부쟁이 |

③ 일본식 김치여러 가지

⑤ 조림　┌ 얇게 져민 칡
　(츠보니모노)[4]　├ 잘게 썬 해삼　　　　④ 밥
　　　　└ 은행

역주: 1) 혼젠(本膳)이란 손님 앞에 내 놓는 주가 되는 상
　　2) 이리자케(煎酒)란 술에 간장과 가다랭이 포(가츠오부시), 매실장아찌(우메보시) 등을 넣고
　　　조린 것.
　　3) 방금 갠 '와사비'
　　4) 츠보니모노(坪煮物)란 뚝배기처럼 생긴 그릇(壺)에 담아낸 조림.

두 번째 주된 요리(니노젠)[1]

　　　　된장을 바닥에 풀고
　　　　┌ 군밤
　　　　├ 닭고기 채
⑥ 작은 접시　├ 참마
　　　　├ 연뿌리
　　　　├ 개갓냉이[2]
　　　　└ '추쿠시'[3]

　　　　　　　　　　　⑦ 국　┌ 흰살 생선
　　　　　　　　　　　　　　└ 마늘

　　　　데쳐 놓은
　　　　┌ 쑥갓
⑧ 보시기　├ 석이버섯
　　　　└ 호두의 일종

역주: 1) 니노젠(二の膳)이란 곁들여 내놓는 상, 즉 곁상.
　　2) 개갓냉이로 불리는 '데이레키'란 '이누가라시'라고도 하는데 다년생 풀로서 약초로도 쓰이는 식물.
　　3) 뱀밤 또는 토필(土筆)으로 불리는 '츠쿠시'라는 이른 봄에 나오는 쇄드기(杉菜)의 포자줄기.
　　　붓처럼 생겼다 하여 필두채(筆頭菜)라고도 불리며 식용으로 쓰이는 풀.

히키데[1]

　　　　끼얹은 국물
⑨ 큼직한 접시　작은 도미

　　　　┌ 송이버섯
　　　　├ 중간 새우
⑩ 널찍한 그릇[2]　├ 어묵
　　　　├ 네 조각 낸 2색 달걀
　　　　├ 우엉
　　　　└ 파란 채소

⑪ 나무그릇　　　　　구운 꿩고기

⑫ 맑은 장국　　　┌ 상어지느러미
　　　　　　　　└ 생선 토막　　　　⑬⑭술안주[3] 2종

⑮ 다과자　　　　　구스마키[4]
　　　　　　　　　시키사토[5]

⑯ 과일사발　　　┌ 배
　　　　　　　　├ 향귤
　　　　　　　　├ 생밤
　　　　　　　　└ 얼음사탕

역주 : 1) 히키데(引て)란 히키데모노(引て物)라고도 하는데, 연회나 잔치때 주인이 손님에게 내놓는 선물.
　　　2) 널찍한 히라(大平)를 뜻함. 히라(平)란 바닥이 얕고 평평한 히라완(平椀)의 약칭. 완(椀)이
　　　　란 밥이나 국 등을 담는 반구형(半球形)의 그릇.
　　　3) 술안주(取肴). 일본 정식 요리상에서 손님에게 돌려가며 권하는 요리.
　　　4) 칡잎으로 싸서 쩌낸 과자.
　　　5) '시키사토'(敷砂糖)란 설탕이 바닥에 깔려 있는 과자의 일종(?)

고단(後段)[1]

⑰ 맑은 국	┌ 쓰기미[2] └ '챠센네'	⑱ 찬합	┌ '가츠우오' 큰 것 └ 밀개떡
⑲ 접시에 가득	된장을 물에 풀고 ┌ 포뜬 생선 ├ 우엉 ├ 미나리 └ 물들인 한천	⑳ 뚜껑 달린 보시기	┌ 돼지고기 └ 파
㉑ 작은 사기잔	'모즈쿠'	㉒ 맑은 국	바지라기
㉓ '쥬비키'	말린 은어	㉔ 작은 접시	┌ '도코보시츠케' └ '하나가츠우오'
㉕ 맑은 국	┌ 볼락 └ 산초나무의 순	㉖㉗㉘	술안주 3종
㉙ 나무 쟁반에 담은 과자	┌ 양갱 ├ 다식 └ 오베리야스	㉚ 모듬 과자	┌ 비자열매 └ 오화당

역주 : 1) '고단'(後段)이란 에도(江戶)시대 향응 때 식사 후에 추가적으로 제공되는 음식물.
　　　2) '오고지'라 불리는 생선의 일종.

이 때의 요리는 혼젠①~⑤, 니노젠⑥~⑧, 히키데⑨~⑯, 고단⑰~30으로 구성되어 있는 전형적인 일본요리의 잔치상이다. 먼저 각자 앞에다 '혼젠'과 '니노젠'이 차려진다. ①은 생선·야채 등으로 이루어진 말하자면 생선회鱠 나마스인데, 조미료로서는 '이리자케煎酒'술·간장·식초·가다랭이포45 등으로 바짝 조린 것)를 사용하며, '도미 회'에는 '와사비'가 따라 나오게 된다.

⑤에는 규정대로 조림 요리가 들어가는데, 여기에서는 잘게 썰어놓은 '해삼'이 사용되고 있다. ③일본식 김치인 '고노모노'香物의 내용은 명확하지 않지만, 보통 때라면 조선식 김치인 '기미스이'앞에서 설명가 나온다. 다른 향응요리에 나오는 '기미스이'의 재료를 참고로 하여 나열하면 이렇다. 미나리·잎이 달린 무·길다란 광저기콩의 일종·오이·참외·차조기46·향귤九年母 구넨보, 귤의 일종 등 여러 가지가 있다.

니노젠의 ⑥은 넓적하고 자그마한 접시에 된장을 깔고 그 위에 닭고기 살을 찢어서 얹어 놓는다. ⑧ '덴모쿠'라고 하는 것은 보시기 모양을 한 그릇으로 대접을 말하는데, 보통 때 같으면 이것이 아니라 작은 사기잔이 사용된다. 그 대신에 큼지막한 그릇 속에다 삶아서 데쳐놓은 쑥갓 등이 들어가 있다. 또 혼젠·니노젠에는 각각 국이 따라 나오게 되는데, 그 중에서 ②는 된장을 풀어 만든 것, ⑦은 소금이나 간장으로 간을 한 맑은 장국으로 정해져 있다. 이처럼 혼젠은 밥·국·생선회·일본회 김치, 그리고 니노젠은 국·넓적한 접시·큼직한 대접보통 때는 작은 사기잔으로 구성되는 '2즙 5채', 즉 국 2가지에 반찬 5가지가 기본 메뉴이다.

'히키데'라고 하는 것은 '내놓고 손님에게 권하는 선물47'을 말하는 것으로 히키자카나引肴라고도 한다. 처음부터 잔치상 위에다 펼쳐 놓는 것이 아니라, 테이블 같은 곳에 올려놓고 음식을 나르는 사람이 손님에게 권하면서 돌리는 요리이다《일본요리비전집성》. 이번 히키데는 전부 8가지 종류의 요리가 준비되고 있다. ⑨ 큰 접시에 수북하게 올라와 있는 자그마한 도미는 그 위에 국물이 끼얹어져 있는 것으로 보건대, 아마도 생선찜으로 조리된 것이 아닌가 생각된다. ⑩ 큼직한 접시에 가득 담은 '츠토가마보코'란 '짚이나 대나무 잎과 같은 지푸라기츠토로 싼 어묵가마보코'을 가리킨다.

여기에 나오는 요리의 주역은 '구루마에비'車蝦라고 하는 보리새우[48]이다. 여기에 송이버섯 · 어묵 · 네 조각 낸 2가지 색깔을 띤 달걀 · 우엉을 첨가하는데, 거기다가 새파란 야채로 산뜻한 배색을 연출하고 있다. ⑪의 나무그릇이란 기구木具 색칠하지 않은 회나무로 만든 용기에 담아서 손님들에게 돌리는 음식을 말한다. 그 속에 불에 구운 꿩고기가 담아져 나온다. 또한 과자도 코스 요리에서 중요한 역할을 담당한다. 특히 ⑮에 다과가 제공되고 있는 것을 보면, 중간에 차茶가 준비되어 있었음을 알 수 있다. 과자류에 대해서는 나중에 언급하고자 한다.

고단이라고 하는 것은 향응의 식후에 내놓는 음식을 말한다. 일본요리의 이론에 따르면, 여기에서는 정찬正餐 세이산, 이 경우 혼젠 · 니노젠 때보다 가벼운 것, 예를 들면 떡국조니[49]나 수제비, 우동 같은 면 종류가 나온다. 그런데 이 날 고단을 보면 무려 14가지나 되는 메뉴가 진열되어 있다. 그것도 ⑲에 다시 포 뜬 생선이 가득 나오고 있으며, ⑳에는 왜관에서나 볼 수 있는 네발 달린 짐승고기인 돼지고기가 조리되고 있다. 이것은 아마도 돼지고기를 삶아낸 것으로 생각된다.

⑱ ㉓의 쥬비키重引란 찬합重箱[50]에 가득 담아서 손님들에게 돌리는 그릇용기를 말하는데, 각각 큰 다랑어 · 말린 은어가 들어 있다. ⑰ 맑은 장국스이모노[51]에 담은 '오코지'라고 하는 것은 '오코제'[52]를 가리키는데, 대마도 방언으로는 '호시카리'라고 한다. 생김새는 징그럽지만, 날것으로

포를 떠도 좋고 익혀도 맛있는 생선이다. 또한 여기에서도 과자가 나오고 있다. ㉙ 나무쟁반이라고 하는 것은 테두리를 높게 만든 네모난 쟁반의 준말이다.

지금까지 살펴 본 것처럼 이 날 차려진 요리는 혼젠 · 니노젠이 2즙 5채이며, '히키데' 8종, '고단' 14종으로 구성되어 있다. 보통 이 정도로 많은 요리를 준비한다고 한다면, 니노젠두 번째 요리으로 끝낼 것이 아니라, 산노젠세 번째 요리 · 요노젠네 번째 요리… 등으로 계속해 나갔어도 좋았을 것 같다. 그렇게 하지 않고 오히려 고단후식에 턱 하니 혼젠첫 번째 요리을 능가할 정도로 호화스런 요리를 내놓고 있는 것은 조선의 불평을 살지도 모르는 볼륨이 적은 상차림을 피하기 위한 것이었다고 생각된다. 외관특히 앞부분은 완전한 일본요리의 룰을 따르면서도, 후반에 가서는 조선풍을 의식한 배선법을 채택하고 있는데, 이것은 왜관이 아니면 생각할 수 없는 절충방식인 것이다.

더군다나 이 날 요리를 만들면서 사용된 음식재료를 세어 보니, 파악이 된 것만 해서 71가지나 된다. 이 밖에 식단의 내용은 명확하지 않지만, 별실에 있는 조선측 하인 23명에게도 각각 '1즙 3채 요리'가 제공되었다고 기록되어 있다. 외국이라고 하는 핸디캡을 뛰어넘어 이 정도로 많은 요리를 차려낼 수 있는 왜관의 "음식 환경"에 다시금 놀라지 않을 수 없다. 아마도 거기에는 확실하게 솜씨를 보여줄 프로 요리사의 존재가 있었다고 생각된다.

그렇다면 일본요리를 맛본 조선측의 반응은 어떠하였을까? 면전에서 물어보면 "가다랭이가쓰오 국물 덕분에 매우 맛이 좋았다" "국물 맛도 담백하고 간도 알맞았다"고 하여《통역수작》, 상당히 좋은 반응들이다. 그러나 이것은 아무래도 사교적인 언사라는 느낌이 든다. 요리를 대접받고 나서 '맛이 없다'고 말할 수는 없는 것 아닌가? 과연 본심은 어떠했는지 궁금하지 않을 수 없다. 조선에서 편찬된 일본어 학습서인 《인어대방》에 나오는 다음의 두 가지 회화 예문_{원문} 그대로에서 찾아보기로 하자.

예문 1. 일본의 요리 방법은 우리나라의 방법하고는 다릅니다만, 음식
      을 담는 그릇도 모두 깨끗하기 때문에, 비록 다른 나라 음식이
      라 하더라도 먹기가 좋습니다.
예문 2. _{일본요리는} 음식도 음식이지만, 그릇이 아름답기 때문에, 설령
      맛이 없더라도 훌륭하게 생각됩니다.

흔히 말하듯이 일본요리는 음식을 담는 그릇과 일체화되어 있다. 그래서 일본의 미가 음식문화에 그대로 녹아들어 있다고들 말한다. 위의 대화는 그러한 그릇의 아름다움을 칭찬하는 문장을 예로 제시한 것인데, 그 반면에 "일본의 요리 방법은 우리나라의 방법과 다릅니다"라든가, "비록 다른 나라 음식이라 하더라도" "설령 맛이 없더라도"와 같은 표현에는 다른 나라의 전통요리에 익숙하지 않은 부정적인 이미지를 떠올리게 한다. 아마도 "일본요리는 조선요리에 비교해서 맛이 싱겁다" "너무 깔끔하고 담백하다"라고 대답하는 것이 본심이 아닐까?

다만 품질이 빼어난 '절품'_{絶品}이라고 조선이 늘 극구 칭찬한 것이 일본의 과자이다. 화려한 향응요리는 과자류의 다채로움에서도 살필 수 있다. 과자는 식후에 내놓는 경우가 많은데, 메뉴에 따라서는 식전에, 아니면 이번처럼 식사 도중에 차려지기도 한다. 그 자리에서 먹어도 좋지만 선물로 가지고 가는 경우가 많다. 또한 단독으로 증답용으로서 이용되기도 한다.

이 날 내놓은 과자를 열거해 보면 구즈마키_{葛巻} · 시키사토_{敷砂糖} · 양

갱 · 다식大落雁 · 오베리야스 · 오화당五花糖 · 얼음사탕氷砂糖 등 건과자乾菓子, 증과자蒸菓子, 사탕과자와 같은 부류가 있으며, 거기에 밤 · 향귤 · 생밤 · 비자열매 등 과실류를 합하여 11종류나 된다.

조선에서는 감미료로 벌꿀이나 엿을 이용한다. 사탕은 남방에서 나는 것이기 때문에, 좀처럼 손에 넣기 어려운 귀중품 취급을 받는다.[53] 그런데 일본의 과자는 값비싼 사탕을, 그 중에서도 가장 품질이 뛰어난 백사탕白砂糖을 보통 사용한다.[54] 그렇기 때문에 한 번 맛을 본 조선 사람들은 '매우 맛이 좋습니다' '얼음사탕 · 오화당은 별품입니다'라고 칭찬을 늘어놓기 일쑤이다〈통역수작〉.

표13	아사이 요자에몽이 접대한 과자류				(전체 20회 중에서)
종류	**회**	**종류**	**회**	**종류**	**회**
오화당	9	(대 · 소)낙안	9	오베리야스	8
(꽃)보우루	7	양갱	6	(중 · 소)링	5
겐피야키	5	미즈비키마사라모치	4	사탕 절임	4
(대 · 소)미도리	2	구즈마키	2	시키 사탕	2
사탕 가야	1	얼음사탕	1	요메이토	1
가루야키	1	아사히야키	1	후스마노야키	1
마츠카제	1	오토리모치	1	사메이모치?	1
후와 모치	1	기쿠바모치	1	마사라캉	1
마키센베	1	카스테라	1	이상 26종	
비자열매	8	감	4	향귤	4
귤	3	배	3	밤	2
				이상 6종	

다음으로 〈표 13〉은 아사이 요자에몽이 왜관 체재 중 향응용 혹은 증답용'찬합'에 담아서 보냄으로 이용한 과자류 가운데 배합을 완전하게 파

악할 수 있는 20회분에 대하여 빈도가 높은 순서대로 나열한 것이다. 여기에 과일을 포함하면 총 32종의 과자가 연 101회 이용되고 있다. 1회 평균을 구해 보았더니, 5종류 정도의 과자가 차려졌다는 계산이 나온다. 그 중에서도 가장 많은 '오화당'五花糖 '낙안'落雁 '오베리야스' 그리고 '비자열매'는 특히 조선 사람들이 좋아하던 과자라고 말해도 좋을 것이다.

이 가운데 '오화당'이라고 하는 것은 일본이 사무역을 통해 조선에 수출하던 물품인데, 증답용으로서도 호평을 받고 있던 과자이다. 《교린수지》交隣須知에

오화당五花糖은 '시로사토'설탕로 만든다.

고 설명이 되어 있듯이, 역시 '시로사토' 즉 백설탕으로 만드는 것이 인기의 비결이다. 일본에서는 '당화'糖花 '혼평당'渾平糖 곤페이토 등으로 불리는데, 꽃 모양의 작은 입자로 된 사탕과자가 그것이다. '낙안'落雁은 지금도 친숙미가 깊은 건과자의 하나인데, 여기에도 사탕이 사용되고 있다.

'오베리야스'라고 하는 것은 귀에 익숙하지 않은 이름이지만, '카스테이라'와 마찬가지로 남만과자南蠻菓子의 일종이다. 어원은 네덜란드어 과자명 '오빌레'obile(en)에서 온 것이다. 일본에서는 그것이 전와되어 '오이라야스' '오베리이' '오페리이'등으로도 불리고 있다. 구워낸 모양이 꽃 모양처럼 보이기 때문에 '하나꽃카스테이라'라고 하는 별칭으로도 알려져 있다. 달걀·사탕·밀가루를 섞어서 틀에다 기름을 발라서 구워내는 말하자면 '와플'과 같은 것이다. 대마도는 중계무역을 위하여, 그리고 조선의 표류민 송환을 위해서도 네덜란드 상관이 위치한 나가사키의 데

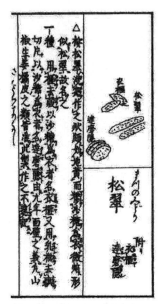

마츠노미도리松翠 등 일본과자

지마 건너편에 대마도의 번저藩邸를 설치해 놓고 있었는데, 그래서 이와
같은 진귀한 남만과자와 접할 기회가 많았던 모양이다.

　이것 외에도 '마츠카제'松風는 전병煎餅 센베의 일종이다. 그리고 '미도리'
는 '마츠노미도리'를 가리키는 것으로서, 밀가루를 반죽한 다음 그 위에
설탕을 묻혀서 가늘고 기다란 타원형으로 구워내는 것을 말한다. 이들
모두《화한삼재도회》和漢三才圖會에서 그림으로 소개되어 있다. 또한 '겐
피야키'犬皮燒き도 달걀 · 밀가루 · 사탕이 재료로 사용되고 있으며, 동그
란 경단 모양으로 구워낸다.

　과실 중에서도 자주 나오는 '비자열매'는 비자나무의 열매인데, 정초
의 설음식에 자주 이용된다. 일본의 시코쿠四國 · 규슈九州 지방에서 많
이 나는데, 한반도 남쪽에서도 채취된다. 그러나 향귤九年母 구넨보과 '귤'
은 제주도만 빼놓고 한반도의 나머지 지역에서는 전혀 재배가 되지 않

는다.

그렇기 때문에 '구넨보'_{조선에서는 향귤이라고 함}는 제주도의 진품으로서 국
왕에게 올리는 진상품으로 지정되어 있다. 해마다 동짓날에는 역대 국
왕의 종묘 앞에 이것을 바치는데, 궁중의 가까운 신하들에게도 반사頒賜
라고 하여 조금씩 나누어주는 것이 관례이다《조선세시기》. 그런데 추위가
심한 해에는 제주도에서조차 향귤_{구넨보}이 나지 않을 때가 있다. 이렇게
되면 입수 경로는 왜관에 의지할 수밖에 없게 된다. 왜관 향응의 자리에
서는 국가적인 필수품을 포함하여, 조선에서 생산되지 않는 수많은 진
품들을 얻을 수 있는 창구가 되기도 한다.

화려한 향응요리를 주고받는 것은 단순히 왜관에 드나드는 조선의 관
리들이나 주빈의 상대역을 맡은 왜관 사람들을 기쁘게 하는 것으로 그
치는 것은 아니다. 빈번한 음식의 교류는 상호 이질적인 음식문화에 대
한 이해도를 높게 되며, 거기에서 새로운 교류의 장을 여는 바탕이 되
기도 한다. 왜관을 무대로 한 음식문화 교류의 실적은 더욱 중대한 국면
으로 연결된다. 즉 조선의 통신사가 일본을 방문하게 될 때 에도성[55]을
비롯한 연도의 각지에서 제공되는 향응요리를 만들 때 이루어지게 되는
어드바이스가 바로 그것이다.

조선의 통신사에게 제공되는 향응요리는 기본적으로 일본요리이다.
특히 삼사_{통신사의 정사·부사·종사관}에 대해서는 일본의 무가武家 사회의 의
식에 쓰이는 요리 중에서도 최고 레벨로 일컬어지는 '칠오삼'요리_{길수로}
_{알려진 7·5·3에 맞추어서 메뉴를 결정}[56]·히키가에젠引替膳[57]·쓰이젠追膳[58] 등이,
그리고 삼사 이외의 사행원들에게도 칠오삼요리, 오오삼요리, 3즙 15
채, 2즙 10채, 2즙 7채…… 등의 요리가 제공된다.

더군다나 이들 통신사의 향응요리는 회를 거듭함에 따라 원숙미가 더
해지고 있었다고 한다. 사행원들의 일본 방문이 있기 전부터 다이묘가

大名家라든가 바쿠후幕府로부터 쏟아지는 문의에 대하여, 대마도가 음식 재료나 조리법에 관한 정보를 제공하고 있었기 때문이다. 그 내용을 보면 기본적으로 변함이 없는 흰쌀·된장·간장·식초·소금·참기름 등은 전례를 그대로 답습한다. 그렇지만 야채라든가 조류·어패류·과자류 등에 대해서는 시대가 지나면서 종류까지도 상세하게 규정되어 가고 있다.

조선에 육식의 관습이 있다고 하는 사실은 첫 번째[59] 통신사의 일본 방문 때 소와 돼지 등이 숙소로 보내지고 있었던 점을 생각하면, 일본 에서도 그 사실을 꽤 일찍부터 알고 있었던 모양이다. 히코네彦根의 종 안사宗安寺 소안지에는 지금도 고려문高麗門 가라몽 혹은 흑문黑門 구로몽으로 불 리는 특별한 문이 있다. 이곳은 통신사의 숙소로 이용되었던 곳이다. 그런데 살생을 금하고 있는 사찰 입장에서 보면, 아무리 귀한 손님을 위한 것이라고는 하더라도 생육용으로 쓰일 '네 발 달린 짐승'을 정문 을 통해서 들여보낼 수는 없는 일이다. 그래서 짐승고기 반입용으로 특별히 문을 만들도록 했는데, 그렇게 해서 생긴 문이 바로 이 문이라 고 한다.[60]

이것을 요리하는 것은 사절의 일원으로 함께 건너간 도척刀尺이라고 하는 요리사1711년의 경우 7명이다. 그들은 대부분 조선에서 백정白丁이라 불 리는 식육업자들인데, 그들이 숙소 등으로 운반해 온 소·돼지·개·사 슴 등을 해체하여 네발 달린 짐승고기를 조리한다.

그러나 일본이 재료를 운반해주었으니 요리는 그쪽조선에서 하라고 그 냥 보고만 있자니 외국에서 온 귀한 손님에 대하여 정말이지 마음이 내 키지 않는다. 통신사가 지나가는 산양도山陽道 산요도의 요소, 그리고 이와 쿠니岩國 야마구치현 동쪽 끝에는 새고기·짐승고기·생선·야채·과자·술 등 통신사가 좋아하는 소재라든가 요리를 열거한 쇼토쿠기正德期, 1711년의 책《信使桶筋覺書 朝鮮人好物附之寫》이 전해 내려오고 있다. 이 속에는 불고기 만드는 방법, 내장 먹는 방법, 늑골의 처리와 갈비 만드는 법, 더 나아가 김치 만드는 법까지 상세하게 소개되어 있다. 통신사의 접대 책임을 진 일본 사람이 조선요리에 도전하려고 한 것이다.

여기게 나오는 김치 항목을 소개하면 이렇다. '침채'沈菜라고 하는 한 자에 왜관의 사투리인 '기미스이'라는 글자를 달고 있는데, 재료로서 무·미나리·가지·오이·참외·녹두나물 등을 지정하고 있다. 물에 소금을 넣고 거기에 야채를 담가서 2~3일 정도 놓아두면 신맛이 나는 데 그 때가 바로 먹을 때이다. 조선 사람은 육식을 하기 때문에 몸이 뜨 겁다. 그래서 이 '기미스이'를 빼놓을 수 없다는 등 꽤 전문적인 지식이 담겨져 있다. 평소에 조선요리를 만들어 본 실적을 쌓아올려 본고장의 맛을 알고 있는 사람이 아니고서는 도저히 쓸 수 없는 내용이다. 아마도 그러한 정보는 대마도를 통해서 입수하였을 것인데, 이것이야말로 왜관 에서 두 나라 사이의 음식문화 교류를 통해서 축적한 경험의 성과라고 말할 수 있다.

또한 통신사에게 내놓는 요리는 육류만 내놓으면 뭐든지 괜찮은가 하 면 그렇지는 않다. 예를 들면 서조瑞鳥 상서로운 새의 대표격인 학鶴 고기는 쇼군가將軍家에서는 정초 요리인 '스이모노'吸物[61] 즉 맑은 장국에 넣어서 맛을 즐기지만, 그것을 통신사에게 내놓으면 안 된다. 조선 사람들에게 학은 '새 중의 새' '조류의 우두머리' '입신의 새'《통역수작》라고 믿는 서조이 기 때문에, 그것을 먹으면 출세에 지장이 된다고들 생각한다.

그리고 보면 통신사가 의식에 임할 때 입는 붉은 색 조복朝服의 가슴 부분에 문관의 상징인 학이 그려져 있다. 두 마리가 그려져 있으면 당상 관堂上官, 정3품 이상으로 국왕의 면전에 오를 수 있는 고위직 관리, 한 마리이면 당하관 堂下官이라고 하니까, 그것을 요리해서 먹었다가는 커다란 실례가 되고 말 것이다. 통신사들이 좋아하는 '호물'好物과 그들에게 내놓아서는 안 되는 '금물'禁物에 관한 지식과 정보는 향응하는 측에 철저하게 전수해 두지 않으면 안 된다.

여기에서 통신사의 '호물'이 삼사에게 제공되는 '칠오삼' 요리의 어느 부분에 반영되고 있었는지를 살펴보기로 하자. 먼저 이 향응요리의 식단 어딘가에 왜관에서 가장 인기가 높은 '스기야키'가 반드시 들어가게 된다. 먼저 국 앞에 일본에서는 사용하지 않는 숟가락이 놓인다. 간을 맞추도록 하기 위하여 소금이나 된장 등이 식탁에 딸려 나온다. 일본요리가 싱겁게 느껴지는 조선 사람에 대한 배려이다.

과자는 유럽풍의 남만과자南蠻菓子 등 진귀한 것을 포함하여, 특히 백사탕을 원료로 한 것이 많이 선발된다. 과일은 조선에서 보기 드문 감귤류를 반드시 포함시키는데, 계절에 따라서 귤·향귤·금귤 등을 나누어 사용한다. 특히 그것이 파릇파릇한 '잎사귀와 함께' 나오도록 지정된다. 색깔과 더불어 산지직송이라고 하는 신선함을 연출하기 위한 것이다.

외국 사람을 접대하기 위해서는 주도면밀한 준비와 배려가 필요하게 된다. 그렇지만 이것저것 상대방의 식습관을 얼마나 상세하게 이해하고 있는가 하는 것도 깊은 관련이 있다. 통신사의 향응요리를 책임지게 된 요리사들은 바로 이 국가적인 행사의 대역을 담당함에 있어서, 대마도 사람들이 평소 왜관에서 쌓아올린 정보의 수집에 여념이 없었을 것이 틀림없다. 그들은 주어진 조건 속에서 온갖 힘을 다 쏟아서 솜씨를 발휘하게 되는 것이다.

한편 그 기술을 향응의 현장마다 가까이에서 볼 수 있었던 것이 역시 대마도 사람들이다. 바로 이 경험이 더 나아가서는 왜관의 향응요리에 새로운 자극이 되었을 것임은 충분히 상상할 수 있는 일이다. 조선과 일본의 음식문화 교류를 통해서 탄생된 화려한 향응요리는 일상적인 왜관과 비일상적인 통신사의 방일訪日이라고 하는 쌍방의 장에서 더 한층 심화되고 발전되어 나갔던 것이다.

6장 조선을 조사하다

왜관은 주로 조선과 일본 사이의 실무 외교와 무역이 펼쳐진 곳이다. 그런 일을 하기 위해서 대마도에서 400~500명이라고 하는 많은 일본인들이 조선으로 파견되어 왔다고 보아도 좋을 것이다. 그런데 외교나 무역하고는 그다지 관계가 없는 동식물의 생육과 형태를 조사한다든지 그것을 수집할 목적으로, 왜관이 상당히 장기간에 걸쳐서 일본에 의해 이용된 적이 있다.

그런 명령을 내린 것은 이 분야에 지대한 관심을 기울이고 있던 8대 쇼군 도쿠가와 요시무네德川吉宗이다. 쇼군이 왜 그런 일을? 어째서 그런 것이 필요했던 것일까? 그 일부의 전말이 '대마도종가문서'[1]인 《약재질정기사》藥材質正紀事에 기록되어 있다. 앞으로 이 기록을 중심으로 하여 왜관에서 실시되었던 전대미문의 동식물 조사의 전모를 밝혀 나가려고 한다. 그런데 제6장의 내용과 도표는 저자의 《에도시대 조선약재조사 연구》일본 게이오대학 출판회[2]에 의거한 부분이 많음을 미리 밝혀 둔다.

요시무네吉宗의 비원悲願 :

널리 알려져 있듯이 요시무네는 기슈紀州 도쿠가와 가문의 넷째 아들로 태어난다. 쇼군은 고사하고 한슈藩主 번주가 되는 것조차도 기대하지 않았던 요시무네는 유소년기를 성 안에서 보낸 것이 아니라, 어느 가신의 집에서 길러진다. 그가 노닐던 곳은 늘 기슈의 산야였는데, 꽤나 개구쟁이였다고 한다. 그런데 이런 환경이 오히려 다행이었다. 자연과의 접촉을 심화시켜 나가는 가운데, 점차 들판의 풀과 꽃 그리고 수목에 대한 관심을 키워 나가게 된다. 그런 것이 결국에 가서는 약에 관한 깊은 조예로 이어졌던 것이다.

현대의 화학약품과는 달리 그 당시의 약이라고 하는 것은 모두 생약生藥으로 이루어져 있다. 자연계의 온갖 사물, 예를 들면 풀·나무·새·짐승·벌레·물고기·광물, 더 나아가서는 인체의 일부까지도 약의 재료가 된다. 그러한 것들의 어느 부분이 어떤 병에 잘 듣는가? 약재의 배

합은 어떻게 하면 좋을까? 경험에 경험을 거듭한 학문을 본초학本草學이
라고 한다.

요시무네의 약에 대한 호기심은 그가 존경하는 증조부인 도쿠가와 이
에야스德川家康로부터 물려받은 것이라고들 한다. 쇼군이 된 뒤에도 에도
성江戶城에 있는 전의殿醫[3]만으로는 성이 차지 않았던 그는 전국에서 신분
의 고하를 막론하고 우수한 본초학자와 의사들을 불러모으고 있다. 니
와 세이하쿠丹羽正伯, 데이키 貞機, 아베 쇼오阿部將翁, 도모노신 友之進, 우에무라
사헤지植村左平次, 마사카츠 政勝, 노로 겐죠野呂元丈, 지쓰오 實夫들이 그 대상자들
이다. 모두들 훗날 요시무네에게 협력을 하여 인삼의 국산화에 착수하
는 사람들이다.

요시무네가 조선이라고 하는 나라에 대하여 강한 관심을 품게 된 것은
한 권의 책, 그것도 약에 관한 책과의 만남이 계기가 된다. 쇼군이 된 지 1
년 반이 되던 1718년숙종44, 享保3 1월 대마도는 《동의보감》전 25권이라고 하
는 조선의 의학서를 바쿠후에 헌상했다. 그것은 바로 전 해에 요시무네쪽
에서 먼저 요청을 해서 이루어진 것이다. 이 사실은 별로 잘 알려져 있지
않은데, 그 무렵 조선은 의학 선진국이었다. 이미 고려 말기14세기 말부터
단순히 중국의 의약을 모방하는 것이 아니라, 한반도 독자의 의학이 발달
하기 시작한다. 조선왕조에 들어와서 간행된 의학서만 하더라도 200종류
에 이르고 있다. 그 최고봉에 서 있는 것이 《동의보감》인데, 이것은 1613
년광해5, 慶長18에 허준許浚이라고 하는 국왕 주치의가 편찬한 것이다. 오늘
날 한국 의학계에서도 이 책이 크게 활용되고 있는데, 그야말로 전통의학
의 맥을 이어오고 있는 저명한 서적인 것이다.

《동의보감》을 손에 넣은 요시무네는 당장 약에 관한 설명이 나오는
'탕액편'湯液篇이라고 하는 항목에 주목하기 시작한다. 거기에는 무려
1,400종에 달하는 약재가 망라되어 있는데, 약재의 형상은 말할 것도

없고 어느 부분이 어떤 효능을 갖고 있는지에 대해서도 상세하게 설명이 되어 있음을 그가 알게 된 것이다. 약재명은 처음에는 한자명으로 적혀 있고 그 아래쪽에 고유명이 한글로 표기되어 있다. 말하자면 조선에서는 중국약唐藥과 조선약鄕藥의 명칭을 완벽에 가까울 정도로 정리를 해놓고 있었음을 알 수 있다.

본초학은 중국이 본고장이다. 그렇기 때문에 한자명을 자기 나라 말로 정확하게 이해하는 것이 우선 중요한 포인트이다. 그 원료가 자기 나라에 있으면 그것을 사용하는 것보다 더 나은 일은 없다. 요시무네가 알고자 했던 것이 바로 그 점이었다. 한자명唐名을 일본명和名으로 바꿔놓는 일을 추진해 나가려고 하면서, 똑같은 동아시아 문화권에 속하는 조선의 의학 서적부터 탐구를 하려고 하는 것이다.

당연한 일이겠지만 요시무네는 그때까지 단 한 번도 한글이라고 하는 문자를 본 적이 없었다. 곧장 다이가쿠노카미大學頭 하야시 호코林鳳岡, 노부아츠 信篤를 불러내서 물어보아도 고개를 설레설레 저을 뿐이었다. 이윽고 대마도의 에도번저江戶藩邸에서는 호코鳳岡로부터 '이로하 가나4처럼 생긴 문자를 알 수가 없다' '글자의 뜻은 묻지 않겠으니 어떤 글자가 어떤 글자인지 가르쳐 주었으면 한다'《吉宗樣御代公私御用向拔書》고 하는 내용의 질문서를 받게 된다. 《동의보감》을 헌상하고 나서 불과 이틀 뒤의 일이다. 쇼군의 열의가 이만저만이 아니라는 것을 감지한 번저에서는 바로 대마도 본국에 조선문자의 해설서를 보내주도록 요청을 하여 그것을 바쿠후에 헌상을 한다. 그런데 한글은 표음문자이기 때문에 그것을 일본의 가나문자로 적은 것만으로는 그 의미를 전혀 이해할 수가 없다.

그래서 요시무네는 발상을 전환하게 된다. 설령 한글을 읽지 못하더라도 《동의보감》에 망라되어 있는 새·짐승·벌레·물고기, 혹은 곡물이라든가 초목에 붙여진 한자는 일본에서도 알려진 것이 많다. 호코를 다시 호출하여 질문을 던진다. '새 · 짐승 · 풀 · 나무 등 약종류가 일본에 있는 것과 조선의 것이 같은지 어떤지? 일본에 있으나 조선에는 없는 것, 또는 그 반대의 경우는 없는가?' 이것을 문서로 작성하여 제출하라는 명령이 내려지게 된 것이다《분류기사대강》.

그런데 쇼군으로부터 이런 질문을 받은 호코는 도무지 어떻게 해야 할지 감을 잡을 수가 없었다. 원래 본초학이라고 하는 것은 약재의 효능이라든가 용법을 알기 위한 것이다. 그렇지만 쇼군이 지금 알고자 하는 것은 약재를 하나의 '사물'로 취급을 하여, 각각의 형상 · 색채 · 성질 · 명칭을 폭넓게 고증하여 조사하려는 것이다. 말하자면 물산학物産學 혹은 박물학博物學 분야에 가까운 내용들이다. 사물을 동정同定. 어떤 물건이 동일한 것인지를 증명하기 위해서는 실물을 대조해 보지 않으면 안 되며, 존재의 유무는 현지에 가서 조사를 해 보지 않으면 알 수가 없는 노릇이다.

요시무네의 이런 식의 명령은 일본 국내의 약초조사1720년, 일본 각지[5]의 산물조사1735년, 혹은 나가사키에 와 있는 중국인에 의한 약초조사1726년, 에도에 참부한 네덜란드인에 대한 자문1721년으로까지 이어지고 있다. 그런데 그 어느 것도 상당히 시간이 지난 뒤의 일이어서 왜관 조사보다 시기적으로 늦다. 쇼군의 의중을 제대로 파악하지 못한 호코는 가장 손쉬운 방법, 그러니까 쇼군의 말이라고 하면서 대마도에 업무를 그대로 떠넘겨 버린다.

몇 달이 지난 뒤 왜관에서 보내 온 보고를 보고 나서 요시무네는 크게 실망을 하고 만다. 그것은 조선의 지리지인《동국여지승람》에 있는 사물명을 골라내서 역관들이 알 수 있는 범위에서 그들에게 일본어로 번역을 시킨 것이었으니, 마치 단어를 모아놓은 어휘집 같은 것에 지나지 않았다.

다이가쿠노카미는 실제로 야산에 들어가 본 적도 없거니와, 이 일을 잘 알지도 못한다. 그래서 요시무네는 하야시 료키林良喜, 시게히로 重熙라고 하는 약관 24세의 젊은이에게 똑같은 질문을 던져 본다. 료키는 하야시라고 하는 성씨를 가지기는 했지만, 다이가쿠노카미 집안하고는 전혀 인연이 없고, 오로지 요시무네의 생모인 죠엥잉淨円院, 고세巨勢 씨의 일족일 뿐이라고 알려져 있다. 료키의 아버지인 하야시 료이林良以, 시게요시重好는 기슈紀州 가문의 의사인데, 요시무네는 어렸을 적부터 약학의 기본부터 전수받고 있던 료키의 재능을 잘 알고 있었다. 이번에는 쇼군이 사람을 제대로 본 것이다. 젊은 약학의 수재는 질문의 의도를 정확하게 꿰뚫고 있었는데, 그로부터 만 2년만에 주도면밀한 준비를 착착 진행시켜 간다.

1721년경종元, 享保6 1월의 일이다. 로쥬 이노우에 마사미네井上正岑는 대마도의 에도가로江戶家老 히라타 하야토平田隼人를 호출한다. 바로 이 자리에서 쇼군의 명령이라고 하면서 '조선국의 새와 짐승 그리고 풀과 나무의 조사'[6]를 왜관에서 실시하도록 지시를 내린 것이다. 더 나아가 로쥬는 좀 더 구체적인 지시는 모두 의사오쿠이시[7]인 하야시 료키한테서 받으라고 한 다음, '윗분께서는 이번 일을 매우 상세하게 알고 계시니, 어찌되었건 간에 조선에 가서 여러 차례 조사를 실시하여 확실한 것을 보고하도록'하라고 덧붙이고 있다.

그로부터 며칠이 지난 뒤 히라타 하야토는 하야시 료키의 집에서《물명장면》物名の帳面 부츠모노죠멘이라고 하는 두 권의 두꺼운 책을 전해 받는다. 한 권은 한자명으로 되어 있는데《동의보감》탕액편 중에서 일본명이 불확실하기 때문에, 그리고 다른 한 권은 일본이름으로 되어 있으나 한자이름이 불확실하기 때문에 조선에서 해당 한자를 알아냈으면 한다는 것이다. 요컨대 양쪽 모두 조선에 존재하는지 어쩐지 확인하고 싶다고 한다.

표14 | 178종의 조사항목(한자명 · 일본명)

(괄호 안의 숫자는 하야시 료키의 책에 나오는 순서임)

한자명 (漢名)	
금부(禽部) 12종	練鵲(1) 鶺鴒(2) 博勞(3) 蒿雀(4) ★鶀鷄(5) 百舌鳥(6) 黃褐侯(7) ★布 穀(鵠?-鄭)(8) 鶬鴰(9) 鸀䴏(10) 鴛鴦(11) 鶺(12)
수부(獸部) 6종	麋(13) 麔(14) 麂(15) 驢(16) 騾(17) 蝟(18)
어부(魚部) 4종	鱔(19) 黃顙魚(20) 銀條魚(21) 鮰魚(22)
충부(蟲部) 5종	緣桑螺(23) 白花蛇(24) 土桃蛇(25) 斑猫(26) 璚珌(27)
과부(果部) 8종	木瓜(28) 榠樝(29) 林檎(30) 柰子(31) 橘(32) 柚(33) 乳柑(34) 橙(35)
채부(菜部) 9종	蕎莄(36) 胡葱(37) 野蒜(38) 苜蓿(39) 木頭菜(40) 白菜(41) 蒐(42) 蘘 荷(43) 海菜(44)
초부(草部) 43종	土絲子(45) 升麻(46) 木香(47) 遠志(48) 細辛(49) 菴蘭(50) 薜蒚(51) 藍藤(52) 瑣陽(53) 續斷(54) 漏蘆(55) 王不留行(56) 麻黃(57) 秦芃 (58) 貝母(59) 白芷(60) 黃芩(61) 白蘚(62) 藁本(63) 白薇(64) 大靑 (65) 澤蘭(66) 紅藍花(67) 玄胡索(68) 縮砂(69) 茅香花(70) 使君子 (71) 荳子(72) 草棗(73) 藜蘆(74) 蛇含(75) 白歛(76) 赤歛(77) 狼毒 (78) 白頭翁(79) 蒳茹(80) 白附子(81) 野茨菰(82) 草烏(83) 白朮(84) 獨活(85) 羌活(86) 五味子(87)
목부(木部) 17종	酸棗(88) 吳茱萸(89) 食茱萸(90) 山茱萸(91) 紫檀(92) 蕪夷(93) 枳實 (94) 白棘(95) 郁李(96) 沒食子(97) 無患子(98) 牛李(99) 楸(100) 篁 竹(101) 桂(102) 栢(103) 桐(104)

일본명 (和名)	
초부(草部) 5종	츠쿠츠쿠시(105) 치야랑(106) 단도쿠(107) 하기(108) 미츠히키(109)
목부(木部) 40종	사쿠라(110) 모치(111) 히야쿠싱(112) 에노키(113) 가시와(114) 구넨보 (115) 가에데(116) 모츠코쿠(117) 누루데(118) 이후키(119) 나기(120) 타 이타이(121) 밋캉(122) 유(123) 도코나츠(124) 기코쿠(125) 호우노키 (126) 우메모도키(127) 다라야우(128) 무바메(129) 동구리(130) 아오키 (131) 구사키(132) 구로몬쥬(133) 나나카마도(134) 유스리바(135) 우츠 키(136) 아세보(137) 호케(138) 바지(139) 히노키(140) 모미(141) 기리 (142) 가시(143) 구스노키(144) 고조(145) 고노데카시와(146) 니레노키 (147) 시이(148) 아카메카시와(149)

채부(菜部) 7종	히지키(150) 도사카노리(151) 하츠다케(152) 가우다케(153) 이구치 (154) 시메시(155) 세우로(156)
조부(鳥部) 11종	아오사기(157) 케리(158) 고이(159) 방(160) 구히나(161) 가시토리(162) 요시키리(163) 시마히요(164) 모즈(165) 아오시(166) 호지로(167)
수부(獸部) 2종	야기우(168) 메츠부(169)
어패부 (魚貝部) 9종	가츠오(170) 후리(171) 만보우(172) 시로우오(173) 모우오(174) 요나키 (175) 호야(176) 나루코(177) 하이(178)

대마도종가문서 《약재질정기사》1 (국사편찬위원회 소장)에서 작성

장부는 조사하기 쉽도록 하기 위하여 각 항목이 속屬 · 종種별로 잘 분류되어 있었다.

항목수는 한자명으로 되어 있는 것이 104종, 히라가나명이 74종, 합계 178종에 이르고 있다. 히라가나명 항목의 순서가[8] 한자명과 다른 것은 그 당시 가이바라 에키켄貝原益軒의 《대화본초》大和本草 야마토혼조, 1708년 등의 영향에 의하여, 종래의 본초학과는 다른 일본 독자의 분류법을 채택하고 있었기 때문으로 보인다.

항목	한자명	히라가나명
금부(禽部)	12	
수부(獸部)	6	2
어부(魚部)	4	
어패부(魚貝部)		9
충부(蟲部)	5	
과부(果部)	8	
채부(菜部)	9	7
초부(草部)	43	5
목부(木部)	17	40
조부(鳥部)		11
계	104	74

* 숫자는 종류의 수

여기에서 료키가 특별히 지시를 내렸던 것은 확인 작업을 실시할 때 반드시 현물을 이용하라는 것이며, 그것이 어려우면 정확한 그림을 사용하도록 한 점이다. '명칭을 알 수 없는 것은 에도로 보내도록' '일본으로 보내기 어려운 것은 그림을 그리도록' 주문을 한 것이다. 료키의 지시는 아직 마르지 않은 생엽生葉을 위에다 올려놓고 말리는 건엽乾葉의 제작방법에서부터, 질문을 던지는 요령에 이르기까지 조목조목 빈틈이 없다. 조선도 일본도 한자를 사용하고 있기는 하지만, 같은 한자라고 해서 그것이 동일한 물건을 나타내는 것이라는 보증은 어디에도 없다. 오히려 문자에 너무 의지를 하게 되면 심각한 오해를 불러일으킬 수도 있기 때문에, 아무쪼록 현물을 확보하여 대조하라는 것이다. 이러한 주의를 내리게 되었던 것은 2년 전인 1719년숙종45. 享保4 료키가 일본에 갔던 조선의 통신사 수행의사들과 의사문답醫事問答을 해 보았는데도, 결국 아무 것도 알아내지 못한 채 끝나버리고 말았던 자신의 체험에서 비롯된 것이다.

그런데 이 조사에는 또 하나의 목적이 숨겨져 있었다. 사실 료키는 몇 개월 전에 중대한 사실을 히라타 하야토에게 밝히고 말았다. '윗분께서 인삼의 생초生草를 보시고 싶다고 말씀하신다'는 것이다. 요컨대 사실대로 말하자면 조선의 인삼 모종을 쇼군에게 헌상하라는 뜻이다. 그 당시 인삼은 자연적으로 산 속에서 자생하는 '산삼'밖에 없었다. 대마도가 조선과의 무역을 통해서 독점적으로 수입해 가고 있었으며, 그 중 7~8할이 대마도가 직영하는 에도의 인삼좌에서 판매되고 있었다. 이 인삼의 대가로 일본의 은이 대량 조선으로 흘러들어오고 있었음은 앞에서 설명한 바와 같다.

요시무네는 인삼의 모종을 입수하여 일본의 어디에선가 재배를 해서 대량생산을 하게 된다면 대마도를 통해 빠져나가는 '은의 길'을 차단할 수가 있을 것으로 생각한 것이다. 물론 인삼은 조선 입장에서 보면 외화 획득을 위해 중요한 자원이다. 그렇기 때문에 인삼 종묘를 외국으로 가지고 나가는 것은 엄격하게 금지되어 있다. 그렇지만 대마도의 공명심을 자극하여 쇼군의 직명直命임을 강조한다면, 인삼 뿌리쯤은 손쉽게 에도로 가져 올 수 있을 것으로 추측하고 있었던 것이다. 그와 비슷한 시기에 왜관에서 약재조사를 하도록 한다면, 거기에는 약재류로 넘쳐날 것이다. 조사는 인삼 뿌리를 빼내기 위한 절호의 방패막이가 되어 줄 것임이 분명했다.

일본이 인삼을 국산화하려고 하는 시도는 요시무네의 경우 교호개혁享保改革을 대표하는 식산흥업정책과 연결되어 있다. 거기에는 바쿠후幕府나 한藩이라고 하는 정치의 틀을 넘어서, 한 나라의 경제를 총체적으로 시야에 넣은 "국민경제적"인 발상이 바탕에 깔려 있다. 더군다나 일본 국내만이 아니라, 눈을 해외로 돌려 어느 나라에 어떤 물자가 있는지를 조사하고, 그것을 일본의 국내 산업에 반영해 나가려고 하는 것이다. 값비싼 수입품을 국산화수입대체하여, 골고루 일본의 국민들에게 제공하기 위해서는 대체산업을 성립시키고 그것을 육성해 나가지 않으면 안 된다. 이와 같은 요시무네의 의도는 어딘가 모르게 근대사회의 산업패턴과 유사한 대목이 있는데, 이미 18세기 초반의 일본에서 이를 실천하려고 시도했다는 사실은 주목할 만하다.

이런 장대한 프로젝트는 요시무네의 주변에서 일어나고 있었던 어떤 이변에 대처하기 위한 것이기도 하다. 그것은 에도의 서민들을 휘말리게 한 이상하다고 할 정도로 뜨겁게 달아오른 인삼 붐이다. 귀중한 약재로서 널이 알려진 인삼은 보통 때 같으면 돈 많은 사람들이 아니면 살 수 없는 약이다. 그런데 5대 쇼군 츠나요시綱吉 때인 겐로쿠元禄 시대 1688~1703년로 접어들 무렵부터는 서민들까지도 너나 나나 할 것 없이 고가의 인삼을 구입하려 든 것이다.

에도의 인삼 소매가격은 1700년숙종26, 元禄13에 엄청나게 값이 오른다. 대마도가 화폐개주를 이유로 인삼무역의 부진을 호소하면서, 갑자기 인삼의 판매가격을 인상해 버렸기 때문이다. 에도의 소매가격은 전국의 가격 기준이 되어 있었다. 바쿠후는 필사적으로 인삼 값의 등귀를 억누르려고 하였다. 그렇지만 요시무네가 쇼군이 되었을 무렵에는 인삼 1근 600그램 가격이 은으로 1관 440돈금으로 24냥까지 상승해 있었던 것이다.

그렇지만 아무리 값이 오르더라도 인삼은 언제나 파는 사람에게 유리한 공급독점 시장이다. 대마도 직영 인삼좌 앞에는 장사진을 친 사람들로 늘 혼잡하다. 수많은 낭인浪人들이 수고료를 받고 전날 밤부터 순서를 대신 기다려 주는 진풍경이 연일 계속된다. 인삼좌에서는 품절재고가 없어져 버리는 것을 염려하여 미리 정해 놓은 하루 매상고가 다 팔리면 낮이라도 그만 폐점을 해 버린다. 그렇기 때문에 사지 못한 사람들이, "우리 집 주인 어르신께 뭐라 드릴 말씀이 없다. 할복을 해서라도 사형을 드리고 싶다."고 아우성을 치면서 자살소동을 벌이는 지경까지 비화되고 만 것이다. 무리를 해서라도 돈을 마련하여 부모의 병을 고치려고 하는 효성이 지극한 딸이 몸을 팔았다는 소문은 이미 흔해 빠진 이야기가 되어 버렸다. 어느새 조선의 인삼이 투기의 대상이 되어 버려, 정작 필요한 환자들에게는 돌아갈 수가 없게 되었으니, 심각한 사회문제가 아닐 수 없었다.

왜 이 정도까지 인삼 붐이 일게 되었을까? 더군다나 에도에서 그런 일이 생겨났단 말인가? 특별히 대마도가 선전을 잘했던 것도 아니다. 원인은 몇 가지가 있겠지만, '인삼만 먹으면 어떤 병이든지 나을 수가 있다'고 하는 착각에 빠져 있었던 것은 분명하다.

사실 이변이라고도 할 만한 인삼의 다용화多用化 현상은 그 원류를 거슬러 올라가면 15세기 후반 무렵 조선에 다다르게 된다. 조선에서는 값비싼 중국약唐藥의 대용으로 조선약인 향약鄕藥의 사용이 성행하게 된다. 특히 향약의 대표라고도 말할 수 있는 인삼이 크게 주목을 받게 된다. 인삼의 효능을 조사하여 전보다 그것을 더 많이 배합·조제하는 의학서가 간행되기에 이른 것이다. 이와 같은 '인삼의학'은 왕가의 치료를 담당했다고 하는 권위 있는 주치의들에 의하여 점차로 조선의학의 주류를 형성하게 된다. 바로 그 허준이 쓴 《동의보감》은 그 집대성으로서 커다란 역할을 담당하고 있었던 것이다.

근세 초기에 이 책을 비롯하여 많은 조선 의학서가 대마도를 통해 일본에 전달되었다. 그런 책을 구하고자 했던 것은 바쿠후나 다이묘 집안에 배속되어 있던 전의殿醫들이었는데, 서적을 통하여 의학 선진국인 조선의 새로운 수법, 간단히 말해서 인삼의학이 일본에 전해지게 된다. 같은 대도시이지만 재래의학이 침투해 있었던 오사카·교토보다는 새로운 것에 대한 호기심이 많았던 에도의 시민들 속으로 그것이 침투해 들어갈 소지가 더 많았을 것이다.

다만 요시무네는 인삼의 다용화를 싫어하기는커녕 오히려 열광적인 인삼 팬의 한 사람이기도 했다. 그가 대마도에 《동의보감》을 요청한 것도 혹시 인삼의학에 기울어진 탓이었는지도 모른다. 요시무네는 인삼 혹은 조선의학을 알고 싶어하는 한편, 그것을 만들어 낸 조선이라고 하는 나라 자체에 대해서도 깊은 관심을 표시하고 있다. 1721년경종元. 享保6 7월 요시무네는 하야시 료키를 시켜서 대마도에 다음과 같은 흥미진진한 5개 항목의 질문을 던진 다음, 왜관으로부터의 회답을 요구하고 있는 것이다.

1, 조선의 관료……중앙·지방 관료의 이동에 관한 규정
2, 연공……조세의 징수법과 수량. 중국의 구분전口分田, 세업전世業田,

조용조租庸調와 조선 방식과의 비교

3, 인구 규모……조선국의 전체 인구

4, 관직 · 질록秩祿……관직의 종류와 역할. 그 봉급

5, 척도의 단위되 · 저울 · 자……도량형

중요한 것은 이들 5개 항목 중에서 제4항까지가 요시무네가 훗날 실제로 시행해 나가려고 하였던 정치개혁[9]과 기가 막히게 맞아떨어지고 있다는 점이다.

예를 들면 1은 다이묘의 참근교대제와 관련이 깊은 '아게마이'上米 제도참근교대를 면제해 주는 대신에 쌀을 상납하도록 함[10]를 떠올리게 한다. 그리고 2는 연공 징수법의 대개혁인 '죠멘'定免제도 즉 해마다 실제 수확량을 기준으로 하는 것이 아니라 그 평균치를 '죠타카'定高로 계산[11]와 관련이 있어 보인다. 3은 일본 최초의 전국인구조사, 그리고 4는 인재등용을 목적으로 한 '다시타카'足高제도, 즉 녹봉祿俸이 낮은 사람이라 하더라도 고관高官에 등용될 수 있도록 그 사람의 취임 기간에는 '고쿠타카'石高의 부족분을 채워주는 정책[12]을 연상시킨다. 마지막으로 5의 되 · 저울 · 자 즉 도량형은 조선의 의학서 등에 나오는 약재 배합의 분량을 이해하기 위한 것으로 보인다.

다만 이들 질문 내용은 자칫 잘못하면 조선국의 기밀사항에 저촉될 염려가 있다. 이윽고 바쿠후에 전달된 왜관의 회답 속에, '이것은 조선국의 국사國事와 관련되는 것입니다. 이와 같은 것을 에도쪽바쿠후이 알고 싶어 한다는 것 자체가, 설사 소문을 통해서라도 조선측의 귀에 들어가게 된다면, 앞으로 어떤 어려움이 닥칠지 모르는 일입니다. 이 일은 어찌되었든 간에 은밀하게 추진하지 않으면 안 됩니다.'《분류기사대강》라고 되어 있다. 바쿠후사실은 쇼군의 관심 표시 방식에 대하여 놀라움을 감추

지 못하는 모습이 전해져 오는 듯하다. 그래서 대마도는 우선 지장이 없는 것부터 회답을 하면서 시간을 끄는 작전으로 나온 것이다.

그런데 여기에서 요시무네의 입장에서 예상하지 못했던 일이 일어나고 만다. 1721년경종元, 享保6 12월 하야시 료키가 27살이라고 하는 젊은 나이에 그만 세상을 뜨고 만 것이다. 요시무네가 그의 갑작스런 죽음을 가슴 아파했을 것임은 더 말할 나위가 없다. 일이 이렇게 되자 앞의 제5항의 질문사항은 중지 상태가 되어 버린다.

그러나 약재조사에 관한 한 요시무네는 포기할 줄을 몰랐다. 의관醫官인 고노 쇼앙河野松庵, 혹은 본초학자인 니와 세이하쿠丹羽正伯를 후임으로 앉혀서, 결국에 가서는 장장 햇수로 30년에 걸쳐 왜관을 약재조사를 위하여 행동을 같이 하도록 만들어 버린다. 요시무네가 이 일을 고집스럽게 추진했던 것은 거기에 인삼의 국산화라고 하는 '비장한 소원'悲願이 담겨 있었기 때문이다. 조선의 인삼이 일본 땅에서도 재배되는 날이 온다면, 서민들이 이것을 싼값으로 사들일 수가 있게 될 것이며, 그렇게 된다면 이제는 일본이 인삼의 수입을 위하여 값비싼 대가를 치르지 않아도 될 것이다.

요시무네는 《동의보감》을 일생 동안 곁에 둘 만큼 소중하게 여기고 있었다고 전해진다. 일본의 보물을 지켜내면서도 조선의 보물을 내 것으로 만들려고 하는 장대한 프로젝트의 출발점이 되었던 것이 바로 이 책과의 만남이었기 때문일 것이다.

극비작전의
개시 :

'인삼의 생초生草를 입수하라!' 쇼군의 이 명령은
대마도에 어떠한 영향을 미친 것일까?

만일 인삼의 국산화가 일본에서 성공하게 된다면, 조선과의 무역을
통해서 획득해 왔던 대마도의 이익은 그 대부분을 잃게 된다. 대마도측
에서 본다면 빤히 재정을 파탄으로 이끌게 될 이 계획에 스스로 멍에를
지게 되어 있었던 셈이다. 그런데 그 당시 대마도의 어느 기록을 보더라
도 그러한 위기감은 전해 오지 않는다. 오히려 쇼군의 지시를 '명예'로
생각하고, 하루라도 빨리 그 소망을 들어 드리고 싶다는 일념으로 분주
하게 움직이는 모습이 떠오른다.

대마도에는 과거의 정확한 데이터가 있었다. 지금까지 몇 차례나 쇼
군이라든가 다이묘의 요청을 받아서, 그리고 때로는 솔선해서, 인삼의
모종을 보냈던 경험이 있다. 기록에 따르면 가장 오래된 예는 1639년인

조17, 寬永16 3대 쇼군 이에미츠家光에게 '경상도산' 인삼 여러 뿌리를 자발적으로 헌상하고 있다《왜인구청등록》. 당시의 다이로大老사카이 다다카츠酒井忠勝의 서장書狀에 따르면, 이에미츠가 이 때의 일을 무척이나 기뻐했는데, 곧장 그것을 에도의 약초밭藥園[13]에 심었다고 한다. 또 1643년인조21, 寬永20에는 요시무네의 할아버지인 기슈가紀州家의 요리노부賴直로부터 의뢰가 있어서, '인삼 2통樋'을 보내고 있다《분류기사대강》. 게다가 시기는 분명하지 않지만, 미토 미츠쿠니水戸光國한테도 모종이 보내지고 있는데, 에도江戸와 미토水戸 두 곳에서 재배가 이루어졌다고 한다《水戸正傳桃源遺事》.

그러나 어느 것 하나라도 일본에서 그것이 뿌리를 내린 흔적은 도무지 찾아볼 수가 없다. "다른 사람 손에 전달되어 이것을 만들려고 하더라도 결코 얻어지는 것이 아니다." 이것이 늘 대마도가 입버릇처럼 하는 말이다. 일본 땅에 조선의 인삼을 뿌리내리게 하는 것은 불가능하다고 결론을 내려놓고 있는 것이다. 대마도가 아니더라도 그 당시 누가 일본에서 인삼의 국산화가 성공하리라고 예상이나 했겠는가? 일본은 인삼의 원산지인 조선과 너무나도 기후·풍토 차이가 크다. 인삼은 다년초식물이라서 종자가 싹을 틔워 열매를 맺게 하려면 4년에서 5년은 걸린다. 그 사이에 여름철 직사광선에 말라 타버린다거나, 두더지 혹은 해충의 먹이가 되어 버리기 십상이다.

그래서 대마도 입장에서는 인삼 종자의 입수보다도 약재 조사 쪽이 더 머리가 무겁게 느껴졌다. 하야시 료키의 지시를 분석해 보니, 이전처럼 간단한 보고만으로 끝날 일이 아닌 것 같다. 더군다나 왜관이라고 하는 한정된 지역만이 아니라, 한반도 전체를 범주 속에 넣지 않으면 안된다. 이러한 일은 양국의 역사가 시작된 이래 지금까지 듣지도 보지도 못했던 일이다. 그래서 이 일은 충분한 사전준비가 필요했다. 가장 먼저

하지 않으면 안 되었던 것은 조선의 정식 허가를 얻는 일이다. 두 번째로는 이 일을 추진해 나갈 적임자를 전임관專任官으로서 왜관에 파견하는 일이다.

때마침 외교교섭을 위하여 역관사문위행, 역관으로 구성된 조선의 외교사절의 정사正使인 최상집崔尙集이 대마도에 체재하고 있었다. 최상집은 1664년생이므로 그 당시 58세이다. 현역 역관이 승진할 수 있는 최고 위치인 정헌대부正憲大夫, 정2품에 오른 지 얼마 되지 않았을 때의 일이다. 1711년숙종37, 正德元에는 통신사의 상상관上上官이 되어 일본을 방문한 적이 있다. 그것 말고도 여러 가지 외교교섭에 관련되어 있었던 그는 1716년숙종42, 享保元에 장년의 공적을 표창하는 의미로 대마도로부터 특히 구리 1,000근을 받을 정도로 놀라운 외교수완을 발휘한 역관으로 잘 알려져 있다. 대마도는 이처럼 의지가 되어 주는 최상집에게 쇼군의 직접 명령이라는 점을 강조한 다음, 동래부에 대한 알선과 약재조사를 위한 협조를 요청하였다.

다음으로 문제가 되는 것은 전임관 파견인데, 이것은 간단하게 해결되었다. '죠센카타'朝鮮方, 조선관계의 기록을 담당의 관리인 고시 쓰네에몽越常右衛門[14]을 이번에 특별히 '약재질정관'藥材質正官이라고 하는 명목으로 왜관에 파견하기로 결정하게 된다. 쓰네에몽의 아버지인 시오카와 이에몽塩川伊右衛門, 마사치카 政親은, 요시자네 시대인 1685년숙종11, 貞享2에 오사카에서 특별 초빙된 학자인데, 대마도의 후츄에 설치된 소학교의 사범이다. 그런데 아버지는 쓰네에몽이 어렸을 적에 사망한다. 쓰네에몽은 대마도가 제공하는 학비를 받아서 학문수업에 전념한 적이 있다. 질정관에 임명되었을 무렵 그는 35살 정도 되었는데, 방대한 분량의《분류기사대강》전39권 편찬사업에도 관여하고 있었다.

이 서적은 조·일 양국간 교류의 실태를 알 수 있도록 하기 위하여 집대성된 것인데, 쓰네에몽은 실제로 대마도 번청의 문고라든가 구가舊家에 전해 내려오던 사료를 열심히 조사·수집하여 이 사업을 성공으로 이끌고 있다. 이러한 일체의 사물을 섭렵철저하게 조사할 수 있는 능력이야말로 '약재질정관'에게는 무엇보다도 필요한 자질인 것이다. 그 외에도 조사 과정에서 그림을 작성하기 위하여 회공繪師 에시, 히라카와 고에몽 平川幸右衛門이, 그리고 모종苗 등 표본이 마르지 않도록 하기 위하여 정사庭師 니와시, 엥에몽 園右衛門가, 쓰네에몽과 함께 왜관으로 건너오게 되었다.

약재질정관이 정해지게 되면 조사를 위한 사전준비는 더욱 구체적으로 진행되어 간다. 현물 대조를 위하여, 예를 들면 초목류의 경우, 뿌리가 달려 있는 채로될 수 있으면 꽃·열매가 붙어 있는 상태 채취하여, 이것을 그릇에 심어서 왜관으로 운반하지 않으면 안 된다. 흥미로운 것은 이 과정에서 조류의 박제가 제작되고 있는 점이다.

'쇠물닭'[15] '흰눈썹 뜸부기'[16] '언치새'[17] '개개비'[18] '멧새'[19] '때까치'[20] '촉새'[21] '푸른 백로'[22] '산비둘기'[23] '황록색 비둘기'[24] '염주비둘기'[25] '도요새'[26] 등 12종의 조류를 암수 쌍으로 모두 24개 분량이나 만든 것이다. 그것을 제작한 것은 교토의 인형세공 기술자인데, 살아 있는 새의 껍질을 벗겨서 말리고, 벌레가 먹지 않도록 처리한 다음, 그것을 '나무틀'에 부착시키도록 하라고, 이것도 대마도로부터 상세한 지시가 내려지고 있다. 조사용으로 조류의 박제가 만들어지는 등 그 전에는 들어본 적도 없는 일들이 이루어지고 있었던 것이다. 아마도 기록에 남아 있는 것으로는 이것이 일본에서 가장 오래된 것이 아닐까?

서적도 준비가 되었다. 대마도 번청에 재고가 있는 것과, 교토와 오사카 일대[27]에 주문을 하여 새로 구입한 것을 포함하여, 실제로 다음과 같은 서적류가 왜관에서 활용이 되고 있다.

편자명	서명	간행연도	내용
미상	본초도경* 本草圖經	미상	《증광태평혜민화제국방》(增廣太平惠民和劑局方)부본, 허홍(許洪)편《도경본초약성총론》(圖經本草藥性總論)으로 추정
이시진 李時珍	본초강목 本草綱目	1596	명나라의 저명한 본초서. 주석은 일본어 번역판
허준 許浚	동의보감 東醫寶鑑	1613	대마도 번청(藩廳) 문고 보관본을 주문
나카무라 데키사이 中村惕齋	훈몽도휘 訓蒙圖彙	1666	도해백과사전(圖解百科事典)
가이바라 고코 貝原好古	화이아 和爾雅	1694	고코(好古)는 에키켄(益軒)의 조카. 사물의 명칭을 수록한 사전류.
가이바라 에키켄 貝原益軒	대화본초 大和本草	1708	일본 최초 본초서
도쟈쿠스이 稻若水	신교정본초강목 新校正本草綱目	1712	《본초강목》의 개정판
마츠오카 겐다츠 松岡玄達	구황본초 救荒本草	1716	중국 명나라 《구황본초》(周定王 편)의 일본어 번역판

역주: *은 저자의 확인을 거쳐 수정한 것임

당시 일본 국내에서 입수할 수 있는 최고의 권위를 자랑하는 본초 관련 서적들을 모은 것인데, 이것을 보면 꽤 높은 수준의 조사가 요구되고 있었음을 알 수 있게 한다.

준비가 착실하게 진행되는 가운데 갑자기 중대한 사건이 대마도에서 일어나고 만다. 동래부에 중개역을 의뢰하는 등 대마도가 크게 의지를 해 오던 역관사 최상집이 그만 조선으로 귀국하기 직전에 밀무역과 연관되어 있었음이 발각되어 버린 것이다.

늘 그렇듯이 이 사건도 밀고자에 의해 드러나게 되었다. 이름이 나돌던 대마도의 상인이라든가 선원, 그리고 역관사 일행 중 8명이 조사를 받는 것으로 일이 시작된다. 그런데 수사를 진행하는 가운데 조선쪽의 범인이 갈수록 늘어난다. 결국에는 주범이 정사 최상집이라는 점, 더군다나 부사 이장李樟을 포함한 역관사 전원65명의 공모임이 밝혀지고 만 것이다.

밀거래가 이루어진 물품은 모두 인삼이다. 외교사절이라고 하는 신분을 이용하여 이것을 배 밑바닥에 깔아서 숨기기도 하고, 대마도주에게 전달할 증답품을 담아 놓은 봉진封進 상자 속에 숨겨 놓기도 하는 등, 교묘한 수법이 여기저기에서 들통이 나고 만다. 양국 역사상 최초의 사절단 전원에 의한 조직적 범행이 폭로된 것이다.

더욱이 그들이 타고 간 선박과 일행 전원의 소지품을 조사했더니, 발견된 물건들이 그야말로 굉장했다. 전부 해서 은[28]이 102관금으로 환산하면 2,251냥 정도, 금[29]이 21냥, 향보일보금享保一步金이 30냥, 그리고 인삼이 80근이나 압수되고 있다. 이 금은은 밀매한 인삼의 대가이며, 압수된 인삼은 그들이 아직 팔지 않고 남겨둔 것이다. 밀거래 규모를 역산해 보니, 역관들이 조선에서 200근 이상의 인삼을 불법적으로 대마도로 가지고 간 것이 분명하다.

전년도인 1720년숙종46, 享保5에 에도의 인삼좌에서 소매한 인삼이 연간 550근이었으니, 200근 이상이라고 하는 숫자가 얼마나 심상치 않은 것인지 쉽게 추측할 수 있을 것이다. 1회의 밀무역에서 움직인 수량치고는 아마도 사상 최대 규모로 생각된다. 일찍이 역관사가 관련된 밀무역 사건은 2회 발각된 적이 있었는데, 그 때마다 거래된 인삼은 모두 해 봐야 겨우 몇 근에 지나지 않는 소량이었다. 더군다나 사절단 전원의 범행이라고 하는 결말을 접하고 나니, 일단 발각을 하기는 했지만 대마도로서도 '경악했다'고 하는 것이 본심일 것이다.

그러나 어찌되었든 역관사는 외교사절단이다. 아무리 밀무역 범인이라 하더라도 대마도측이 함부로 처벌할 수는 없다. 게다가 그들에게 부여된 임무가 모두 종료된 상태라서 더 이상 대마도에 억류해 둘 수도 없는 노릇이다.

실제로 대마도의 가로들은 이 사건을 어떻게 처리해야 좋을지 고민하고 있었다. 과거 두 차례의 역관사 관련 사건은 모두 대마도측 범인을 조선으로 압송하여 왜관의 형장刑場에서 참형에 처하였으며, 조선측 범인들의 처벌을 강하게 요구한 전례가 있다. 그렇기 때문에 이번에도 범인을 조선과 대마도 두 곳에서 사형에 처해야 한다고 하는 의견이 강하게 제기되었는데, 대마도 당국도 처음에는 그럴 심산이었다.

그런데 신문이 진행되어 가면서, 주범이 대마도에 공적이 있는 고위 관료 최상집이라는 점, 역관사 일행 전원의 범행이라는 점, 그리고 흘러 들어간 인삼의 수로 보건대 뒤에서 자금을 제공했을 왜학역관은 말할 것도 없고, 감히 견주기 어려운 거물들이 배후에 숨겨져 있을 가능성이 크다는 점 등이 차츰차츰 밝혀지고 말았다. 더군다나 귀국이 임박하자 역관들은 목숨을 걸고 귀국선의 승선을 거부하는 움직임을 보이기 시작한다.

어떻게 대응해야 좋을지 난처해진 대마도 당국은 뜻밖의 일이었지만 이것을 최대한 정치적 흥정의 재료로 사용할 생각을 해 냈다. 먼저 사상적인 뒷받침을 대마도의 유학자인 스야마 쇼에몽陶山庵 도초앙으로부터 끌어낸다. 겉으로는 이 사건으로 말미암아 죽임을 당할 죄인을 만들지 않는 "온정적인" 조치를 취하기 위해서라고 명분을 내세우면서, '역관사면' 말하자면 밀무역 사건 자체를 조선 정부에 통달하지 않고 역관들을 귀국시키기로 결정을 내린다.

다음으로 대마도 당국은 역관의 정사와 부사로부터 확실하게 자백조서를 받아둔다. 그런 다음 5개조로 이루어진 '신법'을 성립시켜 역관사가 왕래할 때마다 그것을 읽히도록 할 것을 관례화 한다. 거기에는 두 번 다시 밀무역을 하지 않겠다고 서약하는 문구가 들어 있었음은 더 말할 나위가 없다. 그와 동시에 앞으로 역관사는 모두 일본인 왕래자와 똑같이 대마도의 세관인 '세키쇼'關所에서 선박은 물론이거니와 개인적인 짐 검사와 몸수색에 따르지 않으면 안 되도록 되어 있다.

무죄방면의 대가는 그것만이 아니다. 앞으로 역관들은 전력을 다하여 왜관에서 실시되는 약재조사와 인삼 생초生草의 확보에 협력하지 않으면 안 되게 되었다. 대마도 당국은 이 사건을 계기로 하여 앞으로 조선과의 관계를 유리하게 이끌어내기 위하여, 왜학역관의 포섭을 획책한 것이다.

이윽고 1721년경종元, 享保6 7월 고시 쓰네에몽 등 일행은 역관사를 호행하는 재판 미우라 사케노스케三浦酒之允의 배에 탑승하여 아무런 일도 없었다는 듯이 왜관에 도착한다. 쓰네에몽의 숙소는 이대관옥二代官屋이다. 얼마 지나지 않아서 관수옥에 히구치 야고자에몽樋口弥五左衛門, 관수, 미우라 사케노스케재판, 고시 쓰네에몽약재질정관, 그리고 역관사인 최상집과 이장, 현역 훈도와 별차, 그리고 나중에 설명하게 될 고훈도古訓導, 임무를 마친 전임 훈도 이석린李碩麟이 모여서, 아래와 같이 조사에 관한 확인작업을 실시하고 있다.

1, 별사別使 파견에 의한 조사의뢰는 하지 않을 것.
2, 박물다식博物多識한 사람을 왜관으로 데려 올 것.
3, 조사와 관련된 비용은 모두 대마도 당국이 부담할 것.

이 가운데 1은 약재조사를 위하여 대마도가 별도의 사신을 파견하지 않겠다는 뜻이다. 즉 동래부의 허가를 얻어내는 일부터 조사활동에 이

르기까지 역관이 책임을 지고 일을 처리해 주기로 약속을 한 것이다. 2
는 이번 조사의 본질이 약학藥學이 아니라, '사물'에 대한 지식을 구하고
있다는 점을 확인하고 있다. 3은 대마도 당국이 돈을 아끼지 않고 이번
조사에 적극 대처하겠다는 자세를 보이고 있다. 협력자에 대한 사례는
물론이거니와, 입수하는 데 소요되는 모든 비용, 예를 들면 출장을 가게
되면 그에 대한 여비, 동반자의 인건비, 약재의 대가, 혹은 왜관으로 가
져가기 위한 '운조'運漕 비용수로를 이용하였을 때의 세금까지도 모두 대마도 당
국이 부담하기로 약속을 하고 있는 것이다.

　당초 예정대로라면 이런 일은 모두 최상집을 중심으로 진행되었어야
할 터인데, 역관사는 항례에 따라 귀국보고를 하기 위하여 서울한양로 올
라가지 않으면 안 된다. 그렇기 때문에 그와 똑같은 역관 신분이면서 훈
도역訓導役의 소임을 이제 막 마친 이석린이 사건의 모든 것을 인지한 상
태에서, 우선 동래부에 대한 중개역을 이어받기로 한 것이다.

　이석린의 당시 나이는 62세였다. 고령이면서도 성심성의껏 교섭에
임한 덕택에 이윽고 동래부로부터 8월 24일부로 '훈령'이 발령되는데,
정식으로 조사가 이루어질 수 있게 된 것이다. 그러나 거기에서 지명
된 조선쪽 주임 담당관차비관은 당초안과는 달리 최상집이 아니라 열심
히 교섭역을 맡은 이석린이었다. 그런데 "본인은 전혀 본초에 관한 것
을 알지 못한다"고 당혹감을 표시하는 바람에, 1개월을 더 기다리지 않
으면 안 되었다. 최상집이 부산으로 돌아오기를 기다려서 거듭 동래부
의 전령을 받아낸 다음, 그를 이석린의 보좌역 형태로 참여시킬 셈이
었다.

　그런데 여기에 커다란 오산이 있었다. 부산으로 되돌아온 최상집은
완전히 사람이 변해 버린 것이다. 조사에 협력을 하기는커녕 왜관으로
들어가서 불평을 늘어놓기 일쑤다. 《관수일기》에 따르면, 밀무역에 자

금을 대주었던 사람들로부터 그가 크게 시달림을 당하고 있었던 모양이다. "은을 압수당했다니, 거짓말 좀 작작해라! 발각되었다면서 어떻게 귀국을 할 수 있었나? 당장 돈을 반환해라!" 최상집은 서울로 올라갔을 때 이런 식으로 호되게 꾸지람을 당했다고 한다. 거기에서 그친 것이 아니라 서울 자기 집에 수많은 사람들이 몰려와서 발로 차고 때리는 등 난폭한 행동을 하는 바람에, 이대로 갔다가는 목숨마저도 위태롭다는 둥 하소연뿐이다.

게다가 대마도에서 압수를 당한 은잠상은화을 되돌려 주었으면 한다면서, 왜학역관 더군다나 당상관만 해서 6명이나 되는 고위 관리들의 도장이 찍힌 탄원서를 들고 왜관으로 들어간 것이다. 이것을 보면 당시의 밀무역은 관청이 모조리 관련된 범행이었음이 판명되었다. 하여튼 최상집은 잠상은화밀무역 자금 문제로 머리가 복잡해 있어서 그에게는 어떤 역할도 기대할 수 없었다. 하는 수 없이 앞으로의 조사는 이석린을 중심으로 진행하기로 대마도측은 방침을 바꾸게 된다.

역관의 주역 교대, 더군다나 활동의 지체라고 하는 사태가 발생하였음에도 불구하고, 그 당시 고시 쓰네에몽의 행동은 조금도 흔들리는 모습이 보이지 않는다. 오히려 최상집을 달래는가 한편, 탄원서를 대마도 당국에 전달하는 등 편의를 봐 주는 역할을 도맡고 있다. 그런가 하면 보고서를 2통이나 작성하는 등 대담하고 기발한 행동을 척척 해 나간다. 서류의 작성일자를 보면 첫 번째 1통은 8월 7일, 나머지 두 번째는 9월 9일로 되어 있다. 거기에는 합쳐서 20종류의 식물 명칭을 비롯하여, 그림이라든가 열매·뿌리·표본용으로 말린 잎사귀 등이 첨부되어 있다. 시기적으로 보더라도 이것이 이석린 등 역관의 활동에 의한 것이 아님은 분명하다.

사실 고시 쓰네에몽은 대마도 당국으로부터, 왜관에 닿으면 곧장 약초를 대마도로 발송하도록 엄명을 받고 있었다. 더군다나 "첫 번째 보고서는 반드시 대마도주[30]가 에도로 참부하기 전에 대마도에 전달되도록"하라고, 기한까지도 지정되어 있다. 그 때의 도주였던 소우 요시노부宗義誠는 선대인 다이엔인大衍院, 소우 요시미치 宗義方의 아들인 이와마루岩丸를 데리고 가서 바쿠후에 소개할 예정이었다. 대마도주의 에도 입성은 10월로 정해져 있다. 그렇기 때문에 도주는 늦어도 8월 말 경까지는 대마도를 떠나지 않으면 안 된다.

약초의 발송을 참근교대 시기에 맞추었던 것은 에도에 도착한 대마도주의 그 뒤 행동을 보면 뚜렷하게 드러나고 있다. 10월 9일 에도에 들어간 소우 요시노부는 25일에 고시 쓰네에몽의 보고서에는 없는 전혀 별개의 약초를 쇼군에게 헌상을 한다. 요시무네가 기다리고 기다리던 물건이 조선에서 도착한 것인데, 3뿌리의 인삼 모종이 바로 그것이다. 이것이야말로 소우 씨의 에도 입성 무대를 장식하는 데 딱 어울리는 선물이다.

고시 쓰네에몽은 아마도 보고용 약초에 뒤섞어서 그것을 발송한 것일 터이다. 흙 위로 잎이 나 있지 않은 어린 인삼인 점을 생각하면, 생초生草라기보다는 '생근'生根이라고 하는 표현이 더 어울린다. 대마도가 그것을 바쿠후에 헌상했을 당시의 기록에도 '인삼 생근 3뿌리'라고 되어 있으며, 상자 그림밖에 그려져 있지 않다. 오동나무 뚜껑을 덮고 사방으로 통풍이 잘 되도록 하기 위하여 구멍이 군데군데 뚫어져 있다. 상자 속에 있는 흙은 조선에서 채취했을 때 그 주변에서 가져간 것인데, 마르지 않도록 표면에 이끼를 깔았다고 한다.

며칠 뒤 쇼군으로부터 위로의 말이 로쥬 미즈노 다다유키水野忠之를 통해서 소우 요시노부에게 전달되었다.

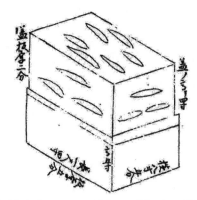

《인삼시종각장》人參始終覺帳 일본 도쿄대학 사료편찬소 소장

> 요즘 조선의 인삼 생근을 헌상 받으시고서, 그것이 진귀한 물건인지라
> 매우 만족하시고 계십니다. 그와 관련하여 매우 중요한 보물이므로 뿌
> 리가 되었든 열매가 되었든 간에 조달을 할 것이며, 대마도[31]에서도 땅
> 에다 심어 보시도록.《藥材禽獸御吟味被仰出候始終覺書》

요시무네는 흡족해 하는 표정을 지으면서, 한 걸음 더 나아가 앞으로
도 뿌리라든가 열매를 입수하도록 소우 씨에게 의뢰하는 동시에, 대마
도 땅에도 이것을 심어 보라고 장려하고 있다.

영내에 재배하는 것만큼은 실행에 옮기지 않았지만, 대마도는 결국
1728년영조4, 亨保13까지 총 35뿌리의 생초라든가 생근을, 그리고 60알의
씨앗을 요시무네에게 헌상한다. 이들 모두 약재조사와 병행하여 발송된
것인데, 요시무네가 의도했던 대로 이때부터 일본은 인삼의 시험재배
시기를 맞이하게 된다.

표 15 | 요시무네에게 헌상된 인삼

1721년 (경종元, 享保6)	10월 25일	3뿌리
1722년 (경종2, 享保7)	1월 26일	6뿌리
1723년 (경종3, 享保8)	4월 10일	7뿌리
1727년 (영조3, 享保12)	12월 9일	4뿌리
1727년 (영조3, 享保12)	12월 28일	7뿌리
1728년 (영조4, 享保13)	11월 12일	8뿌리 기타 씨앗 60알

한반도의
동식물 :

어떻게 해서 고시 쓰네에몽은 역관들의 협력을 얻지 않고도 인삼의 생근을 일본으로 보낼 수가 있었던 것일까? 그래서 쓰네에몽의 왜관에서의 행동을 추적해 들어가 보았더니, 가네코 규에몽 金子九右衛門이라고 하는 한 사람의 인물이 떠올랐다. 왜관에서의 신분은 '베츠마치니다이칸데다이'別町二代官手代라고 한다. 쓰네에몽의 주거가 이 대관옥二代官屋인 점으로 미루어보면 두 사람은 같은 시설에서 기거하고 있었던 셈이다.

'베츠마치니다이칸데다이'이라고 하는 것은 그 당시 사무역 담당관別代官 베츠다이칸에 배속되어 있는 '데다이'手代, 장부 관리에서부터 가격 협상에 이르는 일을 맡는 잡역이다. '마치'町라고 되어 있는 것을 보니, 신분은 상인이다. 베츠다이칸은 업무상 개시대청에 드나드는 조선의 상인들과 얼굴을 마주치는 기회가 많다. 더군다나 가네코 규에몽은 지난 번 조사 때1718년 협력자이기도 한데, 약재에 대한 지식이 풍부했던 모양이다.

고시 쓰네에몽은 왜관 도착 후 곧장 가네코 규에몽을 조수역助手役으로 기용하고 있다. 규에몽에게 내린 주문은 모두 '비밀주문', 그러니까 역관들에게 알려지지 않도록 신경을 쓰고 있다. 역관들이 정규 조사루트라고 한다면, 이들은 '비공식 루트'라고 보아도 좋을 것이다. 훗날 규에몽이 대마도 당국에 제출한 대가銀의 청구서를 〈표 16〉으로 정리하였는데, 이것을 보면 흥미로운 사실들을 발견할 수가 있다.

먼저 약재의 조달처를 보면 허비장許裨將과 이첨지李僉知라고 하는 2명의 인물이 등장한다. 날짜가 오래된 순서로 추적해 들어가다 보면, 1721년경종 원. 享保 6 윤 7월 12일에 은 5돈1돈=3.75g를 선불하는 형태로 허비장에게 전달되고 있다. 그로부터 9일 후21일 허비장은 싸리나무楸木 하기키 1그루와 모과木瓜 1개를 왜관으로 들여보내고 있다. 바로 이튿날22일, 이번에는 이첨지가 새삼[32] 7뿌리를 반입하고 있다. 이들은 모두 조선의 역관들이 활동을 개시하기 전에 일어난 일이다.

두 사람이 왜관으로 실어 나른 약재는 합쳐서 40종류에 이른다. 이 가운데 허비장이 도움을 주었던 것은 1721년경종元. 享保6 8월이 피크를 이루고 있다. 그 뒤로는 뚝 끊어졌다가 1722년경종2. 享保7 4월 22일을 마지막으로 활동이 끝나고 만다. 또 이첨지의 경우는 1721년 8월에서 9월에 걸쳐 있는데, 허비장처럼 중단되지는 않았지만 최종일이 1722년경종2. 享保7 10월 8일까지로 되어 있으며 수량도 그다지 많지 않다. 요컨대 두 사람이 가장 활발하게 활동을 했던 것은 1721년 8~9월 사이인데, 이때는 역관들의 움직임이 아직 포착되기 이전 시기와 일치한다.

표16 | '비공식 루트'를 통한 약재조달: 1721년 윤 7월~9월 말

월일	대가 은/문	지불 대상	왜관 반입 약재	반입자
윤7/12	5	허비장		
윤7/21			싸리나무 1그루, 모과 1가지	허비장
윤7/22			새삼 7부리	이첨지
윤7/23	6	허비장		
8/2			왜가리 1마리	허비장
8/3			새삼 3잔	동래약점
8/7			야자고(野茨菰) 3작 · 초고(草藁) 1	허비장
8/8			민어 1마리	가네코규에몽
8/9			모과 3작 · 꽃 열매 달림	허비장
8/11	10	허비장		
8/25			생목향生木香 1그루 · 무환수(無患樹) 1매 · 산수유(山茱萸) 1매 열매 달림	약점
8/28			무이(蕪荑) 1매, 꽃 열매 달림	허비장
9/13	5	허비장		
9/13	30	약점 이첨지		
9/13			승마(升摩) · 세신(細辛) · 마황(麻黃) · 백지(白芷) · 백작약(白芍藥) 각 각 뿌리 · 잎 달림	약점
9/28	8	약점 이첨지		
9/28			진구(蓁艽) · 현삼(玄蔘) · 백지 · 모과 큰 것 12 · 현호색(玄胡索) · 택란(澤蘭) · 욱이(郁李) 각각 뿌리 · 잎 달림	약점

대마도종가문서 《약재질정기사》4 일본 나가사키현립 쓰시마역사민속자료관 소장에서 작성

그렇다면 도대체 허비장과 이첨지는 어떤 사람들이었을까? '비장'이나 '첨지'라고 하여 조선의 관리인 듯한 명칭을 사용하고 있지만, 사실 이들은 상인이다. 기록에는 '동래약점'東萊藥店이라고 되어 있는데, 이것은 어디까지나 일본쪽 표현이다. 그들이 실제로 동래부 근처에 점포를 설치해 놓고 있었는지 어쩐지는 알 수가 없다. 그 당시 조선의 지방 상인은 대부분 상설점포를 가지지 않고, 동업자들끼리 조합組合, 都中을 만

들어서 활동하고 있다. 두 사람은 아마도 동래부에 본거지를 두고 있는 약재 취급업자인 '약계'藥契의 일원이 아닐까 생각된다.

　동래부는 물론이거니와 왜관이 설치되어 있는 초량은 경상도에 속한다. 이 지방은 조선 국내에서도 손꼽히는 약초지대이다. 1658년효종9. 万治元 조선왕조는 경상 · 전라 · 강원 3도에 약재 특설시장인 '약령시'藥令市를 개설했다. 왕조 정부에 대한 진상進上. 進貢 혹은 중국이나 일본의 조선약재 구청求請에 따르기 위한 것이라고 한다. 약령시의 전통은 현재 대구 시내에 그대로 이어져 내려오고 있다. 그곳은 크고 작은 한약 가게로 넘쳐나고 있는데, 가까이 다가가면 한약의 독특한 냄새가 풍겨 온다. 이런 환경이 수많은 약계를 키워내고 있었던 것일 터이다.

　'비공식 루트'의 중심에 서 있었던 가네코 규에몽은 훗날 대마도 당국으로부터 금 3냥이라고 하는 거액그것도 현금으로을 하사 받고 있다. 조사의 주임인 고시 쓰네에몽에게는 백미 7가마니, 그림을 그리는 화공한테는 흑미 2가마니, 그리고 모종 관리나 표본 제작을 담당하는 정원사의 경우는 동전 500문이 지급되고 있는데, 이것과 비교하면 그에 대한 포상금은 파격적이다. 그 이유로서 '약재에 밝은 사람이라서 조사에 참여하도록 한 것인데, 규에몽의 활약에 힘입어서 조선에서 빼내기 어려운 것들을 조달할 수 있었다'고 밝히고 있다. 여기에서 말하는 '빼내기 어려운 것들'이 무엇을 의미하는지 이제는 의심할 여지가 없을 것이다.

　'비공식 루트'가 잘 가동이 되지 않게 되자 역관들의 활동이 시작된다. 뜻밖에도 조사의 주임이 되어 있었던 이석린은 약재관계에 어둡다는 자신의 판단, 거기에다가 60살을 넘긴 고령이라고 하는 점도 작용을 하여, 스스로 약재를 감정하려고 한다든가 여기저기 뛰어다니는 일 같은 것은 하지 않고, 그저 중개하는 역할로 일관했다. 이것이 결과적으로는 조사의 질을 높일 수 있게 된다. 약속한 대로 먼저 이석린은 '박물다식'博

物多識한 사람으로 판단되는 사람을 데리고 왜관으로 들어간다.

맨 처음 왜관에 소개한 사람은 이주부李主簿라고 하는 동래부의 내비장內裨將, 수령의 측근이었다. 부사의 소개로 의사는 아니지만 "의술을 잘 아는 사람"이라고 선전을 늘어놓았다. 그런데 대마도에서 보내 온 초목류를 내보였더니, 어느 것 하나 이름을 알고 있는 것이 없다. 더군다나 그런 이주부가, '조선의 고위직에 있는 의사라고 하는 사람은 초목 같은 것은 알지 못한다. 그러니 경주 근처에서 약초를 채집하고 있는 사람한테 물어 보라.'고 쌀쌀맞게 내뱉는 것이다. 고시 쓰네에몽은 부사와 이석린의 얼굴을 봐서 하는 수 없이 사례금으로 은 2매86돈를 지불하고서, 서둘러서 돌아가 달라고 부탁을 한다.

두 번째로 왜관에 들어간 사람은 박첨지朴僉知라고 하는 밀양의 의사이다. 이석린의 친척벌 되는 사람인데, 그의 동생이 서울의 전의감典醫監, 국왕의 의료기관 의사로 있는 고위 의사 집안 출신이라고 한다. 조선의 의관은 양반과 상민의 중간에 위치하는 '중인'中人계급으로 구성되어 있는데, 의과시험잡과에 합격한 사람이 중앙의 의료기관에 배속된다. 다만 그것도 체아직遞兒職이라고 하여, 몇 개월마다 바뀌는 교대제로 되어 있다. 그렇기 때문에 급료를 받을 수 있는 녹관祿官에 취임하기까지는 개인적인 의료행위를 해서 수입을 확보하지 않으면 안 된다. 박첨지도 아마 밀양에서 그런 일을 하고 있었던 것으로 보인다.

앞에 소개한 이주부의 말처럼, 고위 의관들에게 있을 법한 약초에 대한 지식의 미천함은 있었겠지만, 밀양으로 돌아갈 때 '주문문서'조사항목33의 사본을 가지고 갔다. "앞으로도 약재에 관해서 신경을 써서 알아보겠으며, 밝혀지는 대로 보고를 드리지요"라고 하면서, 매우 진지한 태도를 보여 주었다. 그 뒤로도 그가 3번씩이나 왜관에 들어가고 있는 것을 보면, 꽤 유익한 조언을 해 주었던 것으로 생각된다. 고시 쓰네에몽은 이주부에게 그랬던 것처럼 박첨지에게도 은 2매86돈의 사례금을 지불한다.

　다음으로 왜관에 들어간 사람은 현오玄悟와 치백緇白이라고 하는 승려였다. 현오는 동평東平의 선암사仙庵寺, 치백은 사상沙上의 운수사運水寺라고 하는 왜관에서 그다지 멀지 않은 동래 부근에 있는 절에 거주하고 있다. 고시 쓰네에몽은 어디에선가 '승려들은 산 속에서 기거하고 있기 때문에 새 이름에 조예가 깊다'고 하는 소문을 들었던 모양이다. 앞에서 말한 새의 박제를 모두 보여주었더니, '호지로'는 조선에서 말하는 '목면새'木綿鳥로 생각되지만, '구이나'는 '수풀새'인가? '반'은 일본새인가? 이 정도로 매우 자신 없는 대답뿐이었다. 대부분 성과다운 성과가 없었기에 노자路資 ; 路銀, 교통비만 지불하고 사례금은 주지 않았다.

　마지막으로 왜관에 들어간 사람은 이참봉李參奉이라 불리는 경주의 의사였다. 이 사람은 특히 외과의 전문가인데, 왜관 주민들 사이에서도 평판이 좋은 전문의이다. 왜관에도 일본인 의사가 몇 명 있지만, 실제로는 의학 유학생들이 포함되어 있는 수도 있다. 중병인이 발생하게 되는 경우에는 오히려 솜씨가 좋은 조선 의사가 근처에서 호출되어 가서 치료라든가 약재 배합을 하는 것이 일상적이다. 사실 고시 쓰네에몽은 왜관의 의료 현장에서 높이 평가를 받고 있던 이참봉을 좀 더 일찍부터 왜관으로 불러들이고 싶었다. 그러나 조선의 고관 소개라든가 친척 등을 우선시 하려고 하는 역시 조선의 관료다운 이석린의 입장도 충분히 이해할 수 있었다. 결국 이참봉의 왜관 출입은 역관의 활동 개시로부터 8개월이 지난 1722년경종2, 享保7 4월이 되어서야 겨우 실현된 것이다.

　기대에 어긋나지 않게 이참봉은 왜관에 들어간 사람들 중에서 가장 많이 약재명을 밝혀냈다. 초목만이 아니라 앞의 승려들보다도 새 이름을 더 잘 알고 있었으며, 동식물 전반에 대해서 '박학다식'함을 보여 주

원앙 암수

고 있다. 사흘 정도 계속해서 왜관에 체재하였는데, 마지막 날에는 고시쓰네에몽이 은 215돈금 즉 타원형의 얇은 금화 3냥 정도[34]이라고 하는 가장 많은 액수의 사례금을 전달하면서 그의 노고에 보답을 하고 있다.

게다가 경주로 되돌아 갈 때 '경주토산'으로 보이는 동식물 20종을 입수해 주겠다고 이참봉이 약속을 한다. 실제로 그는 동래의 약초 채집자를 중간에 세워서 약재 10종품목 불명과 황해도에서 포획한 '원앙'鴛鴦 1마리, 경주에서 붙잡은 '장어'鱧 1마리를 그 뒤에 왜관으로 들여보내고 있다. 이 때 지불된 대가銀를 청구서를 통해 살펴보면, '장어'鱧이 24돈운송비포함, 원앙이 33돈 3분, 원앙의 운송비人馬가 28돈 5분, 10종의 약초가 50돈으로 되어 있다. 약초에 비하여 동물, 특히 원앙의 대가로 고액의 비용이 지불되고 있음을 알 수 있다.

이참봉이 보낸 원앙은 뜻밖에도 시대를 뛰어넘어 오늘날의 21세기 생물학, 특히 조류의 생태학사와 관련된 귀중한 발견과 이어지게 된다. 원앙이라고 하면 일본에서는 보통 '오시도리'라고 이해하고 있다. 그런데 그림에서 보는 것처럼, 조선에서 포획된 원앙은 이것과 전혀 다른 것이다. 대마도에서는 옛날부터 이 새를 가리켜 '조선 오시도리'조선원앙라고

환상의 새 간무리츠쿠시가모

불러 오고 있는데, 쇼군이나 유력 다이묘로부터 특별히 요청이 들어오는 경우 이외에는 다른 지역으로 함부로 유출시키지 않는 '금수품'[35]으로 지정되어 있다. 그 당시부터 희귀종인 진기한 새로 알려져 있었던 모양인데, 고시 쓰네에몽越常右衛門이 이 새를 입수하는 데 거금을 지불한 것도 무리는 아니었다. 사실 이 새는 일본이름으로는 '칸무리츠쿠시가모'학명 Tadorna cristata, Kuroda라고 하는데, 지금은 절멸해 버린 '환상의 새'인 것이다.

이 새가 세상에 알려지게 된 것은 1917년大正 6의 일이다. 조류학자인 구로타 나가미치黑田長礼가 부산에 가서 우연히 들른 박제 가게에서 발견하여 신종이라고 소개한 것이다. 일본명은 머리털이 길게 아래로 늘어뜨려져 있어서 마치 관冠을 머리에 이고 있는 것처럼 보인다고 해서 붙여진 것이다. 그 뒤 독일인 학자가 반론을 제기하여 잡종설이 부상한 적도 있지만, 역시 신종으로 판정이 내려졌다.

생물학사 전공자인 이소노 나오히데磯野直秀 씨의 도움으로 알게 된 사실인데, 이런 결정이 내려지게 된 결정적인 계기가 에도시대조선후기에 작성된 조류도보鳥類圖譜라고 한다. 거기에서 기르는 새라고 하여 그려져 있는 '조선엥오' '조선오시도리' '조선오시' '리큐가모'[36] 등으로 불리는 새가 '간무리츠쿠시가모'가 틀림없다고 확인되었던 것이다.

1822년순조22, 文政5에 홋카이도 하코다테函館 근방에서 이 새가 포획되었을 당시의 그림이 남아 있는 것으로 보아서는 일본으로도 날아갔던 모양인데, 현재는 존재가 전혀 확인되지 않고 있으며, 지구상에서 완전히 모습을 감춰 버렸다고 알려져 있다. 이 '환상의 새'는 현재 사생도라든가 모사도를 포함하여 20점 이상의 그림과 함께, 현존하는 3점의 표본에 의하여, 그 유형화를 진행시켜 나갈 수밖에 없는 생태학적으로 볼 때, 아직도 많은 수수께끼로 둘러싸여 있다.

그런데 이것이 이번 조사항목에 들어 있던 관계로 말미암아, 이 새의 서식지 등에 대하여 고시 쓰네에몽의 보고서라든가 정확한 사생도가 후세에 남겨지게 되었던 것이다. 그 그림을 보면 조사 목적 때문에 깃털의 형태라든가 특징을 정확하게 파악하고 있으며, 이제까지 알려지고 있는 에도시대조선후기의 조류도감과는 또 다른 새로운 소재로서 주목된다.

고시 쓰네에몽은 조선원앙을 이참봉이 황해도에서 입수한 1마리 이외에도, 이석린 밑에 속해 있던 소통사의 활약에 의하여, 서울한성의 어느 귀인 집에서 애완용으로 기르고 있던 암수 1쌍여비·수송비 포함 은 300目을, 그리고 평안도에서 포획한 암수 1쌍운송비·여비 포함 250돈을 구입하고 있다. 그 뒤에도 바쿠후의 요청에 의하여, 확인된 것만 하더라도 1724년경종4, 享保9과 1729년영조5, 享保14에 두 차례에 걸쳐 원앙이 쌍으로 왜관에서 에도로 보내지고 있다. 이 때 포획 당시의 상태라든가 사육법 등이 기록으로 남아 있음은 물론이다.

원앙의 입수처를 보아서도 알 수 있듯이, 역관들의 본령은 한반도 전역에 걸쳐 있었는데, 그것을 바탕으로 하여 동식물의 포획을 실행에 옮길 수 있었던 것이다. 그 절정이 1722년경종2, 享保7 1월 갑자기 찾아온다.

포획된 동물들. 오른쪽 위=미麋, 오른쪽 아래=궤麂, 왼쪽 위=장麞, 왼쪽 아래=위蝟

이석린이 헐레벌떡 왜관으로 달려가 하는 말이, '가라지마'唐嶋에 파견되어 있던 박통사朴通事가 거물을 잡아서 오늘 아침 되돌아왔습니다'라고 하는 것이다. 이윽고 막 도착한 큼직한 포획물이 왜관으로 반입된다. 박통사는 이석린에게 배속된 소통사 중 한 사람이다. 정확하게 말하면 '가라지마' 안에서 미麋 비[37]와 큰 노루궤麂 기를, 그리고 그 근처에서 노루 장麞 쇼와 고슴도치 위蝟 이를 잡은 것인데 모두 4종이나 된다고 한다.

　'가라지마'라고 하는 곳은 일본사람들이 부르던 명칭인데 이곳은 다름 아닌 거제도巨濟島를 가리킨다. 이 섬은 한반도 남해안에 무수히 많은 군도가 흩어져 있는 다도해 속에 위치하고 있는데, 제주도에 이어서 두 번째로 큰 섬이다. 기암이 바다 한 가운데 우뚝 솟아 있는 유명한 명승지로도 알려져 있는데, 천혜의 자연환경을 자랑하는 이곳 섬 주변에는 많은 동물이 서식하고 있었던 것으로 보인다. 아무래도 이석린은 들짐승의 입수처로서 이 섬 주변을 표적으로 삼았던 모양이다.

당장 크기를 측정하고 그림을 그리기 시작한다. 먼저 가장 큰 사슴 미麋 비인데 이것을 보면, 몸통의 길이가 3척 8보93㎝, 여기에 목의 길이1척 5촌 3보를 더하면 4척 정도120㎝나 된다. 다리의 길이는 1척 7촌50㎝, 거기에 1척 정도30㎝ 되는 잘 생긴 뿔이 나 있는 수컷 사슴이다. 나중에 니와 세이하쿠丹羽正伯는 이것을 큰 사슴이라는 뜻으로 '오호시카大鹿'라고 적고 있는데, 포획지라든가 뿔의 형상으로 보건대, 이것은 대마도에도 많이 서식하는 일본명 '쓰시마시카'가 틀림없다.

큰 노루 '궤'麂 기와 노루 '장'麞 쇼은 한반도에서 중국 동북부에 걸쳐 넓게 서식하는 사슴의 일종인 '노루³⁸이다. 포획된 큰 노루 궤는 몸통 길이가 2척 6촌80㎝가 조금 못됨, 목은 땅딸막하고 두꺼운데 길이는 6촌 2보18㎝, 다리 길이는 1척 7촌으로 되어 있다. 그림을 잘 들여다보면 뿔이 없는 대신에 위턱에 길다란 송곳니가 나 있다. 아래턱과 귀가 희고, 코가 검고 크게 그려져 있다. 이것은 일본명 '기바노로³⁹의 특징이라고 말할 수 있다.

노루 '장'麞 쇼은 몸통 길이가 2척 9보63㎝, 목은 8촌 5보25㎝, 다리 길이는 2척 3촌70㎝ 조금 못됨이라고 한다. 큰 노루 '궤'麂 기와 달리 송곳니가 없는 것으로 보아 보통 '노루'로 생각된다. '위'蝟는 그림이 두 장 그려져 있다. 둥글게 몸을 움츠린 상태에 대하여, "이것은 사람이 만지거나 다가갔을 때, 머리와 다리를 숨긴 모습"이라고 설명이 되어 있다. 이것은 분명히 '고슴도치'하리네즈미의 특징을 묘사하고 있는 것이다. 포획된 동물은 모두 수컷이라고 한다.

며칠이 지난 뒤 이석린이 고시 쓰네에몽 앞으로 청구서를 보낸다. 이것을 보면 각가의 대가銀와 이번 포획작전이 조금씩 드러나게 된다.

　고라니 미麋 비의 대가銀가 유독 비싼 것은 역시 거물이었던 탓일 것이다. 그에 비하면 나머지 큰 노루 '궤'麂·노루 '장'麞·고슴도치 위蝟는 의외로 값이 싸다. 여비 항목을 보면 박통사朴通事가 하인 2명을 거느리고 37일 동안이나 현지에 머물면서 포획작전을 지휘하고 있었음을 알 수 있다. 그렇게 했는데도 전체 금액이 은 162돈이라고 하니까, 앞에서 본 원앙의 입수대가은 250~300匁와 비교하면 훨씬 싸다. 고시 쓰네에몽은 특히 이 작전에서 고생을 한 박통사에 대하여 훗날 사례금으로서 은 50돈을 전달하고 있다.

　거제도의 대성공으로 기분이 좋아진 이석린은 4월이 되자 재차 동물 포획작전을 감행한다. 이번에는 거대한 바다거북, 그러니까 한자명으로 된 조사항목의 충부蟲部 마지막 부분에 있는 '대모'40를 포획하려고 한 것이다. 얼마 안 있어 그곳에 파견되어 있던 소통사小通事, 성명 불명로부터 "바다거북을 붙잡았는데 이것을 가지고 갑니다"라고 하는 보고가 왜관에 전달되었다.

　거듭되는 낭보! 그러나 기쁨도 잠시, 그로부터 3일 뒤 어깨를 축 늘어뜨리고 왜관 문을 빠져나가는 이석린의 모습이 보였다. 사정을 들어보니, '어렵사리 붙잡았는데, 그만 소통사란 놈이 바다에 풀어주고 말았다'고 말하는 것이 아닌가.

대모瑇瑁는 영물이기 때문에 이 거북을 붙잡게 되면 그곳에서 고기가 잘 잡히지 않게 된다고 합니다. 그곳 마을 사람들한테도 재앙이 찾아오게 된다면서, 그 마을 주민들이 앞에 말한 거북이 포획을 극구 못하게 하여 바다로 풀어주는 바람에, 하는 수 없이 이쪽왜관으로 보내지 못합니다.

아마도 바다거북이 왜관으로 보내지기 직전이었을 터이다. 그런데 '대모' 즉 바다거북을 영물로 숭배하는 주민들의 저항에 부딪혀 하는 수 없이 그것을 바다로 되돌려 주었다고 한다. 특히 어부들한테는 큰 거북이

이석린의 약재 입수 지역

가 바다의 수호신과 같은 존재였던 모양이다. 고기잡이를 위해서 좋지 않을 뿐만 아니라, 그곳 마을 사람들이 재앙을 만나게 된다고 하면서 몰려드는 바람에, 포획에 협력을 해 주었던 엽사도 하는 수 없이 그들의 요구에 따르지 않을 수 없었다고 한다. 솔직한 이석린은 이번에는 현물을 가져가지 못했다 하여 출장비 청구도 하지 않았다.

역관 이석린에 의한 동식물 채집의 범위를 지도를 가지고 살펴보기로 하자. 식물은 역시 약초지대가 펼쳐져 있는 경상도 지역으로 한정되어 있다. 다만 동물은 서식지에 따라서, 북으로는 함경도산 흰꽃뱀에서 시작하여, 남으로는 경상도 남해, 거제도에 이르기까지 꽤 넓은 지역에 걸쳐 있다. 앞에서 설명한 가네코 규에몽이 이끈 '비공식 루트'는 역관의 활동 전에 조사를 개시할 수 있었다는 데 의미가 있다고 한다면, 이석린이 주도하는 정규 루트는 특히 먼 곳에서 구하지 않으면 안 되는 동물포획에 위력을 발휘하고 있었던 셈이 된다. 쌍방의 이점을 살린 활동 성과라고 말할 수 있겠다.

고시 쓰네에몽 등은 1722년경종2, 享保7 세밑에 일단 대마도로 귀국한다. 아직 조사가 완전하게 끝난 것은 아니지만, 뒷일은 관수에게 부탁을 해 두었다. 이미 살펴본 것처럼 하야시 료키의 갑작스런 죽음, 게다가 후임인 바쿠후 의관醫官 고노 쇼앙과 사이가 별로 좋지 않았던 것도 그 이유의 하나였다. 왜관 체재는 1년 6개월 정도였다.

그 동안 쓰네에몽은 하야시 료키로부터 지시를 받은 178개 항목에 대하여, 12회에 걸친 보고서를 작성하여 제출한다. 거기에는 판명된 일본명·한자명이 적혀있다. 그리고 현물을 채집하여 작성한 그림, 게다가 표본용으로 말린 잎사귀·나뭇가지·뿌리·열매종자 등 명칭이 확실하지 않은 것을 확인하기 위하여 만들어진 수많은 샘플이 첨부되고 있는 것이다. 그간의 성과를 숫자로 나타낸다면, 한자명 항목 104종 중에서 현물을 채집할 수 있었던 것이 69종이나 된다. 가네코 규에몽이 40종, 이석린이 40종, 이 가운데 11종이 중복되고 있다. 완전히 두 사람의 우열을 판정하기 어려울 정도로 호각지세의 비율을 보이면서 왜관으로 들여보내고 있었음을 알 수 있다. 또한 일본명을 확실하게 밝혀내기도 하고, 그림·샘플 등을 발송하기도 하는 등 어떤 형태로든 정보를 제공하고 있는 것이 72종이다. 이것은 한자명 항목 전체의 약 7할에 해당한다.

거꾸로 일본명 항목의 성과는 별로 좋지 않다. 항목 74종에 대하여 불명확_{존재의 유무조차도 확인할 수 없음}으로 되어 있는 것이 42종_{약 6할}이나 된다. 거기에는 여러 가지 원인이 있을 것이다. 그런데 '만보우' '요나키' 등과 같이 대마도에서도 들어본 적이 없는 일본명 10종을 조선으로 조사하러 떠나기 전에 바쿠후에게 문의를 하였지만, 당시 건강이 매우 좋지 않았던 료키는 말할 것도 없고, 후임인 고노 쇼앙으로부터도 아무런 대답을 얻지 못했는데, 이것도 그 이유 중 하나인 것이다. 지시를 하는 쪽, 특히 일본명 항목에 소극적인 태도를 보인 것이 좋지 않은 결과를 가져왔다고 말할 수 있다.

대마도는 이번 약재 입수를 위한 경비_{여비·인건비 포함}로서, 은 1관 477돈 정도를 이석린과 가네코 규에몽에게 지불하고 있다. 그 외에 협력자에 대한 입수 대가와 사례금으로서 은 3관 523돈이 지급되고 있다. 조사에 지출된 총 비용은 은 5관 정도_{금으로 83냥}에 이른다. 물론 바쿠후가 원조를 해 줄 리는 없다. 조선과 일본 사이의 온갖 업무를 도맡아 하고 있었기 때문에, 별 도리 없이 지불하지 않으면 안 되는 임시비용 지출이며, 이것도 대마도가 마땅히 담당해야 할 '봉공'奉公의 일환이라고 말할 수 있다.

왜관 조사의 새로운 국면 :

　　다액의 비용, 인원, 시간을 들여서 만들어진 고시 쓰네에몽의 보고서에 관한 것인데, 유감스럽게도 우리는 지금 그 원본의 행방을 찾을 길이 없다. 《약재질정기사》의 사본을 통해서 미루어 짐작컨대 보고서는 결코 완성 수준에는 이르지 못하였다. 특히 보고된 명칭 가운데는 의문이 해결되지 않은 채 남아 있는 것이 많으며, 그것을 확정해 가기 위해서는 여전히 검토의 여지가 남아 있다. 조사는 한 번의 보고로 끝나는 것이 아니라, 몇 번씩 추고를 거듭하면서 정밀도를 높여 가지 않으면 안 되는 것이다. 또 보고서에 첨부되어 보내진 표본용 잎사귀와 같은 현물은, 그림하고는 달리 자칫 소홀하게 다루거나 관리가 제대로 이루어지지 않으면, 손상이 심해지게 되고 결국에 가서는 활용되지 못한 채 버려지고 만다.

　　본래대로 한다면 하야시 료키 쪽에 전달되었을 이들 귀중한 자료는 료키의 사망에 의해 후임인 고노 쇼앙에게 맡겨지게 된다. 쇼앙은 대대로 호잉法印이라는 칭호를 부여받은 명문 의관 출신이다. 요시무네로부터 료키가 남겨놓은 과업의 인계를 지시 받은 쇼앙은, 조선의 인삼을 비롯하여 진귀한 약초라든가 동물을 재빨리 입수할 수 있는 위치에 서 있게 된 데 흥미를 보였다. 그는 취임 후 바로 대마도의 관리를 불러내서 조선의 감초와 대추, 그리고 중국 베이징 대추 등 료키의 항목에는 없는 약재의 입수를 계속해서 주문하고 있다.

이 가운데 감초는 일본 원산의 존재유무를 둘러싸고, 에도江戸의 본초학자들 사이에서 일대 논쟁이 일고 있었다. 그 당시 고슈甲州 가미오조무라上於曽村 엔잔塩山의 밭통칭 감초밭에서 자생하고 있는 감초 27뿌리가 발견되었는데, 이것을 니와 세이하쿠丹羽正伯가 입회하여 조사를 하는 등 여러 가지로 화제를 불러일으킨 약초이다. 이 외에 고노 쇼앙의 추가 주문은 항상 '생초'生草 · '생식'生植 · '생조'生鳥라고 하는 조건이 붙어 있다. 크기라든가 채집부분까지도 지정이 되어 있는 것으로 보건대, 그의 관심이 이식 · 번식 쪽에 기울어져 있음을 알 수가 있다.

그런 반면에 고노 쇼앙은 약물의 명칭을 밝혀낸다고 하는 본래의 목적에 대한 관심은 거의 없었다. 고시 쓰네에몽의 보고서도 거의 들여다보지 않을 뿐만 아니라, 가끔씩 쓰네에몽의 의견에 이의를 제기하고 있는 것을 보면, 오히려 본초학에 대한 고노 쇼앙의 지식은 그다지 깊지 못했던 것으로 보인다.

《동의보감》의 약명 확정에도 쇼앙은 전혀 공헌을 하지 못했다. 이것이 맨 처음 일본에서 번역된 것은 1724년경종 4, 享保 9의 일이다. 요시무네의 명을 받은 호소카와 도앙細川桃庵, 미나모토 겐츠우 源元通이라고 하는 의사가 《정정 동의보감》訂正東醫寶鑑을 완성시킨다. 원전인 한문에 '가에리텡'[41]을 달거나 구두점을 찍어 놓아서 읽기 쉽게는 되어 있다. 그렇지만 이것은 탕액편湯液篇에 나오는 한글 약명은 그대로 베껴놓는 데 그치고 있다. 왜관에서 조사가 이루어지게 된 최초의 발단은 물론이거니와, 고시 쓰네에몽의 보고서도 거기에 전혀 반영되지 않았다.

이대로 가다가는 왜관조사 자체가 역사의 저편에 매장되어 버리고 말 처지에 놓였다. 그런데 요시무네의 측근 중에서 이 조사의 중요성을 인식하고 강한 관심을 가지고 있던 사람이 있었다. 본초학자인 니와 세이하쿠丹羽正伯, 데이키 貞機가 바로 그 사람이다.[42] 세이하쿠는 교토에서 도쟈쿠스이稻若水, 이노오 센기 稻生宣義한테서 본초학을 배웠다. 스승이 사망하자 그는 에도에서 일반인들을 상대로 하는 의료행위町醫者 마치이샤를 시작하게 된다. 1720년숙종46, 享保5에 약초나 약제를 캐서 거두는 바쿠후의 채약사採藥使 사이야쿠시로서 하코네箱根로 부임하는 것을 계기로 하여, 의관[43]에 기용된 특이한 경우의 인물이 바로 그다. 더욱 희한한 것은 명문인 고노쇼앙에게 대단히 잘 보였던 모양이다. 인삼이나 그 외 다른 약초의 추가 주문을 통해 조선에서 보낸 약초의 재배법에 대하여 자신의 의견을 제시하기 위해 그의 사저私邸를 드나들고 있었는데 그러면서 세이하쿠가 고시 쓰네에몽이 쓴 보고서의 존재를 알게 된 것이다.

요시무네와 니와 세이하쿠, 둘 중 어느 쪽이 먼저 얘기를 꺼냈는지는 알 수 없다. 하지만 《정정 동의보감》訂正東醫寶鑑에 왜관조사의 성과가 제대로 활용되지 못하고 있었던 터에, 하야시 료키가 물려준 사업 중 하나인 탕액편의 일본명 확정이 세이하쿠에게 맡겨진다. 이윽고 1726년영조2, 享保11 동의보감 탕액편의 수부水部 이하 전 약명을 일본어로 번역한 《동의보감탕액류화명》東醫寶鑑湯液類和名, 상하 2권이 완성되어 요시무네에게 헌상된다. 세이하쿠는 그 상권의 첫머리에서 '총 1,387종 중에서 확인되지 않은 것이 132종'이라고 적고 있다. 완벽하다고는 말할 수 없지만 전체의 9할이나 되는 약명을 일본명으로 바꿔 적을 수 있었던 것에 대해 강한 자신감을 나타내고 있는 것이다.

이것은 고시 쓰네에몽의 보고서를 활용할 수 있었기 때문에 가능한
일이다. 예를 들면 '모과'木瓜 항목을 보면,

모과 = 가라보케

기데이키[44]가 삼가 생각하건대, 조선에서 올린 그림으로 판단한다면,
조선에서는 명사榠樝 메이사[45], 가링[46]花梨/果梨를 모과木瓜라고 하는 것 같
사옵니다.[47] 그림도 명사榠樝입니다. 모과에는 배꼽 부분이 불룩 튀어나
와 있는데, 명사에는 그것이 없습니다. 보감동의보감에도 이에 관한 설
명을 명사 항목 아래에 싣고 있습니다. 그리고 문의해 오신 문서에는
명사라고 쓰인 한자 옆에 '가링'이라고 가다카나로 적혀 있었는데, 원래
는 가링을 그릴 생각이었던 모양이나 그림이 잘못 그려진 것이 아닌가
하고 생각됩니다.[48]

이와 같이 세이하쿠는 '모과'를 판정하게 되었을 때에도, '조선에서 올
린 그림', 다시 말해서 고시 쓰네에몽이 왜관에서 작성하여 보낸 그림을
들여다보고 있는 것이다. 여기에서는 과실의 꼭지 부분에 주목하여, 불
룩 올라온 곳이 없다는 이유로, "이것은 '가링'을 모과라고 잘못 그린 것이
다"고 판정을 내리고 있다.

그 해석의 옳고 그름은 덮어두고라도, 중요한 것은 세이하쿠가 고시
쓰네에몽의 보고서를 이용하면서도, 거기에 쓰여 있는 것을 곧이곧대로
받아들이지는 않았다는 점이다. 조금이라도 의심이 가면 무리하게 일본
명을 달지 않고 때로는 초고[49] 형태로 자기주장을 적어 놓아 훗날 참고
자료로 삼도록 하는 자세를 버리지 않고 있다. 세이하쿠는 서적 편찬을
통하여 다시금 요시무네의 장대한 구상을 알게 되었으며, 또한 에도에

고시 쓰네에몽越常右衛門 보고서에 나오는 〈모과〉

있으면서도 외국의 동식물 조사를 지휘하려고 했던 하야시 료키의 수법을 배웠다고 말할 수 있다.

《동의보감탕액류화명》이 완성되기 바로 전년도에 해당하는 1725년영조元, 享保10 3월 대마도 에도루스이江戶留守居를 역임하고 있던 스즈키 자지우에몽鈴木左次右衛門은 고시 쓰네에몽 앞으로 쇼군이 하사한 시복[50] 3벌을 수령하고 있다. 명목은 "쇼군의 지시를 받아 조선의 약재·금수·초목을 조사하는 일을 열심히 수행하여 그 노고를 치하한다"[51]고 되어 있다. 뒤늦게나마 쓰네에몽의 왜관에서의 활약이 요시무네에게 전해진 것으로 보인다. 다이묘 가문에 속한 한낱 가신에 지나지 않는 사람이 쇼군으로부터 직접 시의를 하사 받는다고 하는 것은 좀처럼 이루어지지 어려운 일이다. 그를 추천한 사람은 세이하쿠 말고는 생각할 수 없다.

《동의보감탕액류화명》이 완성된 후 세이하쿠와 조선과의 관계를 연표로 작성해 보았더니 재미있는 사실이 발견되었다. 조선과 관련된 여러 가지 질문, 조선 의학서의 주문, 왜관에서의 재차 약재조사, 《동국여지승람》에 의한 산물조사, 통신사와의 의사문답, 조선인삼의 재배 등 그 어느 것도 일찍이 하야시 료키가 시도했던 것들뿐이다. 물론 실행에 옮기려면 쇼군의 허가가 필요하다. 이 가운데 특히 주목되는 것은 1732년 영조8, 享保17에 다시 고시 쓰네에몽을 기용하여 세이하쿠 자신이 왜관조사를 지휘하고 있다는 점이다. 사실 이 때의 왜관조사가, 세이하쿠의 대표적인 업적으로서 알려진《서물류찬》庶物類纂 쇼부츠루이산의 편찬, 그리고 일본 전국 각지의 산물조사와 깊게 연관되어 있는 것이다.

1726	영조2	享保11	《동의보감탕액류화명》완성. 요시무네에게 헌상
1726	영조2	享保11	약재조사 지시서《약재어심각서》(藥材御尋覺書) 작성
1727	영조3	享保12	조선국 산물서·마의서(馬醫書)·역(曆)·그림·의서·관직 등 서적물 주문
1727	영조3	享保12	《동국여지승람》입수. 요시무네에게 헌상
1732	영조8	享保17	고시 쓰네에몽(越常右衛門)에게 재조사 의뢰
1734	영조10	享保19	'고려인의 사계후다(下ヶ札) 호패 문자'에 대한 질문
1735	영조11	享保20	조선의 깃발에 관하여 질문
1735	영조11	享保20	조선 의학서 8권 구입 의뢰(그중 4책이 허준의 책)
1748	영조24	延享元	《동국여지승람》에 기초하여 조선산물조사를 왜관에 의뢰
1748	영조24	延享元	조선의 통신사와 의사문답, 《양동필어》(兩東筆語) 저술
1748	영조24	延享元	조선인삼을 재배한 공로, 요시무네로부터 상을 받음
1751	영조27	宝曆元	대마도가 조선약재조사의 종료를 왜관에 통달

《서물류찬》이라고 하는 책은 일찍이 스승인 도쟈쿠스이가 가가한슈加賀藩主 마에다 츠나노리前田綱紀의 요청에 따라 편찬을 개시한 것이다. 고금의 한문으로 쓰여진 서적류漢籍類 중에서 동식물에 관한 기사를 뽑아내서 초속草屬·화속花屬·인속鱗屬·개속介屬·모속毛屬……등 26개의 속으로 분류하여, 총계 1,000권에 수록하려고 하는 장대한 계획이다. 도

쟈쿠스이의 사망에 의하여 미완성된 채 전해 내려오던 것을 1719년숙종 45, 享保4 가가한슈가 요시무네에게 헌상을 하여 세상에 알려지게 되었다. 더 나아가 요시무네는 1732년영조8, 享保17에 이르러 이 책의 편찬을 속행하도록 세이하쿠에게 명령을 내린다. 기묘하게도 세이하쿠 자신의 지휘 아래 왜관조사가 재개되던 해와 정확하게 일치한다. 스승이 미완으로 남겨놓은 부분이것을 정편후편正編後編이라고 함이 완성된 것은 1738년영조14, 元文3, 게다가 그 유편遺編 부분을 수록한 증보판이 1747년영조23, 延享4에 완성을 보게 된다.

완성된 《서물류찬》은 정편과 증보를 합치면 1,054권, 무려 3,500여 종의 물명物名을 망라하고 있는데, 사물에 관한 연구인 일본 박물사博物史에서 불후의 대작으로 꼽힌다. 이 가운데 세이하쿠가 편찬한 정편후편 638권17속 2,200여 종과 증보 54권8속 200여 종은 중국의 본초서 등 한적을 인용하는 데 그치는 것이 아니라, 오히려 그 중 잘못된 부분을 지적한 점에서 스승이 편찬한 부분정편전편보다도 우수한 내용을 담고 있다. 세이하쿠 자신의 수법에 의하여 일본의 '안팎'으로부터 현물을 폭넓게 수집하고, 그것을 통해 검증을 되풀이한 결과이다.

이 가운데 '밖'이라고 하는 것은 물론 조선이다. 이미 《동의보감탕액류화명》의 편찬을 통하여 고시 쓰네에몽의 보고서에 정통해 있었던 세이하쿠는 《서물류찬》의 곳곳에 그 성과를 반영하는 것을 잊지 않았다. 예를 들면 증보판의 '선어'鱔魚 항목에 다음과 같은 문구가 실려 있다.

교호 임인7년 대마주對馬州의 노관老官에게 명하여, 소채小蔬 · 초草 · 목木 · 충蟲 · 어魚의 이름을 조사하는데, 역관을 시켜서 조선에서 이것을 꾀한다. 때마침 조선에서 온 답서 가운데 장어鱔魚의 그림이 있다. 몸 색깔은 짙은 회색이고, 배 아래쪽은 황백색, 눈 아래에 검은 점이 여럿 있다. 눈

은 야츠메우나기涯紫迷蕪掌結와 매우 닮았는데, 입 모양이 다른 물고기
와 달리 둥글게 열려 있어 대나무 대롱처럼 생겼다.

'대마주의 노관'이란 곧 고시 쓰네에몽을, 그리고 '역관'이란 그 협력자
인 이석린을 가리킴은 더 말할 나위가 없다. 앞에서 설명한 것처럼 이
'선어'는 왜관을 드나들던 조선의 이름난 전문의 중 한 사람인 이참봉이
경주에서 입수한 것이다.

세이하쿠가 뛰어난 점은 잊혀져 가고 있던 왜관조사에 다시 스포트
라이트를 비추었던 것만이 아니다. 조사의 수법 자체를 익히고 개량을
거듭해 나가면서, 그것을 《서물류찬》의 편찬사업에 반영해 나갔던 점
이다. 더군다나 스스로 다시금 왜관조사를 지휘하게 됨으로써, 그 수법
의 정확함이 거듭 확인되고 있는 것이다. 세이하쿠에 의한 왜관조사는
1732년영조8, 享保17에 개시된다. 그러나 그 준비는 새로운 지시서인 《약재
어심각서》藥材御尋覺書를 작성한 1726년영조2, 享保11에 이미 이루어져 있었
다고 생각된다.

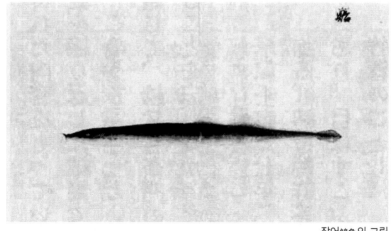

장어鱓魚의 그림

이번 조사의 주임도 역시 고시 쓰네에몽이다. 조수역도 그 당시 왜관에 있었던 가네코 규에몽이 맡는다. 세이하쿠의 새로운 지시서인 《약재어심각서》에 적혀져 있는 것은, 그 전의 보고서에 대한 의문점을 다시 조사하도록 명령을 내린 것이 24종, 새로 추가된 것이 20종, 합계 44개 항목이다. 료키의 항목178종에 비하면 4분의 1에 지나지 않지만, 그 앞에 이루어진 조사의 성과와 실패 사례를 들면서 더욱 수준 높은 보고를 요구하고 있다.

특히 그 전 조사 때 왜관에서 일본명을 밝혀내지 못했던 것에 대해서는 실물이라든가 그림을 보내지 않아도 된다고 되어 있는데, 이것이 다음 검증의 장애물이 되어 있었다.[52] '무리하게 일본명을 단정하지 말 것' '질문을 던질 상대는 본초의 약물에 정통한 의사이거나, 호기심을 가지고 평소에 소양을 쌓은 자에 한할 것' '몇 번씩 질의응답을 되풀이할 것' '속설에 현혹되지 않도록 할 것' '형상이나 생태의 특성을 될 수 있는 대로 자세하고 정확하게 조사할 것' '반드시 실물과 대조해 보고 표본을 보내도록 할 것' 등등《약재어심각서》. 세이하쿠의 조사 수법은 료키가 취한 방식의 장점과 단점을 확인하는 것이며, 특히 현장에 지시를 정확하게 전달하기 위하여, 여러 가지로 머리를 짜내고 있다.

왜관조사에서 억지로 무리를 해서까지 알아내려고 하지 않았던 일본 이름은 그로부터 3년 뒤인 1735년영조11, 享保20에 시작되는 각지의 산물조사에 의하여 일본 전국에서 자료를 모으게 된다. 이 조사의 목적도 또한 《서물류찬》의 편찬이다. 이번에는 '안'을 대상으로 하여, 그러니까 바쿠후幕府와 한藩의 영지를 불문하고, 일본 국내의 모든 산물명을 작성하도록 지시가 내려진 것이다.

바로 이 산물조사의 성과는 보고서로서 한藩과 같은 행정단위별로 《산물장》産物帳 산부쓰쵸의 제출이 의무화되고 있다. 이윽고 일본 전국으로부터 방대한 분량의 그림과 실물이 세이하쿠 쪽으로 보내지게 된다. 일본에서 최초이자 최대 규모의 생물실태조사로 알려진 이 조사는 시점을 바꾸어 생각하면 왜관조사의 일본판인 것이다. 그리고 그 성과인 《산물장》은, 고시 쓰네에몽이 왜관에서 작성하여 보낸 12차례에 걸친 보고서에 해당된다.

인삼의 국산화정책도 대마도의 예상을 완전히 뒤엎고 매우 순조롭게 진행된다. 1723년경종3, 享保8 1월 3번째 인삼 생초生草를 요청하고 있는 고노 쇼앙은 그 전에 헌상된 인삼의 모종을 분산·이식했다고 대마도에 알리고 있다. 이것은 이식에 적합한 땅을 알아내기 위한 것이다. 그 장소는 ① 닛코日光[53], ② 에도의 약초밭藥園, ③ 요시무네의 '고자쇼'御座所[54] 3곳을 말한다. 이 가운데 ②와 ③의 생육이 대단히 좋았는데, 얼마 되지 않아서 열매를 맺은 인삼의 씨앗을 쇼군이 직접 심었다고 하는 에피소드마저 소개되고 있다.

채종採種·파종播種이라고 하는 기본적인 재배경험을 되풀이하면서 인삼은 이윽고 닛코 등 기후가 적합한 장소에서 재배에 성공하게 된다. 에도의 니혼바시日本橋 혼고쿠쵸本石町에 있는 약종상藥種商이 인삼종자씨앗, '오타네'를 발매한 것이 1738년영조14, 元文3의 일이다. 더욱이 1736년영조12, 宝曆13이 되면, 간다神田에 조선인삼좌朝鮮人參座[55]가 개설되기에 이른다. 머지않아 일본은 국산인삼오타네닌징'의 대량생산의 시대를 맞게 된다.

박물학·생물학의 발전, 더 나아가 약종정책의 대성공을 이룩한 요시무네와 달리, 대마도 입장에서 볼 때 왜관조사의 행방은 일이 척척 진행되었던 것은 아니다. 1732년영조8, 享保17 10월 니와 세이하쿠의 지시 아래 고시 쓰네에몽에 의한 재조사가 개시되기는 하였지만, 그 상세한 경과는 전혀 기록으로 남아 있지 않다. 고시 쓰네에몽이 1년도 안 된 1733년영조9, 享保18 7월 왜관에서 그만 객사하고 말았기 때문이다. 이 때 쓰네에몽은 밀무역 전반을 관리하는 매우 바쁜 자리인 이치다이칸—代官, 대관의 우두머리을 역임하고 있었는데, 거기에다 질정관까지 겸무를 하고 있었으니 과로가 그만 화를 불러 온 것으로 보인다.

고시 쓰네에몽의 사망 후에도 세이하쿠는 왜관조사를 그만두려 하지 않았다. 그래서인지 관수라든가 재판, 관수에게 배속된 의사들이 조사업무를 이어받아 보고서를 에도로 보내고 있다. 관수일기에 따르면 1734년영조10, 享保19 4월 왜관에 '약재조사와 관련하여, 소금에 절인 '갓코새'[56] 1마리, '호토도기스'1마리, 그리고 그림 1장'이 반입되고 있는데, 변함없이 실물을 대조해 나가는 방식으로 조사가 속행되고 있다. 또 같은 해 세밑에는 '조사가 남아 있는 것이 10종 정도'라고 하는 기사가 보인다. 최종적으로 왜관이 약재조사로부터 해방되었던 것은 1751년영조27, 宝曆元 1월이다. 정말이지 세이하쿠正伯는 무려 19년이라고 하는 기나긴 세월 동안 왜관조사를 계속하도록 해 온 셈이다.

그러나 고시 쓰네에몽의 사망 후 대마도 안에서 조선의 동식물에 특별히 관심을 기울이려고 하는 사람은 없었다. 지난 날 역관의 밀무역 사건[57]이 겹치게 되자, 아메노모리 호슈도 조사로부터 완전히 소외되고 말았다.[58] 그래서인지 쓰네에몽의 노하우는 그 뒷사람에게 이어지지 못했다. 성과도 역시 마찬가지이다. 예를 들면 훗날 조선이나 대마도에서 편찬되는 사전이라든가 어학 학습서를 보더라도, 여전히 '원앙'='오시도리'로 되어 있다. 쓰네에몽常右衛門 사망 후의 조사는 대마도에서 보면 바쿠후에 대한 봉공의 일환으로서 정보를 제공한다고 하는 의미밖에 갖지 못했던 모양이다.

18세기 중기 이후의 대마도는 다시금 고난의 시대를 맞게 된다. 이제까지 독점적으로 수입·판매를 해 올 수 있었던 조선의 인삼이 '오타네닌징'[59]의 보급과 더불어 달러박스로서의 지위를 크게 상실하게 되었기 때문이다. 그토록 요시무네를 고민에 빠뜨렸던 조선으로의 은 유출도 1740년대寬保·延享期가 되자 크게 줄어들게 된다. 1753년영조 29, 宝曆 3 1월 2척의 은선적재량은 알 수 없음이 왜관에 입항했다고 하는 기사를 끝으로 조선으로의 은 수송은 종말을 고하게 된다.

이 무렵이 되면 일본의 국산 생사의 생산량이 늘어나게 되어, 인삼과 마찬가지로 수입대체화가 진행된다. 대마도는 수출의 주체를 은에서 구리로 바꾸어 나가면서 온갖 노력을 시도하지만, 이미 이익의 원천을 잃어버린 조·일 양국간 무역에서 일찍이 누렸던 번영을 다시 기대할 수는 없었다.

역주 〉〉〉

[머리말]

1 일반적으로 일본 역사에서 '쇄국'(鎖國 사코쿠)이라고 할 때는 에도 바쿠후(江戶幕府)가 중앙집권적 봉건지배질서를 강화하는 과정에서 채택한 해외무역 통제정책을 말한다. 즉 바쿠후는 기독교 전파와 밀접한 관련을 갖고 있던 포르투칼·스페인과의 단절, 그리고 바쿠후 반대 세력이 해외무역을 통해 부강해지는 것에 대한 사전 차단을 위하여 쇄국령을 발포하게 된 것이다. 그런데 이것을 넓은 의미로 해석할 때는 이 체제가 정비를 완료한 1639년(寬永16)부터 바쿠후 말기(幕末) 페리가 이끌고 온 미국의 함대에 의하여 일본의 개국(開國)이 시작되는 1853년(嘉永6)까지 215년 동안을 '쇄국시대'라고 말한다. 이와 반대로 좁은 의미로 '쇄국'을 정의할 때에는 에도 바쿠후가 첫 번째 쇄국령을 발포한 1633년(寬永10)부터 그것이 완비되는 1639년(寬永16)에 이르는 6년 동안의 일본의 대외정책을 가리킨다. 또한 그 전후에 약간의 폭을 두어 쇄국령의 준비 기간과 그 후의 보강 기간을 포함하는 에도 바쿠후 초창기를 의미하는 경우도 적지 않다. 그런데 이 책에서 쓰이고 있는 '쇄국'의 개념은 대체로 넓은 의미의 그것으로 해석된다. 《國史大辭典》6, 335쪽.

2 일본 역사에서는 17세기 초 동남아시아 각지에 발생한 일본인 이민자들의 집단 거주지를 가리켜 '남양일본정'(南洋日本町 난요우니혼마치)라고 부른다. 당시 유럽인들도 이것을 '일본인구역'(日本人區域 Japanese Quarter) 또는 '일본촌'(日本村 Japanese Campo) 등으로 불렀다. 이른바 근세(조선후기에 해당) 초기 일본의 상선(商船)이 점차 남양 각지로 도항하게 되면서, 특히 에도 바쿠후(江戶幕府)가 이들 상선에게 도항면허에 해당하는 주인장(朱印狀)을 발급해 주고 외국의 여러 나라에 문서를 보내 양해를 구하게 되면서부터 이른바 주인선무역(朱印船貿易)이 크게 발전하게 된다. 1636년(寬永13)에 쇄국(鎖國)이 이루어질 때까지 매년 3백 50~60척이 도항했다고 알려져 있다. 이처럼 주인선에 편승하여 남양 각지에 도항하는 일본인이 많아지게 되고, 그곳에서 머물면서 활동하는 사람들이 늘어나게 되었다. 그 결과 주인선무역이 활발하게 이루어진 곳에 '니혼마치'(日本町)가 발달하였던 것이다(《國史大辭典》10, 813쪽). 그런데 원문에

서는 일본인들이 조선으로 건너와 거주하였던 공간을 가리켜 '니혼진마치'(日本人町)라는 용어를 사용하고 있다. '니혼마치'와 '니혼진마치' 사이의 개념상의 차이를 묻는 역자의 질문에 대하여, 저자는 "양자 사이에 의미의 차이는 없다"고 하면서, "그냥 '일본인이 사는 마을'이라고 할 때는 한 사람 두 사람도 그 범주에 포함되겠지만, '니혼마치', '니혼진마치'라고 하게 되면 '주민의 전부 내지 대부분의 일본인으로 구성된 마을'을 뜻하게 된다"고 답한 바 있다.

3 에도 바쿠후(江戸幕府)란 도쿠가와(德川) 씨에 의하여 지금의 도쿄에 해당하는 에도(江戸)에 설치된 정치체제 즉 정권을 말한다. 본디 바쿠후(幕府)란 중국에서는 출정 중인 장군(將軍)의 막영(幕營)을 의미했다. 일본에서는 근위부(近衛府)의 중국식 명칭으로 바쿠후가 사용되기 시작했는데, 그것이 나중에는 근위대장(近衛大將)이나 그의 거소(居所)를 의미하게 되었으며, 무가정권(武家政權)의 수장인 정이대장군(征夷大將軍 세이이다이쇼군), 그의 거소, 더 나아가서는 정권 자체를 뜻하게 되었다.《國史大辭典》11, 508쪽.

4 장군(將軍) 즉 '쇼군'의 정식 명칭은 정이대장군(征夷大將軍 세이이다이쇼군)이다. 이는 원래 일본의 조정(朝廷)이 미치노쿠(陸奧, 지금의 후쿠시마 福島·미야기 宮城·이와테 岩手·아오모리 靑森의 4현)의 에조(蝦夷), 간토 關東 이북 지역에 살던 일본의 선주(先住) 민족으로 아이누족의 옛 이름)를 토벌하기 위하여 파견하는 군대의 총지휘관을 의미했다. 그것이 나중에는 바쿠후(幕府) 수장(首長)의 직명(職名)이 되었다. 고대부터 있었던 이 직명은 에도 바쿠후(江戸幕府)까지 이어져 내려오는데, 바쿠후의 수장이라고 하는 지위를 상징적으로 보여주는 것이 곧 정이대장군직 임명이었다. 그런데 그 말기에 들어오면 '정이'(征夷)='양이'(攘夷)라고 하는 과제와 관련하여 분열의 기미를 보이게 되는데, 1867년(慶應3) 왕정복고(王政復古)의 대호령(大號令)에 의하여 쇼군(바쿠후)이 폐지되고 만다.《國史大辭典》8, 191쪽.

5 도쿠가와 이에미츠(德川家光, 1604-51)는 에도 바쿠후(江戸幕府) 3대 쇼군으로서 1623년부터 1651년까지 재직했다. 제2대 쇼군 히데타다(秀忠, 1579-1632)의 차남인 그는 1604년 7월 17일 태어나는데, 그의 형이 일찍 세상을 떠나게 되자 실질적인 장남으로서 그의 할아버지 이에야스(家康, 1542-1616)의 유명(幼名 ; 다케치오(竹千代)을 물려받는다. 1620년(元和6) 9월 관례(冠禮)인 원복(元服) 이후부터 그는 이에미츠(家光)라는 이름을 쓰게 된다. 1623년 7월 27일 교토(京都)에서 아버지로부터 양위(讓位)를 받아 제3대 쇼군에 취임한다. 1651년(慶安4) 4월 20일 사망한 그는 생전에 할아버지 이에야스에 대한 숭배의 최대 결정(結晶)으로서 닛코(日光)에 56만 8천 냥이라고 하는 거액을 들여서 도쇼구(東照宮)라는 신사(神社)를 건립하여 유명하다.《國史大辭典》10, 281쪽, 295쪽.

6 규슈(九州)는 한반도의 동남쪽, 일본 혼슈(本州)의 서남쪽에 위치한 섬인데, 지정학적 조건 때문에 과거는 물론 오늘날에도 우리나라와 밀접한 관련을 맺고 있는 지역이다.

7 일본 역사에서 에도시대(江戸時代)라고 하면 도쿠가와(德川) 씨가 정이대장군(征夷大將軍 세이이다이쇼군)에 임명되어 지금의 도쿄에 해당하는 에도에 바쿠후(幕府)를 열고 일본 전국에 대한 정치의 실권을 장악했던 시대를 말한다. 이 시대를 도쿠가와시대(德川時代)라고도 부르며, 그 앞의 아즈치모모야마(安土桃山)시대를 포함하여 '근세'(近世)

로 부르는 경우도 많다. 도쿠가와 이에야스(德川家康)가 쇼군에 보임되었던 것이 1603년(선조36, 慶長8) 2월이므로 이때부터를 에도시대라고 해야 할 것 같은데, 이것은 어디까지나 형식적인 것이다. 도쿠가와 씨의 패권은 1600년(선조33, 慶長5) 9월의 세키가하라(關ケ原) 전투의 승리 이후 확립되어 있었으므로, 사실상은 이때부터 에도시대로 접어들었다고 보는 것이 타당할 것이다. 즉 1600년 9월부터 1867년(고종4, 慶応3) 10월 14일까지, 그러니까 도쿠가와 초대 쇼군(將軍)인 도쿠가와 이에야스(德川家康)로부터 마지막 제15대 쇼군인 도쿠가와 요시노부(德川慶喜, 1837-1913) 재임까지를 가리킨다(《國史大辭典》2, 317쪽). 이 시기는 대체로 한국사에서 말하는 조선후기(朝鮮後期)에 해당한다. 그래서 본 역서에서는 원본대로 에도시대라는 용어를 그대로 사용하되, 괄호 안에 조선후기라고 병기함으로써 독자의 이해를 돕고자 한다.

8 대부분의 일본 역사 연구서에서는 '쓰시마한'(對馬藩)이라는 용어를 사용하고 있으며 원문에서도 그렇게 되어 있다. 그렇지만 조선시대는 물론이고 오늘날까지도 대부분의 한국인들은 〈대마도〉라는 용어에 더 익숙해져 있다고 보인다. 이 양자를 절충한다면 '대마번'이라는 명칭을 사용하는 것도 한 가지 방법이 될 수 있다고 생각된다. 그렇지만 일반 독자들을 위하여 본 역서에서는 '대마도'라는 용어를 사용하기로 한다.

9 조선시대는 물론이고 오늘날에도 한국에서는 대부분 대마도를 지배하는 정치권력 혹은 정치세력을 가리켜 대마도주(對馬島主)라고 부르고 있다. 일본사에서 말하는 '쓰시마 한슈'(對馬藩主)가 여기에 해당한다. 그런데 대마도주(즉 쓰시마 한슈)의 성씨에서 이름을 따서 종가(宗家)라는 용어가 사용되기도 한다. 일본어로는 '소우케'라고 읽는 것이 보통이다. 역서에서는 '소우(宗) 씨 가문'으로 옮겨서 통일시켰다.

10 나가사키(長崎)는 일본 규슈(九州)의 서북부에 있는 지역이다.

11 데지마(出島)는 나가사키(長崎)의 한 지역 이름이다. 에도시대에는 '데시마', '데지마'의 두 가지 표기가 쓰이고 있었는데, 네덜란드 등 유럽측 기록에는 대부분 '데시마'로 되어 있다. 나가사키는 1571년(선조4, 元亀2) 개항한 이래 포르투칼 사람을 비롯한 유럽인들이 잡거(雜居)하고 있었다. 그런데 기독교 전파를 염려한 에도 바쿠후는 1636년(인조14, 寬永13) 시내를 가로질러 흐르던 중도천(中島川) 하류의 호(弧)처럼 생긴 주(洲)를 25명의 호상(豪商, 훗날의 나가사키쵸닝 長崎町人 즉 상인)들에게 명하여 부채 모양으로 정비한 다음 그곳에 집을 지어 포르투칼 사람들을 수용하고 합계 은 80관에 해당하는 집세를 받도록 하였다. 3년 뒤인 1639년 포르투칼인들을 추방하는 쇄국령이 발포되자 이곳은 빈집들만 남게 되었는데, 강에이(寬永) 18년 5월 17일(1641년 6월 24일) 히라도(平戸, 나가사키현 북부 기타마츠우라반도 北松浦半島의 서쪽에 위치한 섬)에 있었던 네덜란드 동인도회사 일본 상관(商館)을 그곳으로 이주시키고 집세(銀 55貫目)를 그 땅의 주인인 나가사키쵸닝(長崎町人)들에게 분배하였다. 그 뒤 안세이(安政) 4년 8월(1857년 10월) 일란추가조약(日蘭追加條約)에 의하여 쇄국적 무역제도가 폐지될 때까지 일본이 네덜란드와의 무역을 통하여 유럽 세계와 접할 수 있는 유일한 창구가 바로 이곳이었다. 《國史大辭典》9, 882쪽 ; 《國史大辭典》11, 1064쪽.

12 이곳을 가리켜 도진야시키(唐人屋敷)라 불렀는데, 도진('唐人'; '唐船' 즉 중국 선박을 타

고 도항한 청나라 사람, 동남아시아 각지의 화교(華僑)나 그 현지인을 가리킴)들을 수용하는 시설을 말한다. 이것을 가리켜 당관(唐館)이라고도 불렀는데, 나가사키시 간나이쵸(館內町)에 있었다. 처음에는 중국인들이 화물을 가지고 일본으로 건너가 그곳에서 서로 알게 된 사람들의 집 즉 민가에서 숙박을 했다(相對船宿). 그런데 그들에 대한 단속과 숙박비의 시중(市中) 분배 문제 등을 해결하기 위하여, 1666년(현종7, 寬文6)부터는 각 쵸(町)가 순번을 정해 돌아가면서 1척씩 입항(入港)에서 출선(出船)까지 모든 것을 책임지고 관리하도록 했다(宿町·付町制). 1685년(숙종11, 貞享2)부터 실시된 무역액 상한제도(연간 은 6천 貫目) 이후 밀무역이 빈발하게 되자, 나가사키무라(長崎村) 십선사향(十善寺鄕)의 약정원(藥園)을 다른 곳으로 옮기고 1689년(숙종15, 元禄2)에 완성을 보게 된다. 총 평수 8천 15평(나중에 9,373평으로 확장)으로 높은 담으로 둘러싸여 있었다. 《國史大辭典》10, 126쪽.

13 가고시마성(鹿兒島城)이란 일본 규슈 남단의 가고시마시(鹿兒島市) 시로야마쵸(城山町)에 있었던 성을 말한다. 이곳은 평성(平城)인데 현재 성터가 남아 있다. 에도시대(江戶時代)에 들어와서는 1602년(선조35, 慶長2)에 시마즈 이에히사(島津忠恒, 초대 가고시마 한슈 藩主)가 시마즈(島津) 씨의 거성(居城)으로서 구축하였다. 《國史大辭典》3, 232쪽.

14 유구관(琉球館 류큐칸)이란 명칭은 1784년(정조8, 天明4)에 유구가옥(琉球假屋 류큐가리야)이 개칭된 것이다. 이것은 유구국(琉球國)의 가고시마(鹿兒島)에 설치된 사무소를 말하는데, 유구국이 사츠마한(薩摩藩)에 파견한 연두사(年頭使)가 근무를 하던 곳이다. 최초의 연두사 파견은 1613년(광해5, 慶長18)이라고 한다. 이곳에서는 유구국의 사츠마한(薩摩藩)에 대한 공납, 진상물 관리, 사츠마로 싣고 간 화물의 매각, 물품의 구입, 사츠마한에 대한 건의와 질의·답변, 유구국에 대한 문의 사항 등의 사무를 취급하였다. 《國史大辭典》14, 592쪽.

15 객관(客館)이라고 하는 것은 영어로 말하면 게스트 하우스(guest house)에 해당되는데, 오늘날과 같은 호텔이 없었던 당시에 외국에서 온 사신들을 머물게 하기 위하여 마련하였던 숙박시설을 가리킨다.

16 한국의 중·고등학교 국사 교과서를 보면 왜관에 대한 언급이 더러 보인다. 예를 들면 《중학교 국사》(2002, 150쪽)에는 "왜란 후 …… 조선은 일본 사신이 서울에 오는 것을 금하고, 동래의 왜관에서만 일을 보고 돌아가게 하였다"고 되어 있다. 그러나 왜관에서 벌어진 일들에 대해서는 더 이상의 기술이 없다. 한편 《고등학교 국사》(2002년)에는 '일본과 기유약조를 맺어 부산포에 다시 왜관을 설치하고, 제한된 범위 내에서의 교섭을 허용하였다'(131쪽) "17세기 이후 일본과의 관계가 점차 정상화되면서 왜관 개시를 통한 대일 무역이 활발하게 이루어졌다"(181-182쪽)는 설명이 있다. 고등학교 교과서의 왜관 서술이 중학교 교과서에 비하여 좀 더 구체적이기는 하지만, 일본과의 외교·무역 등을 위한 국제교류의 터전으로서의 왜관의 모습이 선명하게 그려져 있지 못하다고 생각된다.

[1장]

1 고왜관(古倭館, 줄여서 古館)이란 구체적으로는 두모포(豆毛浦)에 설치되었던 왜관을 가리킨다. 초량으로 이전·설치된 '새로운 왜관'(신왜관 또는 신관)에 대칭되는 개념으로서 사용된 것으로 보인다. 현재 부산잔역과 초량 사이에 위치한 '고관입구'라는 버스정류장 이름에서 찾아 볼 수 있는 것처럼 고관이라는 명칭이 지명 속에 아직도 남아 있다.

2 항거왜인(恒居倭人 고교와진)이란 세종에서 중종 연간의 약 60년 동안 지정된 포소(항구)에서 머물면서 그 근해의 어획 등을 허락 받은 대마도 사람들을 가리킨다. 포소는 경상도의 제포(薺浦 세이호 = 내이포 內而浦 나이지호, 지금의 진해)·부산포(富山浦 후산호, 지금의 부산)·염포(塩浦 엔호, 지금의 울산)의 세 항구였는데 이를 삼포(三浦)라고 불렀다. 대마도의 상선(商船)을 타고 건너왔다가 삼포에 잔류하는 사람들이 많아지자, 조선 정부는 1436년(세종18, 永享8) 대마도주에게 쇄환(刷還 데리고 돌아감)을 요구, 총 644명 중 206명(이 가운데 대마도주 관하 60명)에 대해서만 잔류를 허락하였다. 그 뒤 제한이 잘 지켜지지 않아 갈수록 잔류자의 수가 늘어났다. 1475년(성종6, 文明7)에는 합계 430호 2,209명(특히 제포는 308호 1,731명)에 이르렀다. 사원(寺院)만 해서 15곳이나 되고 남녀노소 모두 포함되어 있어서 항만의 도시화는 점차 그 정도를 더해가고 있었다. 일본인의 입항을 기다렸다가 장사를 하는 사람들, 인근 주민들과 왕래하면서 밀무역을 중개하고 주변의 공·사전을 경작하는 사람들도 있었다. 조선 정부는 그들에게 대마도로 돌아갈 것을 요구하는 동시에, 공전(公田) 경작자에 대해서는 세금을 부과하기도 하고, 어선의 행동구역을 정하여 통행증에 해당하는 문인(文引 분인)을 발급하거나 감시원을 동승시키는 등의 조치를 취하였다. 중종이 이들에 대한 통제를 강화하자 삼포의 항거왜인들이 1510년에 폭동을 일으켰는데 그것을 삼포왜란(三浦倭亂)이라고 부른다. 그 뒤 항거왜인은 1512년에 체결된 임신약조(壬申約條)에 의하여 모두 폐지되었다《國史大辭典》5, 313쪽).

3 사송왜인(使送倭人 시소와진)이란 조선 정부가 사신 명목으로 조선에 건너온 일본인들을 총칭하는 용어인데, 이들을 객왜(客倭)라고도 불렀다. 이에 반하여 조선과의 교역만을 위하여 도항한 사람들에 대해서는 흥리왜인(興利倭人 고리와진)이라 하여 서로 구별하였다. 그러므로 사송선(使送船 시소센 ; 줄여서 사선 使船 시센) 또는 송사선(送使船 소시센)은 사송왜인들이 타고 온 배를, 그리고 흥리선(興利船 고리센)은 흥리왜인이 승선한 배를 의미한다. 그런데 조선 정부가 흥리선의 내왕을 제한하는 정책을 펴자 종래의 흥리선이 사송선 명목으로 도항하는 사례가 많아지게 된다. 명목상으로는 사송선이지만 실제로는 흥리선인 경우도 적지 않았던 것이다《國史大辭典》6, 823쪽).

4 수직왜인(受職倭人 쥬쇼쿠와진)이란 조선시대에 조선 국왕으로부터 관직을 받은 일본인을 말한다. 태조(이성계)는 왜구를 회유하기 위한 방법의 하나로, 왜구의 우두머리에게 항복을 권유하고, 투항하는 일본인(항화왜인 向化倭人 고카와진·항왜 降倭 고와·투하왜 投下倭 토카와 등으로 불림) 중에서 유능한 자에게는 조선의 관직을 주어 우대하는 정책을 펼쳤다. 이 제도는 1396년(태조5, 応永3)부터 시작되는데, 이로 말미암아 조선 여자에게 장가를 들어 전답과 집 그리고 노비를 제공받고 서울에서 거주하면서

왕궁에 봉사하는 사람들이 속출하였다. 그 중에는 조선으로 돌아오지 않고 수시로 입조(入朝)하여 무역에 종사하는 사람들도 생겨났다. 이에 일본에 거주하면서 조선의 관직을 받는 사람조차 생겨났다. 수직왜인에게는 사령서(辭令書)로서 고신(告身 고쿠신)과 관직에 상응하는 관복(冠服)이 수여되는데, 수직인은 이것을 착용하고 매년 서울로 가서 조선 국왕에 대한 숙배(肅拜)의 예를 표시하고 토산물을 바치며, 조정이 내려주는 회사(回賜) 물품을 받게 되어 있었다. 16세기 후반이 되면 이 제도가 변질되어 고신과 관복만 가지고 있으면 본인이 아니더라도 조선에서 대우를 받을 수 있게 되었으며, 심지어 다른 사람을 사칭하여 통교특권(通交特權)을 행사하는 일도 발생하고 있었다. 임진 · 정유왜란으로 국교가 단절되자 전쟁 이전의 수직왜인은 모두 그 특권을 상실하게 된다. 다만 전란 중에 조선에 협력한 대마도의 몇몇 사람들에게는 은상(恩賞)으로서 관직이 수여되었다. 그러나 본인의 사망 이후에는 이에 상당하는 수의 배가 대마도의 파견선박에 포함되어 버리게 되는데, 그것을 중절선(中絶船)이라고 불렀다. 이후 수직왜인 제도는 폐지되었다(《國史大辭典》7, 376쪽). 그런데 5척의 중절선 마저 1811년 신미 통신사의 방일을 계기로 하여 완전히 폐지되고 만다(정성일, "易地聘禮 실시 전후 對日貿易의 動向"《經濟史學》15, 11-15쪽).

5 　조공(朝貢)이란 중국 왕조가 다른 나라와 관계를 맺을 때 취했던 전근대적인 정치의례를 말한다. 그 핵심 내용은 번속국(藩屬國)의 군장(君長)이나 사절(使節)이 종주국(宗主國)인 중국의 황제(皇帝)를 알현(謁見)하고 토산물을 바치며 군신(君臣) 즉 임금과 신하의 예를 표명하는 것을 말한다. 경제적 측면에서 말한다면 '공(貢 바친다)'이 있으면 사(賜 내려준다)'가 있다'고 하는 원칙에 따라서, 여러 외국의 진공물(進貢物)에 대하여 중국 황제가 상사(賞賜) 즉 회사(回賜) 물품을 답례로서 급부(給付)하는 것을 조공(朝貢)이라고 부른다. 조공무역(朝貢貿易)이란 곧 이러한 조공(朝貢)과 상사(賞賜) 그리고 그에 뒤따르는 무역관계를 의미한다(《國史大辭典》9, 577쪽).

6 　아시카가 쇼군(足利將軍)이란 무로마치 바쿠후(室町幕府)의 초대 쇼군인 아사카가 다카우지(足利尊氏, 1305-58) 이후 제15대 마지막 쇼군이었던 아시카가 요시아키(足利義昭, 1537-97)까지가 여기에 해당된다(《國史大辭典》1, 161 · 163 · 171쪽).

7 　할부(割符 왓푸)란 부신(符信)이나 부절(符節)을 말한다. 이것은 글자를 적고 도장을 찍은 나무 조각이나 두꺼운 종이 조각 또는 돌을 둘로 쪼개어 서로 나누어 가졌다가 뒷날 그것을 맞추어서 증표로 삼던 물건을 가리키는 말이다. 옛날에 주로 사신(使臣)의 신표(信標)로 많이 이용되었다.

8 　다이묘(大名)란 오랜 옛날에는 명전(名田 묘덴)을 많이 가진 사람을 뜻하는 말이었다. 일본 역사에서 묘덴이란 고대 · 중세의 장원(莊園) · 국아령(國衙領)의 내부를 구성한 기본단위 · 징세단위였던 묘(名)에 속한 땅을 의미한다. 그런데 가마쿠라(鎌倉)시대에 오게 되면 다이묘가 유력한 무사를 나타내는 말이 되며, 다이쇼묘(大小名) 또는 다이묘(大名) · 쇼묘(小名)와 함께 쓰이게 된다. 그 뒤 슈고다이묘(守護大名) · 센고쿠다이묘(戰國大名) 등도 있었으나 무로마치(室町)시대까지도 다이묘에 대한 명확한 정의가 없었다고 해야 할 것이다. 에도 바쿠후(江戸幕府)의 성립 이후 만들어진 1615년(광해7, 元和元)의《무가제법도》(武家諸法度)에 '다이묘', '쇼묘'(大名小名)라 적혀 있으며, 그 중에서도

구니다이묘(國大名)라는 말이 사용되고 있다. 1635년(인조13, 寬永12)의 제법도(諸法度)에는 국주(國主 고쿠슈)·성주(城主 죠슈)·1만 석(石 고쿠) 이상이라 되어 있는데, 이에 근거하여 일반적으로 1만 석 이상이라고 하는 용어가 다이묘 전체를 가리키게 된다. 그 영토를 석고(石高 고쿠다카)로 표시하는데, 102만여 석의 가가(加賀) 가나자와(金澤)의 마에다케(前田家)를 최고로 하여, 근세 후기에는 다이묘가 260곳이 넘었다《國史大辭典》8, 892쪽 ;《國史大辭典》13, 508쪽, 529쪽).

9 도서(圖書 도쇼)라고 하면 보통 책을 연상하기 쉬운데 이것은 도장이다. 도서에 도장을 찍어 그 책의 소유자를 표시하던 관습에서 비롯되어 도서가 도장을 뜻하는 말로 사용되었다고 한다. 조선 정부는 통교자에게 통교의 증명을 위하여 이것을 발급해 주었다. 당시 조선에서는 관인(官印)을 인장(印章)이라 하였고, 이에 대하여 사인을 도서라고 하여 서로 구분하였다. 도서는 인면(印面)에 실명(實名)이나 성명(姓名)을 새긴 구리로 만든 사인(私印)이다. 이것을 발급 받은 일본인을 가리켜 수도서인(受圖書人 쥬도쇼닝)이라 불렀다. 이 제도는 다른 사람이 자기 이름을 사칭하여 통교하는 것을 막고자 하는 것이었는데, 특권적인 우대를 보호받을 목적으로 일본이 조선 정부에 대하여 청원을 하여 실시하게 되었다《한국민족문화대백과사전》6, 842쪽:《國史大辭典》10, 364쪽).

10 인수(印綬 인쥬)란 옛날 관인(官印)에 달린 길다란 끈을 말한다. 인류의 최초 도장은 기원전 5천 연대 후반 메소포타미아의 원시농경사회로 거슬러 올라가는데, 그것이 중국에 전해진 것은 은나라 때이다. 특히 진나라의 통일시대에서 한나라 때가 되면 공인(公印)이 더욱 가다듬어져 제도화되어 가는데, 집권국가의 권위의 상징으로서 관리 임명 때 관인(官印)이 수여되기 시작하였다《國史大辭典》1, 884쪽).

11 아시카가(足利)는 일본 도치기현(栃木県)의 지명이자 가마쿠라(鎌倉)시대(1199-1333) 일본에서 가장 막강한 권력을 지녔던 가문의 이름이기도 하다. 아시카가 다카우지(足利尊氏, 1305-1358)에 의해 창설된 아시카가 바쿠후(足利幕府) 즉 무로마치 바쿠루(室町幕府)는 13338-1573년까지 존속하였다. 텐노(天皇) 정부가 전복되어 텐노가 상징적 존재로 전락한 뒤로는 그가 통치권을 계속 행사하기는 하였으나 실질적 지배권은 바쿠후에 있었다. 《브리테니커》14, 314-315쪽).

12 고레무네(惟宗)란 사누키(讚岐·지금의 가가와현 香川県)의 귀화 씨족으로 본성은 진(秦) 씨이다. 토지가 적고 인구가 많아 생존경쟁이 치열한 탓인지, 이곳 사람들은 예부터 법률에 밝고 쟁송(争訟)이 많아 다스리기 어려운 땅으로 알려져 있다. 나라(奈良)·헤이안(平安)시대에 이곳에서 많은 법률가가 배출되었다고 한다.《國史大辭典》6, 63쪽).

13 헤이안(平安)시대란 간무텐노(桓武天皇)가 794년 지금의 교토(京都)에 해당하는 헤이안교(平安京)에 도읍을 정한 뒤부터 가마쿠라 바쿠후(鎌倉幕府)가 성립될 때까지 약 400년의 시기를 말한다. 귀족에 의한 정치와 문화의 시대인 이 시기를 헤이안쵸(平安朝)라고 부르기도 한다.

14 다자이후(太宰府)란 일본의 율령제(律令制)에서 규슈(九州)에 두었던 관청을 말한다. 이곳에서 규슈를 비롯하여 이키(壹岐)·쓰시마(対馬)를 관할하고 외교·국방을

맡았다.

15 원문에는 다자이후(太宰府)의 '재청관인'(在廳官人)으로 되어 있는데, 이는 일본의 중앙 정부에서 파견되어 지방인 규슈의 다자이후에서 생활하지만 급료는 중앙으로부터 지급받는 관료를 가리킨다.

16 《조선왕조실록》 세종 6년 1월 21일 무술조에 '동·서관 묵사'라는 명칭이 보인다. 묵사(墨寺)란 '먹절'로도 불리는 절 이름이다. 지금의 서울특별시 중구 묵정동(墨井洞)·충무로4가·충무로5가·필동2가·필동3가에 걸쳐 있던 먹절골(墨寺洞, 墨洞)이라는 마을 이름이 여기에서 유래되었다. 먹절골 한 귀퉁이에 매우 깊은 우물이 있었는데, "먹절골의 우물'이라는 뜻에서 지금의 묵정동이라는 동명이 연유되었다고 한다.

17 동평관(東平館)이란 조선시대 일본 사신이 머물던 숙소를 말한다. 1407년(태종7)에 설치된 시설은 남산 북쪽 기슭의 남부 낙선방(樂善坊) 왜관동(倭館洞)에 있었는데, 지금은 서울특별시 중구 인형동 192번지 근처에 해당한다. 1434년(세종6)에는 《육전등록》(六典謄錄)에 있는 왜관금방조건(倭館禁防條件)에 따라 시행할 것을 건의하였다고 한다. 그 이유는 동평관·서평관·묵사에 일본 사신을 나누어 머물게 하자, 이들이 서로 왕래하면서 금수품의 밀매행위가 발생하였기 때문이다. 이에 조선의 조정에서는 동(평)관과 서(평)관을 합하여 1관으로 하고 4면에는 담장을 높이 쌓아 문을 엄중하게 지키면서 잠상(潛商)의 출입을 단속하였다. 1438년에는 동·서평관을 동평관 1·2소로 개칭하고, 5품아문(衙門)으로 정하였다. 동평관에는 관사와 창고를 설치, 그곳에 그릇과 미곡을 저장해 두고 일본의 사신과 객인을 접대하였다(《한국민족문화대백과사전》7, 343쪽); 《서울 六百年史》).

18 낙선방(樂善坊)은 조선의 수도 한성부(漢城府)의 행정구역 중 하나이다. 조선 왕조를 개창한 태조 이성계(李成桂)는 1394년 10월 28일 한양(漢陽)으로 도읍지를 옮긴 다음 1305년 한양부를 한성부로 개칭한다. 그 뒤 한성부는 1910년 10월 1일 경성부(京城府)로 개칭될 때까지 500년 이상 동안 조선왕조의 수도가 되었다. 한성부의 행정체계는 부(部)·방(坊)·계(契)·동(洞)으로 구성되어 있었다. 도성을 중심으로 사방 10리가 한성부의 관할 구역으로 정해지면서, 동·서·남·북·중부의 5부로 나뉜다. 1396년 한성부의 5부를 다시 52개의 방(坊)으로 분할하고 그 밑에 계(契)·동(洞) 등으로 세분하는 행정체계를 갖추었다. 시대에 따라 조금씩 차이를 보이지만 고종 때에는 5부 47방 288계 755동 체제를 유지하고 있었다. 즉 낙선방은 한성부의 5부 중 남부에 속하고, 그곳의 관할 구역인 11개 방 가운데 하나이며, 그 밑에 있는 왜관동에 일본인의 객관인 동평관이 위치해 있었던 것이다.(《서울 六百年史》.)

19 야마토쵸(大和町)란 '왜관동', '왜관방'이 일제 강점기에 일본식 지명으로 바뀐 것이다. 조선인들이 일본을 가리키는 말로 널리 쓰고 있던 '왜'(倭)라는 명칭이, 이제는 일본인들이 일본의 딴이름으로 즐겨 사용하는 '야마토'(大和)라는 일본식 호칭으로 바뀐 것이니 시대의 흐름이 지명에도 반영된 것이다.

20 충무로(忠武路)라는 지명은 광복 후인 1946년 10월 1일부터 현재의 이름으로 바뀌게

된다. 임진 · 정유왜란 때 일본인을 이 땅에서 몰아낸 이순신(李舜臣) 장군의 시호에서 따온 것임은 물론이다. 그 이전가지는 일본식 명칭으로 이곳을 본정통(本町通) 즉 '혼마 치도오리'라고 불렸는데, 광복 후 이 땅에서 일본인이 물러가면서 일본식 지명도 역사 속으로 사라진 것이다. 한편 이 일대가 진고개라 불리고 있었는데, 진고개란 지금의 중 구 충무로 2가 중국대사관 뒤편에서 세종호텔 뒷길에 이르는 고개로 한자로는 이현(泥 峴)이라 하였다. 남산의 산줄기가 뻗어 내려오면서 형성된 이 고개는 그다지 높지 않았 지만 흙이 몹시 질어 비가 내리면 통행이 불편할 정도로 질퍽거린다 하여 진고개라 불 렀다. 1884년 갑신정변(甲申政變) 이후 이 일대에 일본인들의 거주가 늘기 시작했다. 본정통에는 진고개 뿐만 아니라 명례방(명동 · 대룡동)의 일부, 회현동(낙동 · 장동 · 회 동)일부, 그리고 낙선방(오궁동 · 예동 · 필동 · 회동 · 묵동)의 일부 등 상당히 넓은 지 역이 편입되어 있었다. 요컨대 일본에서 건너온 사신들이 묵었던 동평관 일대의 지명이 조선시대에는 '왜관동(倭館洞)', '왜관방(倭館坊)'으로 불리다가 일제 강점기에는 '야마토 쵸'(大和町), '혼마치도오리'(本町通)라는 일본식 이름에 의해 밀려났으며, 일본인들이 물러간 광복 후에는 그것이 다시 '충무로'(忠武路)로 바뀌는 것에서도 굴절된 한일관계 의 단면을 살필 수 있다.

21 제포(薺浦)는 경상남도 진해시 웅천동에 있었던 포구이다. 1443년(세종25) 계해약조 에 의하여 일본인들에게 3포(부산포 · 제포 · 염포)의 왕래를 허가하였다. 처음에는 일 본인들의 상주를 불허하였으나, 그들의 간청에 따라 포구마다 왜관을 설치, 60여 명 정도만 거주하도록 하였다. 그러나 일본인들의 상주가 점점 늘어 제포에만 5백 여 호 에 이른 적도 있었다. 제포는 창원을 방어하고 마산포의 조운(漕運)을 돕는 구실을 하였 다. 1908년에 창원부에 편입되었다가 1973년에 창원군에서 진해시에 편입되어 오늘 에 이르고 있다《한국민족문화대백과사전》20, 271쪽).

22 염포(鹽浦)는 경상남도 울산시에 있었던 조선시대의 포구이다. 신라 때는 하곡현 (河曲縣), 고려 때는 지울주군사(知蔚州君事), 그리고 조선시대에는 울산군(蔚山郡) 관할 아래 있었으며 그곳에 진(鎭)이 설치되어 있었다. 1914년 울산군 방어진읍 염포리로 되어 있다가 1962년 울산시 염포동으로 편입되었다. 예로부터 소금밭이 많아 '소금 나는 갯가'라는 뜻으로 염포라는 지명이 붙여졌다고 한다. 조선으로 건 너오는 일본 사신이 염포에 상륙, 언양 · 경주 · 안동을 거쳐 서울로 가도록 정해져 있었는데, 염포는 일본 사신이 지나가는 좌로(左路)의 시발지였던 셈이다. 1426 년(세종8, 応永33) 부산포 · 제포와 함께 염포에도 왜관이 설치되어 일본인의 거주 가 허락되었다. 삼포 개항 당시 염포의 일본인 수는 60명으로 한정되어 있었는데, 1510년(중종5, 永正7) 삼포왜란 당시에는 120여 명의 일본인이 염포에 거주하고 있었다. 1512년 임신약조 체결로 염포의 왜관은 폐쇄되었다《한국민족문화대백 과사전》15, 460쪽).

23 사량진왜변(蛇梁鎭倭變)이란 1544년(중종39) 4월 경상도 통영군 사량진에서 일어난 일본인들의 약탈사건을 말한다. 1510년 삼포왜란 이후 임신약조를 맺고 일본인들의 행동을 제약하였으나, 일본인들과의 충돌은 그 뒤에도 끊이지 않았다. 그러던 중 1544 년 4월 20여 척의 왜선이 동쪽 강어귀(江口)로 쳐들어와서 2백여 명의 적이 성을 포위 하고 만호(萬戶) 유택(柳澤)과 접전하여 수군(水軍) 1명을 죽이고 10여 명을 부상시킨

뒤 달아났다. 이 사건은 규모와 성격면에서 삼포왜란과 다르지만, 일본과의 관계에서 하나의 커다란 고비였다. 조선 정부는 일본의 국왕사와 오우치(大內)ㆍ쇼니(小貳) 씨에게만 통교를 허락하고 대마도에게는 사건의 책임을 물어 통교를 허락하지 않았다. 이를 계기로 하여 병조의 건의에 따라 가덕도(加德島)에 진(鎭)을 설치, 1547년(명종2) 정미약조를 체결하고 통교를 재개하였다《한국민족문화대백과사전》10, 788-789쪽).

24 절영도(絕影島)란 현재 부산광역시 영도구에 속하는 섬을 말한다. 예로부터 이곳은 말 사육장으로 유명하여 목도(牧島 마키노시마)라 불리기도 하였다. 이곳에서 길러진 명마(名馬)가 빨리 달려 그림자조차 볼 수 없다는 데서 절영도라는 지명이 유래하였다고 한다. 1934년 11월과 1981년 1월에 각각 개통된 영도대교와 부산대교로 인해 부산의 중심지와 교통이 편리하다《한국민족문화대백과사전》15, 525쪽). 현재 부산광역시 영도구는 일본 나가사키현 쓰시마시와 자매결연을 맺어 인적ㆍ물적 교류를 추진해 오고 있다.

25 피로인(被虜人)이란 전란으로 인해 일본으로 끌려간 조선인을 가리키는 말이다. 그런데 전쟁에 참가한 사람들을 가리키는 포로(捕虜)와 달리, 보통 피로인이라고 할 때에는 전쟁에 참가하지 않은 민간인들을 의미한다.

26 소우 요시토시(宗義智 1568-1615)는 아즈치모모야마(安土桃山)시대의 쓰시마 슈고(対馬守護. 처음에는 경비와 치안을 담당했으나 나중에는 세력이 강해져 영주가 됨)이자 에도(江戸)시대 전기의 쓰시마 한슈(対馬藩主)이다. 1579년 그의 형(宗義純)의 뒤를 이어 쓰시마 슈고가 되었다. 1586년 7월 이후 요시토시(義智)로 이름을 바꾸고 '쓰시마 노가미'(対馬守)라 칭했다. 이듬해인 1587년 도요토미 히데요시(豊臣秀吉)의 규슈(九州) 정벌 직후 소우 요시시게(宗義調 1532-1588)가 다시 슈고에 재임되는데, 그는 요시토시를 양자로 삼았다. 요시시게ㆍ요시토시 두 사람은 치쿠젠(筑前) 하코자키(箱崎)의 히데요시 진중(陣中)으로 가서 대마도 일원의 지행(知行ㆍ봉록)을 허락 받는다. 이자리에서 히데요시는 두 사람에게 조선이 입조(入朝)하도록 교섭할 것을 명한다. 이듬해인 1588년 요사시게는 죽고 요시토시가 다시 대마도주가 된다. 히데요시의 독촉이계속되는 가운데 요시토시는 고심 끝에 조선의 조선통신사(黃允吉 일행) 방일(訪日)을절충안으로 내놓고 그것을 실현시켰다. 그러나 전쟁을 피하려 했던 그의 외교적 노력도수포로 돌아가, 끝내 1592년 히데요시에 의한 조선 침략이 저질러졌다. 이것을 두고일본에서는 '분로쿠노에키'(文禄の役)라고 한다. 이 때 요시토시는 고니시 유키나가(小西行長)의 제1군에 배속되어 조선 침략의 첨병노릇을 했다. 한편 요시토시는 임진왜란발발 직전인 1591년 기독교 세례를 받아 고니시의 딸(마리아)과 결혼을 하였다. 이것때문에 그는 한 때 '크리스챤 다이묘'라 불렸다. 그러나 1600년 세키가하라(関が原) 전투 후에는 그녀와 이혼을 한다《國史大辞典》8, 600-601쪽).

27 유정(惟政, 1544-1610)의 속성은 임(任)이고 본관은 풍천(豊川)이다. 속명은 응규(應奎), 자는 이환(離幻)이며 호는 사명당(四溟堂)이다. 유정은 그의 법명이다. 경남 밀양(密陽) 태생으로 어려서 조부 밑에서 공부를 하였다. 1556년(명종11) 13세 때 황여헌(黃汝獻)에게《맹자(孟子)》를 배우다가 황악산(黃岳山) 직지사(直指寺)의 신묵(信黙)을찾아 승려가 되었다. 1561년 승과(僧科)에 급제하고, 1575년(선조8)에 봉은사(奉恩寺)의 주지로 초빙되었으나 사양하고, 묘향산 보현사(普賢寺)의 휴정(休靜, 西山大師)

을 찾아가서 선리(禪理)를 탐구하였다. 1592년(선조25) 임진왜란 때 승병을 모집하여 휴정의 휘하로 들어갔다. 이듬해 승군도총섭()이 되어 명(明)나라 군사와 협력, 평양을 수복하고 도원수 권율(權慄)과 의령(宜寧)에서 왜군을 격파, 전공을 세우고 당상관(堂上官)의 위계를 받았다. 1594년(선조27) 명나라 총병(摠兵) 유정(劉綎)과 의논하여, 왜장 가토 기요마사(加藤淸正)의 진중을 3차례나 방문, 회의 담판을 하면서 적정(賊情)을 살폈다. 정유재란(丁酉再亂) 때 명나라 장수 마귀(麻貴)와 함께 울산(蔚山)의 도산(島山)과 순천(順天) 예교(曳橋)에서 전공을 세우고 1602년 중추부동지사(中樞府同知事)가 되었다. 1604년 국왕의 친서를 휴대하고, 일본에 건너가 도쿠가와 이에야스를 만나 강화를 맺고 조선인 포로 3,500명을 인솔하여 귀국했다. 선조가 죽은 뒤 해인사(海印寺)에 머물다가 그곳에서 죽었다.

28 야나가와 시게노부(柳川調信, ?-1605)는 대마도 소우 씨의 중신이다. 임진 · 정유왜란 전후 조선과의 외교교섭을 위해 게이테츠(景轍) · 겐소(玄蘇)와 함께 활약한다. 도요토미 · 도쿠가와 정권과의 관계에서도 중요한 역할을 했다. 그의 출신에 대해서는 알려져 있지 않은데, 전해지는 바로는 '낭인(浪人), '규슈(九州)의 상인', '대마도의 낮은 신분' 등 여러 설이 있다. 그의 시호(諡號)는 유방원(流芳園)이다《國史大辭典》14, 81쪽).

29 겐소(玄蘇, 1537-1611)는 센고쿠(戰國)시대에서 에도(江戶)시대 초기에 걸친 임제 중봉파(臨濟 中峯派)의 선승(禪僧)이다. 그의 호는 게이테츠(景轍)이다. 그의 선대는 대대로 치쿠젠(筑前 宗像郡)에 살면서 오우치(大內) 씨의 가신으로 봉사했다. 겐소는 1558년 하카타(博多) 성복사(聖福寺)의 주지가 되는데, 1580년 소우케(宗家) 제17대 요시시계(義調)의 초빙을 받고 일본 국왕사로서 조선으로 건너온다. 그 뒤 대마도에 머물면서 75세의 나이로 생을 마감할 때까지 일생을 조선과의 외교에 관여했다. 그는 그곳에 이정암(以酊菴)이라는 절을 세운다. 그 뒤 도요토미 히데요시(豐臣秀吉)와 도쿠가와 이에야스(德川家康)의 명을 받아 조선국왕과 주고받은 외교문서를 관장하게 된다. 그의 뒤를 이어 기하쿠(規伯) 겐포우(玄方)가 제2대 이정암에 취임하여 조선과의 외교문서를 담당했다《國史大辭典》5, 63쪽).

30 후시미성(伏見城)이란 교토시(京都市) 후시미구(伏見区) 모모야마쵸(桃山町) 니노마루(二の丸) 일대에 소재한 성을 말한다. 1592년 윤 7월 13일 대지진이 일어나 모두 무너져버렸다. 그 뒤 다른 곳에 재건되는데, 현재의 사적(史跡)은 재건된 성과 관련된 것이다《國史大辭典》14, 159쪽).

31 도쿠가와 이에야스(德川家康 1542-1616)는 에도 바쿠후의 초대 쇼군(將軍)이다. 재직기간은 1603-1605년이다. 그의 유명(幼名)은 다케치요(竹千代)이다《國史大辭典》10, 281쪽).

32 도쿠가와 히데타다(德川秀忠 1579-1632)는 에도 바쿠후 제2대 쇼군이다. 재직기간은 1605-1623년이다. 이에야스의 3남이다. 그는 어렸을 때 이름은 쵸마츠키미(長松君)인데 뒤에 큰형(信康)이 자해를 하고, 둘째 형(秀康)이 하시바(羽柴: 도요토미) 히데요시의 양자로 가는 바람에, 3남인 그가 세자가 되었다. 1580년 정월 교토로 가서 15일 히데요시에게 배알하고 그의 편휘(偏諱)를 받아 히데타다(秀忠)

라 했다《國史大辭典》10, 295쪽).

33 정이대장군(征夷大將軍 세이이다이쇼군)이란 원래 무츠(陸奧 · 지금의 아오모리현 전부와 이와테현 북부)의 에조(蝦夷 · 아이누족의 옛 이름)를 무찌르기 위하여, 조정(朝廷)이 임시로 파견하는 군대의 총사령관을 의미했다. 나중에는 그것이 바쿠후(幕府) 수장(首長)의 직명(職名)이 되었다《國史大辭典》8, 191쪽).

34 사가현(佐賀縣)은 규슈(九州) 지방의 북서부에 위치한 현이다. 동쪽으로 후쿠오카현(福岡県), 서쪽으로는 나가사키현(長崎県), 남쪽은 아리아케카이(有名海), 그리고 북쪽은 현해탄(玄海灘)과 접해 있다《國史大辭典》6, 240쪽).

35 기이(基肄)는 히젠(肥前 · 지금의 사가현) 동부에 있었던 지역이다. 현재는 도스시(鳥栖市) 동북부와 미야키군(三養基郡) 가야마쵸(基山町)에 해당하는 지역을 말한다《國史大辭典》4, 3-4쪽).

36 야부(養父)는 히젠(肥前 · 지금의 사가현) 동부에 있는 지역을 말한다. 현재의 미야키군(三養基郡) 나카바루쵸(中原町) · 기타시게야스쵸(北茂安町) · 도스시(鳥栖市) 남서부에 있는 지역이 여기에 해당한다《國史大辭典》14, 103쪽).

37 에도참부(江戸參府)는 다이묘(大名)가 에도(江戸)로 가서 바쿠후(幕府)의 쇼군(將軍)을 알현하는 참근교대(參勤交代 산킨코타이)를 가리킨다. 에도시대에 다이묘들이 일정기간 동안 에도에 머물면서 쇼군에게 문안을 올리는 것을 참근(參勤)이라고 하며, 교대(交代)하는 시기가 되어 봉지(封地)로 돌아가는 것을 총칭하여 참근교대라고 부른다. 이것을 참근교체(參勤交替)라고 적는 경우도 있다《國史大辭典》6, 522쪽).

38 이때의 사행 명칭을 조선 정부는 '회답 겸 쇄환사'라 불렀다. 일본이 먼저 강화 교섭을 요청한 데 대하여 조선이 '회답'을 한다는 점과, 임진 · 정유왜란 때 일본으로 끌려간 조선인을 데려오는 '쇄환'이라고 하는 두 가지 목적을 띠고 파견된 사행이라는 뜻이다. 즉 이 때의 사행 명칭은 엄밀하게 말해서 '통신사'는 아니었다고 하는 점에서 한국 학자들은 주로 그 뒤의 사행과 구별을 한다.

39 겐포우(玄方, 호는 規伯 기하쿠)는 겐소(玄蘇)의 제자이다. 그는 스승의 뒤를 이어 제2대 이정암이 되어 대마도의 외교승으로서 조선과의 외교문서를 담당하였다. 임진왜란 이후 일본 사신의 상경을 금지하던 조선 정부는 1629년 전란 후 처음이자 마지막으로 겐포우 일행의 상경을 허락한다. 정묘호란(丁卯胡亂) 즉 후금(後金)의 침입으로 북방의 정세가 어려워 일본과의 관계를 안정시켜야 했던 점, 겐포우 일행이 바쿠후의 쇼군이 파견한 '국왕사'를 자칭한 점 등을 고려하여, 그들의 상경을 허락한 것이다.

40 야나가와 도시나가(柳川智永, ?-1613 야나가와 시게노부(柳川調信)의 아들이다. 1605년(慶長10) 조선 사절 유정(惟政) 등이 일본을 방문했을 때, 오위(五位) · 제대부(諸大夫)가 되어 부젠노카미(豊前守) 도시나가(智永)라 칭했다. 그 뒤 아버지 시게노부가 죽자 가독(家督)을 이어받는다. 조선통신사 방일 때 대마도주에게 하사된 히젠(肥前) 다시로(田代)의 영지 2,800석(石)의 가급(加給) 중 1,000석이 바쿠후의

지시에 의해 도시나가에게 수여되었다. 그 뒤 대마도주(宗義智)를 도와 임진·정유
왜란 이후 처음으로 파견된 조선 국왕(회답 겸 쇄환사)의 방일을 1607년(慶長12)
에 실현시켰다. 이 때 국서 위조는 도시나가의 획책에 의한 것이다. 더욱이 1609
년 기유약조(己酉約條) 체결 때도 겐소(玄蘇)와 함께 조선과의 교섭에 임했다(《國史
大辭典》14, 83쪽).

41 세견선(歲遣船 사이켄센)이란 조선시대에 일본 각지에서 교역을 위하여 우리나라로 건너
온 선박을 가리킨다. 이 배를 연례송사선(年例送使船)이라고도 부르는데, 그 기원은 고
려시대의 진봉선(進奉船)이다. 조선은 건국 직후 왜구(倭寇)의 노략질을 막기 위하여 회
유·통제정책을 병행·추진하였다. 평화적으로 교역을 희망하는 사람들에게는 후하게
접대한다는 원칙을 세워서 자유로운 무역을 허락하였다. 그런데 이러한 회유정책이 왜
구의 금압에는 큰 성과가 있었지만, 이들이 연속하여 도항해 오자 조선에서는 군사적인
위협과 함께 경제적인 부담을 느끼게 되었다. 그리하여 태종대부터는 각종 통제책을 세
웠는데, 주요 정책은 주로 서계(書契)·도서(圖書)·문인(文引)·세견선정약(歲遣船定
約)·포소제한(浦所制限) 등이다. 이 가운데 세견선정약이란 조선과의 교역을 원하는 자
들이 매년 보낼 수 있는 선박의 수를 한정하는 것을 말한다. 이 제도는 1424년(세종6)
구주탐제(九州探題 규슈탄다이)에게 매년 봄과 가을에 한 번씩 교역선 파견을 허락한 것
이 그 시초라고 한다. 그 뒤 1443년에는 계해약조를 맺어 대마도주(對馬島主)에게 50척
을 허락하여 세견선 규정을 매듭지었다(《한국민족문화대백과사전》12, 570-571쪽).

42 일본 역사에서 말하는 중세는 보통 한국사의 경우 고려시대와 조선의 임란 이전까지의
시기에 해당한다.

43 문인(文引 분인)이란 조선에 내왕하는 일본인이 대마도주(對馬島主)인 소우(宗)씨로
부터 발급 받은 도항 증명서를 말하는데, 노인(路引 로인)·행장(行狀 고죠)이라고
도 부른다. 1426년(세종8, 応永33)에 소우 사다모리(宗貞盛, ?-1542)가 문인제
도를 조선측에 제안하게 되고 10년 후인 1436년(세종18, 永享8) 조선 정부가 이
를 받아들여 완전 실시되기에 이른다. 1438년 조선 정부와 대마도주(사다모리 貞
盛) 사이에 맺어진 약조에 의하여 이 제도가 정착되어 간다. 15세기 후반에는 아
시카가 쇼군(足利將軍)이라든가 오우치(大內)씨 등에게도 이 제도가 적용되어 모든
통교자가 문인의 소지 의무를 지게 된다. 또한 조선 연안에 와서 고기잡이를 하는
대마도의 어선(漁船)들에게도 소우 씨의 문인이 발급되어 1441년(세종23, 嘉吉元)
고초도조어금약(孤草島釣魚禁約)에 규정되었다. 소우 씨는 문인의 발급권을 갖게
됨으로써 수수료 등 수입을 얻을 수 있었을 뿐만 아니라, 대마도에 대한 통제를 강
화하여 조·일 양국의 관계에서 특수한 지위를 보장받게 되었다. 조선 정부는 대
마도주에게 도항 증명서의 발급권를 부여하는 대신에, 조선으로 건너오는 일본인
에 대한 통제·관리를 맡길 수 있었으며, 그것을 통하여 한반도 남해안의 안전을
도모할 수 있는 이점이 있었다(《國史大辭典》8, 532쪽; 《國史大辭典》12, 380쪽).

44 수도서인(受圖書人 쥬도쇼닝)이란 조선시대에 조선 국왕으로부터 도서(圖書 도쇼·사
인 私印)를 발급 받아 조선과의 통교·무역에서 특권을 행사한 일본인을 가리킨다. 수
도서인은 조선으로부터 특별히 인정받은 통교자이기 때문에, 그들이 보낸 사인(使人)

은 조선에서 우대를 받았다. 그래서 조선 정부로부터 도서를 발급 받는 것(즉 수도서 受圖書) 자체가 곧 일본인들에게는 일종의 무역특권으로 인식되기에 이른다. 도서는 본래 개인을 대상으로 하여 인정된 것이므로 본인의 사망 후에는 반드시 상속자가 그것을 조선 정부에 반납하고 새로운 도서를 다시 발급 받아야 했으나, 실제로는 반납을 하지 않고 대대로 사용하는 사람, 다른 사람에게 양도·매각하는 사람들이 나타나게 된다. 그 결과 조선 정부는 도서의 진짜와 가짜를 구별하는 데 어려움을 겪게 되었으며, 그로 말미암아 조·일간 통교관계가 혼란스럽게 되고 말았다. 이것이 삼포왜란(三浦倭亂)의 원인이 되기도 했다(《國史大辭典》7, 394쪽).

45 이정암(以酊庵 이테앙)이란 1580년(선조13, 天正8) 하카타(博多) 세이후쿠지(聖福寺)의 승려 겐소(玄蘇, 호 景轍)가 소우 씨가(宗家 소우케)의 제17대 소우 요시시게(宗義調, 1532-88)의 초빙을 받아 대마도로 건너가서 지은 선사(禪寺)를 말한다. 산호(山號)를 해려산(瞎驢山)이라고 한다. 게이테츠(景轍)는 도요토미 히데요시(豊臣秀吉)와 도쿠가와 이에야스(德川家康)의 명을 받아 조선 국왕과 주고받는 외교문서를 관장했다. 그의 제자인 겐포우(玄方, 호 規伯)가 제2대 이정암이 되어 그의 뒤를 이었다(《國史大辭典》1, 691쪽).

46 수목선(水木船 스이보쿠센)은 임진왜란 이전부터 이미 조선으로 건너오고 있었던 모양이다. 즉 조선에 파견된 일본의 송사선(送使船)이 땔감(즉 연료)과 물을 운반한다는 명목으로 본선(本船)과는 별도로 이 배를 파견해 오고 있었다. 삼포왜란 이후 1512년(중종7, 永正9)에 체결된 임신약조에 의하여 매년 조선에 도항할 수 있는 사송선의 수가 그 전에 비하여 대폭 삭감되자, 일본은 수목선의 파견을 통하여 사송선의 실질적인 증가를 꾀하려 하였던 것이다. 그런데 1528년(중종23, 享祿元) 8월 일본 국왕사 이치가쿠(一鶚)가 '시수선'(柴水船)을 이끌고 도항하여 접대를 인정받으려고 하였으나 조선 정부는 이를 허락하지 않았다. 그러나 그 뒤《조선송사국차지서계각》(朝鮮送使國次之書契覺)에 따르면, 일본 국왕사라든가 거추사(巨酋使)의 일부에 대하여 '수목선'이라는 명목을 내세워서 함께 건너오는 것이 허용되고 있음을 알 수 있다. 그들에게는 당연히 '본선'과는 별개로 교통비·체재비에 해당하는 과해료(過海料)와 유포료(留浦料)가 지급되고 있었다. 그러나 임진·정유왜란 이후 기유약조에 의해서 국교가 회복되었을 때, 수목선의 도항은 인정되지 않았다. 그럼에도 불구하고 얼마 가지 않아 특송선(特送船) 등 일부의 사선(使船)이 수목선을 거느리고 올 수 있도록 인정을 받게 되는데, 1635년(인조 13, 寬永 12) 겸대제(兼帶制) 실시 이후 세견 제1선·일특송사·만송원송사·부특송사가 각각 수목선 1척을 대동할 수 있게 허용되기에 이른다(《國史大辭典》8, 29쪽).

47 '차왜'(差倭 사와)란 에도(江戶)시대 조선에 건너온 대마도의 부정기(不定期) 사절(使節)을 가리켜 조선에서 부른 호칭이다. 임진·정유왜란으로 단절되었던 양국간 국교가 회복되고, 1609년(광해원元, 慶長14) 기유약조 체결에 의하여, 대마도주가 매년 20척의 세견선(특송선 3척 포함)을 조선에 파견할 수 있게 되었는데, 이것을 가리켜 '매년 정기적으로 파견하는 사신'이라는 의미에서 '연례송사'(年例送使)라 부르고 있었다. 대마도주는 조선에 파견하는 선박의 수를 늘리기 위하여 온갖 노력을 다 하였는데, 각종 부정기 사신을 파견하고 조선 정부로부터 그들에 대한 접대를 허용 받는 데 성공한다. 예조 참판(禮曹參判) 앞으로 보내는 서계(書契, 즉 외교문서의 일종)를 지참한 차왜를 가리켜

대차왜(大差倭, 일본에서는 참판사 參判使라 부름)라 하였고, 예조참의(禮曹參議) 서계를 지참한 차왜를 소차왜(小差倭)라 불렀다. 이들에게는 부산의 왜관에 머무를 수 있는 체류기한(滯留期限)이 정해져 있었는데, 다만 특수 외교업무를 처리하기 위해 도항한 재판차왜(裁判差倭)에 대해서는 일한(日限)이 정해져 있지 않았다. 관수차왜(館守差倭)의 임기는 원칙적으로 2년이었다(《國史大辭典》6, 485쪽 ;《국역 증정교린지》52-94쪽 ;《국역 통문관지》253-264쪽).

48 이를 가리켜 사선(使船) 소무권(所務權)이라 부른다.

49 왜관에 입항한 일본 사신이 조선 국왕에게 진헌하는 물품의 목록을 '별폭'(別幅 벳푸쿠)이라고 불렀다.《조선왕조실록》에 보이는 별폭의 의미는 '별도의 문서', '다른 문서에 따로 적은 것' 가리키는데, 조선과 일본 사이의 외교관계에서는 '국서(國書)·서계(書契) 등 교린문서(交隣文書)로서 예물(禮物)의 종류와 수량을 적은 물품목록'이라고 하는 역사적 의미를 지니고 있다(鄭成一,《朝鮮後期 對日貿易》, 21쪽). 그런데 별폭은 조선과 일본뿐만 아니라 조선과 중국, 일본과 중국(明) 사이에서도 교환되고 있었던 외교문서의 일종이다. 요컨대 진헌물 즉 예물의 목록으로서, 국서(또는 표문 表文)·서계 등의 본문서(本文書)에 딸려서 작성·교환된다는 점에서 '별폭'이란 명칭이 붙게 된 것이다(《國史大辭典》12, 500쪽).

50 단목(丹木)은 홍목(紅木)이라고도 하며, 소목(蘇木)·소방(蘇方·蘇枋·蘇芳)이라 적기도 한다. 옛날부터 검붉은 물감을 내는 염료나 약재로 쓰였기 때문에 중요하게 다루어져 왔다. 원래 이것은 남방 열대지방에서 나는 콩과의 상록수인데, 일본에는 중국(宋)을 경유하여 아주 오래 전부터 수입되고 있었다. 그런데 명나라가 들어서면서부터 해금(海禁)정책을 펴자, 결과적으로 신흥왕조인 유구(琉球 류큐, 지금의 일본 오키나와현)의 해상무역의 길이 활짝 열리는 계기가 되었다. 즉 유구를 통하여 들어온 남해물산(南海物産)이 일본을 거쳐 조선으로 유입되고 있었던 것이다(《國史大辭典》8, 662쪽).

51 마키에(蒔繪)란 칠(漆) 공예 기술의 하나인데, 칠로 모양을 그린 다음 그것이 마르기 전에 금·은 등의 금속가루나 색깔이 있는 가루를 뿌려서 고착시켜서 모양을 나타내는 기법이다. 일본의 독특한 칠공예 기술로서 널리 알려져 있다. 중국에서는 전국(戰國)·한(漢) 나라 때 일본의 마키에와 동일한 기법이 있었다고 하는 설도 있는데, 일본에서는 나라(奈良)시대 이후에 그 유례(遺例)가 확인되고 있다고 한다(《國史大辭典》13, 29쪽).

52 주홍(朱紅)이란 황과 수은으로 만든 붉은 빛을 내는 안료(顔料) 즉 그림물감을 말한다.

53 휘파람새(鶯 우구이스)는 별칭이 많은데 봄 일찍 운다 하여 봄을 알리는 새라고도 한다.

54 일본 역사에서 말하는 '근세'(近世 긴세이)란 보통 아즈치모모야마(安土桃山)시대(오다 노부나가 織田信長·도요토미 히데요시 豊臣秀吉 집권기)와 에도시대(江戶時代·도쿠가와시대 德川時代)를 합친 시대를 말한다. 즉 오다 노부나가가 교토(京都)로 진출하여 중앙정권으로 발전할 수 있는 발판을 마련한 1568년(선조元, 永祿11)부터 에도바쿠후(江戶幕府)가 멸망하고 메이지유신(明治維新)이 시작되는 1867년(고종4, 慶応3)까지 약 3백년을 일본사에서는 보통 '근세'라고 부르고 있다(《國史大

辭典》4, 550쪽). 이 시기는 한국사에서 말하는 이른바 조선후기(朝鮮後期)와 거의 일치한다고 말할 수 있다.

55 조선후기 왜관의 개시(開市)는 월육시(月六市)라 하여 매월 3·8·13·18·23·28일에 개최되었다. 임진왜란 이전에는 월 3회(3·13·23일)였던 것을 두 배로 늘린 것이다. 대마도의 유명한 통역이었던 오다 이쿠고로(小田幾五郎)가 지은《초량화집》(草梁話集)을 보면 '3·8일 관시(館市), 4·9일 부산(釜山), 5·10일 수영(水營), 1·6일 물목포(勿牧浦), 2·7일 동래(東萊)'라고 적혀 있는데, 이것은 왜관의 개시가 조선의 5일장 체계와 연동되면서 상호 깊은 관련을 맺고 있었음을 보여주는 좋은 사례이다(鄭成一, 《朝鮮後期 對日貿易》, 72쪽, 94~95쪽).

56 두모포왜관의 경우 처음에는 연향청이 한 가운데 위치해 있고 그 좌우로 동관과 서관이 설치되어 있었다. 출입문은 동쪽에 있었고 도로도 동쪽에 있었다. 그래서 서관으로 들어가려면 연향청을 거쳐서 가지 않으면 안 되었다. 왜관 사람들이 서관을 싫어했던 이유는 앞에 제시한 것 외에 다른 이유가 있었을 지도 모른다. 예를 들면 서관으로 가려면 반드시 연향청을 거쳐가야만 했기 때문인지, 해가 지는 서쪽이었기 때문이었는지, 아니면 서관에 들어가 있는 사람들이 하층민들이 많았기 때문이었는지는 알 수 없으나, 대마도에서 건너온 사신들이 서관에 배치되는 것을 몹시 싫어했다고 한다.

57 피안(彼岸 히강)이란 춘분(春分)과 추분(秋分)을 기준으로 하여 앞뒤 사흘씩을 합친 1주일 동안을 가리키는데, 이것을 각각 '봄 피안'과 '가을 피안'이라 부른다. 그런데 이처럼 날짜를 잡게 된 것은 1844년(헌종10, 天保원) 이후의 일이다. 1754년(영조30, 宝曆4) 이전에는 춘분·추분 날로부터 세어서 사흘째 되는 날, 그러니까 춘분이 21일이라고 한다면 23일이 피안으로 들어가는 날이 되며, 그로부터 1주일 동안이 피안일(彼岸日)이 되는 셈이다. 이처럼 시대에 따라 일본이 사용한 역법에 따라 피안일도 약간씩 차이가 있었음에 주목할 필요가 있다. 그런데 피안이란 범어(梵語)의 바라밀다(paramita)로 번역하면 '피안에 이른다' 즉 도피안(到彼岸)의 뜻이다. 이 세상인 차안(此岸)을 떠나서 저 세상인 피안(彼岸)에 이르기 위하여, 봄·가을 두 철에 1주일 동안 거행되는 불사(佛事)를 일컬어 피안회(彼岸會 히강카이)라고 한다. 태양이 정 동쪽에서 떠서 정 서쪽으로 지는 춘분과 추분날에 정토(淨土)를 관상(觀想)하고 왕생(往生)을 기원하는 불교행사라고 하는 설이 있는가 하면, '히강'(彼岸)이란 태양신앙에 의해 '해를 기원한다'는 뜻의 일본어인 '히노강'(日の願)을 줄여서 '히강'(日願)이라고 부르게 되었다는 설도 있다(《國史大辭典》11, 854쪽).

58 노두옥(老頭屋 오이노토야)이란 '망을 보는 초소', 즉 미하리반쇼(見張番所)를 가리킨다.

59 오가와 지로우에몽이 읊은 단가(短歌)는 하이쿠와 비슷한 것이지만 크게 형식에 구애받지 않고 자유롭게 쓴 것들이 대부분이다. 그가 쓴 책에는 긴 것도 있고 짧은 것도 있는데, 그 가운데 저자가 일부를 발췌하여 군데군데 인용한 것이라고 한다.

60 이것은 쓰노에 효고노스케(津江兵庫介)의 무덤 앞에 피어 있는 한 떨기 꽃을 보고 그를 떠올리면서 지은 시로 생각된다. '이끼'는 오랜 세월이 지났음을 뜻하는데, 다른 한편으

로는 '조선 땅'을 의미하는 것인지도 모른다. 대마도에서 건너 와 조선 땅에서 오랜 세월
동안 온갖 어려움을 겪다가 그곳에서 잠자고 있는 쓰노에 효고노스케를, '이끼'의 틈바
구니에서 끝까지 살아남은 아름다운 꽃 '금초'(錦草)에 비유하고 있는 것이다.

61 유노모토하라(湯の本原)란 동래온천의 원천(源泉)이 나는 곳을 가리키는 일본식 호
칭이다.

62 나가야(長屋)는 일반적으로 길 옆이나 문 옆에 길다랗게 지어진 건물을 말한다. 일본에
서는 고대로부터 사원(寺院)이나 관청(官廳) 안에 이런 집을 지어서, 승려나 하급관료들
이 머무는 주방(住房)으로 사용하기도 하였다. 내부를 보통 여러 개의 칸막이로 막아 작
은 방을 여럿 만들고 각기 전용 출입문을 내기도 하는데, 중·근세에는 무사들의 집(武
家屋敷 부케야시키)이나 상인들의 집(町家 쵸카)도 이런 형식으로 지어진 것도 있었다.
큰길 옆이나 노지(露地)에 지어서 하층민들에게 전세를 내놓는 일도 있었다고 한다(《國
史大辭典》10, 666쪽).

63 원문에는 '이하치'로 적혀 있는데 이것을 '이바치'로 읽었던 것이 아닐까 생각된다. 일본
의 근세 고문서에서는 탁음(濁音) 부호가 생략되는 경우가 많기 때문이다.

64 원문에는 '데이하치'(出いはち)라고 되어 있는데, 이것은 왜관 안에서 이루어지는
잔치가 아니라 왜관의 밖에 설치된 연향청에서 개최되는 연향을 뜻하는 것으로 보
인다. 고왜관 시절 초기에는 잔치가 베풀어지는 연향청(宴享廳)이 왜관 안 중앙에
위치해 있었는데, 나중에 그것을 왜관 밖으로 옮겼다. 그리고 원래 연향청이 있었
던 건물은 서관에 들어가 있던 사람들이 사용하게 되었다.

65 교토(京都) 기원사(祇園社 기온샤·八坂神社 야사카진쟈)의 제례를 '기옹에'(祇園會) '기
옹마츠리'(祇園祭)라고 부른다. 그 기원은 869년(경문왕9, 貞觀11) 6월에 일본에서 전
국적으로 역병(疫病)이 유행하자 그것의 해소를 기원하면서 시작된 의식이라고 한다.
(《國史大辭典》4, 20쪽).

66 노(能)란 일본의 남북조(南北朝)시대에 시작된 대표적인 고전예능의 하나인데, 창
성기(創成期)의 사루가쿠(猿樂) 등이 보여주는 노래와 춤에 의한 연극(演劇) 형식의
예술을 말한다. 사루가쿠(猿樂)의 노(能) 외에도 덴가쿠(田樂)의 노, 엔넨(延年)의 노
등 여러 가지가 존재했는데, 무로마치(室町)시대 이후에는 사루가쿠의 노가 주류를
이루고 있었다. 메이지(明治)시대에 들어와서는 노가쿠(能樂)라 불리기 시작하여
그것이 오늘날까지 전해져 내려오고 있는데, 여기에는 사루가쿠의 노(猿樂能)와 교
겐(狂言)이 포함되어 있다고 보는 견해가 지배적이다. 그런데 노가쿠(能樂)에는 여
러 역할이 있다. '시테카타', '와키카타', '교겐카타', '하야시카타' 등등 여러 역할을
맡는 사람들이 한데 어울어져 상연(上演)이 이루어진다. 예를 들면 '시테카타'는 주
인공('시테') 역할, 그리고 '와키카타'는 그 상대역('와키')을 맡아 연기한다. 그리고
'교겐카타'는 '아이'(アイ)교겐(狂言)으로서 한 곡의 진행을 맡으며, '하야시(囃子)카
타'는 피리·작은북·큰북 등 악기를 연주하는데 큰북은 곡목에 따라서는 출연하지
않는 경우도 있다. 합창은 '시테카타'가 담당한다고 한다(《國史大辭典》11, 346쪽).

67 일본 역사에서는 이것을 가리켜 어가소동(御家騷動)이라고 부르는데, 이러한 일은 대마도만이 아니라 다른 곳(藩)에서도 일어나고 있었다. 예를 들면 에도(江戸)시대인 1679-81년에 에치고(越後)의 다카다한(高田藩)에서도 어가소동이 일어났는데 이것을 에치고소동(越後騷動)이라고 부른다《國史大辭典》2, 284쪽).

68 원문에는 아시카가 바쿠후(足利幕府)로 되어 있으나 편의상 무로마치 바쿠후(室町幕府)로 번역하였다.

69 일본에서 난부(南部)는 두 가지 의미가 있다. 성씨(姓氏)로서의 난부는 무츠노쿠니(陸奥國·후쿠시마 福島, 미야기(宮城), 이와테(岩手), 아오모리(青森)의 4개 현과 아키타현 秋田縣 일부 지역)의 호족을 말한다《國史大辭典》2, 284쪽). 모리오카(盛岡)에 번청(藩廳)를 둔 모리오카한(盛岡藩)을 난부한(南部藩)이라고 부르는 경우도 있는데, 이것은 모리오카한의 한슈(藩主) 성씨가 난부(南部) 씨인 데서 비롯된 것이다. 한편 지명으로서의 난부는 난부 씨의 옛 영지를 통칭하는 것이다. 즉 아오모리·이와테·아키타의 3현에 걸쳐 있는데, 특히 모리오카(盛岡) 지역을 가리킨다.

70 쓰가루(津輕)는 아오모리현(青森縣) 서남부 지역을 가리키는 호칭이다.

71 이정암윤번제(以酊庵輪番制 이테앙린반세이)란 에도바쿠후(江戸幕府)가 외교체제 확립의 일환으로 조선과의 외교를 통제하기 위하여, 1635년(인조13, 寬永12)부터 실시한 제도를 말한다. 야나가와(柳川)사건의 결말을 기회로 소우(宗)씨에 대한 종래의 방임정책을 쇄신하기 위하여 여러 해에 걸쳐 조선과 외교의례라든가 무역 등에 관한 교섭을 진행하였는데, 그 초기에 일본의 국내 조치로서 이 제도가 마련되었다. 교토(京都) 오산(五山)의 탑두(塔頭) 승려를 돌아가면서(輪番) 대마도로 파견, 후츄(府中·지금의 나가사키현 이즈하라쵸 長崎縣 嚴原町)의 이정암(以酊庵)에 주재하도록 하고, 그곳에서 조선과의 외교 사무 감찰(監察), 왕복 서한(書翰)의 관장(管掌), 문서의 기초(起草), 조선에서 건너간 사신 응접(應接)에 대한 참여, 특히 통신사(通信使)의 방일(訪日) 때에는 한슈(藩主)와 동행하여 에도(江戸)를 왕복하면서 접대를 맡도록 하였다. 이 제도는 일본의 메이지(政府)가 조선과의 외교를 대마도로부터 〈접수〉하게 되면서 폐지되고 말았다《國史大辭典》1, 691쪽).

72 사선 소무권(使船所務權)이란 대마도주(對馬島主)가 그의 가신에게 허락한 조선 도항권을 말한다. 경작할 만한 땅이 적은 대마도에서는 가신들에게 토지·쌀·금 등으로 지급하는 대신에, 조선에 도항할 권리 즉 조선과 무역을 할 수 있는 권리를 나누어주고 있었다. '소무'(所務 쇼무)라고 하는 것은 본디 근무·일·직무 등을 의미하고 있었는데,《속일본기》(續日本記) 등에서도 보이듯이, 중세적인 '직'(職)이 성립하게 된 뒤로는 그 직무와 거기에 뒤따르는 권리·의무를 가리키는 용어로서 널리 사용되기에 이르렀다. 더욱이 에도(江戸)시대에 오게 되면, 이것이 연공(年貢)·공조(貢租)의 의미로 사용되는 경우도 있었다《國史大辭典》7, 719쪽).

73 당시 문위당상(問慰堂上) 역관이던 홍희남(洪喜男)은 국서위조사건인 야나가와(柳川)사건 처리 이후 대마도주를 타일러서 일본 사신이 한 번에 올 때에 겸대(兼帶)하여 비용을

줄이게 했다. 이것은 이른바 '겸대제'(兼帶制)의 시행이다(《국역 증정교린지》 51쪽).

74 취허(吹噓 스이코)란 본디 '남의 잘한 일을 허풍을 쳐서 칭찬하며 천거한다'는 뜻이다. 여기에서 의미가 확장되어 '추천장', '추천서' 뜻으로 쓰이기 시작한 것으로 보인다.

75 사료에 따라서는 '정해진 기한보다 더 오래 머무른다'는 뜻에서 이것을 가리켜 '구류'(久留)라고 적고 있는 경우도 있다.

[2장]

1 후스마란 한자로 오(襖) 또는 금(衾)이라 적는데, 옛날에는 후스마 쇼지(襖障子)라고도 불렀다. 이것은 헤이안(平安)시대 중엽 침전조(寢殿造)의 실내 칸막이로서 사용되기 시작된 창호(窓戶 창과 문의 총칭, 일본어로 다테구 建具)이다. 햇빛 등을 막기 위하여 안팎에 두꺼운 종이를 겹겹이 바른 장치를 말한다. 가로 세로로 엮어 짠 격자(格子)의 양면에 먼저 종이로 밑 풀칠을 하고 그 겉면에 천을 바르는데, 칠을 칠한 테두리를 사방 둘레에 붙인 형식이 보통이다. 표면에 색지라든가 모양을 넣은 종이를 바른 것을 '가라카미 쇼지'(唐紙障子) 또는 '가라카미'(唐紙)라고 불렀다(《國史大辭典》 12, 240쪽).

2 일본의 헤이안(平安)시대에는 실내의 벽 · 창호(建具 다테구) · 칸막이(衝立 쓰이다테) 등을 모두 쇼지(障子)라고 불렀다. 바둑판 모양처럼 가로세로로 엮어 짜여 있는 격자(格子) 위에 종이나 천을 바른 것을 말한다. 오늘날 일본에서 칸막이로 사용되는 후스마(襖)는 후스마쇼지(襖障子)인데, '가라카미(唐紙)'를 바른 것이 '가라카미 쇼지'(唐紙障子)이다. 일반적으로 쇼지란 양쪽 면에 종이나 천을 바른 것을 말한다. 거기에 그림이 그려져 기도 한데, 이것을 쇼지에(障子繪)라고 불렀다. 격자의 한 쪽 면에만 종이를 바른 것으로, 일본에서 요즘 말하는 쇼지에 해당하는 것을 가리켜 아카리쇼지(明障子)라고 했는데, 이것은 헤이안시대 말기부터 문헌에 등장한다고 알려져 있다(《國史大辭典》 7, 517쪽).

3 임제종(臨濟宗 린자이슈)이란 임제의현(臨濟義玄 린자이 기겐, ?-867)을 시조로 하는 선종(禪宗)의 일파를 말한다(《國史大辭典》 14, 665쪽).

4 '난출'(闌出 란슈츠)이란 왜관의 일본인들이 무단으로 왜관 밖을 뛰쳐나가는 것을 말한다. 두 나라 사이에 외교나 무역과 관련된 일이 있을 때에는 조선 정부가 파견한 왜학역관(훈도 訓導 · 별차 別差)이 왜관 안으로 들어가서 협의를 하는 것이 보통이었다. 그런데 일본인들은 그들의 요구가 훈도나 별차 선에서 받아들여지지 않을 때에는 왜관 밖을 뛰쳐나가 동래부로 몰려가서 동래부사(東萊府使)를 상대로 일종의 시위를 하는 일이 종종 있었다. 조선에서는 이것을 불법행위로 간주하면서 '난출'이라 불렀다.

5 와니우라(鰐浦)는 대마도 북쪽 끝에 위치한 지역의 이름이다. 1609년(광해元, 慶長14)에 이곳이 조선과의 통교를 위한 항구로 지정된 뒤, 도항 선박의 검문소 혹은 세관 기능을 담당했던 관소(關所 세키쇼)가 설치되자, 60여 호가 넘는 대세대가 거주하는 곳으

로 발전한다. 그런데 1672년(현종13, 寬文12) 사스나(佐須奈)에도 관소(關所)가 설치된 뒤로는 지난날의 영광이 많이 퇴색되고 만다(藤井鄉石, 《對馬の地名とその由來》상, 72-73쪽).

6 조선에 왕래하는 선박을 통제·관리하기 위하여 1672년(현종13, 寬文12) 사스나(佐須奈)에 관소(關所)가 설치된다. 대마도에서는 포(浦 우라)를 나(奈)라 불렀다고 한다. 1884년(고종21, 明治17) 이후 세관리(稅關吏)가 그곳에 주재하게 되었는데, 다이쇼(大正)시대에는 250호에 1,500여 명의 인구가 살고 있었다(藤井鄉石, 《對馬の地名とその由來》상, 61쪽).

7 오후나코시(大船越)는 두 개의 대마도, 즉 상대마(上對馬 가미쓰시마)와 하대마(下對馬 시모쓰시마)가 연결되는 곳에 위치한 지명이다. 1672년(현종13, 寬文12)에 대규모 공사가 이루어진 이래로 이곳 일대가 크게 변모하게 되었다. 일본에서는 두 개의 바다나 강으로 둘러싸인 길다란 지협(地峽)을 후나코시(船越)라고 불렀다(藤井鄉石, 《對馬の地名とその由來》상, 41쪽).

8 원문에는 사칸(左官)으로 되어 있는데 이는 벽을 바르는 일을 하는 노동자, 즉 벽토치기 =미장이를 가리킨다. 사칸은 본디 가베누리(壁塗)라고 하여, 기둥과 기둥 사이를 판자 대신에 흙으로 채워 벽을 바르는 사람을 말한다. 일본에서는 이들이 고대 말기에 목조 건축 일을 하는 목수(大工 다이쿠)와 함께 직인(職人 쇼쿠닝, 즉 기술자)의 하나로서 분화하였다. 중세에 들어오면서부터 사칸(左官)이라 불리기 시작했는데, 근세까지도 이 둘이 함께 사용되고 있었다. 사칸이라고 하는 것은 율령 관료제에서는 사관등(四官等)의 최하위 급에 속했다(《國史大辭典》6, 297쪽).

9 당시 대마도가 기록한 사료에서는 그들이 요구하는 공법을 조선측이 이해하지 못하는 데 문제가 있었던 것처럼 되어 있다. 그런데 땅을 깊게 파서 흙을 걷어 내는 작업만 하더라도 상당한 인력을 동원하지 않으면 안 되며, 그런 만큼 공사비도 더 많이 소요될 것이 분명하다. 말하자면 일본이 요구한 공법대로 공사를 하려 하지 않은 조선의 의도는 기술적인 문제보다도 경제적인 문제, 즉 공사비 절감에 있었던 것이 아닌가 생각된다.

10 왜관의 담장 공사를 다시 하여 석축으로 교체한 뒤에도 교간(交奸) 사건이 끊이지 않았다. 이것을 보면 조선인 여성과 왜관의 일본인 남성 사이의 성(性) 매매는 왜관의 담장 높이가 낮고 허술했기 때문만은 아니었음을 알 수 있다. 성 매매의 대가로 금품을 주고 받는 등 경제적인 배경도 크게 작용했을 것임은 더 말할 나위가 없다.

11 번소(番所 반쇼)란 일반적으로 경비를 서거나 망을 보는 사람들에 해당하는 번인(番人 반닝)들이 그곳에서 근무를 설 수 있도록 하기 위해 만든 시설물을 말한다(《國史大辭典》11, 778쪽).

12 마스가타몽(枡形門)이란 말 그대로 풀이하자면 '되(枡 마스) 모양으로 생긴 문'을 말한다. 그런데 여기에서는 '일본의 성곽(城郭) 입구에 설치된 방어용 시설'을 가리키는 역사 용어로 사용되고 있다. 적의 침략을 막기 위하여 성 외곽으로 둘러서 판 연못을 뜻하는 해자(垓字, 일본어로 호리 堀) 위로 세워진 다리 안쪽에, 성문 혹은 흙벽, 담장 등으로

둘러싸인 메모난 공터를 만들어 두는 경우가 있었다. 그런데 그 부분의 모양이 마치 되 모양과 닮았다 하여, 그리고 그 공터로 적을 유인하여 되에 쓸어 담듯이 쳐부순다 하여, 마스가타(枡形)라는 명칭이 붙게 되었다고 한다. 일본에서는 이러한 건축양식이 전쟁이 빈번하게 일어나고 있었던 센고쿠(戰國)시대에 크게 발달했다고 알려져 있다(《國史大辭典》13, 63쪽).

13 사카노시타(坂ノ下)란 말 그대로 '고갯길의 아래'라는 뜻이다. 그런데 대마도 사람들의 기록 속에서는 그것이 '조선의 역관 집무소가 있는 곳'을 뜻한다. 지금의 부산광역시 중구 영주동(瀛州洞)이대가 그곳이었을 것으로 추정된다. 영주동의 옛 이름은 임소(任所) 이다. 개항 후 외교통상 업무의 증가에 따라 1890년(고종27)에 설치된 감리서(監理署) 에서 그 유래를 찾는 것이 보통이다. 그런데 임소의 유래는 그보다 더 거슬러 올라간다. 지금의 영주동 보래초등학교 자리에는 조선시대의 초량객사(草梁客舍·역대 국왕의 전 패를 모셔 놓은 곳)가 있었다. 그 부근에는 조선의 일본어 통역이었던 훈도와 집무소(성 신당 誠信堂)와 별차의 집무소(빈일헌 賓日軒)가 각각 있었다. 훈도와 별차가 자기들이 있는 곳을 신선이 사는 삼신산의 하나인 영주산(瀛州山)으로 빗댄 데서 영주란 마을 이름이 형성되었다는 설이 있다.

14 변재천당(弁財天堂)이란 변재천(弁財天, 벤자이텐)을 모신 사당이다. 변재천은 인도의 여신으로 말재주·음악·재복·지혜를 맡는 일곱 복신 즉 칠복신(七福神 시치후쿠진) 의 하나이다. 그 상(像)은 비파를 타는 아름다운 천녀(天女, 비천)의 모습으로 표현되고 있다. 일본에서는 재복(財福)의 신으로서 추앙되었다.

15 아키(安藝)란 지금의 히로시마현(広島県) 서부 지역의 옛 이름이다. 이츠쿠시마(嚴島)는 히로시마만(広島灣) 남서부(佐伯郡宮島町)에 있는 섬이다. 그 섬에 신령이 내려와 자리 잡고 있다고 하는 산악신앙에 의해 예로부터 이곳이 신성시되고 있었다. 중세 초기까지 도 이곳에는 사람이 살지 않았다고 한다. 지금은 세토나이카이(瀬戸内海)국립공원에 포 함되어 있다. 요컨대 '아키노이츠쿠시마 오오카미'(安藝の嚴島大神)란 지금의 히로시마 남서부 이쿠츠시마에 있는 대신(大神)을 가리킨다. 해상 수호신으로서 숭앙을 받고 있 었다(《國史大辭典》1, 667-668쪽).

16 도하신사(稻荷神社 이나리진쟈)란 오곡(五穀) 그 중에서도 벼(稻)를 담당하는 신인 우카 노미타마노가미(宇迦之御魂神·倉稻魂神·稻魂神)를 모시는 신사이다. 이 신은 본디 농경신이었다. 그런데 중·근세를 통하여 공업과 상업이 발전하면서 식산흥업신·상업 신 등으로 확대되었으며, 나중에는 '의식주(衣食住)의 대신(大神)', '만민풍락(萬民豐樂) 의 영신(靈神)'으로 숭앙되기에 이른다. 따라서 이나리진쟈(稻荷神社)가 일본의 농촌만 이 아니라 다이묘(大名)의 저택이나 도심부근에 세워지게 된 것도 이 때문이다(《國史大 辭典》1, 740쪽).

17 금도비라신사(金刀比羅神社 고토히라진쟈)란 금도비라(金刀比羅 고토히라) 즉 항해의 수호신을 모시는 신사이다. 현재 가가와현(香川県)에 고토히라쿵(金刀比羅宮)이 있다. 제신(祭神)은 대물주신(大物主神) 숭덕천황(崇德天皇)인데, 원래는 곤피라(金毘羅)를

모셨으며 뱃사람들에게 숭앙되었다(《國史大辭典》1, 667-668쪽).

18 곤피라(金毘羅)란 범어(梵語)로 kumbhīra라 하는데, 악어(鰐魚)를 뜻하는 말이다. 한자로는 금비라(金毘羅)·궁비라(宮毘羅)라고도 쓴다. 원래 겐지스강에 사는 코가 긴 악어가 신격화되어 불교에 도입된 것이다. 불법(佛法)의 수호신 가운데 하나이다. 비를 오게 하고 항해의 안전을 지켜주는 신이라 하여 뱃사람들이 많이 믿었다. 무로마치(室町)시대에서 에도(江戸)시대애 걸쳐 해상 항해자의 안전을 기원하는 곤비라 참배가 성행하였다(《國史大辭典》6, 105-106쪽).

19 셋츠(攝津)의 주길대사(住吉大社 스미요시다이샤)를 비롯하여 일본 전국에 2천 수백 곳에 주길대신(住吉大神 스미요시다이진)이 모셔져 있다. 현재 오사카의 남단에 있는 스미요시구(住吉区)에는 주길대사가 있다. 제1본궁에는 소코쓰쓰오노미코토(底筒男命), 제2본궁에는 나카쓰쓰오노미코토(中筒男命), 그리고 제3본궁에는 우와쓰쓰오노미코토(表筒男命)가 모셔져 있다. 이들 3개의 신체(神體)를 가리켜 스미요시다이진(住吉大神)이라고 부른다. 진구(神功)황후가 삼한(三韓)을 정벌할 때 스미요시다이진의 가호로 무사히 개선(凱旋)하였다 하여, 그곳에 스미요시다이진을 모시게 되었다고 알려져 있다. 냇물·강물로 몸을 씻고 신에게 빌어 죄·부정(不淨)·재앙을 떨쳐 버리는 미소기하라에(禊祓, 목욕재계하여 부정을 씻음)의식, 해상교통의 안전을 비는 의식에 등장한다. 스미요시다이진이 일본에 벼농사 기술을 가르쳐 주었다는 기록이 있어서, 농촌 수호에 대한 신앙도 널리 퍼졌다. 근세에 오게 되면 해상 수로신과 더불어, 오사카(大阪)의 해상 수송 중개업자(廻船問屋, 가이센 도이야)를 중심으로 하는 일본 전국의 각종 업계의 신앙이 이곳으로 모여진다(《國史大辭典》8, 156쪽).

20 관원대신(菅原大神 스가와라다이진)이란 학문의 신으로 잘 알려진 스가와라 마치자네(菅原道眞)를 가리킨다. 다자이후(大宰府) 덴만구(天滿宮)에 모셔진 그는 신동(神童)으로 불릴 정도로 어려서부터 한시(漢詩)에 능했고, 학자로서 승승장구 정치의 중심에서 활약하면서 55세 때는 우대신(右大臣)이라는 관직에 오른다. 그 뒤 급전하여 901년 다자이후의 관리로 좌천된 그는 유배나 다름없는 생활을 2년 동안 지속하다가 병이 심해져 903년 그곳에서 사망한다. 그의 묘 위에 세워진 것이 덴만구진쟈(天滿宮神社)이다.

21 고량대사(高良大社 고라다이샤)는 구루메시(久福岡県 留米市) 고라야마(高良山) 중턱에 위치해 있다. 정전(正殿)에는 고라다마다레노미코토(高良玉垂命)가, 그리고 좌전에는 하치만 다이진(八幡大神), 우전에는 스미요시다이진(住吉大神)이 모셔져있다. 옛날에는 고라다마다레노미코토진쟈(高良玉垂命神社)라고 했는데, 나중에 고라구(高良宮)·고라샤(高良社)·고라다마다레구(高良玉垂宮) 등으로 불렸다. 1871년에 고라진쟈(高良神社)로 명칭이 바뀌었다(《國史大辭典》4, 551쪽).

22 고라다마다레노미코토(高良玉垂命)가 어떤 신인지에 대해서는 여러 가지 설이 있으나 현재까지도 명확하게 밝혀지지 않고 있다.

23 팔번대사(八幡大社 하치만다이샤)란 팔번신사(八幡神社)를 높여 부르는 말이다. 팔번신

사는 팔번신(八幡神)을 모시는 신사이다. 오진천황(應神天皇)을 주좌(主座) 즉 우두머리로 하고, 활·화살과 무도(武道)의 신으로서 예로부터 널리 신앙되었다.

24 신공황후(神功皇后 진구고구)란 중애천황(仲哀天皇)의 황후로 이름은 오키나가타라시히메(息長足媛)이다. 그녀가 한반도로 건너와 신라를 공략하고 일본으로 돌아갔다는 주장이 일본에서 오래 전부터 있어왔다. 일본 제국주의의 식민지 지배의 역사적 정당성을 주장하는 논리의 근거로 제시되기도 했다. 그러나 한국 학계는 이를 전면 부정하고 있다.

25 반신(伴神)이란 데리고 간 신을 의미한다.

26 가토 기요마사(加藤清正 1562-1611)는 아즈치 모모야마·에도시대의 무장이다. 도요토미 히데요시와 동향(同鄕)인데, 지금의 아이치현(愛知県) 나고야시(名古屋市)에 해당한다. 어려서부터 히데요시 밑에 있었다. 임진·정유재란 때 조선 침략의 선봉에 섰던 인물로 잘 알려져 있다.

27 가등신사(加藤神社 가토진쟈)란 구마모토시(熊本市)에 있는 신사(神社)인데 가토 기요마사(加藤清正)를 제신(祭神)으로 삼고 있다(《國史大辭典》3, 420쪽).

28 아사히나 요시히데(朝比奈義秀)는 와다 요시모리(和田義盛)의 아들이다. 그의 어머니는 도모에고젠(巴御前)이다. 요시히데가 요시나카(義仲)의 아들이라는 설도 있으나, 그는 존재 자체가 불확실한 전설 속의 인물이다. 괴력을 지닌 수영(水泳)의 달인으로 알려져 있으며, 이야기책 속에서도 자주 등장한다.

29 가마쿠라(鎌倉)시대란 바쿠후(幕府)가 가마쿠라에 설치되었던 시기를 말한다. 가마쿠라시대가 끝난 시점이 1333년이라는 점에 대해서는 이설(異說)이 없다. 그런데 그것이 시작된 시기에 대해서는 여러 가지 견해가 있으나, 1185년 설이 가장 유력하다(《國史大辭典》4, 551쪽).

30 와다 요시모리(和田義盛 1147-1213)는 가마쿠라시대의 무장으로 미우라(三浦) 씨의 일족이다. 1205년 호죠 도키마사(北条時政)가 실직하자 요시모리가 막각(幕閣)의 최장로(最長老)로서 세력을 떨치게 된다. 그러나 1213년 5월 2일 발생한 와다(和田)전투에서 패배하여 이튿날 3일 요시모리는 67세의 나이에 일족과 함께 죽고 만다(《國史大辭典》14, 925쪽).

31 도모에고젠(巴御前)은 태어난 해와 죽은 해를 알 수 없다. 미나모토 요시나카(源義仲)의 애첩인 그녀는 여자이면서도 전투에 나가 용맹을 떨친 여걸로 유명하다. 요시나카가 전투에서 죽게 되자, 미나모토 요리토모(源賴朝)에게 붙잡히고 만다. 그의 부하인 와다 요시모리(和田義盛)의 처가 되어 아사히나 요시히데(朝比奈義秀)를 낳았다고 하지만, 자세한 것은 알 수 없다.

32 관수옥의 돌계단이 현재 일부 남아 있다. 음식점이 그곳에 들어서 있다.

33 원문에는 보청봉행(普請奉行 후싱부교)로 되어 있는데, 일본어로 후싱(普請)이란 건축, 토목 공사 또는 그 작업을 의미한다. 부교(奉行)란 상사의 명령을 받들어 사무를 집행하는 것 또는 그 일을 하는 사람을 뜻한다.

34 원문의 고비키(木引 또는 木挽)란 나무를 자르는 일꾼, 큰 톱장이를 말한다.

35 원문의 히키토(引戶)란 가로닫기 문, 미닫이문을 말한다.

36 아마도(雨戶)란 비바람을 막기 위한 덧문으로 한 짝씩 끼웠다 떼었다 하게 되어 있다.

37 고시쇼지((腰障子)란 아래쪽에 널을 댄 장지(障子 쇼지)이다. 장지 또는 장지문이란 방과 방이나 방과 마루 사이에 있는 운두가 높고 문지방이 낮은 미닫이와 비슷한 문을 말한다.

38 아카리 쇼지(明り障子)란 방을 밝게 하기 위하여 한 쪽에 흰 종이를 바른 보통의 문을 말한다.

39 후스마(襖)란 햇빛 등을 막기 위하여 안팎에 두꺼운 종이를 겹겹이 바른 장지 즉 맹장지(盲障子)를 말한다.

40 도코노마(床の間)란 객실인 다다미 방의 정면에 방바닥(다다미)보다 한층 높여 만들어 놓은 공간을 말한다. 벽 쪽에는 족자를 걸고 바닥에는 도자기나 꽃병 등을 장식해 두는 곳을 가리켜 일본에서는 '도코노마'라고 부른다.

41 왜관의 책임자인 관수(館守)를 가리킨다.

42 노조키야마(覘き山)가 어디를 지칭하는지 알 수 없다. 다만 산꼭대기에서 내려다보는 전망이 좋다 하여 붙여진 이름 같다.

43 히다테가케(火立隈)란 봉화(烽火)를 올리는 봉화산을 가리키는 듯하다.

44 원문에는 번소(番所 반쇼)로 되어 있는데, 보초·감시원들이 근무를 서는 초소(哨所)을 가리킨다.

45 양역(兩譯)이란 '두 명의 역관'이란 뜻으로 조선의 일본어 통역관인 훈도(訓導)와 별차(別差)를 가리킨다.

46 중산(中山)이란 용두산의 왜관식 호칭이다.

47 백중제란 선조의 영혼을 집에 맞이하여 지내는 제사를 말한다.

48 백중맞이(盂蘭盆 우라봉)이란 음력 7월 보름에 조상의 영혼을 제사지내는 불교행사를 말한다.

49 물이 많이 차면 보이는 숫자가 줄어들고, 물이 빠지면 보이는 숫자가 늘어나기 때문에,

다섯 개로 보이기도 하고 여섯 개로 보이기도 한다는 뜻에서 '오륙도'라는 이름이 붙여졌다는 설도 있다.

50 1정(町)이 60칸(間)이고, 1칸은 6자(尺)=약 1.8미터이므로, 1정의 거리는 108미터정도가 된다. 따라서 2정은 216미터이다.

51 저자에 따르면 이(二)라는 한자는 차(次)라는 글자와 같이 일본어에서는 '지' 라고 읽는데, 혹시 이것이 옥(獄 고쿠)과 결합되어 지옥이라는 뜻으로 '지고쿠'라 읽히지는 않았을까 하고 추측하고 있다.

52 '마키노시마(牧の島)'란 절영도(絶影島)의 다른 이름이다. 현재 부산광역시 영도구에 속해 있는 절영도는 삼한시대부터 말의 명산지로서 목장이 있었다.

53 원문의 앵문(櫻門 사쿠라몽)이란 망을 보기 위하여 세운 높은 다락집 즉 누문(樓門), 망루(望樓)를 뜻한다.

54 가오문(架鼇門 가가우몽)이란 거북이문을 뜻한다.

55 진사(辰巳)란 진(辰)과 사(巳) 사이 즉 동남 방향을 가리킨다. 둥그런 원을 24등분 했을 때 '진'과 '사' 사이는 8에서 10 사이에 해당한다. 따라서 원을 12등분한 시계 방향으로 표현한다면 '진사'는 4시에서 5시 사이를 가리키는데, 만일 '진'과 '사'의 정 가운데라면 남동쪽 중에서도 4시 30분 방향을 뜻한다.

56 기둥(楹)은 주춧돌 위에 세워서 보나 도리 등을 받치는 나무이다.

57 서까래(椽)란 마룻대에서 도리나 보에 걸쳐 지르는 통나무를 말한다.

58 도리(桁)란 목조 건물의 골격이 되는 부재(部材)의 하나이다. 들보와 직각으로 기둥과 기둥을 건너서 위에 얹은 나무인데, 서까래를 떠받치는 구실을 한다.

59 왜관에서는 이곳을 '히토츠야'(一ッ家)라고 불렀는데 민가가 한 채 외로이 있는 것에서 이런 이름이 붙여진 것이 아닌가 보여진다.

60 큰 고갯길이라는 뜻으로 한치(大峙)라 불리지 않았을까 생각된다.

61 노조키(覗)란 본디 '들여다보다', '엿보다'는 뜻의 일본어이다. 여기에서는 시야가 넓고 내려다보기 좋은 산 정상을 가리키는 것으로 보인다. 노조키야마(覗き山)의 준말이다.

62 축인(丑寅)이란 축(丑)과 인(寅) 사이 즉 북동 방향을 가리킨다. 둥그런 원을 24등분했을 때 '축'과 '인' 사이는 2에서 4 사이에 해당한다. 따라서 원을 12등분한 시계 방향으로 표현한다면 '축인'은 1시에서 2시 사이를 가리키는데, 만일 '축'과 '인'의 정 가운데라면 북동쪽 중에서도 1시간 30분 방향을 뜻한다.

63 다마고자케(玉子酒)란 뜨겁게 한 술에 달걀을 풀어 마시는 것으로 겨울철 추운 날씨에 그것이 그리워짐을 노래한 것이다.

[3장]

1 야나가와사건(柳川事件)이란 1630년대 중반 대마도주인 소우 씨가 그의 중신인 야나가와 씨 사이의 분쟁(御家騷動)을 말한다. 이 사건이 발달이 되어 바쿠후(幕府)가 심문을 하게 되었는데, 그 과정에서 조선과 일본 두 나라사이에 교환되었던 국서(國書)가 위조된 사실이 발각된다. 그래서 이 사건을 국서개찬사건(國書改竄事件)이라고 부르기도 한다(《國史大辭典》14, 80쪽).

2 '구게'(公家)란 조정(朝廷 쵸테이)의 관인(官人)을 총칭하는 말이다. 정권을 장악한 무사가문을 '부케'(武家)라 부른다. 이와달리 '구게'는 텐노(天皇)를 둘러싼 조정의 관인, 그 중에서도 상층의 조정 신하를 가리키는데, 공경(公卿)과 거의 같은 뜻으로 사용되었다. 그런 점에서 '구게'는 텐노(天皇)계와도 다르고 바쿠후(幕府)계와도 다르다. '구게' 세력 중에서 조정에 참여하여 세력을 형성하는 경우도 있다(《國史大辭典》4, 732쪽).

3 히노(日野) 가문은 고대부터 존재하였는데 중세에 이르러 크게 세력을 떨치게 된다. 근세에 와서도 딸을 바쿠후(幕府) 가문과 결혼시켜 관계를 돈독히 하고 있었다.

4 당시 도쿠가와 바쿠후(德川幕府)의 쇼군(將軍)은 이에미츠(家光)였다.

5 오쿠무키(奧向)란 쇼군의 부인을 일컫는 말인데, 가스카노츠보(春日の局)가 오오쿠(大奧)를 만들었다고 한다.

6 보리사(菩提寺 보다이지)란 선조 대대의 위패를 모신 절을 말한다.

7 '노'(能)란 무로마치(室町)시대부터 시작된 일본의 전통예술의 한 장르이다. 한 일화를 소개하자면 에도시대에 조선에서 통신사가 일본에 가면 그곳에서 노(能)를 관람하게 하였다. 그런데 정작 통신사들은 별로 좋아하지 않았던 것 같다. 일본어에서도 '노멘'(能面)이라는 말이 있는데, 이것은 '표정이 없이 차가운 느낌을 주는 얼굴', '호감을 주지 못하는 얼굴'을 가리키는 말이다.

8 여기서 말하는 북(鼓 쯔즈미)은 중앙이 가느다랗게 되어 있는 나무통의 양쪽 끝에 가죽을 씌워서 끈으로 묶어 만든 타악기를 가리킨다. 노(能)라든가 가부키 등에서 사용되는 큰 북(大鼓), 작은 북(小鼓), 아악(雅樂)의 3가지 북이 있는데, 좁은 의미로 말할 때는 소고(小鼓)를 의미한다.

9 나카라이(半井)란 가문은 일본의 조정(朝廷) 세력인 의사집안으로 알려져 있다. 일설에 따르면 자기 집 우물로 약을 지어 크게 효험을 보아 세상에 이름을 떨치게 되었는데, 우

물(井)의 절반(半)은 텐노(天皇) 가문에 바치고 나머지 절반은 자기 집안 식구들이 마셨다고 하는 실화(實話)에서 나카라이(半井)란 성씨가 유래되었다고 한다.

10 히구치 이치오(樋口一葉 1872-96)는 메이지시대 여류작가인데, 가인(歌人)이자 소설가인 그의 본명은 나츠(奈津)이다(《國史大辭典》11, 866-867쪽). 2004년 11월 1일부터 새로 발행된 일본의 5천 엔(円)짜리 지폐에 그려진 얼굴 주인공으로도 유명하다. 지폐에 여성의 초상화가 들어간 것은 이것이 처음이다. 이치요는 19세에 소설가로 데뷔하여 세상에 많은 작품을 내놓았지만, 폐결핵으로 24세의 젊은 나이에 세상을 떴다. 그래서 얼굴에 주름이 없는 그녀의 초상화 때문에, 5천엔권 지폐의 위조방지에 8가지나 되는 신기술이 도입되었다고 알려져 있다.

11 나카라이 도스이(半井桃水)는 아사이신문(朝日新聞) 소설 기자로서 메이지 시기에 조선에 관한 기사를 많이 써서 일본에 소개한 사람이다. 그의 영향을 받아 히구치 이치요가 소설가로서 습작을 시작하게 되었다(《國史大辭典》11, 866쪽).

12 시난야쿠(指南役)란 나아갈 방향을 가르쳐주는 사람, 즉 스승을 의미하는 말인데, 지남차(指南車 시난샤)에서 유래되었다고 한다. 지남차란 항상 남쪽을 가리키도록 장치되어 있는 수레를 말하는데, 옛날 중국에서 길 안내나 전쟁 때 이것이 이용되었다고 한다(《國史大辭典》8, 156쪽).

13 부겐(分限)이란 이에(家)의 크기 즉 규모를 나타내는 것이다. 일본어에서 부겐샤(分限者)라고 할 때는 오가네모치(大金持) 즉 돈 많은 부자를 의미한다.

14 원문에는 '항기야(版木屋)라 되어 있는데 이는 요즘말로 하면 출판사를 가리킨다. 오늘날 일본의 《JR 열차 시각표》를 펴내는 곳이 정작 JR회사가 아닌 민간 출판사인 것처럼, 에도(江戶)시대 다이묘(大名)의 등급 일람표라고 할 수 있는 《무감》(無鑑 부칸)이라는 책자는 당시 일본의 관청이 아닌 민간 출판사에서 펴내고 있었다.

15 1635년 이후가 되면 그 전까지 진상(進上)이라고 하던 것을 대마도측의 요청에 따라 조선 정부가 봉진(封進)으로 명칭을 바꾸어 주게 된다.

16 '도카키'란 평미레·평목·두소(斗搔)라고도 한다.

17 왜관을 통해 조선에서 대마도로 보내진 쌀은 공작미(公作米) 이외에도 약간 더 있었다. 조선 정부가 체재비 명목으로 일본의 사신에게 주는 각종 잡물을 쌀로 대신 지급하게 된 이후에는 이 쌀도 대마도의 중요한 식량자원이 되었음은 물론이다. 예를 들어 1790년(정조14, 寬政2)의 경우 조선 정부가 일본 사신에 대한 절대 명목으로 왜관에 지급한 쌀이 총 4,017가마니(俵=5말들이)였다. 이것은 공작미 16,000가마니와는 별도로 지급된 것이다. 즉 이 해에 대마도가 공무역 결제품으로 받게 되어 있는 공목(公木)이 5만 6천 필이었는데, 조선 정부는 그 중 2만 필(4백 동)을 쌀 16,000가마니로 바꾸었다. 대마도는 1가마니의 쌀값을 은 50문으로 계산하고 있는데, 그렇게 하면 공작미(16,000가마니)의 은가(銀價)가 444관 480문 이 된다. 따라서 이와 별도로 지급된 잡물 중에 들어 있는 쌀 4,017가마니의 값은 113관 125문 이 된다. 요컨대 1790년

의 경우 대마도가 공무역 결제품으로 조선에서 받아 가는 공작미의 약4분의 1에 해당하는 쌀이 일본 사신에 대한 잡물지급 명목을호 별도로 지급되고 있었던 셈이다.(정성일, 《조선후기 대일무역》, 218-220쪽).)

18 '조선무역'(朝鮮貿易)이란 일본식 용어이다. 우리나라에서는 보통 '대일무역'이라고 부른다.

19 무역의 번영화(藩營化)란 대마도 상인이 왜관에 파견되어 무역에 종사하기는 하지만 무역의 경영을 번(藩)이 직접 관장하게 되고, 그와 동시에 왜관에서 조선과의 무역 실무에 참여하는 대마도 상인 출신 대관(代官)들은 마치 번(藩)에 의해 파견된 공무원들처럼 '셀러리맨' 입장이 되었음을 의미한다.

20 딜크 드 하아스(Dircq de Haas)가 네덜란드 상관장(商館長)으로 재임한 시기는 1978년 11월 4일부터 1979년 10월 24일까지이다. 그는 1676.10.27.-1977.10.16.에도 상관장으로 재임한 경력이 있다(《國史大辭典》2, 938쪽).

21 네덜란드 상관장의 에도 참부(參府)란 상관장이 에도로 가서 바쿠후(幕府)의 쇼군에게 배알하고 헌상품을 전달하는 것을 말한다. 일본-네덜란드의 무역이 일시에 중단되었다가 재개되는 1633년 이후 상관장의 에도 참부가 항례(恒例)가 된다. 초기에는 전년도 겨울에 상관을 출발하여 음력 정월 에도에 도착 배알을 하였는데, 1661년 이후에는 음력 정월에 나가사키를 출발하여 3월 초하루 전후 참부로 바뀐다. 또한 1790년부터는 5년째 되는 해에, 즉 4년에 한 번씩 하는 것으로 변경된다. 네덜란드어로 작성된 상관의 공무(公務) 일지를 가리켜 보통 '네덜란드 상관일기'(オランダ商館日記)라고 부른다. 원본은 헤이그에 있는 네덜란드 국립중앙도서관에 소장되어 있으며, 일본 도쿄대학 사료편찬소에도 사본이 수집되어 있다(《國史大辭典》2, 939쪽).

22 일본어로 가미카타(上方)라고 하는 이 말은 당시 일본의 수도였던 교토(京都)를 중심으로 한 간사이(關西) 지방을 가리킨다.

23 네덜란드 상관(商館)이란 네덜란드 동인도회의의 일본지점과 비슷한 조직을 말한다. 1609년 히라토(平戸)에 설치된 상관이 그 뒤 나가사키(長崎)로 이전을 하였다. 1639년 포르투칼의 일본 도항이 금지된 이후 나가사키의 데지마(出島)가 비어 있게 되자, 1641년 네덜란드 상관의 이전이 이루어진 것이다(《國史大辭典》2, 936쪽).

24 반(反)을 일본어로 '단'으로 읽는다. 1반(反)은 경척(鯨尺)으로 길이 28척(약 10.6미터) 폭 9치(약 34센티미터)로 보통 일본 옷 한 벌 감에 해당한다.

25 축면(縮緬 치리멘)이란 견직물의 일종이다. 바탕이 울퉁불퉁 잔주름이 들어간 평직(平織 히라오리·무늬 없이 짜는 방법)의 비단이다. 즉 실을 꼬지 않은 것을 세로로 하여 날줄로 삼고, 강하게 꼬아서 풀을 먹여 고정시킨 실을 가로에 놓아 씨줄로 해서 무늬 없이 짠다. 그런 다음 풀기를 잿물이나 비눗물로 씻어 내면 가로의 씨줄 꼬임이 원상태로 풀리면서 수축이 생긴다. 이 기법은 16세기 후반 중국에서 전래되어 교토의 니시진(西陣)에도 보급된다. 17세기 말에서 18세기에 걸쳐 일본에서 통소매의 평상복(小袖)을

중심으로 하는 의복 양식이 확산된다. 이것은 천이 땀에 젖어 끈적거리는 것을 막기 위하여 실을 꼬아 짠 것으로서 본디 여름철용으로 생산된 것이다. 축면(치리멘)은 잔주름이 가게 짠 보통의 축(치지미)보다는 좀 무거운 편인데, 그래서 축이 여름용이라면 축면은 겨울용으로 쓰였다(《國史大辭典》9, 422쪽, 676쪽).

26 윤자(綸子 린즈)란 통상 바탕을 '날줄 5매 수자'(經五枚繻子) 또는 '8매 수자조직'(八枚繻子組織)으로 하고, 무늬를 뒷면 조직인 '씨줄 5매 수자' 또는 '8매 수자조직'으로 한 고급 견직물을 가리킨다. 옷감의 질이 부드럽고 광택이 나기 때문에 여성의 통소매옷(小袖 고소데)에는 '린즈;를 제일로 쳤다. 지금도 겨드랑이 밑을 꿰매지 않은 긴소매 옷(振袖 후리소데)이나 나들이 옷(訪問着 호우몬기) 등에 널리 이용되고 있다. 모모야마(桃山)시대부터 에도시대 초기에 걸쳐 중국과 유럽의 무역선에 의해 중국제 '린즈'가 일본에 수입되었다. 쇼군가(將軍家)에 대한 헌상품으로서 애용되기도 했다. 1666년 의복금령(衣服禁令)에 따라 일반 무사계급의 '린즈' 착용이 금지되었다(《國史大辭典》9, 422쪽, 676쪽).

27 사릉(紗綾, 사야)이란 능직(綾織 아야오리)비단을 말한다. 바탕을 평조직(平組織)으로 하고, 무늬를 '4매 능조직'(四枚綾組織)으로 한 평지능문(平地綾紋)의 견직물이다(《國史大辭典》6, 468쪽). 이것은 날실과 씨실을 각각 몇 올씩 건너 띄어 만나게 함으로써 빗금무늬가 나타나게 짜는 방법을 가리킨다. 사문직(斜紋織)이라고도 불린다.

28 참고로 만상(灣商)은 의주상인을, 그리고 송상(松商)은 개성상인을 가리킨다.

29 요닝후치(四人扶持)란 부하(下來 게라이) 4명을 거느릴 수 있는 직책을 말한다.

30 이것은 가문(家 이에)의 격식(家格)을 나타내는 것인데, 고쿠(石)의 숫자가 높을수록 그 수준이 높다고 말할 수 있다.

31 산닝후치(三人扶持)는 부하(下來) 3명을 거느릴 수 있는 직책을 말한다.

32 이요마츠야마(伊予松山)란 일본 시코쿠(四國) 지방에 있는 지명인데, 과거 이요쿠니(伊与國)의 마츠야마(松山)에서 유래한 것이라고 한다.

33 '모토가타야쿠'(元方役)란 모토지메(元締め)에서 유래된 말인데, 모토지메란 경리·회계·예산분배 등 업무를 총괄하는 직책을 가리킨다.

34 경장정은(慶長丁銀 게이쵸쵸깅)이란 경장(慶長 게이쵸) 연간에 발행된 은화(銀貨)를 말한다. 정은(丁銀 쵸깅)은 에도시대에 통용된 일본의 칭량화폐(稱量貨幣·무게를 재서 교환가치를 산출하여 사용하는 화폐)이다. 모양이 해삼과 닮았다 하여 '나마코'(해삼)이라 했다. 이 크기보다 작은 것도 있었는데 그것을 소옥은(小玉銀 고다마깅)이라 했다. 콩 알 같은 생김새 때문에 두판은(豆板銀 마메이타깅)·소립(小粒 고츠부)이라 불리기도 했다. 일본 전국을 통일한 도쿠가와 이에야스에 의해 '화폐의 통일'이 달성된다. 1601년(慶長6) 은좌(銀座 긴자)를 열고 대흑상시(大黑常是)로 하여금 극인(極人)을 찍게 하여 정은을 통용시키기 시작한 것이다.

35 관(貫 칸)과 목(目 메) 또는 문(匁 몸메)은 일본 단위인데, 1관=1000문(돈)=3.75킬로 그램. 그리고 금1냥=은 60문이므로, 은 1문은 금으로 환산하면 60분의 1냥이다.

36 은본위(銀本位)제도란 한 나라의 화폐 제도의 기초를 이루는 화폐, 즉 본위화폐를 은으로 삼는 화폐제도이다. 본위화폐가 은이라는 점만 빼면 이것은 금본위제도와 다를 바가 없다. 역사적으로 볼 때 근대 자본주의가 만들어낸 금본위제도에 앞서서 은본위제도가 실시되었다. 은이라고 하는 생산량이 많아질수록 은의 가격이 불안정해질 수 밖 에 없다. 그래서 은은 점차 본위화폐로서의 기능을 상실하고 금에게 그 자리를 내주게 된다. 특히 영국이 금본위제도를 채택한 뒤부터는, 그 당시까지만 하더라도 은본위제나 금·은 복본위 제도를 채택하고 있던 유럽을 비롯하여 세계 여러 나라가 금본위제도로 옮아가게 된다. 그런데 중국 등 아시아 국가들만이 그 뒤로도 은본위제를 오랫동안 유지하고 있었다. 일본도 1878년(明治11) 금본위제도로 전환하게 되는데, 그 이후로도 은화가 금화와 함께 사용되고 있었다(《國史大辭典》4, 695쪽).

37 나가사키무역(長崎貿易)이란 말 그대로 일본의 나가사키라고 하는 곳에서 이루어진 무역을 가리킨다. 따라서 여기에는 네덜란드와의 무역인 이른바 오란다무역과 중국 상인들에 의한 日·中貿易이 포함되는 개념이다.

38 상품이나 서비스의 대가를 먼저 지불한 다음 해당 상품이나 서비스를 제공받는 시스템을 가리켜 일반적 의미로 선불제(先拂制)라고 부른다. 그런데 이것을 경제사적 의미의 선대제(先貸制 Putting Out System)로 부를 수 있을 것인지 검토의 여지가 있어 보인다.

39 '피집'(被執)이란 '잡힌다'는 뜻이다. 즉 먼저 대금을 지급하고 나중에 현물로 결제를 하는 일종의 선대제(先貸制 Putting Out System) 방식을 말한다. 이것이 때로는 어느 한 쪽에 부채 누적을 가져오거나 밀무역으로 이어지는 경우도 있어 통제의 대상이 되기도 했다.

40 현은(現銀)이란 글자 그대로 풀이하자면 '현물 은'이란 뜻일 터인데, 이것은 일본의 은화(銀貨) 곧 현찰을 의미하는 용어라고 말할 수 있다.

41 책봉체제(冊封體制)란 식민주의와 다른 개념이다. 책봉은 동아시아 여러 나라의 국제질서를 형성하기 위하여 채택된 중국 왕조의 전근대적인 외교정책이다. 중국 왕조의 황제가 주변국의 군장(君長)에게 관호(官號)·작위(爵位)의 책봉을 주어 군신(君臣)관계를 맺고, 종주국(宗主國) 대 번속국(藩屬國)이라고 하는 입장에서, 이것을 종속적인 지위에 두는 것이 그것이다. 종속관계의 구체적 표현은 조공(朝貢)이다. 조공은 번속국의 사신이 종주국인 중국 황제에게 인사를 가서 토산품을 바치며 군신의 예를 다하는 행위이다. 황제는 이에 대한 회사(回賜)로서 많은 답례품을 주어 대국(大國)의 위덕(威德)을 나타내고자 한다. 조공에는 회사가 수반되기 때문에, 조공을 무역의 한 형태라고 말할 수도 있다. 그렇지만 조공의 본래 취지는 종속관계에 있는 군신의 예를 표시하는 정치적인 의례행위이다. 고대의 책봉관계를 살펴보면 중국 주변의 여러 나라가 그 자신의 자립과 세력 확대를 위하여 오히려 중국 왕조의 비호(庇護) 또는 권위를 빌리려고 적극적으로 조공을 하여 책봉관계를 이용하는 경향이 있었다. 이처럼 책봉관계는 고정적인 것

이 아니라, 여러 국가 사이의 세력관계와 시대의 흐름에 따라 변동하고 있었다.

42 물론 일본의 은화가 조선에서 가공 없이 원래 모양 그대로 중국시장에서 통용된 경우
도 적지 않았다. 그렇지만 중국 사회에서는 전통적으로 순도가 높은 은을 더 선호하였
다. 그래서 인지 일본에서 들여오는 은의 품질이 낮아진 것을 문제 삼는 은을 더 선호
하였다. 예를 들면 일본이 조선에서 사사는 인삼대금으로 전에는 십성은(十成銀=순도
100%=天銀)을 가져오던 것이 바뀌어 팔성은(순도 80%)이 되고, 그것이 또 바뀌어 정
도(순도 70%)이 되었다고 하면서, 비변사는 "팔성(八成)이나 천은(天銀)을 가져오도록
요구해야 한다"고 이뢰어 영조의 윤허를 얻고 있다,(《영조실록》권 30, 영조7년 12월
을축). 그런가 하면 칙사에게 줄 은을 천은과 지은(地銀·순도 90%)을 막론하고, 만약
필성까지를 한도로 정한다면, 칙사들도 퇴짜를 놓지 않을 것이라면서…
"앞으로 칙사의 행차에 사용되는 은자(銀子)는 모두 국내에서 생산되는 은을 쓰도고"라
고 정하고 있다(《정조실록》권 43, 정조19년 11월 계축).

43 원문에는 'お銀船'(오긴센)이라 되어 있는데, 이런 표기법은 이 배가 대마도 소유 선박임
을 내포하고 있다.

44 '산죠 가와라마치 도오리'(三條河原町通り)는 교토시청 앞을 남북으로 지나는 큰길을 말
한다.

45 '교토로얄호텔'(京都ロイヤルホテル) 주변이 대마도가 교토에 설치한 출장 사무소 즉
대마번의 교토번저(京都藩邸) 자리라고 한다.

46 가가(加賀)란 가가번(加賀藩)을 가리킨다. 현재의 이시카와현(石川縣) 남부에 해당한
다. 가나자와(金澤)에 번청(藩廳)을 두어서 가나자와번(金澤藩)이라고도 불린다(《國史
大辭典》3, 451쪽).

47 다카세가와(高瀬川)란 교토시 가모가와(鴨川) 서안(西岸)을 따라 니죠바시(二条橋)
상류에서 나뉘어져, 기야쵸(木屋町) 니죠(二条)에서 남쪽으로 내려와, 히가시구죠
(東九条)에서 가모가와를 횡단하여 후시미(伏見)에 이르는 운하를 말한다. 다카세
부네(高瀬船)를 통과시킬 수 있도록 만들어진 하천이라 하여 이런 이름이 붙여졌다
고 한다. 수로를 이용하여 교토·후시미·오사카를 잇는 이 사업은 1611년 스미
노쿠라 료이(角倉了以 1554-1614)에 의하여 착공되어 1614년 준공을 보게 된다.
이곳과 관련된 소설이 있을 정도로 이곳이 유명한데, 과거에 이곳에 수많은 물자
와 사람과 돈이 몰려 있었으며 주점도 많아 낭만을 즐기던 곳이기 때문일 것이다.
근대와 더불어 다카세부네도 과거의 것이 되고 마는데, 1920년 운하는 통행이 끊
긴다. 그러나 다카세가와는 여전히 교토의 명소로서 기억 속에 남아 있다(《國史大
辭典》9, 33-35쪽).

48 스미노구라 요이치(角倉与一·素庵)는 란 스미노쿠라 료이(角倉了以)의 장남이다. 료이
의 아버지(吉田宗桂)는 의가(醫家)로 어의(御醫) 집안 출신이다. 스미노쿠라 가문은 무
로마치시대부터 대대로 의업(醫業)을 이어오고 있었다. 료이는 아버지한테서 물려받은

치밀함과 기업가적 실천력을 겸비하고 있었다. 그가 유명해진 것은 다카세가와에 인공 운하를 만들고 통행세를 받으면서, 그곳 일대를 개발한 뒤 토지를 분양하여 많은 부를 축적한 것 때문이다. 1611년에 착공된 운하가 완성을 보게 되는 1614년(7월 12일 료이는 61세를 일기로 세상을 뜬다. 아들인 요이치가 모든 사업을 이어받는데, 이들은 주인선(朱印船) 무역상인 출신이다. 료이·요이치의 시대에 이르러서는 경제력을 기반으로 도쿠가와 이에야스 정권에 협력하여 각종 이권을 부여받는다(《國史大辭典》8, 152-1535쪽).

49 이곳은 현재 일본은행(日本銀行) 교토지점(京都支店)이 위치한 곳이라고 한다.

50 '교토번저(京都藩邸)의 위치' 사진 가운데 '宗對馬守'라고 적힌 곳의 아래쪽에 '松平加賀守'라고 되어 있는 건물이 있으며, 그곳에서 한 집 건너 아래쪽에는 '角倉与一'이라 적혀 있는 건물이 표시되어 있다.

51 원문에는 료가에쇼(兩替商)라고 되어 있는데 이것은 환전상(換錢商)을 가리킨다.

52 에도시대(江戶時代)에는 다이묘(大名)가 텐노(天皇) 세력과 가까워지는 것을 막기 위하여 교토(京都)에서는 무사(武士)가 직접 주택부지(屋敷)를 구입하지 못하도록 되어 있었다. 그래서 다이묘들은 형식적으로 다른 사람을 명의인으로 내세워서 번지(藩邸 한테이)를 구입할 수박에 없었다고 한다.

53 구라야시키(藏屋敷)란 창고가 딸린 영주의 저택을 말한다. 즉,에도시대에 바쿠후·다이묘·신사·사찰 등이 연공미(年貢米) 등을 저장·판매하기 위하여, 오사카·에도·교토·오츠·쓰루가·나가사키 등 상업과 금융이 발달한 곳에 설치한 집이다(《國史大辭典》4, 925쪽).

54 불시사자(不時使者)란 정기적인 사신이 아닌 부정기적인 임시사절을 의미한다.

55 비단을 짤 때는 높은 곳에서 아래로 씨줄을 늘어뜨려 놓은 다음 가로로 날줄을 엮어 가는데, 이처럼 비단 짜는 기계를 가리켜 다카하타(高機)라고 한다. 이와 대조적으로 이자리바타(居坐機·地機)라는 것이 있다. 이것은 장치가 간단하고 실내에서도 사용할 수 있어서, 농가의 자급용 의류는 이것에 의해 직조되었다. 이에 반해 다카바타는 구조가 진보하여 복잡한 직물도 짤 수 있다. 그 기계를 가지고 비단을 짜는 행위를 다카바타오리(高機織)라고 하고, 그런 일을 하는 공방(工房)을 다카바타오리라고 부른다. 니시진의 다카바타가 비단을 짜는 견업(絹業) 생산지에 보급되면서, 바쿠후 말기에 목면 직조에 다카바타가 사용되기 전까지는, 모두 이자리바타가 이용되고 있었다(《國史大辭典》 1, 494-495쪽:《國史大辭典》9, 68쪽).

56 지금도 교토(京都)에는 오미야도오리(大宮通り)라는 지명이 남아 있는데, 이것은 고대부터 있었던 지명이라고 한다.

57 일반적으로 에도(江戶)시대에는 연 2회 즉 추석 무렵과 연말에 물품의 구입대금을 결제해 주는 방식이 통용되고 있었다. 말하자면 후불제(後拂制)로 물품을 구입하는 것이 하

나의 관례였다고 볼 수 있는데, 그 대신 원래 물건값보다 약간 비싼 가격을 책정하는 것이 보통이었다. 그러나 미츠이(三井) 가문은 현찰로 물품을 판매하는 대신에 보통 가격보다 값을 더 싸게 팔아서 소비자들로부터 큰 인기를 끌었다고 널리 알려져 있다.

58 일본에서 조선으로 흘러 들어온 모든 은화(銀貨)가 일본에서 주조된 원형 그대로 중국시장으로 유출되었다고 말하기는 어려울 것 같다. 앞에서 지적한 것처럼 중국 사회에서는 예로부터 순도가 높은 은을 선호한 탓에 조선 상인들이 일본 은화를 조선 국내에서 녹여서 순도가 높은 은을 만들어 그것을 중국으로 가져가는 경우도 있었음이 사료를 통해서 확인되기 때문이다.

59 다이코쿠 죠제(大黑常是)란 에도시대 은좌(銀座 은자)의 역대 최고 책임자(銀吹極)이다. 교토 · 에도 · 오사카에 있었던 은좌(銀吹所 · 包所)의 경영은 맨 처음 이일을 맡았던 유아사 사쿠베에 · 죠제(湯淺作兵衛 · 常是)의 자손이 세습하고 있었다. 죠제가 다이코쿠라고 하는 성을 도쿠가와로부터 부여받았다하여 '다이코쿠 죠제 사무소'(大黑常是役所)라 불렸다. 유아사 사쿠베에는 본디 사카이(堺)의 상인 출신이다.
사카이의 나카마(仲間)와 함께 그는 회취은(灰吹銀)을 사다가 구리를 섞은 다음 각각에 극인(極人)을 찍어 장사를 하고 있었다. 그는 도요토미 히데요시(豊臣秀吉)의 지배 아래 있을 때부터 교토(京都)에 본점을 두고 이곳을 그의 장남(作右衛門 · 常好)에게 관리하도록 하였다. 그런데 나중에 죠제의 극인이 찍힌 대흑극인은(大黑極引銀)이 도쿠가와 이에야스에게 채용되면서, 그 품위를 가지고 정은(丁銀)을 주조하게 된다. 에도에 설치한 지점은 그의 차남(長左衛門 · 常春)에게 관리를 맡겨 은화를 발행하고 있었다. 이러한 전력을 가진 그는 도쿠가와 바쿠후(德川幕府)에 들어와서도 은화 발행에 관여하게된다(《國史大辭典》8, 734쪽).

60 대흑천상(大黑天像)이란 다이코쿠텐(大黑天 다이코쿠텐)이라고 하는 신의 모습이 디자인된 도장을 말한다. 대흑천이란 범어(梵語)로 마하카라텐' 또는 대흑천신(大黑天神 다이코쿠텐진)이라고도 부른다. '마하'는 크다(大)는 뜻이고, '카라'는 검다(黑)는 의미의 '카라'='카토리'의 줄임말이다. 대흑천신앙은 가마쿠라에서 무로마치시대에 걸쳐 점차 민간에 정착한다. 에도시대에는 상가(商家)에서 칠복신(七福神 시치후쿠진)의 하나로 믿게 된다. 농가(農家)에서는 쌀가마니의 신으로, 농신(農神) 또는 밭의 신으로 모시는 풍조가 확산되어갔다(《國史大辭典》8, 734-735쪽).

61 대마도주(對馬島主)가 동래부사(東萊府使)와 부산첨사(釜山僉使) 앞으로 보내는 서계는 따로따로 작성되는 것이 아니라 수신인을 '동래부산양령공'(東萊釜山兩令公)이라 하여 한 장으로 작성되는 것이 통례이다. 그렇지만 반대로 동래부사와 부산첨사가 대마도주에게 서계를 보낼 때에는 각기 한 장씩 별도로 작성하여 보내고 있었다. 다만 대마도주가 동래부사와 부산첨사에게 보내오는 예물 목록인 별폭(別幅)은 각기 한 장씩 별도로 작성된다.

62 16세기 중반 이후 일본의 은이 조선으로 유입되기 시작한다. 그전까지만 하더라도 반대로 조선의 은이 일본으로 흘러 들어갔다. 이것은 조선의 은 분리하는 기술이 일본보다도 앞서 있어서 은 생산량이 많은 조선의 은값이 상대적으로 저렴했기 때문일 것이

다. 그런데 1698년의 교섭에서도 그렇듯이, 1706년의 교섭에서도 조선의 '기술'이 의심을 받고 있었던 것 같다. 그렇지만 그 시점에서 일본의 은화를 녹여서 은과 동을 분리해 내는 기술이 조선에 없었다고 보기는 어려울 것 같다. 오히려 일본과의 교섭 카드로서 조선이 의도적으로 은의 추출량을 낮게 잡았을지도 모른다. 말하자면 전보다 순도가 낮아진 일본 국내의 통용은(通用銀)을 조선에 가지고 와서 그것을 무역은(貿易銀)으로 인정받고자 했던 일본측으로서는, 구은(舊銀 ; 게이쵸쵸깅 80%)과 신은(新銀) 사이의 순도 차이를 보전해 주지 않으면 안 되었다. 요컨대 조선 상인 입장에서 보면 일본의 신은(新銀)에서 추출된 순은 함유량이 낮게 나올수록 더 많은 보전을 받게 되어 있었던 점이 교섭 카드로서 활용되고 있었던 된 것은 아닐까 생각한다.

63 원문에 나오는 데메(出目)라는 일본어는 글자 그대로 '툭 튀어나온 눈'을 뜻하는 말이었는데, 거기에서 파생되어 여기에서는 화폐의 주조로 말미암아 발생하는 이익(利益) 즉 주전이익(鑄錢利益)을 뜻하는 말로 쓰이고 있다.

64 상황이 이 정도가 되면 인삼에 대한 가수요(假需要)까지 발생하여 인삼 가격은 전보다 더욱 급등하지 않을 수 없게 된다.

65 오기와라 시게히데(荻原重秀 1658-1713)는 약 30년 동안 바쿠후의 재정을 장악한 인물로 유명하다. 제5대 쇼군(綱吉 츠나요시 1646-1709) 후반 화폐의 질을 떨어뜨리고 양을 늘려 그 차액을 바쿠후의 재정 수입으로 삼는 정책이 그의 손에서 나왔다. 제6대 쇼군(家宣 이에노부 1662-1712) 때에도 재정은 그에게 맡겨졌다. 원록은(元禄銀 겐로쿠깅)보다도 더 질이 낮은 악화(惡化)의 주조를 통해서 그에게 26만냥, 그의 가신(長井反六)에게 6만냥의 뇌물이 쥐어진 사실이 드러났다. 그럼에도 그는 건재하였다. 그러나 아라이 하쿠세키(新井白石)는 그의 파면을 요청하는 탄핵서를 3차례나 제출하여 끝내 그를 실각시킨다. 이에노부는 세상을 뜨기 직전인 1712년(正德2) 9월에 시게히데(重秀)를 파면하고, 교토와 에도의 긴자(銀座) 상인들을 멀리 유배를 보낸다. 시게히데는 이듬해인 1713년 9월 26일 56세의 나이로 사망했다(《國史大辭典》2, 790쪽).

[4장]

1 원문에는 '에도 바쿠후'(江戸幕府)라 되어 있는데 이를 '도쿠가와 바쿠후'(德川幕府)로 표현하기도 한다. 보통 일본 역사에서는 이 둘이 동일한 의미로 통용되고 있다. 그런데 '바쿠후'라고 하는 정치조직과는 달리, 사람과 관련된 '쇼군'(將軍)의 경우는 '도쿠가와 쇼군'(德川將軍)이라고는 해도 '에도 쇼군'(江戸將軍)이라고는 부르지 않는다. '도쿠가와'(德川)가 성씨를, 그리고 '에도'(江戸)는 장소를 뜻하는 말이기 때문일 것이다. 한편 '아시카가 쇼군'(足利將軍)이라고는 하여도 '아시카가 바쿠후'(足利幕府)라고는 하지 않는다. 그것은 '미나모토 쇼군'(源將軍)이라는 표현은 있어도, '미나모토 바쿠후'(源幕府)라는 표현은 쓰이지 않는 것과 마찬가지이다. 각각 '무로마치 바쿠후'(室町幕府)나 '가마쿠라 바쿠후'(鎌倉幕府)라고 부르는 것이 일반적이다. 이러한 차이는 '도쿠가와 바쿠후'(德川幕府)에 이르러 비로소 처음부터 마지막까지 일관되게 '도쿠가와씨'(德川氏)가 바쿠후의 정치적 실권을 장악한 반면, 그 이전의 바쿠후에서는 그렇게 되지 못했던 데

서 비롯된 것으로 보인다.

2 승선연(乘船宴)이란 일본의 사신이 대마도로 돌아가기 위하여 승선할 시기가 되었을 때 베풀어지는 연회를 가리켜 조선에서는 상선연(上船宴)이라고도 불렀다.

3 여기에서 헌(獻)은 '바친다', '올린다'는 뜻이다. 진헌(進獻), 헌상(獻上)의 의미와 같다.

4 원문에는 '구니모토'(國元)라고 되어 있는데, 다이묘의 영지를 가리킨다. 쓰시마한(対馬 藩)의 경우에는 대마도 본토를 의미한다. 현대 일본어에서는 이것이 고향 · 출신지 · 시 골 등의 뜻으로 쓰인다.

5 저자는 원문에서 대마도를 지칭하는 '어국'(御國 오쿠니)에 대하여 '번당국'(藩當局) 이라고 설명을 달고 있다.

6 일본의 외무성은 종래 대마도가 실질적으로 행사하고 있었던 조선과 외교 실무교섭권을 박탈하고 직접 조선과 외교를 추진해 가는데(외교의 일원화), 이것을 두고 왜관을 '접수' 했다고 적고 있다. 그런데 이것은 조선과의 외교관계와 결부된 것이며, 왜관은 조선의 예산으로 지어진 것이므로, 일본 외무성이 일방적으로 왜관을 점령한 것은 '침탈'로 보 아야 한다는 견해도 있다.

7 우마마와리(馬廻)란 말 탄 장수의 주위에서 경호하던 기마 무사를 가리킨다.

8 원문에는 가격(家格 가가쿠)으로 되어 있다. 이것은 '이에'(家) 즉 가문의 격식 또는 집 안 · 가문 · 문벌의 뜻이다. 고대부터 이미 부족이나 씨족에 귀천의 차가 있었다. 가문 에 의해 서임(敍任)되는 관위(官位)에 차이가 생기고 헤이안(平安)시대에 들어오면 그것 이 점차 고정되어 간다. 그런데 남북조(南北朝)시대 이래의 내란과 하극상 풍조 때문에 가문 개념도 두드러진 변화가 나타난다. 근세의 다이묘들은 대부분 서민층에서 탄생되 는데, 가문의 유서를 중요하게 생각하는 습속이 부활하게 된다. 메이지 이후에도 사회 적 지위나 경제력 등에 의하여 가문의 관념은 좀처럼 사라지지 않았다. 다만 교육제도, 관리등용제도, 고용관계 등을 통하여, 가문을 유지하는 기반은 점차 붕괴되어가고 있다 (《國史大辭典》3, 134쪽).

9 구미카시라(与頭 또는 組頭)란 크게 세 가지 의미를 갖는다. 첫째, 센코쿠(戰國) · 아즈 치모모야마(安土桃山)시대 군사조직의 하나로 '조(朝 구미)의 우두머리'를 뜻했다. 다 이묘는 자기를 경호 · 보좌할 사무라이를 조로 편성한다. 또 아시가루(足軽)를 궁조(弓 組) · 철포조(鐵砲組) · 창조(槍組) 등으로 조직하여 각 조의 우두머리를 두고, 그 조장에 게 각 조의 지휘 감독을 맡겼다. 둘째, 에도시대에 쇼군(將軍)을 호위하는 직속 군단 아 래 위치하면서, 각 조원들을 지휘 감독하는 우두머리를 의미한다. 셋째, 에도시대 무라 야쿠닝(村役人)으로서 나누시(名主) · 쇼야(庄屋)를 보좌하는 촌방(村方 무라카타) 3역 의 하나를 가리킨다. 무라 즉 촌(村)의 규모에 따라 다르기는 하지만, 1촌에 1명 혹은 몇 명의 구미가시라가 있었다. 바쿠후 직할령에서는 '구미가시라'로 부르는 것이 일반적 이다. 그러나 번령(藩領)에 따라서는 도시요리(年寄), 오사뱌쿠쇼(長百姓), 고닝구미(五

人組), 고닝구미가시라(五人組頭) 등 여러 가지 이름으로 불리기도 했다.

10 원문에는 '도오미안나이'(遠見案內)라고 되어 있다. '도오미'란 글자 그대로 멀리 바라다 본다는 뜻인데 정찰(偵察)·순찰(巡察)을 가리킨다. 또 '안나이'(案內)란 글자만 보면 안 내하다(guide)는 뜻으로 생각되겠지만, 여기에서는 보고(報告)·통지(通知)를 의미한다. 한편 키잡이인 곤베에(近兵衛)가 왜관의 순찰을 위해 떠날 준비를 하고 있는 것을 보면, 배를 타고 왜관 주변을 돌고 온 것으로 보인다. 왜관 내부가 아닌 외부의 순찰을 왜관측이 담당하고 있는 것이 매우 인상적이다.

11 긴죠구라(斤定藏)란 긴죠(斤定) 즉 무게측정이 끝난 물건을 보관해 두는 창고를 말한다. 대마도에는 긴죠야쿠(斤定役)이라고 하는 직책이 있었다.

12 사이료(宰領)란 일반적인 감독 업무를 맡는 직책을 가리키는데, 여기에서는 일본의 은 수송을 감독하는 일을 하고 있기에 화물감독이라고 한 것이다.

13 요코메(橫目)란 오다 노부나가([織田信長]) 정권의 초기 센코쿠다이묘(戰國大名) 가문에 설치된 직제이다. 요코메쓰케(橫目付)의 줄임말이라고 하는데, 그냥 메쓰케(目付)라고 도 한다. 에도바쿠후 직제에서는 메쓰케라 불렸는데, 여러 번(藩)에서는 지방행정기구의 하나로 요코메라는 명칭이 존속되었던 곳이 있었다. 규슈(九州) 오무라한(大村藩)의 예 를 보면, 각 촌(村 무라)마다 향촌급인(鄕村給人)의 무사 중에서 1-2명이 선발되었다. 그들은 쇼야(庄屋)·고자시(小左司)의 위에 위치하면서, 촌민에 대한 법 준수의 철저, 신 앙 조사(宗門改 슈몽아라타메), 연공징수 등의 임무를 맡았다. 《日葡辭書》에는 '간첩(間 諜)·밀정(密偵) 혹은 감찰(監察)하는 사람'으로 되어 있다(《國史大辭典》14, 381쪽).

14 사카노시타(坂ノ下)란 왜관 밖에 있는 조선의 일본어 통역관의 집무소가 있는 곳을 말한 다. 이곳에는 일본인의 접근이 금지되어 있었음에도 이를 어기는 경우가 종종 있었다.

15 원문에는 기도(畿度)로 되어 있으나, 저자의 확인을 거쳐 이를 정정하였음을 밝혀 둔다.

16 우마야(廐)는 본디 먹이를 주면서 말을 기르는 곳, 마굿간(馬屋 우마야)을 가리킨다. 말 은 예로부터 중요한 수송 수단이자 군수물자의 하나였다. 6세기의 기록에 이미 마관(馬 官)인 무마야가 보인다. 중앙집권적인 국가체제가 정비되어 가면서 병사(兵事)·역전 (驛傳, 현재의 우편)의 용도로 우마야제도가 정비되었다고 볼 수 있다. 여기에서는 말을 관리하는 사람 또는 그 직책을 말한다(《國史大辭典》2, 158-159쪽).

17 시마방(島番)이란 왜관 주변의 섬 순찰·정찰 업무를 맡은 자 또는 그 직책을 말하는 것 으로 보이는데, 구체적으로 어느 지역을 담당하였는지는 알 수 없다.

18 뎃포(鐵砲)란 소총 즉 총기류 자체를 의미하는 말이지만, 여기에서는 총기류 관리를 맡 은 사람 또는 그 직책을 가리킨다.

19 모치즈츠(持筒)란 무기류의 일종인 통(筒)을 관리하는 업무 또는 그 직책을 말한다.

20 하마방(浜番)이란 해변을 순찰하는 행위 또는 그 직책을 가리킨다.

21 절구(節句)란 5대 명절 또는 그 중 하나를 가리키는데, ① 인월(人月 진지츠, 1월 7일), ② 상사(上巳 죠시, 3월 3일), ③ 단오(端午 단고, 7월 7일), ④ 칠석(七夕 다나바타, 7월 7일), ⑤ 중양(重陽 쵸요, 9월 9일) 등이 그것이다.

22 중원(中元 쥬겐)이란 음력 7월 15일 백중날을 가리키는데 이 때 선물을 주고받기도 한다.

23 이것은 일본력(日本曆)이다. 동아시아 3국의 역법이 같아지게 되는 것은 근대 이후의 일이다. 그래서 당시 조선과 일본은 사용하는 역(曆)이 서로 달랐다. 크게 차이는 없었다고 하지만, 윤달이라든가 큰 달·작은 달 등이 서로 다른 때도 있었다. 그러한 차이 때문에 경우에 따라서는 서로 월(月)과 연(年)이 틀린 적도 있었음에 주의하지 않으면 안 된다. 다만 여기에서는 특별한 언급이 없는 한 원문과 같은 일본력으로 그대로 두겠다.

24 오늘날에는 대구의 한자 지명을 大邱라고 쓰지만 조선시대에는 大丘로 썼다.

25 '유이'(結い)는 끈으로 묶는다는 뜻의 일본어인데, 여기에 쌀을 뜻하는 '고메'라는 말이 붙어서 '고메유이'가 된 것이다. 즉 조선에서 지급을 받은(일본 입장에서 보면 수입) 쌀을 배에 실어 대마도로 가져가지 전에 가마니에 담아 포장·운반하는 작업을 말한다. 그런데 당시 조선에서 사용하던 가마니와 대마도 등 일본의 가마니가 용량뿐만 아니라 형태, 제질 면에서도 서로 달랐다. 조선의 가마니는 촘촘하고 단단하게 짜여져 있었는데, 대마도에서는 이것을 가리켜 '공석'(空石)이라고 적고 '아키다와라'(빈 가마니)라고 읽었다고 한다. 일본의 가마니는 둥그런 모양으로 되어 있어서 사각형으로 된 조선의 것과 우선 형태부터 다르다. 그뿐 아니라 일본 가마니는 운반 도중 벼가 밖으로 새어 나오는 일이 있을 정도로 상대적으로 성글게 짜여져 있을 뿐만 아니라, 내용물을 속에서 빼내고 나면 가마니가 부들부들해지므로, 둘둘 말아 어디에든 보관하기 편리한 점은 있다. 이에 반하여 조선 가마니는 속이 텅 비어 있는 상태에서도 돌처럼 단단하게 본래 형태를 유지하고 있다 하여 그런 이름이 붙여진 것이 아닌가 생각된다. 하여튼 조선 가마니에 담아져서 왜관으로 전달된 쌀을 대마도로 가져가기 전에, 왜관에서는 일본식 가마니에 그것을 바꿔 담는 작업을 실시하고 있었다. 그렇게 하는 것이 우선 일본식 기준에 맞추어 쌀의 양을 가늠하기 쉬울 뿐만 아니라, 조선에서 가져간 쌀이 대마도로 가서 소비되기까지 거쳐야만 하는 보관·운송·분배 등의 추가적인 작업을 펼치기에도 편리하였기 때문이다.

26 부대·섬을 세는 단위를 일본 기록에서는 표(俵 다와라)로 적고 있다.

27 원문에는 '남의 눈을 속이다'는 뜻으로 '고마카스'(ゴマ化す)라는 단어가 사용되고 있는데, 여기에 나오는 '고마'란 참깨를 가리킨다. 본디 '고마카스'란 '고마카시'에서 온 것인데, 이것은 '고마도량'(胡麻胴亂)을 '고마카시'(胡麻菓子)라고 부른 데서 유래되었다고 한다. '고마도량'이란 1804~30년 무렵에 일본의 에도(江戸)에 있었던 과자를 말하는데, 밀가루에 참깨를 섞어서 구워낸 것으로 속은 텅 비어 있는 것으로서, 말하자면 깨로 만든 과자의 하나이다. 즉 겉모양만 예쁘게 꾸몄을 뿐 속은 텅 비어 있어서 내용이 충실하지 못함을 뜻하는 말인데, '눈속임'과 같은 좋지 못한 행위를 나타낼 때 쓰이고 있다.

참고로 '고마카'(誤魔化)라고도 쓰는데, 이것은 음만 따라서 쓴 가차(假借)이다.

28 '호테지메리'(ほてじめり)란 '호테루'(火照る)와 '시메루'(濕る)의 합성어이다. '시메리'란 물기를 머금어 눅눅해진 것을 말하며, '호테'는 화끈거리며 부풀어오른다는 뜻이다. 쌀에 물을 부었으니 시간이 조금 지나면 그 쌀의 조직이 부풀어 부피가 늘어나면서 열이 발산되었을 터이다. 요컨대 화수(和水)의 부정을 저지른 쌀의 대마도식 표현이 '호테지메리 쌀'인 것이다.

29 재판기록(裁判記錄)은 이른바 대마도종가문서(對馬島宗家文書)의 하나인데,. 조선의 왜관에 파견된 대마도의 외교관으로 특수 교섭업무를 담당하던 재판(裁判 사이한)이 남긴 기록을 말한다.

30 시볼트(Philipp Franz von Siebold 1796~1866)는 독일의 의학자이다. 아버지가 대학 교수인 그는 대학에서 의학을 공부하여 1820년 대학을 졸업한다. 1822년 7월 네덜란드 동인도회사 육군병원 외과 소좌(少佐)에 임명된 그는 그 해 9월 자바를 향해 네덜란드를 떠난다. 이듬해인 1823년 4월 바티비아에 도착했다. 그 뒤 나가사키 데지마의 네덜란드 상관 의사로 임명되어, 그해 6월 바타비아를 출항, 1823년 7월 6일 나가사키에 닿는다. 1829년 12월 일본에서 추방되어 1830년 7월 네덜란드로 귀국한다. 일본에 체류하는 동안 수집한 일본에 관한 각종 자료를 정리하여 수많은 저서를 발표한다. 《일본》(Nippon) 《일본동물지》(Fauna Japonica) 등이 그의 3대 저작이다. 뿐만 아니라 일본에 체류하는 동안 그가 나가사키를 비롯한 규슈의 여러 지역에 미친 영향은 지대하다. 무엇보다도 그가 가르친 의학을 비롯한 서양의 근대 학문과 기술이 일본의 근대화에 크게 기여한 것으로 평가받고 있다. 1827년 그와 일본인 여인과의 사이에 '이네'라는 이름의 딸이 태어난다(《國史大辭典》6, 635쪽).

31 '아짓사이'라고 알려진 일본의 꽃 자양화, 즉 수국(水菊)의 학명(學名)인 '오타쿠사'(otakusa)가 바로 시볼트의 일본 현지처(現地妻)인 '오타키상'(お瀧樣)의 이름을 딴 것으로 알려져 있다. 즉 본국으로 귀국한 지볼트가 자신의 부인 이름을 따서 지은 수국의 꽃이름을 유럽에 소개한 데서 유래되었다고 한다.

32 메이지(明治)시대 일본 최초의 산부인과 의사로서 잘 알려진 '시모토이네'(楠本稻)가 바로 지볼트와 그의 현지처인 오타키씨 사이에서 태어난 딸이다. '지모토'(楠本)라는 성(姓)은 그의 아버지 이름 '시볼트'에서 음을 따서 지은 것이라고 한다.

33 원문에는 '절수'(切手 깃테)라고 적혀져 있는데 '수표' '증명서'의 뜻이다.

34 한학계고(韓學稽古)란 한학(韓學) 즉 조선의 정치 · 경제 · 사회 · 문화 등 전반에 관한 것을 배우기 위하여(稽古) 왜관으로 건너온 사람들을 가리킨다.

35 한문계고(韓問稽古)란 왜관으로 건너와 "학문을 배우는 학생'의 뜻이다.

36 번의(藩醫)란 대마도의 의사 가문 중에서 발탁되어 대마도 당국으로부터 급료를 받는 의사를 말한다.

37 '정의'(町醫) 즉 '마치이샤(町醫者)'란 대마도의 일반인들을 대상으로 의료행위를 하는 의사를 가리킨다. 그들 가운데 기술이 인정되어 대마도 당국에 의해 발탁되면 '번의'(藩醫)될 수도 있었다.

38 원문에서 본역(本役)이라 되어 있는 것은 현직에 근무중이라는 뜻이다. 그러한 통사들을 가리켜 '通詞中 츠지츄'라고도 하는데, 이 때는 통사 전원을 의미하게 된다.

39 계고찰(稽古札)이란 현대어로 말한다면 '유학생 비자' 정도 될 것이다.

40 '히토쿠치'(一口)라고 하는 것은 거래량이 소량임을 의미한다.

41 청부의 내용은 크게 서비스에 관한 것과 물품에 관한 것으로 나누어 볼 수 있다. 즉 행동·행위를 대신해주는 것이 있는가 하면, 물품의 공급·판매에 관한 것도 함께 들어있다. 또 청부의 대상이 되어 있는 유형·무형의 재화(서비스) 공급과 조달은 왜관의 관리가 맡는 것이 아니라 모두 상인들이 담당으로 하게 되어 있다.

42 조선 정부가 작성한 기록을 보면 왜관에 머무르는 일본인이 많을 때는 6백 명을 넘을 때도 있었던 것 같다. 예를 들면《표인영래등록》(漂人領來謄錄) 제3권(서울대 규장각 영인본, 1993)에는 1696년의 경우, 왜관에 체류 중인 일본인을 '유관왜인'(留館倭人)으로 표현하면서, 그 숫자를 609명(5월 15일), 592명(6월 19일), 497명(7월 14일), 505명(7월 18일), 526명(8월 10일) 등으로 적고 있다. 당시 표류민(漂流民)을 인도(人道)하기 위하여 왜관에 조선의 관리들이 출입하고 있었기 때문에, 조선 정부는 왜관에 체류하는 일본인의 규모를 비교적 정확하게 파악하고 있었을 것으로 보인다.

43 원문에는 책 제목이 '和館衣服の制'로 되어 있다.

44 '우마마와리'란 글자 그대로 '말(馬 우마) 주변(廻 마와리)'이란 뜻인데, 말 탄 장수를 호위하는 사무라이를 가리킨다.

45 용문(龍文, 龍紋)이란 '용 모양을 나타낸 문양'이란 뜻도 있지만, 여기에서는 그것이 아니라 굵고 성글게 짜여진 비단 즉 견직물과 관련된 것을 말한다. 일본어에서는 '용문'(龍門) '유문'(流紋)이란 글자가 혼용되고 있는데, 모두 '류우몽'으로 읽힌다. 아마도 이것은 '능문'(綾紋)이 잘못 전해진 것이 아닌가 생각된다. 원래 조선·중국에서 일본으로 전해진 무늬 없는 '능(綾 아야, 비단의 일종)을 가리키는데, 에도시대에는 일본에서 만들어진 '무늬'가 없는 굵은 실로 평직(平織 날실과 씨실을 한 가닥씩 서로 섞어서 짜는 방법)한 견직물을 말한다. 무늬를 넣은 것도 있는데, 하카마(袴 겉에 입는 주름잡힌 하의)라든가 오비지(帯地 띠를 만드는 천)에 사용된다.

46 '가타기누'란 무로마치(室町)시대 이후 사무라이의 예복으로서, 소매가 없으며 고소데(小袖) 위에 받쳐 있는 옷을 말한다. 그리고 아랫도리는 한바카마(半袴) 즉 발목까지 덮이는 바지를 입는다.

47 모지리(綟)는 일본의 남자용 외투의 일종이다.

48 원문에는 여(絽 로)라고 하는 것은 올을 성기게 짠 하복지(夏服地)로 쓰는 견직물의 일 종으로 사(紗)와 비슷하다.

49 견직물(絹物 기누모노)이란 끊어지지 않고 하나로 이어져 있는 실로 짠 비단이라서 상 등품에 속한다.

50 명주(紬 츠무기)란 비단의 일종인데 허드레 고치에서 뽑아낸 끊어진 실을 사용하기 때 문에 견직물(絹 기누)보다는 질이 떨어진다.

51 훈도시란 남자의 음부를 가리는 폭이 좁고 길다란 천을 가리켜 일본어로 '훈도시'(犢鼻 褌)라고 한다. 지역에 따라 부르는 명칭이 각각인데, 민속어로는 '훈도시', '마와시', '헤 코시' 등으로 불린다(《國史大辭典》10, 88쪽).

52 원문에는 '館內制札之儀二付存寄之覺'라고 되어 있다.

53 그래서인지 이 사건에 대해서는 아메노모리 호슈(雨森芳洲)가 쓴 《교린제성》(交隣提醒) 에서도 소개가 되어 있다.

54 당시 조선에서는 '문위행'(問慰行 몽이코)이라고 불렀다.

55 오하타(御籏)란 '하타모치야쿠'(籏持役) 즉 깃발을 들고 걸어다니는 아시가루(足輕) 수준 의 하급 사무라이를 가리키는데, 이는 농민과 별 차이가 없을 정도로 낮은 신분이다.

56 아시가루(足輕)란 중세 때 이용된 게릴라 · 교란 전법에서 특별한 역할을 수행한 병사를 뜻했다. 나중에는 그것이 보병(步兵)의 의미로 바뀌었다. 아시지로(足白), 아시요와(足 弱), 싯소쿠(疾足) 등으로도 불린다. 센코쿠(戰國)시대 후기에 센코쿠다이묘(戰國大名) 가 향촌 지배를 강화해 가는 과정에서 창(槍), 활(弓) 등 무기별로 편성된 보병부대가 성 립한다. 그 보병을 '아시가루'라고 칭했다. 평상시에는 막일에 종사하다가 전시에는 도 보로 뛰는 무사계급의 최하위에 속하는 집단이 그것이다(《國史大辭典》1, 182쪽).

57 원문에 제시된 사료명은 《安政六己未年七月去年條一特送使正官仁位琢磨下人藤次郎同 都船主阿比留左馬介下人喜一郎と申者於和館交奸之一件記録》로 되어 있다. 이 사료의 제목에서 알 수 있듯이 1859년 교간사건의 일본쪽 당사자는 토지로(藤次郎)와 기이치 로(喜一郎)라고 하는 두 사람인데, 이들은 각각 일특송사 정관인 니이타쿠마(仁位琢磨) 와 동 도선주 아비루사마노스케(阿比留左馬介)의 하인들이다.

58 조선과 달리 일본측 기록에서는 대부분 인삼의 삼(蔘)을 초두(艸)가 없는 글자(參)로 쓰 고 있음에 유의할 필요가 있다.

59 와키사시(脇差)란 큰 칼 옆에 차는 작은 칼을 가리킨다.

60 이것은 조선과 같은 한자인 양(兩)이라는 글자를 사용하고 있지만, 일본의 화폐단위 '료' 임에 주의해야 한다.

61 원문에는 철포(鐵砲)라는 한자어로 기록되어 있는데, 이것은 일본어로 '뎃포'로 발음되며 뜻은 총이나 총포류 즉 소총(小銃)을 가리킨다.

62 원문에는 우치마와리(打廻)라고 되어 있는데 이것은 순회(巡廻)의 뜻임.

63 원문에는 츠케비(付け火)로 되어 있는데, 이것은 즉 불을 지른다는 의미의 방화(放火 호카)를 가리키는 말이다.

64 '우마노리'란 '말 타는 행위' 또는 '말을 탄 사람'을 뜻한다. 여기에서는 말을 탈 수 있는 정도의 신분, 즉 무사계급의 하나이다.

65 '후나단스'(船簞笥)란 연안항로에서 여객 또는 화물을 수송하는 배(廻船 가이센)에서 사용되는 벼루 상자(懸硯)라든가 서류상자(帳箱) · 옷담는 궤짝(衣裳櫃) 같은 것을 말한다.

66 1돈(匁)은 약 3.75그램에 해당한다.

67 원문에는 모토유이(元結)라고 되어 있는데, 이것은 머리 위에 머라카락을 모아서 묶는 끈, 즉 상투 끈을 말한다.

68 원문에는 '요츠지분'(四つ時分)으로 되어 있다.

69 원문의 '간슈와카토'(館守若黨)란 왜관의 관수(館守)를 호위하는 젊은 하급 사무라이를 말한다. 즉 관수옥(館守屋)의 허드렛일을 맡는 사람으로서 게낭(下南)보다는 약간 높은 지위에 해당한다.

70 원문에는 에다야리(枝鑓)란 나뭇가지 모양을 한 창으로 삼지창 같은 것을 가리킨다.

71 원문에는 간슈게낭(館守下南)으로 되어 있는데, 이는 관수옥의 청소라든가 주변의 제초작업 등을 맡는 하급직을 가리킨다. 게낭(下南)이란 와카토(若黨)보다 더 낮은 지위에 해당한다.

72 원문에는 옹카고(御駕籠)란 가마(駕籠)를 관리하는 사람 또는 그 직책을 말한다. 옛날에는 가마를 대나무로 만들었는데 뒤에 가서는 나무로 바뀌게 된다. 신분 · 계급 · 용도에 따라 여러 종류가 있다. 메이지시대에 들어와 인력거가 등장하면서 가마는 자취를 감추게 된다(《國史大辭典》3, 225-227쪽).

73 원문에는 야마가타나(山刀)로 되어 있다. 이것은 나무꾼이 쓰는 낫처럼 생긴 커다란 칼을 말한다.

74 원문에는 가치(徒士)로 되어 있다. 이것은 에도시대에 걸어다니면서 주군을 모시던 하급무사인데 말을 탈 수는 없다.

75 오타 난포(大田南畝, 號가 쇼쿠산진 蜀山人)는 바쿠후의 관료이면서도 수많은 저술을 남기고 있는데, 그 중에서도 에도시대(조선후기)의 희극작가로서 널리 알려져

있다.

76 원문에는 '宗對馬守臣田嶋左近右衛門家來朝鮮國勤番にて虎を打候由其書付の寫'라 되어 있다.

77 다지마류(田嶋類)라고 하는 것은 다지마란 성씨의 일족이란 뜻이다.

78 다지마 사콩에몽(田嶋左近右衛門)이 총기류 조작 등 무술(武術)로 이름난 다지마(田嶋)씨의 일족인 것은 사실이지만, 왜관의 호랑이 포획사건 때 당시 왜관의 관수였던 그가 특별히 활약한 것은 없었다. 그럼에도 불구하고 이 사건이 소설로 쓰여지는 과정에서 관수라고 하는 유명인을 앞세워 픽션화함으로써 소설적 재미를 더하려 했던 된 것으로 생각된다.

79 《종씨가보》(宗氏家譜)은 대마도 당국이 편찬한 책인데, 역대 대마도주(藩主)와 그의 가족관계를 비롯하여 대마도 안의 주요 사건들이 소개되어 있다. 이 책의 영인본(鈴木棠三 엮음)이 무라타서점(村田書店)에 의하여 대마도총서의 하나로 간행된 바 있다.

80 원문에는 '조선출병'(朝鮮出兵)으로 되어 있는데 임진·정유왜란을 가리킨다.

81 저자는 《포획실록》에 등장하는 오이시 아라카와노스케(大石荒川之助)와 《종씨가보략》(宗氏家譜略)에 나오는 오이시 아라카와(大石荒河)를 동일인으로 간주하고 있다. 《포획실록》이 간행되던 단계에서는 오이시 아라카와의 이름에 '스케'(助)를 붙이는 것이 더 자연스럽게 받아들여졌기 때문일지도 모른다고 하는 것이 저자의 설명이다.

82 저자의 설명에 따르면 《종씨가보》에 실린 내용은 꽤 오래 전부터 있었던 일이지만, 이 책이 간행된 것은 《포획실록》(捕獲實錄)보다도 더 뒤라고 한다. 요컨대 가장 먼저 《대석씨자호기》(大石氏刺虎記 오이시삿코키)라고 하는 이야기가 대마도 안에서 소개되기 시작했고, 그것이 《포획실록》에, 그 다음에는 《종씨가보》에 각각 실리게 되었다고 볼 수 있다고 한다.

83 가토 기요마사(加藤淸正)가 임진·정유왜란 때 조선에 쳐들어온 것은 사실이지만, 그가 조선에서 호랑이를 잡은 사실은 없다. 그럼에도 불구하고 바쿠후 말기가 되면 '가토 기요마사의 호랑이 퇴치'가 소설화되어 유포되기 시작한다. 앞에서 본 쇼쿠산진(蜀山人, 大田南畝)에서 시작된 '조선→임진왜란→호랑이→일본인의 용맹'이라고 하는 픽션화 과정이 바쿠후 말기의 정한론(征韓論 세이칸론)으로까지 이어졌는지에 대해서는 앞으로 검토의 여지가 있다고 생각된다.

[5장]

1 조선시대에 화폐 즉 주조화폐가 사용되고 있었음은 물론이다. 더군다나 왜관이 초량(草梁)으로 이전되던 되던 해와 동일한 1678년에는 조선 정부가 상평통보(常平通寶)를 법화(法貨)로 지정하게 된다. 따라서 이 시기에 이미 구리로 만든 화폐가 조선의 유통경제

에서 널리 사용되었음은 물론이다. 다만 물품화폐인 쌀과 면포 등이 여전히 보조화폐로서 함께 사용되고 있었다. 왜관의 아침장(朝市)에서 쌀이 교환의 수단으로 사용되고 있었다고 하는 것은 바로 이런 경우에 해당한다.

2 숙수(熟手)란 솜씨 좋은 사람, 잔치 따위의 큰 일에 음식을 만드는 사람을 말한다.

3 원문에는 '유미노모노'(弓の者)라고 되어 있는데, 이것은 '유미슈'(弓衆)라고도 한다. 무가(武家)의 직명 중 하나인 이것은 화살과 활을 가지고 싸우는 부대(弓組 유미구미)의 대元 또는 그 우두머리를 가리킨다.

4 원문에는 가미가타(上方)로 되어 있는데, 교토(京都) 부근을 가리킨다. 메이지시대 이후 일본의 수도가 도쿄(東京)가 옮겨져 오늘에 이르고 있다. 그렇지만, 메이지 이전까지만 하더라도 일본에서는 다른 지역에서 교토로 향하여 가는 것을 '올라간다'고 하고, 반대의 경우를 가리켜 '내려간다'고 하였다.

5 이것은 조선의 역관이 한 말이므로 여기에서는 조선을 가리킨다.

6 원문에는 花箋이라 되어 있는데 花煎이 옳다고 생각된다. 원문의 194쪽에도 花煎이라 표기되어 있다. 일본어로는 '가센'으로 읽는다.

7 원문에는 '나베(鍋)요리'라고 되어 있는데, 이것은 냄비에 온갖 재료를 넣고 끓인 다음 국물과 함께 먹는 탕 요리를 말한다.

8 술을 못하는 사람을 일본어로 게코(下戸)라 한다. 반대로 술꾼·술부대·모주꾼을 가리켜 죠고(上戸)라고 한다.

9 원문에는 육계(肉桂)로 되어 있는데, 이것은 계피(桂皮) 즉 계수나무 껍질을 말한다.

10 한중(寒中 칸츄)은 소한(小寒)의 시작부터 대한(大寒)의 끝까지 약 30일 동안을 가리킨다.

11 지금도 일본인들은 소주나 위스키 등 독한 술을 마실 때에는 그것을 그대로 마시기 많고, 거기에 찬물이나 더운물을 섞어서 마시는데, 그것을 가리켜 '미즈와리(水割り)', '오유와리(お湯割り)'라고 부르기도 한다.

12 모로하쿠(諸白)란 본디 술에 들어가는 쌀과 누룩이 '모두 희다'하는 뜻의 보통명사인데, 그렇게 해서 만들어진 청주(日本酒 니혼슈)를 가리켜 '모로하쿠'라는 고유명사로 부르기도 한다.

13 원문에서는 지주(地酒 지사케)라고 되어 있는데, 이것은 일본의 각지에서 만들어진 토속주를 가리킨다. 왜관에서 양조된 술도 그 중 하나임은 물론이다.

14 셋츠(攝津)는 현재는 오사카부(大阪府)의 서북부, 효고현(兵庫縣)의 동남부에 해당하는 옛 지명을 말한다. 북부는 산간이고 남부는 평지이다.

15 원문에는 준(樽 다루)으로 되어 있는데, 이것은 술이나 간장 등을 넣어 두는 크고 둥글며 뚜껑이 있는 나무통을 말한다.

16 곤약(蒟蒻)이란 일본어로는 '곤냐쿠'라고 한다. 구약나무의 땅속줄기를 가루로 낸 것을 끓여거 만든 식품을 말한다.

17 원문에는 아게토후(揚豆腐)라고 되어 있는데, 기름에 튀겨서 건져낸 두부를 말한다.

18 원문에는 '우스야키도후'(薄燒き豆腐)로 되어 있는데, 글자 그대로 얇게 썰어서 그것을 불에 살짝 구운 다음 그대로 먹거나 간장을 약간 찍어서 먹는 두부 조리법을 말한다.

19 이 속담 자체는 '부드러운 두부 모서리에 머리가 부딪혀 죽는 일은 도저히 일어날 수 없다'는 뜻이다. 저자가 이 속담을 인용한 것은 '조선의 두부는 단단한 데 반하여, 일본의 두부가 상대적으로 부드럽다'는 것을 표현하기 위해 저자가 이 속담을 인용한 것으로 보인다.

20 이 해 4월 28일(일본력)부로 연호가 바뀌어 겐분(元文) 元년이 된다.

21 가미시모(裃)란 에도시대(조선후기) 일본 무사(武士)들의 예복차림 즉 정장(正裝)을 말한다. 소매 없는 가타기누(肩衣)와, 같은 천 같은 색깔의 하의(袴 하카마)로 이루어져 있다.

22 원문에는 '미즈쿠리'(水栗)로 되어 있다. 이것은 물에 밤을 담궈 두어 불린 다음, 껍질을 벗기고 모양을 예쁘게 다듬어서 내놓은 것을 말하는 것으로 보인다.

23 일본어로 '앙코'라고 하는 것인데, 과자나 빵, 만두 등에 넣는 것을 말한다.

24 이 항목 즉 생전복(生あわび)은 원문에는 빠져 있는데 설명의 편의상 삽입하였다. 이 잔치상이 차려진 때가 1736년 2월 2일이므로 늦겨울 초봄에 해당되는데, 그래서인지 바다에서 갓 잡은 전복을 그대로 상에 올려놓은 것으로 보인다.

25 이것은 전해서(煎海鼠 이리코)라고 하는 것인데, 글자 그대로 해삼을 찐 것이다. 그런데 바다에서 채취한 해삼을 찐 다음 그것을 건조시켜서 무역용이나 저장용으로 활용하는 것이 보통이었기 때문에 '말린 해삼'(乾海蔘)으로 번역하였다.

26 저구(猪口)라는 한자어는 일본어로 '쵸코' '쵸쿠' 등으로 읽히는데, 간장종기나 술잔으로 사용되는 이 그릇의 모양이 마치 '돼지 입'처럼 생긴 데서 이런 이름이 붙여진 것으로 보인다.

27 다목나무(蘇芳, 蘇方, 蘇枋)를 삶은 검붉은 물을 식용물감으로 사용한다.

28 일본어로는 '츠케모노'(漬物)라고 하는 것인데, 채소를 소금이나 식초에 절여 만든 식품을 가리킨다. 일본식 감치라고 말할 수 있는 이러한 음식을 가리켜 '고모노'(香物), '싱코'(新香) 또는 '오싱코'(お新香)라고도 부른다.

29 임진왜란 이전에는 조선에 조추가 없었다. 조선인들이 김치 속에 고추를 넣어 먹기 시작한 것은 17세기 중반 이후로 알려져 있다. 따라서 그 전에는 조선의 김치가 지금처럼

빨간 고추와 젓갈이 들어간 것이 아니라, 오히려 일본식 김치인 '쓰케모노'와 비슷하게 하얀 색 소금 절임이었던 것이다.

30 여기에서 산초(山椒)라고 하는 것은 산초나무를 가리키는데, 산초나무의 열매가 향신료로 이용되고 있었다.

31 원문에 '젓국지'라고 되어 있는 것은 '젓갈 국물'을 말하는 것이 아닌가 생각된다.

32 덴모큐 차완(天目茶碗)이란 위가 넓적하고 운두가 낮은 절구통 모양의 대접을 말한다. 다도(茶道)에서 쓰는 가루차(抹茶 맛차)를 마시는 막자사발 비슷한 찻잔을 말하는데, 이것은 본디 중국의 천목산(天目山)에서 만들어졌다. 일본의 간사이(關西) 지방에서는 밥을 담는 공기의 의미로도 쓰인다고 한다.

33 원문에는 '고노모노 香の物'라고 되어 있다. 이것은 '쓰케모노 漬け物' '싱코 新香'와 비슷한 말인데, 야채를 소금 · 겨에 절인 것을 말한다.

34 석이(石茸 이시다케)란 석이과의 버섯으로 깊은 산의 바위에 나는 것인데 향기가 좋아 식용으로 쓰인다. 원반형의 편평한 잎사귀 모양을 하고 있는데 직경이 3~10㎝로 부드러우며 겉면은 회갈색이고 안쪽은 흑색을 띠고 있다.

35 한국 음식의 전골과 비슷한 일본요리 오늘날에는 '스키야키'(すき焼き)라고 한다. 그런데 에도시대까지만 하더라도 그것은 '杉燒'로 표기하였는데, 이것을 일본어 발음으로 하면 '스기야키'(すきやき)가 된다. 쇠로 만든 냄비에 음식을 끓여서 '스기' 즉 삼나무로 만든 그릇에 담아내는 데서 유래된 이름이다. 그러던 것이 일본인들이 육식을 하기 시작하는 메이지시대로 접어들면서 '스키야키'(すき焼き)라 이름이 바뀌게 되었다고 하는 것이 저자의 해석이다. 그런데 이상은 '스키야키' 어원과 관련된 3가지 설 중 하나에 지나지 않는다. 다른 두 가지 설은 이렇다. 먼저 스키야키(鋤焼き)라는 말이 일본어로 '스키'(鋤) 즉 가래(흙을 떠서 던지는 데 쓰는 농기구)를 불판으로 사용하여 두부나 얇게 썬 생선살을 구워먹는 것을 말하는데, 나중에는 육류로 그것이 확대되었다는 것이다. 다른 하나는 생선이나 육류를 얇게 썬 살을 가리켜 일본어로 '스키미'(剥き身)라고 하는데, 그것을 냄비에 넣고 끓여 먹는 나베야키(鍋燒)에서 유래되었다는 설이다. 한자로는 '好き燒', '鋤燒', '壽喜燒', '數寄燒' 등으로 표기하고, 이것을 모두 '스키야키'라고 읽는다. 그런데 이것은 메이지 초기 일본 도쿄를 중심으로 유행했던 우시나베(牛鍋)의 요리법과는 조금 다르다고 한다(《國史大辭典》8, 75쪽).

36 벽서(壁書 가베가키)는 본디 '벽에 적는 행위'또는 '벽에 적은 글'을 뜻했다. 그런데 역사 용어로서 벽서란 '무로마치(室町)시대 일본에서 명령 또는 포고 등을 나무판자나 종이에 적어 벽에 걸어 둔 것'에서 유래하여 '명령이나 포고'의 의미로 사용된다.

37 가케아이(掛合)란 교섭 · 흥정 · 담판을 뜻하는 말이다.

38 '2즙 7채'란 국을 비롯하여 국물이 있는 음식이 가지, 반찬이 7가지라는 뜻이다.

39 '공작미가한재판'(公作米加限裁判)을 공작미연한재판(公作米年限裁判)으로라고도 불렀

다. 1651년부터 조선 정부가 공무역(公貿易)에서 일본측으로부터 수입한 물품의 대가로 지급할 공목(公木) 가운데 일부를 쌀로 바꾸어 주고 있었는데, 이것은 어디까지나 한시적으로 실시하는 것이었다. 보통 5년으로 정해져 있는 기한이 끝나갈 때마다 대마도에서는 사신이 파견되었다. 요컨대 공작미의 기한연장 교섭을 위하여 조선에 파견된 대마도의 사신을 가리켜 '공작미연한재판' '공작미가한재판'으로 부른 것이다. 현재 서울대학교 규장각에는 《공작미등록》(公作米謄錄)이 소장되어 있다.

40 일본어로 '다시지루'(出し汁) 또는 줄여서 '다시'라고 부르는 것은 다랑어포 · 다시마 · 멸치 등을 끓여서 우려낸 국물을 말한다. 이것은 국을 끓이거나 조림을 할 때 맛을 좋게 하기 위하여 사용된다.

41 안강(鮟鱇)이란 아귀를 가리킨다. 이것은 아귓과의 바닷물고기를 말하는데, 암초가 있는데나 바닷말이 무성한 곳에서 산다. 몸길이는 15–30cm인데, 1m가 넘는 것도 있다. 대가리는 넙적하고 크며 몸통과 꼬리는 짧다.

42 하마야키(濱燒)란 갓잡은 도미 등을 염전에 있는 벗(가마)에 넣어 굽거나 소금구이한 요리를 말한다.

43 소멘(素麵)이란 밀가루를 반죽하여 실처럼 가늘게 뽑아서 말린 면발을 고기붙이를 넣지 않고 만 국수를 말한다.

44 일본에서 중세의 물고기를 잉어라고 한다면, 근세를 대표하는 물고기는 단연 도미였다. 잉어는 하천이나 강에서 잡히는 물고기인 반면에, 도미는 바닷물고기이다. 항해와 어로 기술이 발달하면서, 기술이 발달하면서, 개울→강→바다로 어로 영역이 점차 확대되고, 그에 따라 인간이 먹는 물고기의 종류도 시대에 따라 달라진 것이다.(原田信男, 《江戶の料理師》, 中公新書 929, 1993, 20쪽).

45 가츠오부시(鰹節)라 불리는 이것은 가다랭이(鰹)를 얼린 것을 얇게 포를 떠서 음식 등에 넣어 먹는 것을 말한다.

46 차조기(紫蘇 시소)란 꿀풀과의 일년초, 중국 원산의 재배식물. 들깨와 비슷하나 잎이 자줏빛이고 향기가 있음. 줄기는 네모지고 높이는 30–100cm여름에 담자색 꽃이 핌. 한방(韓方)에서 잎은 소엽(蘇葉), 씨는 소자(蘇子)라 하여 약재로 씀. 옛날에는 잘게 썬 차조기 잎을 넣어 조미료로 썼다.

47 원문에는 '히키모노'(引物)로 되어 있다. 연회나 잔치 때 주인이 손님에게 내놓는 선물을 '히키모노' 혹은 '히키데모노'(引出物)라고 하는데, 이것은 옛날에 말을 뜰에 끌어내 선사한 데서 유래한 것이라고 한다.

48 '구루마에비'(車蝦)는 중하(中蝦)라고도 불리는 보리새우를 말한다. 우리나라를 비롯하여 일본ぉ대만 해역에 널리 분포하는 보리새웃과의 절지동물이다.

49 조니(雜煮)란 일본의 신년 축하 요리 중 하나이다. 나물 · 무 · 토란 등과 닭고기 · 생선묵 등을 넣고 된장이나 간장으로 간을 맞춰 끓인 떡국을 말한다. 이것을 원래

일본어로 '호조'(烹雜)라고도 불렀는데, 그것은 여러 가지 재료를 섞어 끓인 것이라는 뜻이다. 그런데 처음에는 이 음식이 반드시 정월 초하루로 한정되어 있었던 것은 아니다. 무로마치시대에 들어오면서 설날 음식으로 정해지기 시작한 것이다. 지역에 따라 만드는 방법도 조금씩 다르다. 교토·오사카식은 토란뿌리(芋頭)·무·두부 등 여러 가지 야채와 흰 된장으로 만든다. 이에 반해서 동일본(東日本)에서는 닭고기·파드득나물(みつ葉) 등 간단한 재료를 써서 국물을 맑게 만든다(《國史大辭典》8, 576쪽).

50 '쥬바코'(重箱)란 겹겹이 쌓아서 담는 상자를 말한다.

51 스이모노(吸物)란 글자 그대로 후루루 마실 수 있도록 만든 음식이다. 끓여서 우려낸 국물을 소금·간장·된장 등으로 간을 한 다음, 거기에 고깃살이나 야채를 건더기로 넣어 만든다.

52 '오코제'라고 하는 것은 쑤가미(鰧 또는 虎魚)를 가리킨다.

53 사탕은 이미 임진왜란 이전인 조선전기부터 조선으로 들어오고 있다. 유구(琉球)를 통해서도 들어오지만 대마도를 통해서 수입되기도 한다. 그러나 대부분의 경우 예물로서 교환되고 있었기 때문에 그 수량은 그다지 많지 않았다. 사탕이 일반인에게 널리 보급되기 시작한 것은 개항 이후가 아닌가 생각된다. 사탕이 귀해서 가격이 비싼 때문인지, 아니면 벌꿀이나 엿 등 다른 감미료를 값싸고 손쉽게 구할 수 있었기 때문이었는지, 그 전까지는 사탕이 벌꿀·엿 등 다른 감미료를 대체하지 못하고 있었다.

54 일본에 사탕이 처음 전해진 것은 나라시대인 754년으로 알려져 있다. 당나라의 승려(鑑眞)가 일본에 가면서 흑사탕(黑砂糖·糖黑)을 가져간 것이 최초이다. 물론 이 당시에는 사탕이 기침이나 가래를 해소하는 약으로 쓰였다. 헤이안시대 초기의 기록에 사탕(砂糖 또는 沙糖)이라는 명칭이 보이고 있는데, 여전히 고급 약으로 취급되고 있었음은 물론이다. 아즈치모모야마시대까지만 하더라도 일본에서도 칡을 달여 만든 것이나 엿이 감미료로서 사용되고 있었다. 사탕을 식용으로 쓰기에는 값이 너무 비쌌기 때문일 것이다. 그런데 유럽이라든가 동남아시아와 통교가 활발해지면서 일본의 사탕 수입이 늘게 되었다. 카스테라 혹은 카라멜처럼 사탕을 이용한 유럽풍의 남만과자(南蠻果子)가 일본에 들어가게 되고, 차(茶) 문화가 성행하면서 양갱(羊羹 요캉), 팥이나 강낭콩으로 만든 소와 같은 달콤한 과자가 등장하자, 설탕이 과자용으로 널리 쓰이게 되었다. 에도시대에는 설탕수입을 줄이기 위해 사탕수수 재배가 장려될 정도였다. 메이지시대에 들어와 청일전쟁 후 일본이 대만을 점령하면서부터 한때나마 일본에서 사탕의 자급이 이루어지게 된다. 그 영향으로 사탕 가격이 하락하면서 일반 가정의 요리에도 사탕이 사용되기에 이른 것이다. 사탕이 들어가지 않은 일본요리를 생각할 수 없게 된 연유가 바로 여기에 있었다. 그럼에도 잼이나 설탕절임과 같은 사탕을 이용한 과일보존·가공식품은 일본에서 그다지 발달을 하지 못했다(《國史大辭典》6, 403쪽).

55 에도성(江戸城)은 현재의 교코(皇居)가 위치해 있는 곳이다. 즉 메이지유신(明治維新) 후 일본의 덴노(天皇)가 교토(京都)에서 이곳으로 옮겨오기 전까지는 에도성이 도쿠가와바쿠후(徳川幕府)의 본거지였다.

56 최고 요리로 알려진 '칠오삼'요리를 7(나나)·5(고)·3(산)이라고 하는 숫자를 따서 일본어로는 '나나고산'요리라고 부른다.

57 히키가에젠(引替膳)이란 음식을 먹다가 중간에 바꾸어서 더 내놓는 요리상을 말한다.

58 쓰이젠(追膳)이란 추가로 내놓는 요리상, 즉 덧상을 말한다.

59 여기에서 첫 번째라고 하는 것은 엄밀하게 말한다면 임진·정유왜란 이후 첫 번째 파견이 되는 셈이다. 다시 말해서 그 이전인 조선전기에도 일본에 통신사가 파견되고 있었음은 물론이다.

60 메이지 유신 이후 바로 이 구로몽(黑門)·가라몽(高麗門)의 존재 의미가 잘못 해석되고 그것이 악의적으로 전달되었다. 즉 '네 발 달린 짐승'을 통과시키기 위해서 만들어진 이 문이, '통신사 일행'이 통과한 문으로 갑자기 둔갑을 한 것이다. 그 결과 '통신사 일행이 정문으로 통과하지 못하고 좁디좁은 옆문으로 드나들었다'는 인식이 일본인들 사이에 침투·확대된다. 게다가 이것을 예로 들면서 당시 조선에서 일본으로 건너간 통신사를 '조공사'(朝貢使)라 간주하는가 하면, 더 나아가 이것이 '조선·조선인에 대한 멸시와 차별의식'으로 이어졌음은 잘 알려진 사실이다. 최근에는 이것이 역사적 사실과 다를 뿐만 아니라 잘못된 인식이었음이 일본인들 사이에서 공감을 얻고 있음은 퍽 다행이다.

61 '스이모노'(吸物)란 맑은 장국을 말한다. 지금도 여전히 숟가락을 사용하지 않는 일본인들은 국을 먹을 때 국그릇을 손으로 들고 후루룩 마시면서 먹는다. 이처럼 들이마실 수 있도록 만들어진 음식이라 하여 이런 이름이 붙여진 것 같다.

[6장]

1 대마도종가문서(對馬島宗家文書)를 일본에서는 보통 쓰시마소우케몬죠(對馬宗家文書) 또는 소우케몬죠(宗家文書)라고 부른다. 자세한 것은 다음을 참조. 다시로 가즈이(田代和生), "『対馬宗家文書』について", 《対馬宗家文書 제1기 朝鮮通信使記錄·別册下》ゆまに書房, 2000, 7-41쪽.

2 이 책의 원저는 《江戸時代朝鮮藥材調査の研究》(慶應義塾大學出版會)이다.

3 본문에는 '어전의'(御殿醫)라고 되어 있다. 이것은 에도시대에 쇼군이나 다이묘의 전의(典醫)를 말한다. 여기에서는 에도성의 쇼군 전의를 가리킨다.

4 '이로하'(伊呂波)란 우리말의 '가나다' 알파벳의 'ABC'처럼, 순서를 나타내는 일본어의 47자 '가나'(仮名·仮字) 중에서 처음 세 글자를 딴 것이다.

5 원문은 제국산물조사(諸國産物調査)라고 되어 있는데, 이 때의 '국'은 일본의 각 번(藩)이나 '구니'를 가리키는데, 역서에서는 편의상 '여러 지역' '각지'의 뜻으로 옮겼음을 밝혀 둔다.

6 원문에는 '朝鮮國鳥獸草木吟味'라고 되어 있는데, 여기에서 '음미'(일본어로 긴미)란 조사한다는 뜻이다.

7 오쿠이시(奧醫師)란 에도시대 직명의 하나이다. 오사지(御匙)라고도 하는데, 이것은 쇼군으로부터 은으로 만든 약 숟가락(藥匙)을 받았기 때문이다. 혼마루(本丸)나 니시마루(西丸)의 쇼군 정실과 측실이 거처하는 오오쿠(大奧)에 근무하면서 진료 · 의약을 담당했다(《國史大辭典》2, 791쪽).

8 항목별 종류의 수를 알기 쉽게 나타내기 위하여 편의상 역자가 사물의 이름 뒤에 숫자를 적었다.

9 교호(享保) 연간에 한시적으로 실시된 이 개혁을 가리켜 교호개혁(享保改革)이라 부른다.

10 바쿠후가 재정 수입 증대를 꾀하기 위하여 다이묘(大名)들에게 에도(江戶) 참근을 면제해 주는 대신에 그 비용을 쌀로 환산해서 바치도록 한시적으로 실시한 제도를 말한다.

11 보통은 연공 징수를 위해서 해마다 관리가 현지에 파견되는 '게미'(檢見)방식이 이용되는데, 그렇게 되면 적지 않은 비용이 소요된다. 뿐만 아니라 풍흉에 따른 수확량의 차이는 결과적으로 바쿠후의 연간 세입예산 규모의 증감에도 커다란 영향을 미쳤다. 따라서 일찍이 가가한(加賀藩)에서 실시하고 있었던 '죠멘'(定免)제도를 도입하여 풍흉에 관계없이 평균치를 부과함으로써, 바쿠후는 좀 더 효율적으로 연공미 징수를 단행할 수 있었던 것이다.

12 바쿠후가 인재를 등용할 때는 보통 그 사람의 家祿 즉 家格을 기준으로 발탁한다. 그런데 家祿(家格)이 낮은 사람의 경우에는 비록 그가 뛰어난 능력을 지니고 있다 하더라도 발탁될 수가 없게 된다. 이런 문제점을 해결하기 위하여 취임기간에만 '고쿠타카'(石高)를 올려 주고, 그 대신 그 직책을 떠나게 되면 본래 家祿(家格)으로 환원시키는 제도를 말한다.

13 원문에는 약초밭(藥園)으로 되어 있는데, 약초를 심어 가꾸는 밭을 말한다. 여기에서는 지금의 도쿄(東京) 고라쿠엔(後樂園) 부근에 위치한 약초밭(藥園)을 말한다.

14 처음에는 '시오카와'(塩川)라는 성(姓)을 사용하였으나, 나중에 본래 자신의 성이었던 고시(越)로 바꾸었다고 한다.

15 쇠물닭은 학(두루미)목 뜸부깃과의 새이다. 크기는 비둘기만하다. 몸전체가 검은색이고 꽁지는 흰색이다. 한자로 번(鷭)이라 쓰며 일본어로 '반'이라 읽는다.

16 흰눈썹 뜸부기는 학(두루미)목 뜸부깃과 새의 총칭이다. 뜸부기의 수컷은 몸빛이 검은 회색이고, 암컷은 갈색 바탕에 세로무늬가 있다. 논이나 풀밭 · 연못 등에서 산다. 우리나라에서는 흔한 여름새이다. 한자로 수계(水鷄) 또는 앙계()로 쓰고 일본어로 '구이나'

라 읽는다.

17 언치새는 참새목 까마귓과의 새이다. 비둘기보다 조금 작다. 몸빛은 포도색인데 호리는 백색, 꽁치는 흑색, 날개에는 청색과 흑색의 가로띠가 있다. 주로 나무 위에서 살며, 다른 새의 소리를 잘 흉내 내어 애완조로 기르기도 한다. 우리나라에서는 흔한 텃새이다. 한자로 견조(樫鳥)라 쓰고 '가시도리'라 읽는다. 한자로 현소(顯巢)라 쓰고 일본어로 '가케스'라 읽기도 한다.

18 개개비는 참새목 휘파람새과의 작은 새이다. 몸빛은 담갈색이고 꽁치 끝은 회백색이다. 5月경부터 물가의 갈대밭에서 살며 '개개개' 하고 시끄럽게 운다. 한자로 위절(葦切) 또는 위작(葦雀)이라 적고 일본어로 '요시키리'라 읽는다.

19 멧새(멥새)는 되샛과의 새이다. 참새와 비슷한데 등은 밤색에 검은 세로무늬가 있고 배는 담적갈색이다. 야산이나 숲 속에서 잡초 씨나 벌레를 먹고 산다. '산새'를 예스럽게 이르는 말이다. 뺨이 희다 하여 한자로 협백(頰白)으로 적고 일본어로 '호지로'라 읽는다.

20 때까치(물까치)는 참새목 까마귓과의 새이다. 까치보다 조금 작고 꽁지가 길다. 머리는 검고 등은 회갈색이며 배쪽은 희다. 우리나라 중부 이북에서 번식하는 텃새이다. 한자로 격(鵙) 또는 백설(百舌)이라 적고 일본어로 '모즈'라 읽는다.

21 촉새는 되샛과의 새이다. 등은 갈색을 띤 녹색, 배는 황색, 부리는 길고 누런색이다. 야산의 숲에서 곤충과 잡초의 씨를 먹고 산다. 한자로 호작(蒿雀)이라 적고 일본어로 '아오지'라 읽는다.

22 푸른 백로는 한자로 청(鶄)이라 적고 일본어로 '고이'라 읽는다. 백로(白露 시라사기=하쿠로)는 왜가리를 가리킨다. 날개는 크고 꽁지는 짧다. 다리와 발은 길며 목은 S자 모양으로 굽어진다. 숲이 있는 민물과 바닷가에 살면서 물고기·개구리·뱀·물벌레 등을 잡아먹고 산다. 해오라기로 로(鷺)라 쓰고 '사기'라 읽는다. 황새목 백로과 새를 통틀어 이르는 말이다. 형태는 학과 비슷하지만 조금 작다. 몸 전체가 희고 머리 뒤쪽에 긴 털이 몇 가닥 나 있다. 부리가 길고 뾰족하며 다리는 검고 길다. 물가에서 물고기를 잡아먹는다.

23 산비둘기는 산에 사는 비둘기이다. 집비둘기(家鳩 이에바토)와 정반대이다. '기자바토(雉鳩)'와 '아오바토'의 다른 이름인데, 한자로 산구(山鳩)라 적고 일본어로 '아오바토'라 읽는다.

24 황록색 비둘기는 비둘기의 일종으로 크기는 집비둘기만 하다. 몸빛은 녹색, 가슴은 황색이다. 잎이 넓은 수목에서 산다. 한자로 녹구(綠鳩) 또는 청구(靑鳩)라 적고 일본어로 '아오바토'라 읽는다.

25 염주비둘기는 비둘기의 일종이다. 우는 소리가 '도시요리 고이'로 들린다고 하여, 일본에서는 이 새의 이름을 '도시요리고이'라 부른다. 참고로 이 말의 뜻은 '노인 와라~'이지만, 새의 이름과는 전혀 관계가 없다.

26 도요새(물때새)는 물때새목 꿩과 새를 통틀어 이르는 말이다. 물가에 살며 물속에 서식하는 작은 동물을 먹는다. 날개가 가늘고 길며 비상하는 힘이 세서 장거리까지 날아가는 철새로서 여름에서 겨울에 걸쳐 일본을 통과하는 경우가 많다. 전(鴫) 또는 흘(鷸)이라 적고 일본어로 '시기'라 읽는다. '다시기'(田鴫) 중형의 도요새, 일본에는 겨울에 도래) '이소시기'(磯鷸 크기는 찌르레기 정도) '야마시기'(山鷸 날개길이는 약20cm, 일본의 산림에 널리 분포) '아오시기'(靑鷸) 등 종류가 많다.

27 원문에는 '죠카타'(上方)으로 되어 있는데, 이것은 교토(京都)와 오사카(大坂) 일대를 가리킨다.

28 원문에는 '향보은'(享保銀 교호깅)으로 되어 있다.

29 원문에는 '향보소판'(享保小判 교호고방)으로 되어 있다. 소판(小判 고방)이란 에도시대에 만들어진 타원형의 얇은 금화(金貨)를 말한다. 이에 반해 대형으로 만들어진 금화를 가리켜 대판(大判 오방)이라 했다. '고방' 즉 작은 것은 보통 한 닢이 1냥에 해당하였는데, '오방' 즉 큰 것과의 비가(比價)는 반드시 10매로 고정되지 않고 시대에 따라 변동이 있었다.

30 원문에는 '도노사마'(殿樣)로 되어 있는데, 이것은 대마도주(對馬島主, 藩主)를 가리킨다.

31 원문에는 '다이슈'(對州)로 되어 있는데, 이것은 대마도(對馬島, 對馬藩)를 가리킨다.

32 원문에는 토사자(兎絲子)로 되어 있는데, 일본어로는 '도시시'라 읽는다. 토사(兎絲 · 菟絲)로 쓰는 것은 '마메다오시'(豆倒し) 즉 새삼의 한자식 명칭이다. 새삼은 메꽃과의 일년초이다. 이것은 나무에 붙어 사는 기생식물로 엽록소가 없다. 줄기는 황갈색의 철사 모양이고, 잎은 퇴화하여 비늘 모양이며, 기생근으로 양분을 섭취한다. 토과의 재배식물에 붙어서 큰 피해를 입힌다. 8~9월에 흰 꽃이 핀다. 씨앗은 토사자(兎絲子 · 菟絲子)라 하여 한방에서 강장약으로 쓰인다.

33 원문에는 '아츠라에모노 가키츠케'(誂物書付)라고 되어 있는데, '아츠라에모노'란 주문한 물건이란 의미이며, '가키츠케'란 문서로 작성된 서류를 뜻한다. 즉 주문 내용을 적은 문서를 가리킨다.

34 시세변동은 있게 마련이지만, 은 60문=금 1냥=쌀 150kg을 기준으로 산정한다면, 이 참봉에게 지급된 215문은 쌀 3~4가마 정도의 가치를 갖는다고 볼 수 있다.

35 원문에는 '고핫토모노'(御法度物)라고 되어 있는데, 법으로 금지되어 있는 물건, 즉 외부로 반출해서는 안 되는 새라는 뜻이다.

36 리큐(利休)란 '검은 빛을 띤 녹색', '녹색을 띤 잿빛'을 뜻하는 리큐이로(利休色)에서 나온 말이다.

37 미(麋 비)라고 되어 있는 이것은 사슴과의 짐승인 고라니로 생각된다. 키가 1-1.4미

터, 몸길이가 1.2-1.8미터로 사슴과 비슷하지만 더 크고 억세다. 암수 모두 뿔이 있고 코와 목 밑에 긴 털로 덮였다.

38 원문에는 '노로'(ノ ロ)로 되어 있다.

39 기바노로(牙麞 · 牙麖)란 사슴과의 포유류이다. 체구가 작아 몸길이가 약 80cm, 뿔이 없고 수컷에는 위턱에 이빨이 나 있다.

40 한자로는 '瑇瑁'또는 '玳瑁'로 쓰고 일본어로는 '다이마이'라고 읽는데, 이것은 바다거북 의 일종이다.

41 '가에리텡'(返り點)이란 일본에서 한문을 훈독할 때 한자 옆에 붙여 아래에서 위로 올려 읽는 차례를 매기는 기호를 말한다.

42 니와 세이하쿠(丹羽正伯 1691-1756)는 에도시대 중기의 본초학자이다. 이름은 정기 (貞機 데이키), 자는 철부(哲夫 데츠오), 호는 칭수재(稱水齋 쇼스이사이), 통칭 정백 (正伯 세이하쿠)이라 부른다. 아버지의 뒤를 이어 의학을 배운 다음 교토(京都)의 이노 오 쟈쿠스이(稲生若水)의 문하에 입문하여 본초학을 배운다. 1717년 에도로 나와 의업 (醫業)을 시작한다. 1720년 이후 바쿠후의 명령을 받아 채약사(採藥師)로서 전국을 돌 며 약재를 채수한다. 1722년 4월 1일 바쿠후의 명령을 받아 약초밭(藥園) 경영에 참여 한다. 닛코(日光)에서의 조선인삼 재배에도 공적이 있었다. 1722년 국산약 유통기구의 확립을 위한 조직(和藥改會所)을 이끌게 된다. 1734년 그의 스승인 이노오 쟈쿠스이 의《서물유찬》증수(增修) 명령을 받아, 1734년 후편 638편 권을 완성시킨다. 더 나아 가 1747년에는 증보 54권이 완성된다. 전편 · 후편 · 증보 합계 1,054권에 이르는 방 대한 작업이었다. 이듬해 세이하쿠가《산물장》(産物帳) 작성 지시를 이행한다. 그 결과 1738년《산물장》,《산물회도장》(産物繪圖帳)이 집대성된다. 1756년 4월 14일 66세 의 나이로 사망한다(《國史大辭典》11, 270쪽).

43 니와 세이하쿠(丹羽正伯)는 고부싱(小普請)에 해당하는 의관에 기용되었다. 고부싱이란 에도시대에 녹봉이 200-3,000석으로 직책이 없는 하타모토(旗本) · 고케닝(御家人)을 일컫는 말이다.

44 정기(貞機 데이키)는 니와 세이하쿠(丹羽正伯)의 호이다.

45 명자를 일본어에서는 한자로는 명사(榠樝)로 적고 그것을 '메이사'로 읽는다.

46 일본어로 '가링'이라 읽고 한자로는 화리(花梨) 또는 과리(果梨)로 적는다.

47 우리나라에서 펴낸《대한식물도감》(大韓植物圖鑑)을 보면, 모과나무에 대하여 다음 과 같이 적혀 있다. "과수 또는 관상용으로 재식하고 있는 낙엽교목(落葉喬木), 높이가 10m에 달함. 작은 가지에 가시가 없고, 어릴 때에는 털이 있음. …꽃은 5월에 피면 지 름 2.5-3cm로서 연한 홍색임. …열매는 타원형으로 길이가 10cm 정도"라고 되어 있 다. 얼핏 모과와 명자가 비슷하게 기술되어있으나 다른 점도 엿보인자. 가장 두드러진 차이는 모과나무가 교목(喬木)인 반면, 명자나무는 관목(灌木)이라는 점이다. 즉 교목이

란 줄기가 곧고 굵으며 높이 자라고 비교적 위쪽에서 가지가 퍼지는 나무이다. 이에 반해서 관목은 나무의 키가 작고, 원줄기가 분명하지 않으며, 밑동에서 가지를 많이 치는 나무를 말한다.

48 일본어 사전에서 '가링'(花梨·花櫚)을 찾아보면 '장미과의 낙엽고목(落葉高木), 중국대륙이 원산, 일본에 오래 전에 전래, 높이 6m로 열매는 황색으로 향기가 강하지만 단단하여 생식은 불가능"이라고 되어 있다. 이 설명을 읽다 보면 우리나라에 말하는 '모과'를 뜻하는 것으로 생각된다. 그런데 세이하쿠(正伯)에 다르면 '가링'이 곧 '조선의 명자'인 셈이다. 한편 '보케'에 관한 설명을 들어보기로 하자, 일본어에서는 한자로 목과(木瓜)라고 쓰고 '보케'라고 읽는다. '장미과의 낙엽저목(落葉低木), 중국원산의 관상식물, 높이는 1~2m로 가지에는 가시가 있고 잎사귀는 긴 타원형, 봄에 홍색·담홍색·백색 등 꽃이 피고 사과와 비슷한 딱딱한 열매를 맺음," 이것이 일본 사전에서 설명하는 목과(木瓜) 즉 '보케'이다. 설명의 내용은 우리나라에서 말하는 '명자나무'와 거의 흡사하다. 이것을 보면 조선과 일본이 목과라는 동일한 한자를 쓰고 있지만, 그것이 의미하는 식물은 서로 다르다는 사실을 알 수 있다. 즉 우리나라의 모과가 일본에서는 '명자'(가링)로, 그리고 우리나라의 '명자'가 일본에서는 '모과'(보케)로 서로 다르게 불리고 있다는 것이다.

49 원문에서 안문(按文 안분)으로 되어 있다. 이것은 자기 생각을 하나의 안(案)으로 해서 작서한 문장, 즉 초안으로 쓴 문장을 말한다.

50 시복(時服 지후쿠)이란 글자 그대로 철에 맞는 옷을 말한다. 일본에서 옛날에 텐노(天皇)과 쇼군이 해마다 봄·가을 또는 여름·겨울 두 계절에 걸쳐 신하에게 내리던 옷을 가리킨다.

51 원문은 '公儀御用,朝鮮藥材禽獸草木の儀相努,苦勞仕'로 되어 있는데, '公儀御用'이란 바쿠후 쇼군(幕府將軍)이 지시를 내린 업무를 가리킨다.

52 그 이전의 왜관조사 때에는 일본이름(和名)을 알게 된 것에 대해서는 실물이나 그림을 보내지 않아도 되었는데, 그것 때문에 나중에 가서 체크하기가 곤란했다. 그래서 세이하쿠(正伯)에 의하여 1732년에 재개된 왜관조사에서는 실물과 그림을 일본으로 많이 보내도록 명령이 내려지게 된 것이다.

53 현재의 일본 이마이치(今市)에 해당하는 곳에 바쿠후의 약초밭(藥園)이 있었다고 알려져 있다.

54 현재 텐노(天皇)의 거소인 고오쿄(皇居)에 해당하는 에도죠(江戶城) 안에 요시무네(吉宗)가 주거하던 곳 근처에 약초밭(藥園)이 만들어져 있었다고 한다. 즉 에도성 안에 '후키아게'(吹上)라고 하는 약초밭이 있었는데, 처음에는 단순한 꽃밭이던 그곳에 약초를 심어놓고 요시무네가 매일같이 그곳을 찾아 돌아보곤 하였다고 알려져 있다.

55 조선인삼좌(朝鮮人參座)는 에도(江戶)의 상인들이 바쿠후로부터 허가를 받아 설립한 것이다.

56 일본이름으로 '갓코새'라고 하는 새는 그 새의 울음소리를 따서 지어진 이름이라고 한다.

57 조선의 문위행(問慰行, 일본에서는 譯官使라고 부름)으로서 대마도로 건너간 사신 일행 중 전원이 밀무역사건에 연루된 이른바 최상집사건을 말한다.

58 당시 죠센카타(朝鮮方)의 일을 맡아 보고 있던 아메노모리 호슈(雨森芳洲)는 최상집 등에 의한 밀무역사건을 정식으로 조선 정부에 알려야 할 뿐만 아니라, 사건에 연루된 사람들을 조선과 체결된 법규에 따라 엄하게 처벌하여야 한다는 의견을 개진하였다. 그러나 대마도는 호슈의 의견을 묵살하고 그 대신에 이미 퇴직하고 있던 스야마 도츠앙(陶山訥庵)의 견해를 수용하고 만다. 일이 그렇게 되자 효슈는 죠센카타(朝鮮方)의 일을 그만두게 되는데, 훗날 그의 아들이 그 일을 이어받았다고 한다. 호슈는 그 뒤 은거(隱居)하면서 교육에 힘을 쏟아 대마도의 조선어 통역관 양성에 매진하게 되었음은 잘 알려진 사실이다.

59 '오타네닌징'이란 일본 국내에서 생산된 인삼을 가리킨다. '타네'(種)란 본디 일본어로 씨앗을 의미하는 말이다. 그런데 특별히 '오타네'(お種)라고 할 때는 조선에서 인삼종자(생뿌리·씨앗)를 가져다가 일본 땅에서 거듭된 실험을 통해 재배하여 얻은 씨앗을 의미하며, 그 씨앗을 심어서 생산한 인삼을 '오타네닌징'이라고 부른다. 이에 반하여 조선에서 수입한 인삼은 '죠센닌징'(朝鮮人參)으로 기록되어 있는 것이 보통이다. (정성일, 《조선 후기 대일무역》, 235-254 참조.

참고문헌과 사료 〉〉〉

1. 참고문헌(원문과 관계있는 것에 한정함. 일본어 50음순임.)

서명	저자	출판
人參史	今村鞆	思文閣出版
中世國境海域の倭と朝鮮	長節子	吉川弘文館
李氏朝鮮時代に於ける倭館の變遷	小田省吾	《朝鮮支那化の研究》수록
釜山村史原稿	小田省吾 외	민족문화사
江戸時代の寫生圖にみられる絶滅	柿澤亮 외	山階鳥年報21
島カンムリツクシガモ		
釜山倭館の職官構成とその機能について	金義煥	朝鮮學報108
17-19世紀の釜山倭館周邊地域民の生活相	金東哲	都市史研究9
朝鮮近世の御用商人	金東哲(吉田光男 옮김)	法政大學出版局
朝鮮王朝宮中儀軌飮食文化	金尙寶	修學社
日本に전해진 朝鮮醫書와 그 특징	金澔	한일문화교류협회
藥令市研究	權丙卓	한국연구원
中世朝鮮の在留日本人	佐伯弘次	にしか 1993-12
朝鮮通信使	辛基秀	明石書店
朝鮮通信使の饗應	高正晴子	明石書店
宗家と朝鮮	高橋章之助	(自費出판)
近世日朝通交貿易史の研究	田代和生	創文社
書き替えられた國書	田代和生	中央公論社
対馬藩の朝鮮米輸入と『倭館枡』	田代和生	朝鮮學報124
江戸時代・朝鮮藥材調査の研究	田代和生	慶應義塾大學出版會
宗家旧蔵『図書』と木印	田代和生 외	朝鮮學報156
近世銀座の研究	田谷傳吉	吉川弘文館
日朝關係史の研究	中村榮孝	吉川弘文館
中世倭人傳	村井章介	岩波書店
日本人と西洋食	村岡實	春秋社
長崎唐人屋敷	山本紀綱	謙光社

日本酒の歴史	柚木學	雄山閣出版
近世癸亥約條の運營實能について	尹裕淑	朝鮮學報164
約条にみる近世の倭館統制について	尹裕淑	史観138
近世倭館の造營・修補について	尹裕淑	歷史論評595
李朝末期の漕倉構造と漕運作業の一例	吉田光男	朝鮮學報113
倭館・倭城を歩く	李進熙	六興出版

2. 조선 사료

사료명	소장처(영인/편역)	비고
倭人求請謄錄	서울대 규장각	
倭館移建謄錄	서울대 규장각	
接待事目錄抄	도쿄대학 사료편찬소	
海東諸國記	田中健夫 역주	岩波書店
朝鮮王朝實錄	국사편찬위원회	
邊例集要	국사편찬위원회	
通文館志	한국진서간행회	
增正交隣志	아세아문화사	
萬機要覽	경인문화사	
隣語大方	교토대학 국문학연구실	
東國輿地勝覽	한국고서간행회	
朝鮮歲時記	姜在彦 역주	平凡社
朝鮮の料理書	鄭大聲	平凡社

3. 대마도종가문서

가. 일본 나가사키현립 쓰시마역사민속자료관 소장본

御壁書控

元字標銀記錄

龍頭山神社明細記

朝鮮江被召仕候役 々

御僉官井留館諸役人上下付

御切手控帳上下人數定式

和館衣服の制

朝鮮・佐須奈・鰐浦書付控

安政六己末年七月去年條一特送使正官人仁位琢磨下人藤次郎同都船主阿比留在馬介下人
喜一郎と申諸於和館交奸之一件記錄

於和館御藏へ盜入候樣子館守方より申越候書狀口上等之寫

於朝鮮表番手與兵衛刀脇差失候二付覺書

攘虎實錄

館守條書

輕扶持人

給假使條書

藥材質正紀事(二・四)

吉宗樣御代公私御用向拔書

나. 일본 국립국회도서관 소장본

分類紀事大綱(제1기)

分類事考

東館修理記錄

西館修補記錄

開市大廳改建記錄

(館守)海日記

裁判記錄

唐坊新五郎勤役之節町人飯束喜兵衛・白水與兵衛人參潛商仕相手之朝鮮人共二兩國被行
御制法候一件日帳拔書

朝鮮渡銀位御願之通往古銀被蒙仰候記錄

다. 일본 도쿄대학 사료편찬소 소장본

藥材禽獸御吟味被出候始終覺書

人參始終覺帳

(江戶)海日記

라. 국사편찬위원회 소장본

分類紀事大綱(제2기~제7기)

館內制札之儀二付存寄之覺

妓藥一件之覺書

交奸一件記錄

藥材質正紀事(一·三)

藥材御尋覺書

通譯酬酢

朝鮮御代官記錄

4. 기타 사료

사료명	소장처(영인/역주)	비고
愚塵吐想	일본 쓰시마 嚴原町 공민관	
象胥紀聞拾遺	일본 쓰시마 嚴原町 공민관	
送使約條私記	일본 芳洲會	
對馬志	일본 芳洲會	
御上京之時海日記	일본 나가사키현립 쓰시마역사민속자료관	
水戶正傳桃源遺事	稻垣國三郎 주해	淸水書店
通航一覽		淸文堂出版
半日閑話	《日本隨筆大成》수록	
和漢三才圖會	東京美術	
朝鮮通交大紀	田中健夫 외 교정	名著出版
信使通筋覺書	上關町 교육위원회 외 편	
朝鮮人好物附之寫	《吉川藩朝鮮通信使上關記錄》수록	
宗氏家譜略	鈴木棠三 편	村田書店
宗氏家譜	鈴木棠三 편	村田書店
象胥紀聞		
賀島兵介言上書	《日本經濟叢書》수록	
交隣須知	교토대학 국문학연구실	
日本料理法大全 續		第一出版
日本料理秘傳集成		同明舍出版
朝鮮史料集眞		韓國書籍センター

찾아보기 >>>

왜관
조선은 왜 일본사람들을 가두었을까?

초판 1쇄 발행 2005년 12월 20일
초판 2쇄 발행 2020년 10월 10일

지은이 다시로 가즈이
옮긴이 정성일

펴낸곳 논형
펴낸이 소재두
등록번호 제2003-000019호
등록일자 2003년 3월 5일
주소 서울시 영등포구 당산로 29길 5-1 502호
전화 02-887-3561
팩스 02-887-6690

ISBN 89-90618-26-6 94910
값 18,000원